FISCHER SAUERLÄNDER

MARGIE FUSTON

REVENANT GAMES

SPIEL AUF LEBEN UND TOD

Aus dem amerikanischen Englisch
von Verena Kilchling

FISCHER SAUERLÄNDER

FSC
www.fsc.org
MIX
Papier | Fördert
gute Waldnutzung
FSC® C014496

Erschienen bei Fischer Sauerländer
Frankfurt am Main 2024

Die amerikanische Originalausgabe erschien 2024 unter dem Titel
»The Revenant Games« bei Margaret K. McElderry Books,
einem Imprint der Simon & Schuster Children's
Publishing Division, New York.
Published by Arrangement with Margaret K. McElderry Books.

Lektorat: Svenja Kopfmann
Umschlaggestaltung: Birgit Gitschier, Grafikdesign & Illustration,
unter Verwendung mehrerer Motive von Shutterstock

Satz: Dörlemann Satz, Lemförde
Druck und Bindung: GGP Media GmbH, Pößneck
ISBN 978-3-7335-0770-1

Für meine Schwestern Jenny und Stacie –
ich würde es mit einem Vampir aufnehmen, um euch zu retten.

EINS

DER HUNGER trieb die meisten Menschen früher oder später an den Waldrand. Auch Bly spürte ihn, doch bei ihr war es nicht das Knurren eines leeren Magens, das sie ruhelos machte. Es waren ihre Träume, die ihr Fernweh anheizten. Sie glühten in ihrem Bauch, und manchmal glaubte sie, dass sie sie von innen heraus in Asche verwandeln würden, wenn sie nicht wenigstens versuchte, sie wahr werden zu lassen.

Sie stand oft dort und starrte auf die Stelle, an der die Bäume dicht und undurchdringlich wurden. Was sich dahinter verbarg, hatte sie sich häufig genug ausgemalt. Es war Zeit, herauszufinden, was sich wirklich jenseits des Walds versteckte.

Bly erstarrte, als sie hinter sich das Schmatzen von Schuhen im Schlamm hörte. Nur eine Person wusste von ihrem Plan. Sie drehte sich um und lächelte Elise an. Ihre Schwester schob sich eine sonnengebleichte Strähne hinters Ohr, die sich aus ihrem praktischen blonden Zopf gelöst hatte und auf ihre runden Wangen herabhing. Sie runzelte die Stirn, und um ihre rehbraunen Augen bildeten sich sorgenvolle Fältchen.

»Ich wusste, dass du kommen würdest«, sagte Bly.

Elise biss sich auf die Lippe und blickte über die Schulter zum Dorf zurück. Rauch stieg von den Schornsteinen in den fahlen Himmel auf.

Sehnsucht und ein Hauch von Reue zeichneten sich auf dem Gesicht ihrer Schwester ab. Bestimmt stellte sie sich gerade vor, sie würde vor dem Kamin sitzen und eine Scheibe von dem ofenwarmen Brot essen, das sie in aller Frühe gebacken hatte, würde an ihrem Pfefferminztee nippen und sich auf ihren Arbeitstag mit Vater oder Mutter vorbereiten.

Bly starrte auf die Holzhäuser, die sich im Dorf aneinanderreihten, und wünschte, sie würde das Gleiche empfinden wie ihre Schwester. Das hätte vieles einfacher gemacht. Aber alles, was sie sah, wenn sie ihre Heimat betrachtete, war eine Kälte, die in der Lunge brannte, und schlammige Wege, die niemals trockneten.

Bly verspürte nur dann Sehnsucht, wenn sie sich zu dem dichten Labyrinth aus Eichen und Kiefern umwandte, das sich vor ihr erstreckte. Sicher, dieser Wald war gefährlich. Ihre Familie und sie lebten in einer Menschenansiedlung im Ödland, eingezwängt zwischen der von Vampiren beherrschten Stadt Vagaris und dem von Hexen regierten Havenwhile. Vampire und Hexen waren sich in den meisten Dingen uneins, aber eine Regel berücksichtigten beide Völker: Solange die Menschen im Ödland blieben, hatten sie nichts von ihnen zu befürchten.

Im Wald galt diese Regel nicht.

Bly war nicht so dumm, aus Langeweile nach Gefahr zu lechzen. Sie sehnte sich nach dem, was auf sie wartete, wenn sie ihr trotzte, und war mutig genug, es zu versuchen.

Elise verstand das nicht.

Wie konnten ihre Schwester und sie sich so nahestehen und doch so unterschiedlich sein?

Elise würde Bly niemals durch den Wald an jenen fernen, sagenumwobenen Ort folgen, der angeblich dahinter lag, und Bly würde es niemals ertragen, hier im Ödland zu bleiben. Sie würden beide das Herz der jeweils anderen brechen müssen, um sich vollständig zu fühlen, doch vorerst war Elise noch an ihrer Seite, und Bly war dankbar dafür.

»Verrätst du mir wenigstens, warum wir auf Plündertour gehen?« Elise warf einen Blick auf Blys dicke Wollhose, die an den Knien bereits mehrmals geflickt war. »Brauchst du Geld für neue Kleidung? Ist dir kalt? Wir könnten diese Woche ein paar Mahlzeiten auslassen und so etwas zusammensparen. Ich frage Mutter, wenn du willst.«

Mutter sagte nie Nein zu Elise. Dennoch bat Blys Schwester sie nur selten um etwas. Sie selbst trug einen Rock, dessen ursprünglicher Stoff auf halber Wadenhöhe endete. Statt einen neuen zu verlangen, nähte sie unten einfach immer wieder neue Stoffstreifen in Grün- oder Brauntönen an und schaffte es irgendwie, dass das Ganze gewollt und hübsch aussah, wie anmutige Volants. Elises Fähigkeit, aus dem, was ihr zur Verfügung stand, etwas Reizvolles zu kreieren, war erstaunlich, aber Bly beneidete sie dennoch nicht darum.

Sie wollte keine Mahlzeiten auslassen, um sich neue, praktische Kleidung leisten zu können. Bly wollte mehr: Sie wollte einen vollen Magen, Röcke in vielen verschiedenen Farben und Schleifen für ihre Haare.

Sie wollte *alles*.

Elise nicht. Sie war zufrieden mit dem, was sie besaß. Bevor Bly das Haus verlassen hatte, hatte sie sich einen Vortrag von ihr darüber anhören müssen, dass sie doch alles hätten, was sie bräuchten – der Ausflug in den Wald stelle ein völlig unnötiges Risiko dar. Genau aus diesem Grund hatte Bly ihrer Schwester nicht verraten, warum sie nach Essbarem stöbern wollte, das sich auf dem Markt verkaufen ließ.

Sie wusste, dass ihre Schwester sie auch so begleiten würde. Bly wollte gerade den ersten Schritt in den Wald tun, als Elise sie beim Arm packte.

»Du könntest stattdessen Blut verkaufen. Das ist sicherer.«

Blut war das Wertvollste, was die Menschen im Ödland besaßen. Die Vampire brauchten es zum Überleben und die Hexen für ihre Magie.

Aber Bly stellten sich allein beim Gedanken daran, von einer Nadel gepikt zu werden und dabei zusehen zu müssen, wie die rote Flüssigkeit aus ihrem Körper strömte, die Nackenhaare auf. »Ich hasse Blut! Das weißt du doch.«

»Dann verkaufe ich eben meins.«

»Nein«, sagte Bly.

Sie hatte vorhergesehen, dass Elise ihr dieses Angebot unterbreiten würde, doch es wäre der falsche erste Schritt in ihr neues Leben gewesen. Wenn sie nicht mutig genug war, einen Tag im Wald zu verbringen, wie wollte sie dann eines Tages diesen Wald durchqueren, um nie wieder zurückzukehren?

Von ihrer Flucht aus dem Ödland träumte sie schon seit vielen Jahren. Elise und sie trafen sich seit frühester Kindheit mit ihrem gemeinsamen Freund Emerson am Waldrand, wagten sich manchmal sogar ein Stück hinein, jedoch nur bis zu einer Stelle, von der aus sie das Dorf noch sehen konnten. Vampire und Hexen ließen Menschen, die am äußersten Rand des Waldes blieben, normalerweise in Ruhe.

Während Elise und Bly immer auf die Kiefern geklettert waren, war Emerson unten geblieben und hatte Wache gehalten. Elise hatte Kiefernnadeln gesammelt, auf denen sie herumkauen konnten, wenn der Hunger übermächtig wurde, und Bly hatte auf dem höchstmöglichen Ast gekauert und über die Bäume gespäht. Es kursierten Geschichten über Menschen, die weit weg lebten, jenseits des großen, dichten Walds, der sich zwischen Havenwhile und Vagaris erstreckte. Diese Menschen bewirtschafteten angeblich ihren eigenen Grund und Boden und führten ein selbstbestimmtes Leben, anders als die Bewohner des Ödlands. Man raunte sich zu, diese Menschen hätten Baumhäuser errichtet und würden sich erfolgreich vor jenen verstecken, die sie jagten. Bly gefiel der Gedanke, so dicht am Himmel zu wohnen und nur von Ästen und Blättern umgeben zu sein.

Vor einigen Jahren war sie zu schwer geworden für ihren Lieblingsast. Er war zerbrochen, während sie ihren Tagträumen nachhing, als könnte er die Last ihrer vielen Wünsche nicht mehr tragen. Bly war in die Tiefe gestürzt und hatte sich auf dem Weg nach unten einige Schrammen zugezogen, aber der Aufprall auf den Boden war ausgeblieben.

Emerson hatte unter dem Baum gestanden und sie aufgefangen, und von diesem Moment an hatte sie begonnen, ihn mit anderen Augen zu betrachten.

Jede Träumerin brauchte jemanden, der mit beiden Beinen fest auf der Erde stand und sie auffing, wenn sie sich zu hoch hinauswagte. Bly allein würde es vermutlich nicht weit bringen, doch zusammen mit dem praktisch veranlagten Emerson konnte sie es schaffen, den Ödland hinter sich zu lassen, davon war sie überzeugt. Und nicht nur das – sie würden sich erfolgreich ein neues Leben aufbauen.

Blys Träume verließen die Welt der halb garen Gedanken und kapriziösen Fantasievorstellungen und richteten sich auf etwas, das tatsächlich im Bereich des Möglichen lag. Es würde ein einfaches Leben werden, das sie jenseits des Walds führen würden, und genau das wollte sie. Sie hatte immer schon die Hexen beneidet mit ihren Obstgärten und Äckern, und ihr gefiel die Idee, jeden Tag Erde zwischen ihren Fingern und die Sonne auf ihrem Nacken zu spüren. Bly würde auf die Apfelbäume klettern und die Früchte ernten, die sie essen und mit anderen teilen würden, und Emerson würde unterdessen als Schreiner arbeiten, was ihm mehr zusagte als die Schmiedearbeiten, die hier im Ödland sein Tagwerk waren. Er würde hübsche Tische zimmern, die sie bei anderen Menschen, die in ihrer Nähe lebten, gegen Kleider eintauschen konnten, Kleider, die so farbenfroh sein würden wie das Obst, das Bly anbaute. Wenn die Sonne abends tief am Himmel stand und sie von der Ernte nach Hause kam, würde Emerson schon auf sie warten. Er würde den Dreck von ihren Wangen wischen und sich knurrend darüber beschweren, nur um sie dennoch zu küssen. Sie würden gemeinsam das Abendessen zubereiten, und es würde sich nicht wie Arbeit anfühlen, weil Bly die Nahrungsmittel mit ihren eigenen Händen erzeugt hatte, wovon der Sonnenbrand auf ihrer Haut zeugte.

So etwas war eine Heimat, nicht dieses elende, schmutzige Dorf.

Das Problem war nur, dass Emerson sie nie so ansah wie sie ihn. Vielleicht war Bly schon zu lange mit ihm befreundet. Sie war sich sicher, dass ihm ein einziger Moment genügen würde – so wie bei ihr, als er sie aufgefangen hatte –, um sie mit anderen Augen zu betrachten und sich mit ihr eine Zukunft herbeizusehnen. Es war daher der erste, wichtigste Teil ihres Plans, dafür zu sorgen, dass Emerson sie auf ihrer Flucht begleitete.

Zitternd vor freudiger Erregung und auch ein wenig vor Angst verließ Bly nun den vertrauten Waldrand und spürte das weiche Knistern frisch gefallener Blätter unter ihren Füßen. Sie drehte sich nicht um, um sich zu vergewissern, dass Elise ihr folgte, aber in einigem Abstand vernahm sie deren zaghafte Schritte.

Eine Weile gingen sie schweigend dahin, schlängelten sich durch die Bäume, die das Sonnenlicht abschirmten und die Kälte noch intensiver machten. Selbst eine halbe Stunde vom Ödland entfernt war der Wald noch kahl und geplündert: Eicheln und Kiefernzapfen waren vom Boden aufgelesen, Kiefernnadeln von den niedrigeren Ästen entfernt, die Baumrinde abgeschält, um Tee oder Arzneien daraus zu kochen. So würde es noch einige Meilen weitergehen. Sie mussten tiefer hinein in den Wald.

Und sie mussten sich entscheiden, ob sie Richtung Havenwhile oder Vagaris gehen wollten. Je näher man Havenwhile kam, desto üppiger wuchsen die Pilze, und vor den Toren von Vagaris wucherten Beeren im Überfluss. Natürlich gab es – wie bei allem – einen Haken: In der Nähe der Vampirstadt machten die Blutsauger Jagd auf Menschen, schnappten sich ihre Opfer und tranken sie leer, bis sie das Bewusstsein verloren. Manche wachten wieder auf, andere nicht. Und die Hexenpilze waren mitunter verzaubert, versetzten die Menschen, die sie pflückten, in tiefen Schlaf, damit die Hexen ihnen Blut abzapfen konnten.

Bly wägte die Risiken ab und nahm Kurs auf Havenwhile. Sie wollte keinen Vampirbiss riskieren – lieber sollten die Hexen ihr Blut stehlen, während sie bewusstlos war und nichts davon mitbekam.

Elise packte zum zweiten Mal ihren Arm, und diesmal gruben sich ihre Finger ein wenig zu tief in ihr Fleisch. »Es ist noch nicht zu spät, um umzukehren!«

Als Antwort riss Bly sich los.

»Sag mir wenigstens, wozu du das Geld brauchst«, bat Elise.

Hier im Wald, wo lediglich die Bäume Zeugen waren, sprudelten die Worte nur so aus Bly heraus: »Ich brauche ein schönes Kleid, das ich auf dem Markt gesehen habe.«

Elise sah sie ungläubig an. »*Was?*« Sie beugte sich zu Bly vor, als hätte sie nicht richtig gehört.

Wenn Elise nicht den ganzen Plan kannte, klang das mit dem Kleid natürlich albern. Schließlich war es nur die erste Stufe, die alle anderen in Gang setzen sollte.

»Ich will fort von hier«, fügte Bly hinzu. »Für immer.«

Elise wirkte nicht überrascht, eher resigniert, als hätte sie diesen Moment bereits in Gedanken durchgespielt und wüsste, dass sie ihre Schwester nicht aufhalten konnte. Bly sprach schon von einer anderen Welt, seit sie alt genug war, sich Dinge vorzustellen, die nicht direkt vor ihrer Nase waren.

Elise blieb lange stumm. Als sie schließlich das Wort ergriff, verriet ihr Gesicht eiserne Entschlossenheit. »Dann müssen wir anfangen, bei jeder Mahlzeit etwas zur Seite zu legen, Äpfel zu trocknen und für Dörrfleisch zu sparen. Wärmere Kleider brauchst du auch. Wir werden Blut verkaufen müssen, sonst bekommst du nie genug Vorräte zusammen.«

Erleichterung durchströmte Bly, und auch ein leiser Schmerz mischte sich darunter. Elise kannte sie zu gut, um sie zum Bleiben überreden zu wollen. Das machte es gleichzeitig leichter und schwerer.

»Warte mal.« Elise unterbrach ihre Aufzählung der nötigen Gegenstände. »Wozu willst du ein Kleid? Eine neue Wollhose, die du unter einem Rock anziehen könntest, wäre besser.«

Blys Wangen brannten in der kalten Brise, die in diesem Moment aufkam und ihr durch die Locken strich. »Ich will Emerson bitten, mit mir zu kommen.«

Elise öffnete überrascht den Mund. »*Unseren* Emerson?«

Alles in Bly sträubte sich gegen dieses *unser*. Natürlich waren sie alle drei befreundet, aber Bly und Emerson waren sich zuerst begegnet, am Rand ebendieses Walds, wo Bly herumgestreift war und Emerson Stöcke gesammelt hatte, aus denen er schmale Messer schnitzen konnte. Anfangs hatte sie ihn nur aus der Ferne beobachtet und sich ausgemalt, er würde mächtige Schwerter fertigen. Sie hatte von Schlachten und Helden geträumt und ihn in ihre erfundenen Geschichten eingebaut. Beide waren sie bevorzugt zu dem Waldabschnitt gegangen, in dem die Äste der Eichen am weitesten über die kahlen Felder hinauswuchsen. Emerson hatte Bly zunächst nicht bemerkt, bis sie irgendwann den Mut aufgebracht hatte, ihn zu fragen, wozu er all die Messer brauchte.

»Zum Üben«, hatte er geantwortet. Sein Vater sei Klingenschmied, er selbst jedoch noch nicht alt genug, um in der Schmiede mitzuarbeiten, also trainiere er, indem er Miniaturschwerter schnitze.

Die Geschichten, die Bly sich über ihn ausgedacht hatte, waren spannender, und als sie ihm davon erzählte, lachte er herzhaft über all die törichten Abenteuer, die ihrer Fantasie entsprungen waren. Damals hatte er noch häufiger gelacht als heute. Trotzdem war sie jedes Mal überrascht gewesen von seiner rückhaltlosen, lauten Heiterkeit, weil er sonst häufig so ernst aussah.

Insgeheim hatte Bly immer an ihrer ursprünglichen Fantasiegeschichte festgehalten, in der Emerson der Held einer von ihr geschaffenen Welt war.

Sie waren bereits eine ganze Weile miteinander befreundet gewesen, als Elise hinzustieß, die ein Jahr jünger war als ihre Schwester und nur selten das Dorf verließ. Bly hingegen schlich sich jeden Tag in aller Frühe aus dem Haus, bevor ihre Eltern ihr Aufgaben übertragen konnten, während Elise daheimblieb, um zu backen und zu kochen. Sie beschwerte sich nie, brachte Bly sogar manchmal eine aufgewärmte Scheibe Brot mit Dörrfleisch an den Dorfrand, damit ihre Schwester nicht zum Mittagessen nach Hause kommen musste. Bly war ihr sehr dankbar, denn so konnte ihre Mutter, eine Heilerin, sie nicht zu irgendwelchen verletzten Patienten mitnehmen, deren Wunden sie nähen musste. Ihr wurde übel, wenn sie Blut sah, im Gegensatz zu Elise, die die Arbeit ihrer Mutter liebte und diese nur allzu gern begleitete. Sie hatte Bly sogar gestanden, dass es ihr wie Magie vorkam, Menschen zu heilen. Als Emerson Bly einmal zum Dorfrand begleitete, damit sie ihren Proviant abholen konnte, brachte Elise am nächsten Tag auch ihm eine Kleinigkeit mit, und wiederum einen Tag später nahm sie ihr eigenes Mittagessen mit hinaus und aß es mit Bly und Emerson am Waldrand. Bly fand es schön, ihre Freiheit mit ihrer Schwester teilen zu können, zu erleben, dass auch Elise Gefallen daran fand, wie sie ihre Tage verbrachte.

Gleichzeitig fiel es ihr schwer, auch noch Emerson mit Elise teilen zu müssen, denn ihre Schwester nahm schon ihre Eltern auf eine Weise ein, die Bly verwehrt blieb. Sie assistierte ihrem Vater, einem Gerber, der in der Vampirstadt arbeitete, genauso erfolgreich wie ihrer Mutter, wohingegen sich Bly bei beiden Tätigkeiten der Magen umdrehte. Beim Abendessen stritten ihre Eltern jedes Mal darum, wer Elise am nächsten Tag mitnehmen dürfe. Wer leer ausging, musste mit Bly vorliebnehmen oder allein arbeiten. Manchmal sahen die Eltern sie an, als wünschten sie, sie wäre eine zweite Elise und nicht das fantasievolle Mädchen, das ständig nach Unerreichbarem strebte. Einmal hatte Bly mit angehört, wie sie darüber diskutierten, was sie mit ihr anstellen sollten. Ihre Hoffnung war, dass sie eines Tages einen Mann mit einer guten Arbeit heiratete, denn dann wäre sie dessen Problem und nicht mehr ihrs. Dabei wäre Bly so gern die Lösung für jemanden gewesen, nicht das Problem. Aber das ging nicht in dieser engen, eingeschränkten Welt.

»Ich will, dass er *mein* Emerson wird«, sagte Bly nun zu Elise. »Ich dachte, das wüsstest du.« Obwohl sie diese Worte noch nie ausgesprochen hatte, war sie überzeugt davon, dass ihre Schwester Bescheid wusste. Nur Emerson schien nie etwas von ihren Gefühlen zu bemerken.

Elise taumelte nach hinten. Sie schluckte und sah sich im Wald um, als hätte er sich plötzlich verändert, als wüsste sie nicht mehr, wo sie war.

»Ich dachte … Also … Irgendwie kam mir Emerson nie wie jemand vor, der von hier fortgehen würde. Ich hatte keine Ahnung, dass er das vorhat«, stammelte sie. Dann verstummte sie, und ihr

Blick huschte überallhin, nur nicht zu Bly. Als sie weitersprach, war ihre Stimme fest und entschlossen. »Ich freue mich, wenn er mit dir geht. Dann bist du nicht allein auf deiner gefährlichen Reise, und ich fühle mich zumindest ein bisschen besser.«

»Na ja, ich habe ihn noch nicht gefragt«, gestand Bly. Die Zweifel, die daraufhin auf Elises Gesicht erschienen, ärgerten sie. Ihre Schwester glaubte offenbar nicht, dass Emerson Ja sagen würde. »Genau deshalb brauche ich das Kleid«, fuhr sie fort. »Er soll mehr in mir sehen als nur seine Kindheitsfreundin.«

Als sie gestern das saphirblaue Kleid auf dem Markt entdeckt hatte, war sie fasziniert näher getreten und hatte über das seidene Mieder und den samtenen Rock gestrichen. Ein solches Kleid würde auf den schlammigen Wegen ihres Dorfs innerhalb weniger Minuten ruiniert sein, aber darüber hatte sie nicht nachgedacht. Sie hatte sich vorgestellt, sie würde es auf dem hölzernen Plateau eines Baumhauses tragen, während ihre Füße herunterbaumelten und sie Seite an Seite mit Emerson einen feurig roten Sonnenuntergang bewunderte. Der leuchtend blaue Stoff würde den perfekten Kontrast zum Abendrot bilden, und wenn Emerson sie darin sah – mit einer passenden Schleife, die ihre wilden dunkelbraunen Locken bändigte –, würde er nicht mehr das kleine Mädchen mit Blättern in den Haaren vor sich sehen. Er würde die junge Frau sehen, die sie inzwischen war, würde in der Lage sein, sich eine Zukunft mit ihr vorzustellen.

Doch Elise wirkte traurig, schien das Kleid nicht als den verheißungsvollen Beginn eines neuen Lebens wahrzunehmen. Bly selbst erschien es hochromantisch, wenn eine junge Frau sich hübsch machte, bevor sie einen Mann fragte, ob er mit ihr durchbrennen wollte. Sie hätte wissen müssen, dass Elise sie nicht verstehen würde. Nicht einmal im morgendlichen Wald, der vor Magie zu funkeln schien.

Bly seufzte. »Können wir bitte einfach weitergehen?«

Elise sah lange in die Richtung, aus der sie gekommen waren, bevor sie tief Luft holte und nickte. Sie setzten sich wieder in Bewegung, nahmen Kurs auf Havenwhile.

»Warte«, bat Elise schon nach wenigen Schritten. »Warum gehen wir nicht Richtung Vagaris?«

Bly fuhr verärgert zu ihr herum. »Weil ich lieber ein paar Stunden schlafe, als gebissen zu werden.«

»Nicht alle Vampire sind böse«, sagte Elise und starrte auf ihre Finger hinab. »Ich war schon öfter mit Vater in Vagaris. Die schlimmsten Vampire schicken sie zu uns auf die Märkte, damit wir denken, es wären alle so. Dabei gibt es auch viele … nette Vampire in Vagaris.«

Bly schüttelte den Kopf. »Lass das bloß nicht Emerson hören.«

Emersons Schwester hatte vor einigen Jahren in diesem Wald nach Essbarem gesucht und war nicht mehr lebend zurückgekehrt. Man hatte sie tot in den Beerensträuchern gefunden, die Kleider rot vom Saft der zerdrückten Früchte, der Hals rot vor Blut. Emerson war damals zwölf gewesen und hatte seither sein ansteckendes Lachen eingebüßt. Im Grunde war Bly noch immer auf der Suche nach dem Jungen, der er früher gewesen war. Sie bezweifelte, dass sie ihn wiederfinden würde, solange sie im Ödland lebten.

»Ich meine ja nur, dass wir uns vielleicht herausreden könnten, wenn uns Vampire beim Beerenpflücken erwischen. Schließlich kenne ich ein paar von ihnen«, argumentierte Elise. »Sie würden uns sicher laufen lassen.«

»Du klingst, als würdest du diese Blutsauger für deine Freunde halten.«

Elise schüttelte den Kopf und wich dem Blick ihrer Schwester aus. Bly konnte nicht einschätzen, ob sie abstritt, mit den Vampiren befreundet zu sein, oder sich über ihren Vampirhass ärgerte. Schließlich seufzte sie und ging an Bly vorbei auf Havenwhile zu, nicht ohne einen letzten Blick über die Schulter Richtung Vagaris zu werfen.

Die Vampire waren für sie die vertrautere Gefahr, und der Mensch entschied sich immer für die Angst, die er bereits kannte.

Bestimmt steckt nicht mehr dahinter, dachte Bly.

Sie wanderten schweigend dahin, während die Bäume um sie herum immer dichter wurden. Dann öffnete sich vor ihnen plötzlich eine Lichtung, und grelles Weiß funkelte ihnen entgegen.

»Schnee?« Elise blieb stehen und kniff die Augen zusammen.

»Nein.« Bly grinste und beschleunigte ihre Schritte, wobei sie die Sorge auf dem Gesicht ihrer Schwester geflissentlich ignorierte.

Am Rand der kleinen Lichtung, auf der das Gras wild um moosbedeckte Steine und schneeweiße, üppig aus dem Boden sprießende Pilze wucherte, schloss Elise zu ihr auf.

»Wunderschön«, hauchte Bly, während Elise zur gleichen Zeit murmelte: »Voller Gift.«

Bly lachte. »Wie es sich für schöne Dinge gehört.«

Elise machte ein angewidertes Gesicht, und Bly bückte sich und hob zwei lange Stöcke vom Waldboden auf. »Wenn wir vorsichtig sind, haben wir nichts zu befürchten.«

Wie jeder im Ödland wusste, wies die Unterseite der Hexenpilze schwache blaue Linien auf, wenn sie mit einem Fluch belegt waren. Sie mussten sie daher nur mithilfe der Stöcke umdrehen und sich vergewissern, dass sie weiß und ungefährlich waren. Fanden sie keine blauen Adern, konnten sie die Pilze unbesorgt anfassen.

Bly stupste das erste Exemplar um und freute sich über die

saubere Unterseite. Elise holte scharf Luft, als ihre Schwester die Finger um den Stiel schloss. Bly grinste zu ihr nach oben und genoss das Gefühl der Pilzoberfläche auf ihrer Haut. Sie fühlte sich samtig weich an, zart wie eine Wolke. Fast schon magisch. Bly warf ihre Beute in das Säckchen, das sie an der Taille trug.

Elise sah ihr nervös bei der Arbeit zu. »Noch kein Fluch bisher«, sagte Bly. »Es würde schneller gehen, wenn du mir helfen würdest.«

Ihre Schwester biss sich zögernd auf die Lippe, ging dann jedoch in die Knie, um mit ihrem Stock zaghaft einen Pilz umzustoßen. Sie starrte ihn eine Ewigkeit an, bevor sie ihren Rock anhob und den Pilz mit spitzen Fingern hineinwarf.

Wenn sie beide so viele Pilze sammelten, wie sie konnten, würde Bly damit vielleicht genug Geld auf dem Markt verdienen, um sich das Kleid *und* einige Vorräte kaufen zu können.

Es dauerte nicht lange, bis sich Blys Beutel um seinen Inhalt spannte. Sie wollte sich gerade umdrehen und Elise mitteilen, dass es Zeit sei, nach Hause zu gehen, als sie den dumpfen Schlag hörte.

Auch ihr Herz führte einen dumpfen letzten Schlag aus und schien dann stehen zu bleiben. Bly atmete weiter, also musste auch ihr Herz weiterklopfen, aber sie spürte es nicht mehr.

»Elise?«, flüsterte sie.

Stille. Ihr Herz meldete sich zurück, raste viel zu schnell und hämmerte in ihren Ohren. Es wusste bereits, was Bly nicht wahrhaben wollte.

Langsam drehte sie sich um.

Elise lag auf der Seite, das goldblonde Haar auf dem Boden verteilt, die braunen Augen offen und leer. Sie sah nicht aus, als würde sie schlafen. Wie konnte das Leben nur so schnell aus diesen Augen gewichen sein?

Bly ließ sich neben ihrer Schwester auf die Erde nieder und streckte die Hand nach dem Pilz aus, den Elise immer noch umklammerte. Im letzten Moment hielt sie sich zurück. Ihre Finger zitterten so heftig, dass sie mehrere Versuche benötigte, um ihn mit ihrem Stock umzudrehen.

Ein hellblauer, kaum sichtbarer Streifen verlief entlang des Stiels. Leicht zu übersehen.

Bly schüttelte Elise. Sie war noch warm. Es würde alles wieder gut werden. Sie würde ihre Schwester von der Lichtung wegziehen und sich mit ihr irgendwo verstecken, bevor die Hexen sie fanden. Dann würde sie warten, bis der Schlafzauber seine Wirkung verlor, und schon konnten sie zusammen nach Hause gehen.

Es ist nur ein Schlafzauber. Nur ein Schlafzauber. Sie schläft, das ist alles.

Jedes Mal, wenn sie sich das einredete, fühlte es sich mehr wie eine Lüge an.

Ein Mensch, der schlief, sah anders aus.

Wieder stupste Bly den Pilz mit dem Stock an, und jetzt sah sie ihn, den winzigen braunen Punkt, der die glatte weiße Oberfläche störte. Sie zerdrückte den Pilz, und sein Fleisch fiel widerstandslos auseinander und gab den Blick auf einen kleinen Nachtschattendorn frei. Als Bly ihn sah, schnürte sich ihr die Kehle zu. Sie wusste, um was es sich dabei handelte: Dem Dorn wohnte ein Todesfluch inne, den die Hexen wiederum in einem Schlafzauberpilz versteckt hatten. Eine Falle innerhalb einer Falle. Niemals hätte Bly für möglich gehalten, dass die Hexen so boshaft sein konnten. Ihr Bauch krampfte sich zusammen.

Und dann begannen auch schon schwarze Adern von Elises Fingerspitzen aus über ihre Haut zu wandern, ein Netz zu spinnen bis zu ihren Wangen. Es war das Zeichen des Todes. Wie lange hatte ihre Schwester noch zu leben? Ein Jahr? Eine Woche? Nur wenige Sekunden? Jeder Todesfluch war anders, und Bly klammerte sich an die letzten, immer dünner werdenden Fasern der Hoffnung, bis sich Elises Lippen bläulich verfärbten und näher kommendes Stimmengewirr sie zwang, aufzublicken.

Die Hexen waren im Anmarsch, auch wenn sie sie noch nicht sehen konnte. Sie beugte sich dicht über Elises Lippen und hielt die Luft an, als könnte sie ihre Schwester wieder zum Leben erwecken, indem sie sich selbst das Atmen versagte.

Nichts.

Gelächter schallte durch den Wald. Es klang so leicht und fröhlich. Ihm lauschen zu müssen, während sie in die leeren Augen ihrer Schwester starrte, löste in Bly den Wunsch aus, sich die Ohren zuzuhalten, laut zu schreien und nie wieder aufzuhören.

Aber sie musste weg, ihr blieb keine Zeit.

Die Hexen würden gleich hier sein. Es hieß, sie spürten es, wenn ein Mensch einen verzauberten Pilz berührt hatte.

Bly drehte Elise auf den Rücken und versuchte, sie unter den Armen zu packen. Der Kopf ihrer Schwester sackte leblos zur Seite und zerquetschte weitere Pilze. Bly unterdrückte ein Schluchzen. Sie verschränkte die Arme unter Elises Achseln und zerrte sie einige Meter über den Boden, doch obwohl sie größer und älter war, war ihre Schwester schon immer die Kräftigere gewesen, mit starken Muskeln, die sich unter ihren üppigen Kurven verbargen.

Es gab kein Entrinnen. Die Stimmen wurden immer lauter.

Nichts lebte mehr in Elises noch immer offenen Augen.

Tot – das Wort breitete sich in Blys Verstand aus.

Elise war tot.

Und auch Bly würde sterben, wenn sie den Körper ihrer Schwester nicht aufgab.

Ihre Schwester hätte gewollt, dass sie davonlief. Eine Leiche ist nur noch eine Leiche, hätte sie gesagt. Kein Mensch mehr, den man retten kann.

Also legte Bly sie sanft auf dem Boden ab und drückte ihre Augenlider zu, die weich und glatt waren wie die Pilze, die sie getötet hatten. Die Hexen sollten die Augenfarbe ihrer Schwester nicht sehen. Sie hatten es nicht verdient, so viel Schönheit zu erblicken.

Elise hätte sie angeschrien, weil sie noch immer nicht geflohen war, hätte sie gefragt, warum sie so etwas Überflüssiges tat.

Bly rannte von der Lichtung weg, suchte Zuflucht zwischen den Bäumen. Sie hätte weiterlaufen müssen, zog sich jedoch in die Äste einer dunklen Eiche hinauf. In genau so einem Baum hatte sie in ihren Tagträumen gewohnt. Erschöpft versteckte sie sich im dichten Eichenlaub.

Die Hexen waren allesamt in gedeckte Braun- und Grüntöne gekleidet, die sich perfekt in den Wald einfügten. Bly nahm sie erst wahr, als sie lautlos die Lichtung betraten. Sie trugen Kronen aus grünen Blättern im Haar und bewegten sich mit einer Langsamkeit, die sie wie uralte Bäume erschienen ließen, die nur für einen kurzen Moment menschliche Gestalt angenommen hatten.

Es waren drei. Mit blitzenden Augen sahen sie sich um. Bly hatte das leuchtende Blau von Hexenaugen immer als schön empfunden, doch nun kam es ihr grell und aufdringlich vor.

Die drei Gestalten zertraten eigenartigerweise keinen einzigen Pilz. Zwei von ihnen legten eine Trage aus Sackleinen neben Elise ab, und die dritte beugte sich über ihren leblosen Körper und hielt ihr zwei Finger an den Hals. Zusammen rollten die Hexen Elise auf die Trage. Eine von ihnen zeigte auf die Schleifspuren auf dem Boden, woraufhin sich alle drei umsahen.

Nehmt mich mit, dachte Bly, sagte es jedoch nicht laut.

Wie gern wäre sie ebenfalls gestorben, aber damit hätte sie es sich zu leicht gemacht.

Die Hexen hielten sich nicht damit auf, nach ihr zu suchen, doch als sie die Trage hochnahmen und wieder mit dem Wald verschmolzen, hatte Bly das Gefühl, dass sie den wichtigsten Teil von ihr forttrugen. Den Teil, der zu Hoffnung fähig war.

Sie klammerte sich stundenlang an der Eiche fest und starrte zu der Stelle, an der Elise gelegen hatte, als müsste sie irgendwann wieder auftauchen.

Am Nachmittag wurde die Luft ein wenig wärmer und kühlte sich dann erneut ab, und noch immer saß Bly auf dem Baum, die Beine taub von dem Ast, auf dem sie kauerte. Zum ersten Mal in ihrem Leben war ihr Kopf vollkommen leer, ohne Träume, ohne Pläne. Als ihre Gedanken nach und nach zurückkehrten, kreisten sie um den Moment, an dem ihre Schwester zu Boden gesunken war. Dann wanderten sie weiter zurück zu jeder Sekunde, die diesem Moment vorausgegangen war, zu jeder Chance, die Elise ihr gegeben hatte, ihr Vorhaben aufzugeben und nach Hause zurückzukehren. Zu jeder Gelegenheit, zu verhindern, was passiert war.

Blys Hals brannte.

Der Himmel nahm ein schreckliches, beinahe schwarzes Dunkelblau an. Sie hatte die Farbe der Stunde zwischen Tag und Nacht immer geliebt, doch nun erinnerte sie sie daran, wie schnell sich das Gift unter Elises Haut ausgebreitet hatte.

Das gleichmäßige Knistern von Laub ließ sie aufschrecken. Vielleicht waren die Hexen zurückgekommen, um auch ihre Leiche zu holen? Sie fühlte sich, als wäre jedes Leben aus ihr gewichen.

»Bly?«

Es irritierte sie, ihren Namen zu hören. Wie konnten die Hexen wissen, wie sie hieß?

»Bly?«

Diesmal erkannte sie die Stimme, die durch den dichten Nebel ihrer Verzweiflung an ihr Ohr drang. Sie sorgte dafür, dass sich alles tausend Mal besser und gleichzeitig tausend Mal schlimmer anfühlte.

Emerson.

Bly versuchte, mit ihren tauben Gliedern vom Baum zu klettern. Sie rutschte ab und prallte gegen etwas Hartes, das nicht der Boden war. Emerson hatte sie aufgefangen, genau wie damals, als sie noch Kinder gewesen waren. Aber sie verdiente es nicht mehr, gerettet zu werden. Also versuchte sie, sich aus seinen Armen zu befreien, bis er sie losließ und sie eine Etage tiefer landete. Der Aufprall tat weh, und der Schmerz sorgte dafür, dass sie sich ein wenig besser fühlte.

Sie blickte in das Gesicht auf, das für sie wie ein Zuhause war: dunkle Haut mit noch dunkleren Augen, dichte Augenbrauen, die sich oft sorgenvoll zusammenzogen, volle Lippen, die er aufeinanderpresste, wenn er nachdachte. Und das tat er so gut wie immer.

Auch jetzt.

Emerson zog sie auf die Füße.

»Bly? Bly?« Er wiederholte fragend ihren Namen, während er mit den Händen über ihr Gesicht fuhr. Dann verharrte er. »Wo ist Elise?« Sein Blick verließ Bly und schweifte durch den immer finsterer werdenden Wald. »Sie hat mir einen Zettel hinterlassen. Ich bin sofort gekommen, nachdem ich ihn gefunden habe. Wie konntet ihr zwei nur so dumm sein?« Seine Augen richteten sich auf ihr Gesicht und schossen dann wieder davon. »Wo ist Elise? Bly?«

Sie erkannte deutlich den Moment, als er begriff – jenes langsame Auseinanderbrechen einer Realität, während sich dahinter eine andere, schrecklichere ausbreitete. Sein entsetztes Gesicht glich sicherlich ihrem, als sie sich umgedreht und ihre Schwester reglos auf dem Boden erblickt hatte. Nur dass es sich noch schlimmer anfühlte, dieses Entsetzen nun bei ihm zu erleben.

Emersons Lippen bewegten sich, aber Bly hörte nicht, was er sagte. Seine Hände packten ihre Arme, doch auch diese Berührung nahm sie nicht wahr. Ihr Kopf wackelte hin und her, offenbar schüttelte er sie.

Irgendwann ließ er von ihr ab und ging zu der Stelle, von der Bly ihren Blick nicht abwenden konnte. Sie beobachtete, wie er auf und ab marschierte, sich immer wieder mit den Fingern durch die dunkelbraunen, kurz geschorenen Locken strich.

Sie musste wegsehen. Bisher hatte sie die Art, wie er sich beim Nachdenken durch die Haare fuhr, immer geliebt. Sie hatte in Bly die Sehnsucht geweckt, nach seinen Händen zu greifen und sie in ihr eigenes Haar zu legen, während sie ihn küsste. Getan hatte sie es nie. Als sie Emerson nun anschaute, war die Sehnsucht verschwunden, zerstört von dem Moment, als Elise mit einem dumpfen Schlag auf dem Waldboden aufgekommen war.

Ein unerträglicher Schmerz nistete sich in Blys Brust ein, als ihr klar wurde, was sie alles verloren hatte: nicht nur ihre Schwester, sondern auch sich selbst. Sie fühlte sich bereits wie ein Mensch, der nicht wusste, was Träume waren, der sich nachts hinlegte und lediglich die Dunkelheit sah, der nur daran dachte, wie er den nächsten Tag überstehen konnte.

Dieses Gefühl der Leere machte ihr panische Angst.

Bis ihre Schuldgefühle die Überhand gewannen: Sie sorgte sich nur um ihre eigenen Träume, dabei waren es die Träume ihrer Schwester, die sie für immer zerstört hatte. Was hatte sich Elise für ihr Leben gewünscht? Bly hatte sie nie danach gefragt, war einfach davon ausgegangen, dass sie mit allem zufrieden war, weil sie stets ein sanftes Lächeln auf den Lippen getragen hatte.

Bly war eine schreckliche Schwester, nicht nur, weil sie Elise überredet hatte, mit ihr in den Wald zu kommen, sondern auch, weil ihr nie in den Sinn gekommen war, sie zu fragen, wovon *sie* träumte.

Bly setzte sich hin und zog die Beine an die Brust, machte sich so klein, wie sie sich fühlte.

Sie konnte unmöglich nach Hause gehen. Der Gedanke an das Entsetzen in den Gesichtern ihrer Eltern, wenn sie ihnen berichtete, was geschehen war, erschien ihr unerträglich. Dahinter würde das Bedauern darüber durchschimmern, dass es Elise war, die der Tod ereilt hatte, und nicht Bly. Sie selbst empfand ganz genauso, aber sie wollte nicht in die Augen ihrer Eltern blicken wie in einen Spiegel.

Irgendwann kam Emerson zurück und starrte so lange auf sie hinab, dass sie den Kopf auf die Arme sinken ließ, damit sie ihn und den Schmerz in seinem Gesicht nicht sehen musste – einen Schmerz, der ebenso gewaltig wie unauslöschlich war.

Tief in ihrem Inneren spürte sie, dass er sie verlassen würde, aber er tat es nicht. Noch nicht. Stattdessen hob er sie vom Boden hoch und trug sie nach Hause. Die Dunkelheit lag schwer über dem Ödland, als sie vor Blys Haus ankamen, wo ihre Eltern sich bestimmt schon wunderten, wo Elise den ganzen Tag gesteckt hatte, ihre Tochter, die nie herumstromerte und nie zu spät kam.

Emerson sagte kein Wort, als er sie vor der Haustür zurückließ, und das einzig Gute an der Dunkelheit war, dass sie sein Gesicht nicht erkennen konnte.

* *
*

Am nächsten Morgen ging Bly auf, dass sie noch immer das Säckchen Pilze am Gürtel trug, für das Elise mit ihrem Leben bezahlt hatte. Sie brachte die Pilze zum Markt. Das Kleid kaufte sie nicht, aber sie erstand ein farblich passendes blaues Band und wickelte es sich so eng ums Handgelenk, dass ihr die Tränen in die Augen traten.

Dann fing sie an zu planen, allerdings nicht für die Träume, die sie bis zum gestrigen Tag gehegt hatte.

Die waren mit ihrer Schwester gestorben.

ZWEI

Ein Jahr, vier Monate und elf Tage, nachdem sie ihre Schwester getötet hatte, stand Bly erneut am Waldrand. Dieser Wald war schon immer der Ort ihrer Ängste gewesen, auch wenn sie dahinter die Erfüllung ihrer Träume vermutet hatte. Jetzt lauerte in den Schatten zwischen den Bäumen zusätzlich ihre Schuld. Die Angst ließ sich verscheuchen, wenn es notwendig war, doch die Schuld war ein hungriger Wolf, der unablässig auf Beute lauerte. Sie konnte ihm nur für eine gewisse Zeit entkommen. Er nagte auch jetzt an ihr, während sie zögernd dastand, unfähig, den letzten Schritt vom schlammigen Pfad in die raschelnden Blätter und knisternden Kiefernnadeln zu wagen. Vielleicht musste sie doch keine Beeren sammeln. Besser war es, wenn sie zuerst versuchte, noch mehr Blut zu verkaufen. Sie hörte förmlich Elises Stimme im Ohr. Bestimmt hätte sie ihr das Gleiche vorgeschlagen.

Ausnahmsweise ließ sich Bly von ihren Bedenken leiten. Während sie kehrtmachte, stellte sie sich vor, die Äste der Eichen würden nach ihr greifen, würden versuchen, sie in ihre Mitte zu ziehen, damit sie Buße leistete. Aber das war lächerlich. Ihre Schuld lebte nicht in diesem Wald.

Sie lebte in ihren Knochen.

Bly zupfte an dem ausgefransten blauen Band an ihrem Handgelenk, während sie durch die struppige, tot wirkende Wiese zurück zum Dorf ging. Sie versuchte, nicht an ihre Schwester zu denken. Es fiel ihr schwer, denn wenn sie sie verdrängte, verstärkte sich ihre Schuld noch. Für einen Moment blieb Bly stehen und atmete tief durch, damit ihre schmerzhaften Erinnerungen sie nicht lähmten. Dann hätte sie niemandem mehr etwas genutzt.

Zum zweiten Mal in ihrem Leben hatte sie einen echten Plan, nicht nur unbestimmte Träume. Doch diesmal war alles anders. Sie war kein Kind mehr, das zu viele Bedürfnisse hatte und nur an sich dachte.

Ihr Herzschlag verlangsamte sich. Sie fühlte sich schwach, und ihr Blick schien von einem flimmernden dunklen Rand umgeben zu sein, aber das lag am Blutverlust und nicht daran, dass sie sich ihrem Kummer hingab. Bly hatte sich längst an den Schwindel gewöhnt, der damit einherging, dass sie von allem zu wenig hatte – zu wenig Blut in ihren Adern und zu wenig Nahrung im Bauch. Als sie sich wieder in Bewegung setzte, waren ihre Schritte dennoch fest und gleichmäßig. Sie beobachtete, wie ihre Stiefel immer tiefer im Schlamm des Pfads versanken, bis sie die ersten Holzhäuser erreicht hatte und der Weg breiter wurde. Weniger tückisch war er hier dennoch nicht, denn die Pfützen sahen zwar klein aus, waren jedoch umso tiefer und verschlangen einem das halbe Bein. Wer einmal in eine getreten war, vergaß es nie wieder und schlängelte sich fortan erfolgreich um sie herum. Nur die Kinder waren noch jung genug, um sich nicht an der Feuchtigkeit und Kälte zu stören.

Bly erinnerte sich noch gut an ihre eigene Kindheit, auch wenn es ihr lieber gewesen wäre, sie hätte sie vergessen. Elise, Emerson und sie hatten immer kleine Stöcke am Waldrand gesammelt und sie mit frischen, biegsamen Kiefernnadeln zusammengebunden. Dann hatten sie ihre selbst gebauten Wasserfahrzeuge in die tiefsten Pfützen gesetzt und sie mit Steinen beschwert, um zu sehen, welches am widerstandsfähigsten war. Emerson und Elise waren handwerklich geschickter und pragmatischer, und so hatte die auf Ästhetik bedachte Bly jedes Mal verloren. Sie wollte, dass ihre Boote in Schönheit untergingen.

Voller Wehmut dachte sie daran zurück. Sie war immer schon zu eitel gewesen. Die Haut unter ihrem Armband spannte plötzlich und brannte, und Bly fragte sich, ob sie es fester zugeschnürt hatte als sonst.

Sie riss sich von ihren gefährlichen Erinnerungen los und konzentrierte sich auf die erschöpften Bewohner des Ödlands, die mit ausdruckslosem Blick an ihr vorbeigingen. Diese Menschen hatten schon vor langer Zeit vergessen, wie es gewesen war, als die Pfützen ihnen noch Freude bereitet hatten. Ihre Welt war brutal und kalt. Sie war kein Ort für Träumer, aber Bly hatte noch einen letzten Traum, an den sie sich klammerte, bevor sie sich dem Schicksal dieser Leute ergab.

Und um ihn wahr werden zu lassen, brauchte sie noch mehr Geld.

Das Ödland war ein langer, schmaler Streifen Land, in dem die Menschen in kleinen Dörfern lebten. Zwischen diesen Dörfern fanden Märkte statt, die teilweise von Vampiren und Hexen betrieben wurden. Die Häuser wurden schöner, je näher man einem solchen Markt kam, denn sie gehörten jenen Bewohnern, die mit den Vampiren oder Hexen zusammenarbeiteten. Es waren Spione, die ihre Auftraggeber informierten, wenn jemand zu lange verschwand. Dann trommelten diese eine Jagdgesellschaft zusammen und durchkämmten den angrenzenden Wald. Die Vampire und Hexen machten es den Menschen so schwer wie möglich, aus dem Ödland zu fliehen, was Bly in ihrem Glauben bestärkte, dass es jenseits dieser trostlosen, zwischen Vagaris und Havenwhile eingezwängten Welt noch eine andere geben musste. Im Grunde war es großes Glück gewesen, dass sie damals, vor einem guten Jahr, doch keinen Fluchtversuch unternommen hatte, denn ihre Pläne hatten sich allein auf die Zeit danach beschränkt. Manchmal war sie selbst erschrocken darüber, wie leichtsinnig sie gewesen war.

Bly erreichte den Markt, der ihrem Dorf am nächsten war, und trat vom matschigen Weg auf eine gepflasterte Straße. Während den Vampiren und Hexen das Elend, in dem die meisten Menschen leben mussten, vollkommen gleichgültig zu sein schien, hatten sie für sich selbst höhere Ansprüche. Anfangs hatten sie versucht, die Straßen der Märkte mit glänzend weißen Steinen zu pflastern, doch da die Menschen zu viel Schmutz mit sich herumtrugen, war ihre Wahl schließlich auf glatte, runde Kiesel in verschiedenen Farben gefallen. Früher hatte sich Bly noch darüber geärgert, dass sie lediglich die Farbe der Steine verändert hatten, statt die löchrigen, ständig unter Wasser stehenden Wege durch die Dörfer auszubessern. Jetzt kümmerten sie derartige Kleinigkeiten nicht mehr. Sie war nur dankbar, dass ihre Füße auf dem Markt nicht nass wurden und froren.

Während sie an den äußeren Marktständen vorbeiging, die von Menschen betrieben wurden, hielt sie den Kopf gesenkt und zog sich ihre graue Kappe tiefer in die Stirn. Diese Stände waren einfache Holztische, auf denen im Wald gesammelte Pilze oder Beeren ausgebreitet waren oder Ramsch gegen anderen Ramsch getauscht wurde. Dann folgten jene Stände, an denen Bewohner des Ödlands ihre Ware im Auftrag von Vampiren oder Hexen verkauften. Aus Havenwhile stammten beispielsweise sämtliche Lebensmittel, die nicht im Wald oder auf den Wiesen gesammelt werden konnten, denn auf den sumpfigen Feldern, die die Menschenansiedlungen säumten, wuchs kaum etwas. Die Hexen belieferten die Märkte mit Brot, Kartoffeln, Äpfeln und selteneren Früchten wie Orangen. Ihr Zitrusduft hatte Bly früher immer dazu gebracht, stehen zu bleiben und zu schnuppern. So hatten ihre Träume gerochen, und manchmal verharrte sie noch immer vor den Ständen und dachte daran zurück, wie viel Hoffnung vor Elises Tod ihr Herz erfüllt hatte. Heute hingegen verlangsamte sie nicht einmal ihre Schritte und ging genauso eilig an den von Vampiren belieferten Ständen vorbei, an denen Fleisch, Stoffe, Metalltöpfe und Messer feilgeboten wurden. Produziert wurden alle diese Dinge von Menschen, und auch das Verkaufspersonal bestand aus Bewohnern des Ödlands. Während die Vampire und Hexen den Großteil des Profits einheimsten, bekamen die Menschen kaum genug zum Leben. Schließlich mussten sie hungrig bleiben, damit sie weiter gezwungen waren, ihr Blut zu verkaufen.

Bly konnte nicht verhindern, dass die altvertraute Wut in ihr hochkochte. Weder Vampire noch Hexen kamen ohne die Menschen aus, warum verurteilten sie sie also zu derartiger Armut? Nach dem tragischen Tod von Emersons Schwester hatten ihr Kindheitsfreund und sie viele Tage am Waldrand verbracht, auf Kiefernnadeln herumgekaut und ihrem Zorn über die Ungerechtigkeit der Welt freien Lauf gelassen. Sie waren sich einig gewesen, dass die Menschen sich gegen ihre gnadenlosen Herrscher erheben und die Kontrolle über ihr Leben zurückerobern müssten. Letzten Endes hatte Emerson jedoch resigniert die Schultern gezuckt: Sie seien zu schwach, um siegreich aus einem Aufstand hervorzugehen. Die Bewohner des Ödlands hätten es in der Vergangenheit immer wieder versucht, und es habe nie gut geendet. Wozu etwas wiederholen, das nur zu noch mehr Tod und Gewalt führen würde? Sie müssten aufhören, so zu tun, als hätten sie eine Chance. Bly hatte damals die Furcht in seinem Gesicht erkannt, eine Furcht, unter der er seine Wut erfolgreich begrub. Er hätte es niemals ertragen, noch mehr Menschen zu verlieren, die er liebte, also würde er ein ruhiges, unauffälliges Leben führen.

Bly wäre ihm blindlings in eine Revolution gefolgt, wenn er es von ihr verlangt hätte, deshalb hatte er sie mit seiner sachlichen Vernunft vermutlich beide gerettet. Es hieß, vor einigen Jahren hätte wieder eine Rebellengruppe versucht, Menschen durch den Wald in die Freiheit zu schmuggeln. Den Gerüchten zufolge sogar mit einigem Erfolg, bis die Anführer erwischt und umgebracht worden waren. Die Leute erzählten sich, es seien auch Vampire Teil der Gruppe gewesen, aber das war schwer zu glauben. Welches Motiv hätten sie haben sollen, ihren unfreiwilligen Blutspendern zur Freiheit zu verhelfen?

Die Vampire und Hexen organisierten das Leben der Menschen im Ödland so, dass diese im Grunde einfach nur existierten. Sie starben weder aus, noch war ihr Dasein lebenswert. Das Leben hier war nicht fair, genauso wenig wie der Tod. So funktionierte es nun mal in dieser Welt, solange sich die Leute zurückerinnern konnten.

Es gab eine Legende, die erklärte, wie die heutige Ordnung der Dinge entstanden war. Sie bestand sowohl aus wahren als auch aus erfundenen Elementen – welche das waren, hing vom Erzähler ab –, aber das meiste stimmte in allen Versionen überein: Vor langer Zeit hatte es weder Vampire noch Hexen gegeben, nur Menschen, die in einer magischen Welt zusammengelebt hatten. Die Natur hatte ihnen alles gegeben, was sie brauchten, und noch mehr. Wer glänzende Haare wollte, braute das Blütenblatt einer Lilie zu Tee, wer Husten hatte, trank Wasser aus einem bestimmten Fluss, und eine goldene Beere von einem weit entfernten Strauch bewirkte, dass man ein Jahr länger zu leben hatte. Jeder konnte sich dieser Magie bedienen, konnte die Schätze der Natur so verwenden, wie ihm beliebte, und vielleicht hätten alle glücklich und zufrieden sein können, wenn die Wünsche der Menschen nicht überhandgenommen hätten. Schon bald waren alle goldenen Beeren geerntet und alle Lilien verblüht.

Die Magie verschwand, dabei konnten die Menschen nicht mehr ohne sie leben. Irgendwo musste sie weiterexistieren, und man raunte sich zu, es gebe einen Heiligen Teich, dessen Wasser verzaubert sei. Die Menschen suchten lange danach, bis sie auf ein tiefes Gewässer in einem einsamen Wald stießen, dessen Oberfläche in vielen magischen Farben schimmerte. Von nah und fern kamen die Bewohner, um das Wasser zu trinken, in der Hoffnung, dass es ihnen die Macht zurückgab, die ihnen entronnen war. Aber die Wirkung war nicht bei allen dieselbe: Einige wurden zu Hexen, mit Augen wie schimmernde Seen und der Fähigkeit, durch ihre Zauberkräfte die Dinge wieder mit Magie aufzuladen. Andere kehrten als Vampire zurück, mit Augen so dunkel wie Eichenrinde nach dem Regen und neuen, rohen Kräften. Sie waren schnell und stark, erholten sich umgehend von sämtlichen Verletzungen, waren unsterblich. Wieder andere Bewohner schienen vom Wasser des Teichs unverändert zu bleiben.

Nachdem der letzte Tropfen getrunken war, fingen die Leute an, mit ihren Gaben zu experimentieren. Die Vampire stellten fest, dass ihre Kräfte dahinschwanden, bis sie schließlich ihren Gelüsten nach menschlichem Blut nachgaben. Die Hexen probierten aus, welche Zutaten sie brauchten, um Früchte oder Blüten mit Zauberkräften aufzuladen, und versuchten es instinktiv mit ihrem eigenen Blut. Als das nicht klappte, schlug eine von ihnen menschliches Blut vor, worüber die anderen anfangs lachten – waren die Menschen doch diejenigen, um die die Magie scheinbar einen Bogen gemacht hatte. Aber irgendwann testete eine Hexe die Wirkung, und siehe da, es funktionierte.

Ebenjene, die gedacht hatten, der Teich hätte ihnen nichts gegeben, stellten fest, dass sie den Schlüssel zur Magie der anderen in den Händen hielten. In einer gerechteren Welt wären sie durch diese Macht zu Göttern geworden. Früher hatte Bly sich manchmal ausgemalt, wie es in einer solchen Welt gewesen wäre.

Stattdessen wurden die Menschen zum Ersatz für die Blätter, das Gras, die Blumen – all die Dinge, die vor dem Verschwinden der Magie mit Füßen getreten worden waren.

Die Hexen und Vampire begannen, sie zu jagen, weil sie ihr Blut brauchten, während sie sich gleichzeitig gegenseitig bekämpften, in dem Glauben, sie seien mehr von Magie gesegnet als die Gegenseite und hätten es daher verdient, die Herrscher des neuen Reichs zu sein.

Mit der Zeit merkten sie, dass sie einander ebenbürtig waren und dass die eine Sache, die sie beide brauchten, dabei war, auszusterben: die Menschen. Ein Waffenstillstand wurde ausgerufen, in dessen Zuge die Macht zwischen Hexen und Vampiren aufgeteilt und Schutzmaßnahmen zur Erhaltung der menschlichen Art ergriffen wurden.

Bly fröstelte. Sie und die anderen Bewohner des Ödlands waren seither zwar davor geschützt, abgeschlachtet zu werden, aber vor der immerwährenden Kälte bewahrte sie niemand. Auch nicht vor einem Leben im Elend.

Die Märkte waren neutrale Orte, an denen alle drei Volksgruppen unbehelligt miteinander Handel treiben konnten – zumindest weitgehend. Um dies zu gewährleisten, lungerten auf der einen Seite Wachleute aus Vagaris zwischen den Ständen herum, bekleidet mit blutroten Uniformen und hohen schwarzen Stiefeln, die glänzten wie hungrige Vampiraugen. Auf der anderen Seite mischten sich Wachleute aus Havenwhile unters Volk, die dunkelbraune Umhänge trugen und deren Gürtel Dutzende Taschen für Zaubergegenstände aufwiesen. Die Wachen sollten eingreifen, falls irgendjemand sich auf gesetzeswidrige Weise an den Menschen vergriff.

Bly hatte so etwas erst einmal erlebt: Eine Frau war versehentlich gegen einen Vampir gestoßen, der sich umgedreht und in ihren Hals gebissen hatte, bevor sie auch nur hatte schreien können. Die Hexenwachen waren nur eine Sekunde später zur Stelle gewesen, hatten den Vampir mit einem Zauber überwältigt und ihn in Richtung Havenwhile davongeschleppt. Denn dies war die Strafe für ein solches Verhalten: Die Gegenseite durfte den Täter mitnehmen. Der Vampir hatte lautstark protestiert, und seine wütenden Schreie hätten Bly sicher bis in ihre Träume verfolgt, hätte sich der Anblick der inzwischen toten Frau nicht noch tiefer in ihr Bewusstsein eingebrannt. *Das* war es, was wirklich ihre Träume heimsuchte: ein verlorenes Leben wegen eines Schulterremplers.

Bly erreichte den Hexenteil des Marktes, in dem jene Waren verkauft wurden, die die Hexen nicht menschlichen Verkäufern anvertrauen wollten. Sie hasste diesen Bereich, genau wie die blauen Augen der Standbetreiberinnen, die farblich zu dem Band an ihrem Handgelenk passten. Sie erinnerten sie an die giftigen Adern der Pilze, an Elises Lippen an jenem verhängnisvollen Tag.

Beim Gedanken daran setzte Blys Herz einen Schlag aus, doch sie biss die Zähne zusammen und näherte sich dem Blutstand. Von den wenigen Menschen einmal abgesehen, die Hexen und Vampire verehrten und hofften, eines Tages wie sie zu sein, hassten fast alle Bewohner des Ödlands eine der beiden Volksgruppen noch mehr als die andere. Vampire waren brutal und blutrünstig, aber wenigstens fielen sie ihre Opfer direkt an, ohne Umschweife. Sie waren wie Berglöwen, unfähig, ihre wahre Natur zu verbergen, trat sie doch überdeutlich zutage, wenn sie lächelten und ihre Eckzähne aufblitzten. Die Hexen hingegen waren hinterhältig, sie versteckten sich hinter ihren Zaubern. Bly fand es viel schlimmer, wenn man vordergründig so tat, als hätte man es nicht auf menschliches Blut abgesehen, während man heimlich auf der Lauer lag. Sie war einmal darauf hereingefallen, ein zweites Mal würde es ihr nicht passieren. Inzwischen stand für sie fest: Das größere Übel war jenes, das einem ohne warnende Eckzähne entgegenlächelte.

Aber sie hatte den Vampiren heute schon Blut verkauft, daher blieb ihr nur der Hexenbereich. Der Blutstand der Hexen wuchs buchstäblich aus dem Boden, ein dichter Strauch, dessen Zweige schachbrettartig miteinander verwoben waren und den Anschein eines Tischs mit Seitenwänden und Dach erweckten. Er war natürlich das Ergebnis eines Hexenzaubers, denn hier im Ödland wuchs fast nichts, schon gar nicht so üppig. Ein junger Hexer lehnte am Stand und pflückte immer wieder ein widerspenstig zur Seite abstehendes Blatt ab, das jedes Mal sofort nachwuchs. Seine dunklen Augenbrauen zogen sich verärgert zusammen, und sein Gesichtsausdruck wurde auch nicht freundlicher, als er zu Bly aufblickte. Er hatte die gleichen seeblauen Augen wie alle anderen Bewohner der Hexenstadt und musterte Bly von ihren schlammverkrusteten Stiefeln bis zu den dunkelvioletten Ringen um ihre dunkelgrünen Augen. Dass sie ein Mensch war, war nur allzu offensichtlich.

»Vergeude nicht meine Zeit«, sagte er und wandte sich wieder seinem Blatt zu.

»Ich will Blut verkaufen.«

»Nein.«

»Warum nicht?«

Er seufzte und stellte sich aufrecht hin, winkte sie mit zwei Fingern zu sich.

Nachdem sie näher an ihn herangetreten war, griff er nach ihrer Hand und zog sie so ruckartig und unsanft nach vorn, dass einige Äste des Tischs durch Blys Rock hindurch ihre Haut zerkratzten. Sie biss sich auf die Lippe, während der Hexer ihren Ärmel bis zum Ellbogen nach oben zerrte und einen blauen Strich an ihrem Handgelenk entblößte. Wenn ein Mensch Blut verkaufte, wurde sein Arm mithilfe eines Zaubers markiert. Der Strich verblasste erst, wenn genügend Zeit verstrichen war und der jeweilige Spender wieder gefahrlos zur Ader gelassen werden konnte. Die Vampire und Hexen brauchten zwar Blut, aber es war auch wichtig für sie, dass möglichst viele Menschen am Leben blieben.

Der Mund des jungen Mannes verzog sich zu einem höhnischen Grinsen. »Meinst du, ich erkenne nicht aus einer Meile Entfernung, dass du ausgeblutet bist? Geh mit deiner Verzweiflung woandershin.«

Er ließ Bly so abrupt los, dass sie nach hinten taumelte und beinahe gestürzt wäre. Am liebsten hätte sie ihn zum Kampf herausgefordert, ihn gezwungen, hinter seinem Stand hervorzukommen, damit sie *sein* Blut vergießen konnte. Doch er beschäftigte sich schon wieder mit dem Blatt, das eine noch größere Unannehmlichkeit zu sein schien als sie. Ein lästiger Mensch ließ sich leichter beiseiteschieben als ein durch Magie zum Wachsen verurteilter Trieb. Blys Gesicht glühte vor Scham und Wut. Einige Umstehende warfen ihr traurige Blicke zu, und sie fragte sich, was sie wohl dachten. Ihre Eltern hatten bessere Berufe als die meisten anderen. Sie litten keinen Hunger, warum verkaufte ihr Kind also so viel Blut? Die Leute vermuteten bestimmt alle dasselbe.

So kurz vor den Spielen wurde generell mehr Blut auf dem Markt verkauft als sonst.

Bly strich sich den Rock glatt, als könnte sie die Schaulustigen damit ablenken, und nahm Kurs auf den Vampirbereich. Wenn sie Glück hatte, hatte Osmond schon Feierabend. Normalerweise verkaufte sie ihr Blut am liebsten an ihn, denn er war ganz in Ordnung, zumindest für einen Vampir. Aber er duldete nicht, dass sie mehr Blut ließ als erlaubt, und der andere Vampir, der am Blutstand arbeitete, legte die Regeln weniger streng aus. Glaubte man den Gerüchten, zapfte Victor seinen Kunden so viel Blut ab, wie sie ihm zugestanden, und falls sie sich verschätzten, warf er ihre Leichen kurzerhand vor die Tore des Dorfs. Dieses Schicksal hatte offenbar schon mehr als einen hungernden Menschen ereilt.

Im Vampirteil des Markts waren die Stände aus steinernen Säulen und kaltem Stahl errichtet, der in den seltenen Sonnenstrahlen glänzte. Victor lag ausgestreckt auf seinem Stand, die Arme hinter dem Kopf verschränkt. Nur wohlgenährte Vampire ertrugen es, sich in der Sonne aufzuhalten. Vampirkörper funktionierten nicht wie die von Menschen oder Hexen – ihre Herzen schlugen nicht, und die Hexen behaupteten, daran erkenne man, was für abscheuliche Wesen sie seien. In Wahrheit bedeutete es nur, dass sie von Magie am Leben erhalten wurden, und wenn diese Magie ihren Treibstoff nicht bekam, wurde sie schwächer und versagte ihren Dienst. Victor befand sich direkt an der Quelle dieses Treibstoffs, und es war mehr als offensichtlich, dass er reichlich Gebrauch davon machte. Beim Gedanken daran rebellierte Blys Magen. Auch nach über einem Jahr hatte sie sich noch nicht daran gewöhnt, ihr Blut zu verkaufen.

Victor machte sich nicht die Mühe, die Augen zu öffnen, als sie vor ihm stehen blieb. In ihrem Bauch rumorte es erneut, aber sie brauchte das Geld. Entweder sie verkaufte mehr Blut, oder sie musste in den Wald.

Bly räusperte sich, und der Vampir wandte träge den Kopf und machte langsam eins seiner dunkelgrauen Augen auf.

Er sah sie kaum an, bevor er es wieder schloss und sein Ge-

»Bitte …«, setzte Bly erneut an.

»Nein.« Osmonds Stimme war schroff, sein Blick hart. Wie viel Freundlichkeit er den Menschen auch entgegenbrachte, die hier ihr Blut ließen, er war immer noch ein Vampir und hielt sich an die Gesetze von Vagaris. Und wenn doch einmal ein Mitglied seines Volkes die Regeln brach, dann nur, um den Menschen noch mehr Leid zuzufügen, nicht, um ihnen zu helfen.

Bly stand auf. Ihre Knie zitterten so heftig, dass sie vermutlich ohnmächtig geworden wäre, wenn Victor ihr tatsächlich Blut abgezapft hätte. Vielleicht wäre sie sogar gestorben, und ihr Leichnam wäre auf dem gefrorenen Schlamm hinter dem Dorf gelandet. Auch wenn Emerson und sie sich nicht mehr so nahestanden wie früher, hätte er sich sicher einen Moment Zeit genommen, um sie zu trauern. Womöglich hätte er sich schuldig gefühlt wegen der Kluft, die seit Elises Tod zwischen ihnen entstanden war.

Aber Bly würde heute nicht sterben. Zumindest nicht hier auf dem Markt.

Sie warf einen Blick zum Himmel. Die Sonne stand noch im Osten, es war nicht einmal Mittag. Ihr blieb genügend Zeit, einen Ausflug in den Wald zu wagen und vor Sonnenuntergang zurück zu sein.

Wenn sie auch nur die kleinste Chance darauf haben wollte, bei den Spielen der Wiederkehr das Leben ihrer Schwester zurückzugewinnen, musste sie ihre Angst überwinden.

DREI

Die Spiele standen kurz bevor, und Bly war noch lange nicht bereit. Mit ihrem Messer – Emerson hatte es ihr gegeben, nachdem Elise gestorben war – konnte sie inzwischen halbwegs umgehen. Zwar hatte er ihr nicht beigebracht, wie man damit kämpfte, aber sie hatte auf eigene Faust trainiert, hatte es in die Hand genommen und selbst erfundene Bewegungsabläufe durchgeführt. Außerdem hatte sie über ein Jahr damit verbracht, sich mit der Wirkmacht von Hexenzaubern zu beschäftigen. Zu wissen, wie man sie anwendete, brachte jedoch nichts, wenn man nicht selbst Zaubergegenstände besaß. Auch einen dickeren Wintermantel hätte sie gut gebrauchen können, denn der konnte den Unterschied zwischen dem Erfrierungstod im eiskalten Wald und dem Sieg bei den Spielen bedeuten. Darüber hinaus hätte sie Zeit benötigt, um ihre Muskeln zu stählen, aber das war leider keine Option. Bly hätte es niemals ertragen, ein weiteres Jahr die Blicke ihrer Eltern auf sich zu spüren, die sich wünschten, sie wäre Elise, ein weiteres Jahr Emersons kühles, distanziertes Verhalten über sich ergehen zu lassen. Ihre Befürchtung war, dass sie die letzte Hoffnung verlor, wenn sie noch länger wartete.

Ihre Schritte beschleunigten sich, als sie sich zurück durchs Dorf Richtung Waldrand schlängelte. Schlamm spritzte auf den Saum ihres Rocks, doch das war ihr egal.

Die Spiele der Wiederkehr fanden nur einmal im Jahr statt, und für Bly lautete die Devise: dieses Jahr oder nie.

Der Wettkampf war ein weiteres Instrument, das dazu dienen

sollte, den Frieden zu wahren, denn der ursprüngliche Waffenstillstand zwischen den Vampiren und Hexen bröckelte. Nachdem sie beinahe die Menschen ausgerottet hatten, hatten sie angeblich darauf zurückgegriffen, das Blut ihrer größten Feinde zu probieren, und die Vampire hatten rasch festgestellt, dass Hexenblut nicht nur köstlich schmeckte, sondern ihre Kräfte auch um das Zehnfache steigerte. Und die Hexen hatten unterdessen herausgefunden, dass sie mithilfe von Vampirblut deutlich mächtigere Zaubertränke brauen konnten, unter anderem einen, der ihnen Unsterblichkeit verschaffte, das Einzige, was sie den Vampiren neideten. Chaos war über das Land hereingebrochen, und noch während sich die Vampire und Hexen gegenseitig abgeschlachtet hatten, hatten die verbliebenen Menschen eine Revolte angezettelt, die beinahe erfolgreich gewesen wäre.

Bly musste schmunzeln, wann immer sie an diesen Teil der Geschichte dachte. Die Menschen waren so kurz davor gewesen, zu siegen und zu beweisen, dass sie genauso stark waren wie ihre Unterdrücker. Sie wünschte, sie wäre damals dabei gewesen, doch die Revolte war schon so lange her, dass die müden Gesichter der Dorfbewohner keinerlei Erinnerung mehr daran enthielten. Die Macht, die ihre Vorfahren um ein Haar an sich gerissen hätten, war zu einem grausamen Mythos verkommen.

Der drohende Sieg der Menschen hatte bewirkt, dass sich die Vampire und Hexen miteinander verbündet hatten. Strengere Regeln waren aufgestellt worden, nicht nur, was den Handel mit Menschenblut betraf. Von nun an durften sich die beiden Seiten kein Blut mehr verkaufen, nicht einmal mehr das eigene, damit ihr Blutdurst nicht außer Kontrolle geriet. Aber die Gelüste der Vampire und Hexen verlangten nach einem anderen Ventil, und so waren die Spiele entstanden.

Sie fanden jedes Jahr zu Beginn des Winters statt und dauerten zwei Wochen. Menschen, die dazu antreten wollten, wählten zunächst die Seite, für die sie kämpfen wollten. Sowohl Havenwhile als auch Vagaris versprachen dem Sieger Wohlstand, doch die Hexen holten für denjenigen, der ihnen den hochrangigsten Vampir brachte, zusätzlich eine Person aus dem Tod zurück, während die Vampire im Gegenzug für die mächtigste Hexe Unsterblichkeit boten.

So erhielt der Wettkampf seinen Namen: *Spiele der Wiederkehr*. Die Hexen erweckten einen Menschen aus der Totenwelt, und die Vampire machten ihren Gewinner zu einem der Ihren und retteten ihn vor einem Leben, das dem Tod gleichkam.

Viele Bewohner des Ödlands wuchsen mit dem Traum auf, eines Tages bei den Spielen ihr Können zu beweisen. Andere, wie Bly, wurden durch ein schreckliches Erlebnis so verzweifelt, dass sie versuchten, mit ihrer Teilnahme ihre Albträume zu verscheuchen.

Vampire und Hexen konnten selbst nicht teilnehmen, schließlich ließen sich Hexen nicht in Vampire verwandeln, und auch der Auferstehungszauber der Hexen funktionierte nur bei Menschen. Manche sagten, dies sei ein Geschenk für die Menschen, die ansonsten in der Welt der Magie benachteiligt seien.

Selbst ausführen konnten sie den Zauber allerdings nicht, und ein Geschenk, das von gierigen Händen gewährt wurde, war nichts als ein Fluch. Bly spürte die volle Last dieses Fluchs.

Für einen kurzen Moment verharrte sie auf ihrem Weg zum Wald. Ein kalter Windzug strich um ihre Knöchel, während sie tief durchatmete, bemüht, einen vertrauten Zorn in sich zum Verstummen zu bringen. Das Schlimmste für sie war, dass sie ausgerechnet eine Hexe brauchte, um Elise zurückzuholen. Sie benötigte die Hilfe ebenjenes Volks, das ihr ihre Schwester genommen hatte.

Auch wenn sie die Spiele nicht selbst gewinnen konnten, liebten es sowohl Hexen als auch Vampire, im Hintergrund die Fäden zu ziehen. Schon Tage vor Beginn öffneten sie die Tore ihrer Städte und hielten neben verschwenderischen Bällen und Gelagen auch Prüfungen ab, bei denen die Menschen ihre Tapferkeit unter Beweis stellen mussten. Im Rahmen dieser Prüfungen konnte sich jede Hexe und jeder Vampir einen Spieler oder ein Team aussuchen, das sie oder er unterstützen wollte. Wie Bly wusste, war dies der wahre Schlüssel zum Sieg. Sie brauchte unbedingt eine mächtige Persönlichkeit an ihrer Seite, wenn sie eine Chance haben wollte, als Beste abzuschneiden. Die Unterstützer aus Havenwhile und Vagaris taten fast alles, um ihren Spielern zum Sieg zu verhelfen, denn dies bedeutete, dass sie ihren eigenen Preis gewannen: einen Blutvorrat für ein ganzes Jahr.

Wenn ein Mensch nicht explizit für die Vampir- oder die Hexenseite spielen wollte, konnte er als Prämienjäger an den Spielen teilnehmen, denn beide Völker zahlten Preisgelder für die Beseitigung von Spielern der Gegenseite.

Für Vampire und Hexen stellten die Spiele die einzige Möglichkeit dar, an das Blut zu kommen, nach dem sie am meisten lechzten: das ihrer Feinde. Nur durch diesen Wettbewerb konnten sie sich gegenseitig schaden, ohne erneut einen Krieg vom Zaun zu brechen, bei dem die Menschen zum zweiten Mal die Oberhand gewannen. Zudem bildeten die Spiele eine gute Lösung für das Problem, dass sich immer wieder Menschen zusammenscharten, um gegen ihre Herrscher zu rebellieren. Es fiel schwer, eine Revolte zu planen, wenn die meisten Bewohner des Ödlands mit den Spielen beschäftigt waren – zumal sie vermeintlich jedem die Möglichkeit boten, sich ein neues, besseres Leben zu erkämpfen. Es war immer einfacher, nur sich selbst aus der Armut zu befreien, statt die gesamte Weltordnung zu verändern.

Für Bly bedeuteten die Spiele nur eins: dass sie wieder ihre Schwester umarmen konnte.

Also schob sie ihre Angst beiseite und ließ zu, dass ihre Schuldgefühle Besitz von ihr ergriffen und sie unerbittlich antrieben. Mit entschlossenen Schritten betrat sie den Wald und zog ihren Schal enger um den Hals, während die Bäume um sie herum immer dichter wurden. Nach einer Weile blieb sie stehen. Diese Stelle sah genauso aus wie die, an der Elise sie angefleht hatte, kehrtzumachen. Aber für Reue war es jetzt zu spät.

Die Kälte wurde plötzlich überwältigend. Blys Atem bildete kleine weiße Wolken, die ihre Nervosität sichtbar machten. Doch was brachte es, bei einer Erinnerung in Panik zu geraten? Das führte zu nichts. Was geschehen war, war geschehen. Es war sinnvoller, die Vergangenheit ruhen zu lassen und sich auf das zu konzentrieren, was nun zu tun war. Leider waren schlechte Erinnerungen hartnäckiger als gute. Schon jetzt hatte Bly Schwierigkeiten, sich gewisse Details ins Gedächtnis zu rufen, beispielsweise den genauen Braunton der Augen ihrer Schwester. Waren sie schlammbraun gewesen, oder hatten sie die Farbe von gegerbtem Hirschleder besessen? Warum fiel ihr die Erinnerung so schwer, obwohl Elises Tod jeden ihrer Gedanken beherrschte?

Wenigstens die Entscheidung, welche Richtung sie heute einschlagen sollte, fiel ihr leicht: Sie nahm Kurs auf die Vampire.

Bis zu den Mauern von Vagaris brauchte man zu Fuß zwei Tage – eineinhalb, wenn man keine Pausen einlegte. Bis zu den ersten Beerensträuchern dauerte es dagegen nur ein paar Stunden. Wenn sie rannte, konnte sie es sogar schneller schaffen. Sie war vielleicht nicht die Geschickteste mit dem Messer, aber wenn Emerson und Elise früher am Dorfrand mit ihr um die Wette gelaufen waren, hatte sie immer gewonnen. Im vergangenen Jahr hatte sie ihre Schnelligkeit noch verbessert. Natürlich war ihr insgeheim klar, dass ein Vampir immer schneller sein würde, dass sie keine Chance haben würde, wenn einer von ihnen sie entdeckte. Trotzdem fühlte sie sich sicherer, wenn sie beim Rennen den Wind an den Wangen spürte.

Sie bereute es lediglich, dass sie heute einen langen Rock trug und keine Kniehose, mit der sie beweglicher war. Andererseits ließen sich die im Laufe des letzten Jahres erstandenen Zaubergegenstände leichter in den Falten eines Rocks verstecken. Bei Hosen beulten sich die Taschen, oder es war ein Gürtel mit daran befestigten Säckchen nötig, und wenn man seine Sammlung derart offen zur Schau stellte, bettelte man förmlich darum, ausgeraubt zu werden. Also hatte sich Bly angewöhnt, Röcke zu tragen. Ihre Eltern glaubten, sie wolle damit weiblicher aussehen. Ihre Mutter hatte sogar zu ihr gesagt, sie freue sich über ihre Bemühungen, einen zukünftigen Ehemann anzulocken. In Wahrheit machte ihr Rock sie zu einer tödlichen Gefahr, denn so sah niemand die Zaubergegenstände, die Bly mit sich herumtrug: drei Eicheln, die übermenschliche Kraft verliehen, drei Blauhäher-Federn, die sie flink wie der Wind machten, mehrere angespitzte Birkenzweige, mit denen man Feinde fesseln konnte, und einen Kohlebrocken, der einem die Gelegenheit bot, sich daran zu wärmen, ein Säckchen mit Kräutern als Energiespender und einige tote Glühwürmchen, mit denen sie im Notfall die Nacht um sich erhellen konnte. Hoffentlich würde Bly heute noch nichts davon benötigen – sie brauchte ihre Zaubergegenstände für die Spiele!

Während sie durch die Bäume raste, versuchte sie, ihre Gedanken so gefühllos werden zu lassen wie ihre Zehen. Die Vergangenheit war ihre Triebfeder, sollte sie jedoch nicht von ihrer bevorstehenden Aufgabe ablenken.

Als sie einen Bach erreichte, ließ sie ihren Rock, den sie zum

Rennen angehoben hatte, wieder auf ihre Fußknöchel fallen. Der gefrorene Schlamm am Ufer zerbrach wie Glas, als sie auf ihn trat. Auf dieser Seite des Bachs befand sich der immer gleiche, leer geplünderte Wald, aber auf der anderen wuchsen die Beerensträucher bis an den Rand des Wassers, wucherten sogar an den Bäumen hinauf und machten das undurchdringliche Grün noch üppiger und dschungelartiger. Es war nicht etwa so, als bildete der Bach eine Grenze, die die Vampire nicht überschritten. Sie mussten sich nur meist nicht die Mühe machen.

Jeder, der bereit war, so weit in den Wald hineinzugehen, setzte seinen Weg auch jenseits des Wasserlaufs fort. Zumal die Büsche am gegenüberliegenden Ufer bereits abgeerntet waren.

Bly holte tief Luft und sprang auf ein Uferstück hinüber, das nicht von Pflanzen überwuchert war. Ihre Stiefel kamen auf der eisigen Erde ins Rutschen, und sie taumelte nach hinten. Ihre Hand schoss instinktiv nach vorn und packte einen Dornenbusch. Bly zischte vor Schmerz, hielt sich jedoch lang genug fest, um das Gleichgewicht wiederzuerlangen. Dann ließ sie los und zog ihren zerrissenen Handschuh aus. Überall auf ihrer Handfläche waren kleine Wunden, aus denen Blut quoll. Wenigstens war sie nicht in den Bach gefallen. Durchnässt den Heimweg anzutreten konnte bei dieser eisigen Kälte einem Todesurteil gleichkommen.

Frisches Blut allerdings auch. Vampire hatten einen überaus scharfen Geruchssinn.

Bly kniete sich ans Ufer und hielt ihre Hand ins klirrend kalte Wasser. Es brachte die Blutung zum Stillstand, aber ihr Handschuh war immer noch blutbefleckt. Sie hängte ihn an den dornigen Zweig, der sie zerkratzt hatte, und ging weiter, wobei sie ihre Hand ins Ende ihres Schals wickelte, um den eventuell noch vorhandenen Blutgeruch zu dämpfen. Diese Maßnahmen mussten genügen. Es blieb nicht mehr genug Zeit, um nach Hause zurückzukehren und an einem anderen Tag wiederzukommen.

Die Beerensträucher wirkten gleichzeitig wild und gezähmt. Ihre dornigen Zweige rankten sich blutrünstig in alle Richtungen, und doch verliefen überall saubere Pfade, die sie unberührt ließen.

Das Ganze wirkte wie die perfekte Falle: ein Ort, an dem man sich leicht verirrte und jederzeit verbluten konnte.

Blys Puls beschleunigte sich vor Furcht, und der leichte Schmerz an ihrer Hand erinnerte sie daran, dass sie bereits einen Nachteil mit sich herumtrug. Mit ein wenig Glück würden heute keine Jagdgesellschaften unterwegs sein, denn schon morgen Abend öffneten die Vampire die Tore ihrer Stadt für eine Prüfung, bei der die Menschen um Unterstützer für die Spiele kämpfen konnten. Trotzdem, sie musste sich beeilen.

Hastig schlich sie weiter durchs Gestrüpp, bis sie endlich den ersten roten Schimmer zwischen den Zweigen entdeckte und eine kleine grasbewachsene Lichtung betrat. Tiefgrüne Zweige umringten sie, beladen mit Beeren, die Blutstropfen glichen. Den Gerüchten zufolge wässerten die Vampire die Beeren mit ihrem eigenen Blut, wodurch sie bei jedem Wetter wuchsen und gediehen. Die Menschen glaubten sogar, dass die Beeren aus diesem Grund Heilkräfte besaßen, was Bly für Unfug hielt. Ihre Mutter verstand ihr Handwerk und benutzte die Beeren nicht. Aber die Wahrheit spielte keine Rolle – für Bly zählte nur, was die Leute bereit waren, dafür zu zahlen.

Sie zog ihren noch verbliebenen Handschuh aus und griff nach dem Beutel, den sie um die Taille trug. Während sie ihn mit der noch immer vom Schal umwickelten Hand festhielt, begann sie mit der anderen, Beeren zu sammeln, so rasch und effizient, wie sie nur konnte. Die weiche Schale der Beeren platzte leicht auf, und so dauerte es nicht lang, bis ihre Finger rot waren vor Saft. Doch auf dieser Lichtung wuchsen so viele Beeren, dass es nichts ausmachte, wenn ein paar wenige beschädigt wurden.

Schon bald würde sie genug beisammenhaben, um nicht weiter Richtung Vagaris vordringen zu müssen.

Es war typisch für die Welt, in der Bly lebte, dass sie mit diesem einen positiven Gedanken ihr Schicksal herausforderte.

»Erwischt.« Der kalte Hauch des Vampiratems traf den Streifen nackter Haut an ihrem Nacken.

Bly wirbelte herum, und der Beutel glitt ihr aus den Fingern. Als sie nach hinten taumelte, bohrten sich Dornen in ihre Haut und erinnerten sie daran, dass es kein Entkommen gab.

Deshalb hingen hier so viele Beeren an den Sträuchern – erfahrene Plünderer betraten keine Lichtung, die nur einen Ein- und Ausgang besaß.

Und ebendiese einzige Öffnung wurde nun von einer Gruppe Vampire blockiert.

Zu fünft hatten sie hinter Bly Aufstellung genommen und füllten fast die ganze Lichtung aus, wobei sie wie Juwelen leuchteten mit ihren farbenprächtigen, extravagant gemusterten Samt- und Brokatstoffen. Es tat fast schon weh, sie anzusehen, als würde man aus dem Dunkeln ins grelle Sonnenlicht treten. Obwohl Vampire keine Kälte spürten, trugen sie allesamt Umhänge mit fellbesetzten Kragen.

Bly konzentrierte sich auf den Vampir, der direkt vor ihr stand. Er hatte ein kantiges Kinn und schmale Lippen, die sich zu einem höhnischen Grinsen verzogen hatten. Seine roten Haare waren eine Nuance heller als die Beerenflecken an Blys Fingern.

Er hielt ihren zurückgelassenen Handschuh in seinen lederbekleideten Fingern und ließ ihn durch die Luft wirbeln. »Du hast dich bestimmt für überaus schlau gehalten – wolltest ein bisschen

Blut zurücklassen, um uns vom Kurs abzubringen.« Er hob ihren Handschuh an seine Nase und schnupperte. »Mich hast du damit nur hungriger gemacht. Und wütender. Ich vergeude nicht gern Zeit – auch wenn ich sie im Überfluss habe.«

Er trat näher an sie heran. Blys Herz hämmerte gegen ihre Rippen. Der Blick des Vampirs wanderte zu ihrem wogenden Brustkorb. Ihr Unbehagen schien ihm großes Vergnügen zu bereiten. »Sie sieht aus wie ein Kaninchen«, sagte er über die Schulter zu seinen Begleitern.

Die anderen Vampire lachten: eine junge Frau mit weißblonden Haaren und zwei junge Männer, die offenbar Zwillinge waren und ihre langen Haare zu Pferdeschwänzen gebunden hatten. Der einzige Vampir, der nicht lachte, war der, der am extravagantesten gekleidet war. Er sah aus, als könnte er der Bruder des Rothaarigen sein, der ihren Handschuh hielt. Sein Haar war heller, eher kupferfarben, als wäre es von der Sonne gebleicht, und sein Gesicht war schärfer geschnitten, bis auf seinen vollen, sinnlichen Mund. Er trug schwarze Lederstiefel, die ihm bis zu den Knien reichten, grüne Samthosen und ein rosa Seidenhemd, unter dem ein mit Wildblumen besticktes Halstuch hervorlugte. Darüber hatte er ein goldfarbenes Cape geworfen, das die helleren Strähnen in seinen Haaren unterstrich. Bly hätte niemals derart unpraktische Kleidung gewählt, dabei war sie eine Frau, die hübsche Dinge zu schätzen wusste. Zumindest war sie es früher gewesen. Der Vampir sah nicht einmal in ihre Richtung. Er musterte einen Schwarm Geier, der über ihnen kreiste, die hübschen Mundwinkel nach unten gezogen.

»Hast du nicht gehört, was ich gesagt habe, Kerrigan?«, blaffte ihn der Vampir mit dem Handschuh an. »Uns ist ein Häschen in die Falle gegangen.«

Der Gutaussehende – offenbar hieß er Kerrigan – senkte den

Blick zu seinem Bruder. »Wirklich erstaunlich, Donovan. Ich dachte, du trinkst lieber Menschenblut.«

Der Vampir, der sich vor Bly aufgebaut hatte, starrte ihn finster an, aber Kerrigan bewunderte ungerührt weiter den Himmel über ihren Köpfen, ohne Bly auch nur mit einem Blick oder einer Geste zur Kenntnis zu nehmen.

Ihre Aufmerksamkeit kehrte ruckartig zu Donovan zurück, als dieser sich bückte und den Beutel mit Beeren zu Blys Füßen aufhob. Mit gerümpfter Nase hielt er ihn hoch. Sie konnte nicht verhindern, dass sie verzweifelt die Hand danach ausstreckte, doch er warf die Beeren ungerührt über seine Schulter. Sie landeten vor Kerrigan, der noch immer am Zugang zur Lichtung stand. Die anderen Vampire waren hingegen näher an Bly herangerückt.

Donovan packte ihre ausgestreckte Hand. Sie spannte sämtliche Muskeln an, rührte sich jedoch nicht. Dies war der Preis, den sie für ihre Dummheit bezahlen musste – den Vampiren ihr Blut zu überlassen. Bly hatte sich in dem Moment zu diesem Handel bereit erklärt, als sie den Vampirteil des Walds betreten hatte. Aber sie fühlte sich noch immer schwach. Osmond hatte recht: Wenn sie noch mehr Blut verlor, würde sie vielleicht nie wieder aufwachen. Die Vampire waren zu fünft, es war also unwahrscheinlich, dass sie sich mit dem wenigen Blut zufriedengeben würden, das Bly noch gefahrlos zu geben hatte. Wer sollte ihre Schwester retten, wenn sie ihr heute in den Tod folgte?

Ihr blieb nur eine Wahl: Sie musste wie das Kaninchen handeln, für das sie sie hielten, musste zubeißen und dann das Weite suchen.

Blys freie Hand schloss sich um den Griff des Messers, das sie wie immer an ihrer Taille trug. Sie zog es mit einem Ruck heraus und führte es nach oben, schlitzte das Handgelenk des Vampirs auf. Bly blieb nicht stehen, um zu sehen, was für ein Gesicht er machte, auch wenn sie es gern getan hätte.

Stattdessen schoss sie in der Sekunde, in der Donovan ihre Hand losließ, auf die Dornbüsche zu ihrer Linken zu, als wollte sie direkt hineinrennen, bevor sie einen Haken schlug und auf den Ausgang ihres dornigen Gefängnisses zuhielt. Sie wich dem Arm aus, den die junge Vampirfrau nach ihr ausstreckte, tauchte geschickt darunter hindurch.

Kerrigans glänzende Stiefel hatten sich noch immer nicht bewegt. Ihr Blick fiel auf den Beutel mit den Beeren zu seinen Füßen. Wenn ihr die Flucht gelingen sollte, musste sie einen ihrer kostbaren Geschwindigkeitszauber vergeuden. Sie würde die Beeren brauchen, um sich einen neuen Zauber kaufen zu können.

Kurz entschlossen stürzte sie sich auf den Beutel.

»Schnapp sie dir, Kerrigan!«, kreischte die junge Frau.

Als Blys Finger den Stoff des Beutels berührten, schloss sich eine kalte Hand um den Schal an ihrem Hals und zog sie nach oben.

Bly stieß einen Schrei aus, der durch ihren gesamten Körper vibrierte. Sie klang wie ein Tier, dessen Bein in einer Falle festhing, und gleichzeitig enthielt dieser Schrei den ganzen Schmerz, der sich im vergangenen Jahr in ihr angesammelt hatte. Sie weinte, doch es waren keine Tränen der Schwäche, die ihr die Wangen hinunterliefen, sondern der Wut. Die Hand an ihrem Schal drehte sie herum, dann schlossen sich eiserne Finger um ihre Handgelenke. Sie blinzelte die Tränen weg und erwartete, in Kerrigans Gesicht zu blicken, doch er war es nicht, der vor ihr stand.

Es war Donovan, der voller Zorn auf sie herunterstarrte. Bly spähte über die Schulter zu Kerrigan, der leicht den Kopf neigte und sie ansah, als wäre sie ein exotisches Tier. Er hatte sich keinen Zentimeter bewegt, schien nie die Absicht gehabt zu haben, sich ihr in den Weg zu stellen. Der Beerenbeutel lag noch immer vor ihm auf dem Waldboden.

Die übrigen Vampire standen hinter ihr, sie spürte sie hinter ihrem Rücken wie spitze, auf sie gerichtete Dolche.

Donovan knurrte und verstärkte seinen Griff um ihre Handgelenke, bis ihre Tränen vor Schmerz flossen, nicht mehr vor Zorn. »Du bist tatsächlich ein Kaninchen«, stellte er fest. »Schlägst Haken, statt dich in dein Schicksal zu fügen. Erbärmlich. Und jetzt hängen deine Pfoten in der Falle.«

Kerrigan bückte sich und pflückte das Messer aus dem Schnee, von dem sie gar nicht gemerkt hatte, dass es ihr entglitten war. Er hielt es hoch in die Luft und betrachtete die Klinge, als würde er das Blut entlang der Schneide bewundern. Als er das Wort an Donovan richtete, sah er Bly in die Augen. »Kaninchen? Ich weiß nicht … Sie kämpft wie ein Wolf. Du musstest wegen ihr bluten, oder etwa nicht?«

Wenn Donovans Finger sich noch fester um ihre Handgelenke gekrallt hätten, wären sie zerbrochen, davon war Bly überzeugt.

Er schubste sie nach hinten, bis die Dornen erneut an ihren Waden kratzten, vermutlich, damit sie sich noch eingesperrter und verletzlicher fühlte. Es funktionierte. Die anderen Vampire – mit Ausnahme von Kerrigan – bildeten hinter ihm einen bedrohlichen, immer enger werdenden Halbkreis. Bly konnte sich nicht entscheiden, was schlimmer war: sie nicht sehen zu können wie vorhin, als sie hinter ihrem Rücken gestanden hatten, oder in ihre gierigen schwarzen Augen blicken zu müssen.

»Jetzt beißt mich endlich, damit wir es hinter uns haben!«, fauchte sie.

Kerrigan riss überrascht die Augen auf und gab ein leises Lachen von sich.

Aber Donovan kam ihrer Aufforderung nicht nach. Er starrte ihre von den Beeren befleckten Finger an. »Ich will lieber *die* kosten.« Er sagte es wie eine Feststellung, sah Bly jedoch an, als wäre es eine Frage.

Die Vampire hinter ihm lachten.

»Nein«, krächzte sie. Das entsprach nicht den Regeln. Gewiss – sie hatte die Regeln zuerst gebrochen, doch das hieß nicht, dass die Vampire es auch tun konnten.

»Sei nicht so ungehobelt«, tadelte Kerrigan seinen Bruder.

Donovans Miene verdüsterte sich. »Das sagt ja genau der Richtige.«

Kerrigan grinste, während er sich mit großen Schritten in Bewegung setzte und neben Donovan stehen blieb.

Bly wusste nicht, ob sein Näherrücken ein gutes oder schlechtes Zeichen war. Wahrscheinlich Letzteres. Jetzt gab es zwei Vampire, die auf sie herunterstarrten – der eine, als wollte er sie auffressen, und der andere, als wäre das alles nur ein erfreuliches Spiel.

Dann verschwand Kerrigans Grinsen so plötzlich, dass Bly zurückzuckte, aber es war Donovan, auf den er seinen harten Blick richtete. »Meine Spielzeuge kommen freiwillig zu mir. Das ist ein großer Unterschied.« Er legte seinem Bruder die Hand auf die Brust und schob ihn energisch nach hinten.

Donovan verzog mürrisch das Gesicht, protestierte jedoch nicht. Er ließ Blys Handgelenke los.

Es war also Kerrigan, der hier das Sagen hatte.

Zum Glück. Er machte einen halbwegs vernünftigen Eindruck. Bly würde ihren Preis bezahlen und dann das Weite suchen. Vielleicht konnte sie sogar ihre Beute mitnehmen, für die sie so viel riskiert hatte.

Mit möglichst ungerührter, frostiger Stimme sagte sie: »Bediene dich gern an meinem Blut, aber lass mir bitte die Beeren.«

Kerrigans dunkle Augen richteten sich auf ihren Beutel. Einige der Früchte waren aufgeplatzt, sodass sich der umliegende Schnee leuchtend rot verfärbt hatte. Es sah aus wie eine Warnung. Eine, die viel zu spät kam. Die Beeren würden nicht die Einzigen bleiben, die bluteten.

Bly schluckte, und mehrere Augenpaare verfolgten gierig die Bewegung an ihrem Hals. Nicht so Kerrigan. Er musterte aufmerksam ihr Gesicht, als könnte er darin ihre Lebensgeschichte nachlesen. Fast wäre es ihr lieber gewesen, er würde ebenfalls ihren Hals anstarren, denn er schien nicht auf ihr Blut aus zu sein, sondern von etwas anderem zu zehren – vielleicht von dem Schmerz, den er in ihr erkannte.

Nervös machte Bly einen weiteren Schritt nach hinten und ignorierte das Kratzen der Dornen. Vier der Vampire, die vor ihr standen, reagierten instinktiv, indem auch sie sich nach vorn bewegten, bereit, sich auf sie zu stürzen, sobald sie erneut einen Fluchtversuch unternahm.

Nur Kerrigan ging in die andere Richtung, hob den Beutel vom Boden auf und hielt ihn ihr hin.

Ihre Finger waren zu eingefroren und taub, um danach zu greifen. Der Vampir wartete einen Moment, bevor sein Blick zu ihrer Taille und der dort angebrachten Schlinge wanderte. Langsam, als wollte er sie nicht verängstigen, streckte er die Hand aus, befreite die Schlinge aus den Falten ihres Rocks, und noch ehe sie verstanden hatte, was er da tat, hing der Beutel wieder an ihrer Seite, schwer vor Beeren.

»Mach endlich, Kerrigan«, drängte die junge Frau mit den weißblonden Haaren. »Ich bin am Verhungern.«

»Wir trinken ihr Blut nicht.« Während er es sagte, sah er Bly unverwandt an.

Sie bekam kaum noch Luft. Er spielte ganz offensichtlich mit ihr. Vampire ließen plündernde Menschen niemals gehen, ohne dass sie für ihren Grenzübertritt bezahlten. Elise hatte an jenem Tag im Wald zu ihr gesagt, dass es auch Ausnahmen gebe, aber Bly hatte ihr nicht geglaubt. Sie tat es auch jetzt nicht.

»Wie bitte?«, fauchte Donovan.

»Sieh sie dir doch an – du weißt genauso gut wie ich, dass sie keinen Tropfen Blut zu viel im Körper hat. Sie würde in Ohnmacht fallen, noch bevor deine Zähne ihre Haut durchbohrt hätten.« Kerrigan lachte, als würde er sich zusammen mit seinem Bruder auf Blys Kosten amüsieren, aber der Ausdruck, mit dem er ihn ansah, war hart und unnachgiebig.

Donovans Augen funkelten vor Zorn.

Die junge Weißblonde entblößte ihre Eckzähne, als wollte sie sie stattdessen in Kerrigan rammen. »Ich finde nicht, dass *du* das entscheiden solltest.«

Kerrigan reagierte so schnell, dass Bly seine Bewegung nur schemenhaft wahrnahm. Als er wieder zum Stillstand kam, hatte er seine Hand drohend um den Hals der jungen Frau geschlossen. »Pass auf, was du sagst. Ich bin immer noch ranghöher als du.«

»Vielleicht dem Titel nach. Nicht, was den Respekt deiner Untergebenen angeht«, stieß sie röchelnd hervor.

»Jade.« Einer der Zwillinge hatte sich eingemischt. Es war eine leise Warnung an das Vampirmädchen, aber der Blick, den er dabei auf Kerrigan richtete, war voller Wut.

»Donovan sollte eigentlich das Sagen haben, und das weißt du auch«, stieß Jade hervor.

Kerrigan lockerte seinen Griff um ihren Hals, und die junge Frau fuhr zu seinem Bruder herum. »Warum hast du ihn schon wieder eingeladen, mitzukommen?«

Donovan warf Bly einen finsteren Blick zu, als trüge sie die

Schuld an dem seltsamen Machtspiel, das hier stattzufinden schien. Aber es ging nicht um sie. Auch nicht darum, dass Kerrigan darauf beharrte, sie ungeschoren davonkommen zu lassen. Er tat es eindeutig nur, um die anderen in Rage zu versetzen, ihnen in Erinnerung zu rufen, wer hier die Befehle erteilte. Als Bly dies erkannte, fühlte sie sich sofort ein wenig besser. Vampire gehörten also auch weiterhin der Kategorie *durch und durch bösartige Wesen* an. Elise hatte sich getäuscht. Auch wenn sich Bly damals für Beeren statt für Pilze entschieden hätte, wäre ihre Schwester vermutlich nicht mehr am Leben.

Auf Kerrigans Gesicht breitete sich ein süffisantes Grinsen aus, und er lehnte sich nach hinten auf die Absätze seiner Stiefel. Die Unbeschwertheit, die er plötzlich ausstrahlte, wirkte kalkuliert. »Ich ziehe es vor, wenn meine Blutspenderinnen goldene Gewänder tragen«, säuselte er. »Diese hier trifft eindeutig nicht meinen Geschmack.« Sein Blick wanderte zu Bly und verließ sie dann wieder. Abfällig. Zumindest sollte es so aussehen. Aber irgendetwas an seinem Verhalten ihr gegenüber verriet ihr, dass sich dahinter noch eine andere Wahrheit verbarg.

»Lasst uns weiterziehen«, sagte Donovan.

»Ein wunderbarer Plan, lieber Bruder.« Kerrigan machte kehrt und ging mit großen Schritten davon.

Die anderen Vampire tauschten Blicke aus, die eine unausgesprochene Frage zu enthalten schienen: ob sie auf ihn hören sollten oder nicht. Letzten Endes schlossen sie sich Kerrigan an, auch Donovan, der mit den Schultern zuckte und nicht einmal in Blys Richtung sah, als hätte er gänzlich das Interesse an ihr verloren.

Auch Kerrigan sah sich nicht nach ihr um. Jade hingegen schon. Sie starrte Bly so lange über die Schulter hinweg an, dass es sich wie ein Versprechen anfühlte.

Als sie sich endlich zu den anderen umdrehte und ihnen folgte, rannte Bly in die Gegenrichtung davon.

Zunächst bewegte sie sich ziellos, dachte nur daran, die Vampire so weit wie möglich hinter sich zu lassen. Dann stolperte sie und klammerte sich an der feuchten Rinde eines Baums fest. Sie gab nach, und Bly stürzte. Der heiße Schmerz ihres blutigen Knies brachte sie wieder zur Vernunft. Sie rappelte sich auf und suchte in ihrer Rocktasche nach ihrem Kompass. Es war ein altes Gerät, dessen Gehäuse schon rostete, aber es funktionierte noch. Emerson hatte ihr den Kompass zu ihrem fünfzehnten Geburtstag geschenkt, und sie hatte ihn als Zeichen dafür betrachtet, dass auch er davon träumte, fortzulaufen und sich mit Bly an einem weit entfernten Ort niederzulassen. Doch dann hatte er erklärt, der Kompass solle ihr immer wieder den Weg zurück nach Hause weisen. Sie war enttäuscht gewesen – damals hatte sie keinen Weg zurück gewollt, nur den nach vorn.

Jetzt war sie dankbar für sein Geschenk.

Sie hielt das Gerät im Dämmerlicht nach oben und begann, mit seiner Hilfe in die richtige Richtung zu marschieren.

Plötzlich knackte ein Zweig hinter ihr, und sie wirbelte herum, entdeckte jedoch nur Baumstämme und Sträucher. Als sie weiterging, senkte sie den Blick auf ihre Füße. Ihre Schritte waren viel zu laut, bestimmt hatte sie selbst den Ast zum Knacken gebracht.

Dann schlossen sich kalte, zarte Hände um ihre Oberarme. Bly riss den Kopf herum.

Jades Mund verzog sich zu einem breiten Grinsen, das nicht nur ihre oberen, sondern auch ihre unteren Eckzähne freilegte. »Ich habe es mir anders überlegt«, flüsterte sie, als wäre jemand in der Nähe, der Bly im letzten Moment retten könnte.

Aber es gab keine Rettung. Diesmal würde sie den Preis bezahlen müssen, denn sie hatte das dumpfe Gefühl, dass Jade ihr einfach das Genick brechen würde, wenn sie sich ihr widersetzte.

Bly wollte nicken, verharrte jedoch wie erstarrt.

»Handgelenk?«, fragte die junge Vampirfrau und zog ihre schneeweißen Augenbrauen hoch.

Bly schluckte, und Jades Blick schoss zu ihrem Hals. Bly schob hastig den Ärmel ihrer Bluse hoch und entblößte die blauen Venen unter ihrer weißen Haut. Die Blutsaugerin machte sich so schnell über ihr Handgelenk her, dass Bly nicht einmal spürte, wie sie ihre Zähne in ihr Fleisch stieß. Sie spürte nur das Pulsieren, das danach kam.

Die Welt vor ihren Augen verschwamm. In Gedanken flehte sie darum, dass sich Jade an die Regeln der Vampirwelt hielt und aufhörte, sobald sie das Bewusstsein verlor. Es würde nicht lange dauern.

Bly schloss die Augen. Ihr blieb nichts anderes übrig, als zu hoffen. Sie musste nicht eingehender über ihren geschwächten Zustand nachgrübeln, denn schon bald empfand sie überhaupt nichts mehr.

VIER

Sie erwachte davon, dass sich etwas Hartes in ihren Bauch bohrte. In ihrem Kopf hämmerte es, ihr ganzes verbliebenes Blut schien sich darin angesammelt zu haben. Bly blinzelte und merkte, dass sie verkehrt herum hing. Als ihre Sicht klarer wurde, erkannte sie den Waldboden unter sich. *Verflucht.* Die Vampire durften Menschen, die sie im Wald beim Plündern erwischt hatten, nicht mit in die Vampirstadt nehmen, aber Jade schien von der Sorte zu sein, die über Regeln und Gesetze nur lachte. Schließlich war sie Bly gegen den Befehl ihres Vorgesetzten gefolgt und hatte sie aus dem Hinterhalt angegriffen.

Bly wand sich hin und her, und ihre Hände stießen gegen einen breiten, muskulösen Rücken, der sich nicht anfühlte, als würde er der zierlichen Vampirfrau gehören.

»Lass mich runter«, krächzte sie.

Die Person, die sie trug, blieb stehen. Die Arme, die ihre Beine gegen eine harte Brust drückten, lockerten ihren Griff, dann rutschte sie an der Vorderseite ihres Trägers hinunter.

Sie erwartete einen rothaarigen Vampir – vermutlich war der Bruder, der so getan hatte, als wäre er ihr freundlich gesonnen, zurückgekehrt, um seinen Fehler auszumerzen und sie nach Vagaris zu verschleppen.

Stattdessen tauchte vor ihr ein Gesicht auf, das ihr zutiefst vertraut war: das von Emerson. Ihr Kindheitsfreund starrte sie stirnrunzelnd an, und obwohl er kaum größer war als sie, fühlte es sich so an, als würde er auf sie herabblicken.

»Was machst du hier draußen?«, fragte er genau in dem Moment, als sie ihm die gleiche Frage stellen wollte.

Sie hasste es, wenn er ihr zuvorkam.

»Das könnte ich dich genauso fragen.«

»Könntest du nicht. Ich bin hier, um nach dir zu suchen, also resultiert meine Antwort aus deiner.«

Sie hasste es auch, wenn er so redete: nüchtern und allein auf Logik bedacht.

»Ich sammle Beeren.«

Sein Gesicht wurde ausdruckslos. »Das würdest du nicht tun.« Seine Züge verrieten nichts, er hatte mittlerweile Übung darin, seine Gefühle zu verbergen. Der Schmerz in seinen Augen war nicht so leicht zu verstecken.

Bly antwortete nicht. Es war ohnehin keine Frage gewesen. Von allen Menschen hätte sie am besten wissen müssen, was für ein Risiko Plündertouren im Wald darstellten.

»Warum?«, fragte er schlicht.

»Das geht dich nichts an«, erwiderte Bly und wollte um ihn herumgehen, doch Emerson packte sie am Arm.

»Weißt du denn immer noch nicht, wie gefährlich es hier draußen ist?« Ihm versagte die Stimme, seine Maske der Gleichgültigkeit war verrutscht.

Hinzu kam, dass in seinen Worten all die Fragen nachklangen, die Bly ihm nach Elises Tod nicht hatte beantworten wollen. Sie hatte Emerson nie erzählt, warum sie ihre Schwester an jenem Tag überredet hatte, mit ihr Pilze zu sammeln. Sie konnte es einfach nicht. In seiner Welt war alles logisch und wohlbegründet, er hätte es niemals verstanden, dass sie für etwas derart Albernes so viel aufs Spiel gesetzt hatte. Außerdem hätte sie ihm gestehen müssen, was sie für ihn empfand, und dann hätte er sie noch mehr gehasst als ohnehin schon. Er hätte nur ihr törichtes Herz gesehen, das zu viel gewollt hatte, obwohl er ihr oft genug eingebläut hatte, sie solle mit dem zufrieden sein, was sie hatte.

Was hatte sie denn noch? Seine Freundschaft jedenfalls nicht mehr, das stand fest. Elise war ebenfalls seine Freundin gewesen, und nach ihrem Tod hatte Bly ihm das verweigert, was er am meisten brauchte: einen Grund, etwas, das dem Verlust einen Sinn verliehen hätte. Damals, vor all den Jahren, hatte auch niemand herausgefunden, warum seine Schwester auf Beerensuche gewesen war, nicht einmal, ob es ihr erster Ausflug in den Wald gewesen war. Emerson hatte sich monatelang den Kopf zerbrochen. Er hatte sogar Bly gebeten, sich Geschichten auszudenken, die das Verhalten seiner Schwester erklärten, doch was auch immer sie ersonnen hatte – sie habe Geld gebraucht, um einer kranken Freundin zu helfen, habe mit ihrem Liebsten flüchten wollen oder bei den Spielen der Wiederkehr mitmachen –, Emerson hatte nur den Kopf geschüttelt. Es gab keine sinnvolle Erklärung für den Tod.

Der Grund für Elises Schicksal war so nichtig und belanglos, dass die Wahrheit schlimmer gewesen wäre als die Ungewissheit, dessen war sich Bly sicher.

Sie starrte auf Emersons Hand hinab, die er um ihren Unterarm gelegt hatte, nur Zentimeter von dem verfluchten blauen Band entfernt. Er berührte den Leinenstreifen, mit dem er notdürftig ihre Bisswunde verbunden hatte. Seine Ärmel waren aufgerollt, weil ihm immer zu warm war, selbst wenn Schnee lag, und der Saum seines Hemds war kürzer als sonst und ausgefranst. Offenbar stammte der Streifen von dort. Emersons Fürsorge löste den Wunsch in Bly aus, sich an ihn zu lehnen und ihm alles zu beichten. Aber das wäre nicht gut für ihn gewesen. Sie musste ihn noch ein wenig von sich wegstoßen, bis sie die Spiele hinter sich gebracht hatte.

»Ich habe meine Gründe«, sagte sie daher nur. »Und die gehen niemanden außer mich etwas an.«

Er ließ ihren Arm los, als hätte er sich daran verbrannt. Sein verletzter Gesichtsausdruck versetzte ihr einen Stich. Sie wollte losgehen und taumelte gegen eine schlanke Kiefer, die kaum groß genug war, um ihren Sturz abzufangen. Bly zuckte zusammen, als die raue Rinde ihr noch mehr Haut von der lädierten Hand riss.

»Ich werde dich wieder tragen müssen«, knurrte Emerson barsch.

Statt ihm zu antworten, stieß sie sich von der Kiefer ab und marschierte los, aber ihre Beine wankten wie Zweige im Sturm. Emerson fing sie gerade noch auf, bevor sie zu Boden ging. Er hob sie hoch, als wollte er sie erneut über die Schulter wuchten, doch sie schüttelte den Kopf. »Wenn du das machst, muss ich mich übergeben.«

Er zögerte und fasste sie dann mit einem Arm unter den Knien und mit dem anderen unter den Schultern. Ihr Kopf ruhte wie der eines kleinen Kindes an seiner breiten Brust.

Bly erstarrte. Sie waren immer nur platonische Freunde gewesen, hatten sich nie umarmt oder Händchen gehalten, auch keine anderen Zärtlichkeiten ausgetauscht. Die plötzliche Nähe zu seinem Körper trieb ihr das Blut in die Wangen.

Emerson blieb stoisch wie immer und blickte stur geradeaus. Er marschierte los, und eine Zeit lang ließ sie sich vom Schaukeln seiner Schritte einlullen, genoss den festen Griff seiner Arme, die erst nach langer Zeit zu zittern begannen. Doch selbst Emerson, der seit seiner Jugend als Metallschmied arbeitete und mühelos sein eigenes Hemd zerriss, konnte sie nicht ewig auf Händen tragen, auch wenn sie manchmal träumte, er werde es tun.

Allerdings war sie sich in ihren Träumen immer leicht und schwerelos vorgekommen.

Je länger Bly in seinen Armen lag, desto mehr hatte sie das Gefühl, als würden sich Steine in ihrem Herzen ansammeln. Sie drückten sie nieder, bis sie überzeugt war, er werde sie fallen lassen, sodass sie durch den Waldboden schlagen und in den Baumwurzeln hängen bleiben würde.

»Ich kann jetzt wieder selbst laufen«, behauptete sie, als sie das erste Zittern in seinen Muskeln spürte.

Für einen kurzen Moment hatte sie das Gefühl, als wollte er ihr widersprechen. Doch er tat es nicht. Sie wusste nicht genau, warum es sie so verletzte.

Trotzdem behielt er sie noch einige Minuten auf seinen Armen. »Freut mich, dass es dir besser geht«, knurrte er, als er sie auf dem Boden absetzte.

Sie gingen schweigend weiter, er voraus. Hin und wieder sah er sich mit besorgtem Blick nach ihr um.

Nachdem sie die letzten Bäume hinter sich gelassen und die schlammige Wiese betreten hatten, blieb er stehen. Sie betrachtete seinen breiten Rücken, während er zu Boden starrte. Dann drehte er sich zu ihr um. Die Traurigkeit in seinem Gesicht fügte ihrem Herzen noch einen Stein hinzu, und es war dieser Stein, der die Bürde vollends unerträglich machte.

Bly wandte den Blick ab.

Sie spürte, dass er noch immer dastand und sie ansah. Sein Verharren war eine Wiederholung der immer gleichen Frage, die zwischen ihnen stand – nicht, warum Bly heute im Wald gewesen war, sondern warum Elise und sie *damals* so weit hineingegangen waren.

Es gab noch einen Grund dafür, Emerson nicht die Wahrheit zu sagen: Er würde sich selbst die Schuld geben, wenn er wüsste, dass Bly das Risiko auf sich genommen hatte, damit er mehr als nur freundschaftliche Gefühle für sie entwickelte. Und das konnte sie nicht zulassen. Er würde sich den Kopf darüber zerbrechen, warum er nichts von ihrer Verliebtheit gemerkt hatte, obwohl er doch so gut darin war, alles genauestens zu analysieren. Vor seinem inneren Auge würden ihre gemeinsamen Momente ablaufen, und er würde nach Gelegenheiten suchen, bei denen er hätte handeln können, ihr gestehen, was er im Gegenzug für sie empfand – oder auch nicht.

Bly bereute es zutiefst, dass sie ihm nicht einfach gesagt hatte, was in ihr vorging, statt einen komplizierten Plan auszuhecken, um ihn auf sich aufmerksam zu machen. Hatte sie ihre Schwester verloren, weil sie zu feige gewesen war, ein Gespräch mit ihm anzufangen? Es war diese Frage, die ihr keine Ruhe mehr ließ. Sie hatte sich für so mutig gehalten an jenem Tag, weil sie der Gefahr ins Auge geblickt hatte, um zu erreichen, was sie wollte. In Wahrheit war sie davongelaufen.

Das versäumte Gespräch jetzt nachzuholen, brachte allerdings auch nichts. Damit hätte sie nur eine offene Wunde vergrößert.

Emerson rührte sich noch immer nicht vom Fleck. Er schwieg, war vermutlich zu müde, um die Frage noch einmal zu wiederholen. Er hatte sie ihr seit Elises Tod schon so oft gestellt, und jedes Mal, wenn Bly ihm nicht die Wahrheit sagte, spürte sie, wie die Kluft zwischen ihnen ein Stück größer wurde. Sie hatte diese graduelle Entfremdung für besser gehalten als den abrupten Einschnitt, der stattgefunden hätte, wenn er ihre tatsächlichen Beweggründe erfahren hätte. Doch auch kleine Distanzen summierten sich, und irgendwann war die Entfernung zwischen Emerson und ihr zu groß geworden, um sie noch zu überwinden. Ihm heute die Wahrheit zu sagen würde sie auch nicht wieder enger zusammenbringen.

Die Rettung ihrer Schwester hingegen schon. Es war der einzige Traum, an dem sie noch festhielt: die Hoffnung, auch Emerson zurückzugewinnen, wenn es ihr gelang, ihre Schwester zurückzuholen.

Bly wollte an ihm vorbeigehen, blieb jedoch einen Augenblick neben ihm stehen, sodass ihre Schultern sich fast berührten. »Danke, dass du mich getragen hast«, sagte sie leise. Mehr konnte sie ihm nicht geben. Der Markt schloss bald seine Tore, und sie musste ihre Beeren noch eintauschen.

Mit eiligen Schritten schlängelte sie sich zu den Ständen durch, an denen Zaubergegenstände feilgeboten wurden. Im Moment wurden sie hauptsächlich von Menschen besucht, die an den Spielen teilnehmen wollten. Sie versetzten das wenige, das sie besaßen, um eine Chance auf den Sieg zu haben.

Die meisten von ihnen würden am Ende tot sein oder ein noch schlimmeres Schicksal erleiden – völlig mittellos weiterleben zu müssen, weil sie alles verkauft hatten.

Bly war vorsichtiger gewesen. Sie hatte nicht sofort nach dem Tod ihrer Schwester an den Spielen teilgenommen, sosehr sie es sich auch gewünscht hätte. Stattdessen hatte sie getan, was Elise ihr geraten hätte – zumindest glaubte sie das. Sie war besonnen vorgegangen und hatte so viel Blut wie möglich verkauft, um alle Zaubergegenstände zu erstehen, die sie brauchte. Nun benötigte sie nur noch einen letzten, aber der war besonders teuer: einen Birkenzweig, mit dessen Hilfe man einen Vampir bewegungsunfähig machen konnte.

Eine ältere Hexe mit honigfarbenen Haaren, die ihr in verfilzten Strähnen bis auf die Taille hingen, beäugte Bly misstrauisch, während sie die Auslage des Stands in Augenschein nahm. Die Hexen luden jene Gegenstände mit Magie auf, die einst von sich aus Zauberkräfte besessen hatten. Dazu benutzten sie menschliches Blut und ihr eigenes – bisweilen auch Vampirblut. Nur sie besaßen die Fähigkeit, Magie zu wirken, doch sobald ein Gegenstand magisch aufgeladen war, konnten ihn auch alle anderen verwenden, vorausgesetzt, sie kannten den dazugehörigen Befehl. Wer *Gesundheit!* sagte und einen verzauberten Apfel aß, konnte sich von einer Erkältung befreien, wer *Wachse!* raunte, während er einen magischen Samen im eigenen Garten vergrub, konnte sicher sein, dass ihm das Gärtnerglück hold war, und das Zerbröseln eines getrockneten Zauberpilzes über heißem Tee verhieß in Kombination mit dem Wort *Schlaf!* eine gute Nachtruhe.

Oder aber man sagte *Fessle ihn!*, wenn man einen Vampir mit einem magischen Birkenzweig berührte.

Bly mied die mit Schlafzaubern versetzten getrockneten Pilze. Sie hatte schreckliche Geschichten über Vampire gehört, die im Zuge früherer Spiele überwältigt worden waren, vorzeitig erwacht waren und ihre Entführer getötet hatten. Die Dauer der Wirkung war unkalkulierbar. Dennoch erfreuten sich die Pilze großer Beliebtheit, weil sie billiger waren als die meisten anderen Zaubergegenstände. Wenn man vorsichtig war, konnte man sie sogar im Wald umsonst bekommen.

Blys Magen verkrampfte sich allein beim Gedanken daran.

Ihr Blick fiel auf die angespitzten Birkenzweige. Mit einem dieser Zweige ließen sich zwei Gliedmaßen fesseln, was einem etwa zwölf Stunden Sicherheit einbrachte. Bly benötigte mindestens ein Dutzend Birkenzweige – sechs für die Beine und sechs für die Arme –, damit sie einen entführten Vampir gefahrlos von Vagaris nach Havenwhile transportieren konnte. Das reichte nur, wenn alles nach Plan lief. Mehr Birkenzweige wären besser gewesen, aber ihr blieb keine Zeit mehr, ein Sicherheitsnetz zu knüpfen. Sie hatte bereits elf Fesselzauber in ihrem Besitz, es fehlte also nur noch einer.

Sie zeigte auf die Birkenzweige. »Einen davon, bitte.« Als Bly den skeptischen Blick der Hexe sah, fasste sie tief in ihren Rock und zog den Beutel mit Kupfermünzen hervor, den sie stets mit sich herumtrug. Sie schüttete seinen Inhalt auf den Tisch.

Die Hexe zählte die Münzen und schob sie zu Bly zurück. »Das genügt nicht.«

Bly war nicht überrascht. Sie kannte den Preis und griff, ohne zu zögern, nach den Beeren, die an ihrer Hüfte festgebunden waren, und übergab der Hexe auch diesen Beutel.

Die Augenbrauen der Standverkäuferin schossen nach oben, und Bly wertete es als hoffnungsvolles Zeichen. Zum ersten Mal seit mehr als einem Jahr hatte sie wieder das Gefühl, ausreichend Luft zu bekommen. Aber dann runzelte die Hexe die Stirn und warf den Beutel zurück auf den Tisch. »Die meisten Beeren sind zerdrückt. Unbrauchbar für Magie.« Als wollte er die Aussage unterstreichen, quoll roter Saft aus einer Ecke des Beutels auf den Holztisch. Normalerweise liebten Hexen diese Beeren. Es hieß, sie versetzten sie mit einem Zauber, der einem ein längeres Leben verschaffte. Bly hatte allerdings noch nie gesehen, dass derart verzauberte Beeren anschließend auf dem Markt verkauft wurden.

Der tiefe Atemzug, den sie gerade getan hatte, entwich ihr schlagartig, und sie musste sich selbst dazu ermahnen, weiterzuatmen. Auf keinen Fall würde sie vor dieser Hexe Schwäche zeigen. Kurz entschlossen raffte sie den Beutel mit den Beeren und ihre Münzen zusammen. Es hätte nichts gebracht, in Tränen auszubrechen oder die Verkäuferin anzuflehen, das wusste sie. Es hieß, die Herzen von Vampiren würden nicht schlagen. Hexen schien dieses Organ gänzlich zu fehlen.

Bly trat vom Stand weg. Die Prüfung in der Vampirstadt begann schon morgen Abend, aber bis zur Prüfung der Hexen in Havenwhile blieb ihr noch ein wenig Zeit.

Sie konnte am nächsten Morgen wieder Blut verkaufen. Bis dahin würde sie diese Beeren anderswo zu Geld machen, um sich kraftspendendes Essen leisten zu können. Natürlich hätte sie die Beeren auch direkt verspeisen können, doch sie würde mehr Nahrung bekommen, wenn sie sie verkaufte. Eins stand fest: Sie würde sie nicht wegwerfen, nur weil die Hexen sie nicht wollten.

Eine Hand packte ihren Unterarm.

Bly fuhr herum und sah sich Emerson gegenüber. Aus seinem Gesichtsausdruck schloss sie, dass er mitbekommen hatte, was sie hatte kaufen wollen.

»Sag mir bitte, dass du nicht so dumm bist«, lautete sein Kommentar.

»Keine Ahnung, wovon du redest.«

Emerson schloss für eine Sekunde die Augen, als könnte er ihren Anblick nicht mehr ertragen. Als er sie wieder öffnete, schüttelte er den Kopf. »Hör auf, mich anzulügen.«

»Ich habe dich noch nie angelogen.«

»Schweigen kann auch eine Lüge sein.«

Bly biss sich von innen auf die Wange. Sie musste ihm recht geben: Es fühlte sich tatsächlich wie eine Lüge an, ihren Plan für sich zu behalten. Dabei hatte sie geglaubt, sich für den leichteren Weg entschieden zu haben.

»Du hättest mir nicht hierher folgen sollen.«

»Es war die einzige Möglichkeit, endlich eine Antwort zu bekommen, schließlich redest du ja nicht mehr mit mir. Wissen es deine Eltern?«

»Nein. Sie können mich sowieso nicht davon abhalten.« In Wahrheit hatte sie ihnen aus Angst, sie würden es nicht einmal versuchen, nichts von ihrem Vorhaben erzählt. So musste sie der Wahrheit nicht ins Gesicht sehen.

»Du wirst dabei dein Leben lassen.«

»Das muss ich riskieren. Der Preis ist es wert, findest du nicht auch?«

Emerson sah sie stirnrunzelnd an. Es machte sie wahnsinnig, dass er das Ganze genauso gründlich durchdachte wie alles andere. Dass er ihr Leben gegen die Chance abwog, Elise zurückzuholen. Sie wusste bereits, wie seine Antwort lauten würde: Nein. Zum selben Schluss war er gelangt, als seine Schwester gestorben war und Bly ihn gefragt hatte, ob er zu den Spielen antreten würde. Emerson hasste die Spiele der Wiederkehr. Er durchschaute ihren Daseinszweck: Sie existierten allein deshalb, damit die Vampire und Hexen die Menschen als Spielfiguren missbrauchen konnten, so wie sie sie den Rest des Jahres als Blutlieferanten missbrauchten. Noch schwerer als seine Prinzipien wog jedoch die Tatsache, dass seine Familie ihn brauchte – sie war auf das Einkommen angewiesen, das er erwirtschaften würde, wenn er als eigenständiger Waffenschmied anfing. Ein weiteres getötetes Kind hätten seine Eltern nicht überlebt. Und dass man starb, war der wahrscheinlichste Ausgang einer Teilnahme an den Spielen.

Aber Bly war eine Träumerin und als solche wertlos für die Existenz ihrer Familie. Sie war entbehrlich und hoffte, dass ihr alter Freund sie verstand.

»Lass mich an deiner Stelle antreten«, sagte er schließlich.

Bly hatte plötzlich das Gefühl, dass der Boden unter ihren Füßen ins Wanken geraten war. Emerson war bereit, all seine Logik und Vernunft über Bord zu werfen und für sie sein Leben zu riskieren. Die Erkenntnis, dass sie ihm immer noch so viel bedeutete, trieb ihr die Tränen in die Augen.

Dennoch würde sie auf keinen Fall zustimmen. Wenn er starb, hatte sie zwei Leben auf dem Gewissen – die Leben jener beiden Menschen, die ihr am meisten bedeuteten. Auch wenn Emerson sich seit Elises Tod rarmachte, würde sie es sich niemals verziehen, wenn auch er starb. Während des vergangenen Jahres hatte sie sich manchmal ausgemalt, wie er im Schuppen hinter seinem

Haus arbeitete, wie er Metall erhitzte und es zu einem nützlichen Gegenstand formte. Dieser Gedanke hatte sie gewärmt, als würde sie selbst neben dem Feuer stehen und ihm zusehen, so wie früher. Sein Schuppen war immer der einzige Ort gewesen, an dem sie das Gefühl gehabt hatte, der Winter könne ihr nichts anhaben. Ohne Emerson würde die Welt zu kalt und schrecklich sein, um sie ertragen zu können.

Bly durfte nicht zulassen, dass er sein Angebot wahr machte. Um seinetwillen, aber auch um ihretwillen.

»Nein«, sagte sie entschlossen und wandte sich von ihm ab.

Zu ihrer Überraschung folgte er ihr nicht, als sie sich entfernte und auf den Apfelstand zuging. Ackley stand hinter seinen prall gefüllten Apfelkörben und nickte ihr entgegen. Er war etwa Mitte fünfzig und in weiches Leder gekleidet, das sich die meisten Menschen nicht einmal im Traum hätten leisten können. Seine schwarzen Haare waren von grauen Strähnen durchzogen, und er hatte ein rundes Bäuchlein, über das er bisweilen geistesabwesend mit den Händen rieb. Ackley redete nicht viel, aber er hatte vor zwanzig Jahren an den Spielen teilgenommen und den Preis der Hexen gewonnen. Es hieß, vor dem Tod seiner Schwester sei er ein Mensch gewesen, der rund um die Uhr Witze erzählt und selbst am meisten darüber gelacht hatte. Es fiel Bly schwer, das zu glauben, denn sie hatte ihn noch nie auch nur bei einem Lächeln erwischt. Nur wenn er seine Schwester ansah, die er damals mit seinem Sieg von den Toten wiedererweckt hatte, zogen sich seine Mundwinkel ein kleines Stück nach oben.

Heute stand Mabel hinter ihm und sortierte Äpfel in verschiedene Behälter. Bly versuchte, nicht auf die tiefe, schartige Narbe an ihrem Hals zu starren. Von den Toten aufzuerstehen machte nicht ungeschehen, was man erlebt hatte.

Einmal, als Ackley gerade nicht da gewesen war, hatte Bly seine

Schwester gefragt, ob sie froh sei, wieder zurück zu sein. Mabel hatte viel zu lang gezögert, bevor sie fröstelnd genickt hatte.

Natürlich musste ihre Antwort Ja lauten. Seit ihrer Wiedererweckung bewirtschaftete sie zusammen mit ihrem Bruder einen Obstgarten in der Hexenstadt. Sie waren wieder miteinander vereint und führten obendrein ein besseres Leben.

Ackley räusperte sich. Er mochte es nicht, wenn seine Kunden zu lang auf seine Schwester starrten. Bly gab ihm ihren Beutel, und er spähte hinein. »Sechs Äpfel deiner Wahl«, sagte er schroff.

Bly sah ihn überrascht an. Das war mehr als ein fairer Handel. Es fühlte sich an wie ein Geschenk.

Er drehte sich von ihr weg, bevor sie etwas erwidern konnte.

Bly betrachtete die Äpfel. Am liebsten mochte sie die roten, süßen, aber sie griff stattdessen nach einem knallgrünen und drehte ihn gedankenversunken in der Hand.

»Die hat deine Schwester immer gekauft.«

Bly hob ruckartig den Kopf. Mabel lächelte sie traurig an. Aber Bly hatte sich gar nicht an Elise zurückerinnert, die an diesem Stand ihre Backäpfel erstanden hatte, sondern an Emerson, der immer die viel zu sauren Äpfel aus der Ausschusstonne aß. Ihre Brust schnürte sich zusammen. Es hatte sich nichts geändert. Sie dachte noch immer an ihn statt an ihre Schwester.

Ihre Wangen glühten vor Scham.

Mabel musterte sie prüfend, während sie die Körbe mit neuen Äpfeln bestückte. Bly hatte das Gefühl, dass Ackley und sie von ihrem heimlichen Plan wussten. Es war nicht schwer, sich zusammenzureimen, was sie vorhatte, wenn man sie seit über einem Jahr regelmäßig beim Verkaufen von Blut und beim Besuchen der Zauberstände beobachtete.

»Sie würde nicht wollen, dass du das tust«, sagte Mabel wie zur Bestätigung.

»Du meintest doch neulich, dass du froh wärst, wieder am Leben zu sein«, argumentierte Bly, doch Mabel war verstummt und ihr Blick so abwesend, als hätte sie sich im Nebel verirrt. Sie drückte den Apfel in ihrer Hand so fest zusammen, dass Saft aus seiner aufgeplatzten Schale rann. »Mabel?«, fragte Bly.

Die Standverkäuferin antwortete nicht. Ackley drehte sich nach ihr um und wirkte traurig und gebrochen, als er zu ihr eilte, etwas in ihr Ohr flüsterte und sanft ihre Finger von der beschädigten Frucht löste.

Mabels Blick wurde wieder klarer, und Bly seufzte leise. Sie hatte gehört, dass diejenigen, die vom Tod auferweckt worden waren, manchmal Momente durchlebten, in denen sie ins Totenreich zurückkehrten – als wären ihre Seelen nicht fest genug mit ihren Körpern verbunden.

Doch solange sie jemanden hatten, der sie liebte und wieder ins Jenseits holte, war alles in Ordnung, oder etwa nicht? Es *musste* so sein!

Bly wollte sich gerade für die Äpfel bedanken, als einige Stände weiter ein Handgemenge entstand und aufgebrachte Schreie ihre Worte übertönten. Sie dachte sich nichts weiter dabei. Viele Menschen waren ausgehungert genug, um auf dem Markt etwas zu stehlen und die möglichen Konsequenzen in Kauf zu nehmen. Als sie den Kopf drehte und über ihre Schulter spähte, sah sie, dass der Tumult sich an dem Stand mit den Zaubergegenständen ereignet hatte, von dem sie vorhin unverrichteter Dinge gekommen war.

Zwischen den Menschen, die sich vor dem Stand drängten, machte sie Emerson aus, um dessen Handgelenk sich die langen Finger der Hexe mit den honigblonden Haaren geschlossen hatten.

Bly hielt die Luft an.

Emerson wehrte sich gegen die Umklammerung, schaffte es jedoch nicht, sich zu befreien. Die Hexe hatte vermutlich auf einen Kraftzauber zurückgegriffen, wodurch ihre Muskelstärke selbst die von Emerson übertraf. Sie streckte ihre freie Hand aus und zog einen weißen Birkenzweig zwischen seinen Fingern hervor, um ihn zurück auf den Tisch zu werfen.

Die Hexe ließ den Blick streitlustig über die Schaulustigen schweifen. »Es ist schon eine Weile her, dass ich das letzte Mal ein Exempel an einem Menschen statuiert habe.«

Bly ließ den Apfel fallen, in den sie gerade hatte beißen wollen. Ein Mensch, der beim Diebstahl erwischt worden war, konnte bestraft werden, wie auch immer es die Hexen oder Vampire für richtig hielten, ohne dass die Wachen eingriffen. Die Hexe konnte Emerson sogar töten, ohne dass sie dafür zur Rechenschaft gezogen wurde.

Bly rannte los. Emerson erspähte sie aus dem Augenwinkel und schüttelte den Kopf, doch sie blieb nicht stehen.

Die Hexe hielt unterdessen mit der Hand über ihrer ausgestellten Ware inne. »Was nehme ich denn?«

Grinsend griff sie nach einem spitzen schwarzen Dorn, bevor sie wie eine Schlange nach vorn zuckte und ihn Emerson in den Arm hieb. Erst dann ließ sie ihn frei. Mit einem zufriedenen kleinen Lächeln begann sie, ihre Zaubergegenstände gerade zu rücken, als sei alles in bester Ordnung.

Für einen kurzen Moment glaubte Bly, es sei tatsächlich alles glimpflich ausgegangen – obwohl Emerson noch immer neben dem Stand verharrte und kaum merklich wankte. Sie redete sich ein, er wäre unversehrt.

Bis er auf die Knie sank und nach hinten wegsackte.

Bis sie sich zu ihm auf den Boden kauerte und die schwarzen Adern sah, die seinen Arm hinaufkrochen.

FÜNF

Bly versuchte verzweifelt, einen klaren Kopf zu bewahren. Sie musste stärker sein als beim letzten Mal, musste sofort handeln, aber ihre Gedanken verirrten sich immer wieder in die Vergangenheit und schnürten ihr die Luft ab. Ihr Blick wurde unscharf, und sie spürte wieder die Blätter und Kiefernnadeln unter ihren Füßen, die weiche, federnde Konsistenz zerdrückter Pilze, die kalte Hand ihrer Schwester in ihrer. Schwarze Ranken wucherten vor ihren Augen, als sei sie diejenige, die verflucht worden war.

Doch so war es nicht. Sie war diejenige, die etwas unternehmen musste.

Die Hand, die sie in ihrer spürte, erwiderte den Druck, im Gegensatz zu Elises Hand an jenem Tag. Emerson stöhnte, und Bly konzentrierte sich ganz auf diesen Laut, während sie ihre Umgebung allmählich wieder klarer sah. Er war nicht Elise, und er war nicht tot … jedenfalls noch nicht. Todesflüche konnten ihre Wirkung sofort entfalten, oder sie setzten dem Leben der verfluchten Person eine zeitliche Frist. Emerson war noch bei ihr.

Er sah sie mit seinen dunkelbraunen Augen an. »Mir geht's gut«, sagte er mit erstaunlich fester Stimme.

»Stimmt nicht«, stieß sie krächzend hervor und atmete tief in ihren Bauch hinein, um anschließend die Luft anzuhalten. Ihr Herz klopfte dadurch noch langsamer und unregelmäßiger. Nachdem sie den Atem wieder ausgestoßen hatte, drehte sie sich zu der Hexe um.

Sie war hinter ihren Stand zurückgekehrt und arrangierte mit der Ruhe einer Person, der das Leben der Menschen vor ihrer Nase vollkommen gleichgültig war, ihre Zauberkollektion. Blys ganzer Körper vibrierte vor Verlangen, sich auf den Tisch zu stürzen, nach sämtlichen mit Todesflüchen belegten Gegenständen zu greifen und so viele Hexen wie möglich damit zu treffen, bevor jemand sie aufhalten konnte. Sie schob den fast unwiderstehlichen Drang beiseite. Es nutzte Emerson nichts, wenn sie ihn rächte, und es brachte auch Elise nicht wieder zurück, wie sehr sie sich auch wünschte, es den Hexen mit gleicher Münze heimzuzahlen.

»Wie viel Zeit bleibt ihm noch?« Bly war selbst überrascht davon, wie bestimmt ihre Stimme klang. Sie hütete sich davor, die Hexe anzuflehen, den Fluch rückgängig zu machen. Zumal das angeblich nicht möglich war.

Die Standverkäuferin blickte nicht zu ihr auf.

Bly versuchte, aufzustehen, aber Emersons Griff um ihre Hand wurde fester.

Lass ihn nicht allein!

Ihre Gedanken kehrten zu dem Moment zurück, in dem sie davongerannt war und den Leichnam ihrer Schwester den Hexen überlassen hatte.

Die heutige Situation war eine ganz andere. Sie befreite sich aus Emersons Umklammerung und erhob sich vom Boden. Ihre Beine zitterten so sehr, dass sie es nicht wagte, einen Schritt auf den Stand zuzumachen.

»Ich rede mit dir, Hexe.« Ihre Stimme dröhnte in ihren Ohren, als hätte sie es laut hinausgebrüllt.

Der Blick der Standverkäuferin schoss flüchtig zu ihr nach oben, bevor sie eine Ansammlung verzauberter Blätter auffächerte.

Bly machte einen Schritt auf sie zu und dann noch einen, auf

Beinen, die unter ihr zusammenklappen und aufgeben wollten. Sie stolperte und hielt sich am Tisch der Hexe fest, brachte die Zaubergegenstände wieder durcheinander, die die Frau so sorgsam geordnet hatte.

Verärgert kniff die Hexe die Lippen zusammen und richtete ihre Aufmerksamkeit endlich auf Bly.

»Wie lange?«, wiederholte diese und schluckte. »Ein Tag? Eine Woche?«

Bitte mach, dass es mehr ist!

Die Hexe betrachtete stirnrunzelnd ihre verrutschte Ware, und Bly wusste, dass sie in Gefahr schwebte und kurz davor war, sich ebenfalls einen Todesfluch einzuhandeln.

Starke Arme schlossen sich um ihre Taille und zogen sie rückwärts vom Stand weg.

»Mir geht's gut«, wiederholte Emerson. »Lass es einfach.«

Seine Brust hinter ihrem Rücken fühlte sich fest und verlässlich an. Sie konnte sein heftig klopfendes Herz spüren und wollte sich davon trösten lassen, versuchte jedoch stattdessen, sich aus seinem Griff zu befreien.

»Ich will es nicht wissen«, fügte er hinzu.

Bly hörte auf, sich zu winden. Wie konnte er es nicht wissen wollen? Was, wenn der Todesfluch erst in zwanzig Jahren seine Wirkung entfaltete? Wie konnte er bis dahin jeden einzelnen Tag mit der Frage leben, ob es sein letzter sein würde? Wie konnte *sie* es?

Bly hätte der Hexe am liebsten erneut ihre Frage entgegengebrüllt, aber Emerson hatte ihr den Arm um die Schulter gelegt und hielt sie fest, während er mit ihr davonging. Bly stolperte neben ihm her, während der ganze Schmerz der Vergangenheit in ihrer Kehle brannte und sich mit ihren Zukunftssorgen vermischte.

»Genießt euer letztes Jahr zusammen!«, rief ihnen die Hexe hinterher.

Die Worte raubten Bly den Atem – nein, es war Emersons Arm um ihren Oberkörper, der sich angespannt hatte und ihr die Luft abdrückte. Ihr Kindheitsfreund war stehen geblieben.

Sie drehte den Kopf und sah ihn an. Nachdem sie ihren Arm aus seinem eisernen Griff gelöst hatte, schob sie ihn hinter seinen Rücken, um ihn zu stützen. Er erwiderte ihren Blick nicht, atmete nur einige Male tief ein. Dann setzte er sich wieder in Bewegung, ohne zu dem Stand zurückzublicken. Bly hingegen spähte im Weggehen über die Schulter.

Die Hexe lächelte.

Bly war sich sicher gewesen, die Hexen nicht noch stärker hassen zu können. Sie hatte sich getäuscht. Tränen des Frusts und der Wut stiegen ihr in die Augen, als ihre Stiefel in die schlammigen Wege ihres Heimatdorfs einsanken. Sie wünschte, sie hätte die Macht besessen, auf den Markt zurückzukehren und der Hexe die Stirn zu bieten, sie spüren zu lassen, wie viel Kummer sie ihnen bereitet hatte. Aber sie konnte nichts tun, ohne ebenfalls einen Todesfluch zu riskieren.

Emerson ließ sie für einen Moment los, um seine Ärmel hinunterzurollen und die Adern des Fluchs zu bedecken, bevor er sie zu seinem Haus zog. Es war ein wenig größer als die übrigen Häuser im Dorf, weil die Vampire die Arbeit ihres Waffenschmieds schätzten und ihn gut bezahlten, aber es war aus dem gleichen groben Holz gezimmert und das ganze Jahr über feucht vom Regen.

Bly wollte zur Haustür gehen, doch Emerson führte sie am Gebäude vorbei zum Schuppen. Offenbar wollte er seiner Mutter noch nicht gegenübertreten. Sie war eine zarte, gebrechliche Frau, die hustete, als wäre ihre Lunge voller Nebel. Früher hatte sie Kartoffeln auf dem Hexenmarkt verkauft, ihre Arbeit jedoch aufgegeben, als ihr Sohn alt genug gewesen war, um den Vater zu unterstützen und ein zweites Einkommen zu erwirtschaften.

Wenn sie Emersons Todesfluch entdeckte, bekam sie mit Sicherheit einen fürchterlichen Hustenanfall. Bly wusste daher, dass Emerson die schwarzen Linien so lange wie möglich vor ihr verbergen würde. Der Fluch betraf nicht nur ihn. Seine Eltern würden auch noch ihr zweites Kind verlieren. Allein beim Gedanken daran wurden Blys Beine bleischwer. Hätte Emerson sie nicht weitergezogen, wäre sie wie erstarrt stehen geblieben.

Hinter dem Haus des Waffenschmieds standen zwei Holzverschläge. Emerson ging an dem größeren vorbei, dem Schmiedeschuppen, in dem er die Metallreste bearbeitete, die sein Vater aus Vagaris mitbrachte, und stieß die Tür des kleineren Verschlags auf, in dem das Feuerholz der Familie gestapelt war. Nachdem sie ihn betreten hatten, ließ er die Tür ein Stück offen, sodass ein Lichtstrahl auf sein stoisches Gesicht fiel.

»Alles in Ordnung?«, fragte er Bly.

»Ich bin nicht diejenige, die mit einem Todesfluch belegt wurde!« Natürlich war *nicht* alles in Ordnung, schließlich hatte er nur noch ein Jahr zu leben!

Auch wenn sie die schwarzen Adern an seinem Arm nicht sehen konnte, starrte sie auf seinen Ärmel. Bly spürte diese Adern, als würden sie sich über ihre Haut ziehen statt über seine.

»Warum hast du das getan?«, fragte sie Emerson.

»Weil du eine echte Chance haben sollst, wenn du schon an den Spielen teilnimmst. Wie jeder weiß, braucht man vor allem Fesselzauber, um erfolgreich zu sein. Daraus, dass du so kurz vor Spielbeginn noch zum Handeln am Zauberstand warst, habe ich geschlossen, dass du noch nicht voll ausgestattet bist.«

»Unsinn. Ich hatte alles im Griff.«

»So gut, dass du dich von Vampiren im Wald leer trinken lassen musstest?« Er ergriff ihr Handgelenk, an dem sich Jade ergötzt hatte, und bohrte ihr seinen Daumen ein wenig zu tief in die Wunde.

Bly zuckte zusammen.

»Elise hätte nicht gewollt, dass du dich so zurichtest. Und ich will es auch nicht.«

Die Angst in seiner Stimme überwältigte sie. Sie hasste es, dass sie der Auslöser dafür war. Mit einem Ruck versuchte sie ihren Arm loszureißen, doch er hielt sie fest.

»Elise will gar nichts mehr, weil sie nämlich tot ist. Und genau das versuche ich zu ändern.«

Er ließ sie abrupt los, und Bly bereute ihre trotzige Reaktion. Sie sehnte sich so sehr nach Berührungen von ihm, dass ihr selbst eine schmerzende lieber war als gar keine.

»Ich wollte dir eine faire Chance verschaffen«, wiederholte er.

»Du hast nur eins erreicht: dass wir dir beim Sterben zusehen müssen, falls ich tatsächlich gewinne und Elise wieder mit nach Hause bringe. Und was passiert dann? Ich trauere um dich, bis ich es nicht mehr aushalte, und nehme erneut an den Spielen teil, um *dich* aus dem Tod zurückzuholen?«

»Das würdest du nicht wagen«, flüsterte er.

»Natürlich würde ich es wagen.« Ihre Stimme klang leise und unsicher. So etwas tat man doch für die Menschen, die man liebte, oder nicht?

»Bly.« Emerson machte einen Schritt auf sie zu, und seine Hände legten sich sanft um ihre Oberarme. »Du weißt, dass ich das nicht will.«

Heiße Tränen schossen Bly in die Augen, vertraut und unwillkommen wie alte Freunde, die sie nicht sehen wollte. Sie schniefte, und Emersons Griff wurde fester, als wollte er zusammenfügen, was zwischen ihnen zerbrochen war. Gefühle zu zeigen fiel ihm schwer.

Als Bly damals verzweifelt um Elise geweint hatte, hatte er sie schweigend im Arm gehalten, und sie hatte seine Anspannung gespürt, seine Sehnsucht danach, irgendwo anders zu sein, wo er nicht mit ihrer Trauer konfrontiert war.

Also hörte sie auch jetzt auf zu weinen. Sie musste tapfer sein, ihm zuliebe, hatte kein Recht darauf, sich auf ihn zu stützen, sich von ihm trösten zu lassen.

Er schüttelte sie sanft. »Versprich mir, dass du nicht versuchen wirst, mich zu retten!« Er seufzte. »Und falls du tatsächlich gewinnst, lass nicht zu, dass Elise mich zurückholen will. Ich würde es keiner von euch verzeihen, dass sie für mich ihr Leben riskiert.«

Bly war nicht bereit, ihm irgendetwas zu versprechen. Wenn sie bei dem Versuch, Elise zurückzuholen, nicht draufging, sondern auf wundersame Weise die Spiele gewann, würden ihr nur noch wenige Monate bleiben, bis das nächste Loch in ihr Herz gerissen wurde. Bei diesem Gedanken wurde ihr schwarz vor Augen.

Sie antwortete daher nicht, sondern schüttelte lediglich den Kopf. »Ich bezweifle ohnehin, dass ich nach Hause zurückkomme. Mir fehlt immer noch, was ich für den Sieg brauche, aber es hilft alles nichts. Ich *muss* es einfach versuchen. Du verstehst hoffentlich, dass ich nicht anders kann. Mir ist vollkommen klar, warum du selbst nicht zu den Spielen antrittst, aber ich bin nicht du. Es ist mir egal, wenn ich den Hexen und Vampiren zur Unterhaltung diene. Hauptsache, sie geben mir am Ende Elise zurück.«

Emerson ließ ihre Arme los. Sie kribbelten an den Stellen, an denen er sie zu fest gepackt hatte. Dennoch vermisste sie seinen Griff. Er hatte sich verlässlich und kraftvoll angefühlt, keineswegs wie der eines jungen Mannes, der in einem Jahr tot sein würde.

Bly widerstand dem Drang, die Hand auszustrecken und Emerson zu berühren. Sie musste ihre Finger ineinander verkrallen, um nicht schwach zu werden.

Als sie endlich in der Lage war, den Kopf zu heben und ihn anzusehen, hielt er ihr seine Faust hin, und sie beobachtete verwirrt, wie er sie öffnete und den Blick auf den Gegenstand freigab, der sich darin verbarg.

Ein kleiner, angespitzter Birkenzweig leuchtete in dem Licht, das durch den Türspalt hereinfiel.

Bly atmete geräuschvoll ein. »Du hast also doch einen gestohlen!«

»Ich habe mir gleich zwei auf einmal geschnappt und darauf gepocht, dass sie denkt, ich hätte nur einen.«

»Du hast von Anfang an einkalkuliert, dass du erwischt wirst«, sagte Bly vorwurfsvoll.

Er antwortete nicht.

»Ich hätte den Birkenzweig später kaufen können! Ich hatte noch genug Zeit vor der Hexenprüfung. Ich hätte sogar noch einmal zum Plündern in den Wald gehen können.«

»Dort wärst du mit Sicherheit getötet worden.«

»Also wolltest du stattdessen selbst sterben?«

Emersons Augen funkelten, und sie erkannte die Wut, die er sonst immer hinter seiner praktischen Art versteckte. Seine Maske war gefallen, und er war wieder zu dem Jungen geworden, der gerade seine Schwester verloren hatte und am liebsten die ganze Welt in Brand stecken würde, ungeachtet der Konsequenzen. Bly wusste nicht, ob sie sich darüber freuen sollte, dass diese Seite von ihm nun erneut zum Vorschein kam, oder ob sie Angst vor der Gefahr haben sollte, in die er sich dadurch womöglich brachte.

Ihre Finger wollten nach dem kostbaren Zweig in seiner Hand greifen. Trotz des Preises, den er dafür gezahlt hatte, brauchte sie ihn, wenn sie eine Chance haben wollte, ihre Schwester zurückzuholen.

Doch Emerson schloss wieder die Faust. Sie verharrte mit ihrer Hand über seiner und blickte fragend zu ihm auf.

Er sah sie eindringlich an. »Lass mich an deiner Stelle gehen«, sagte er.

»Ich habe dir doch schon gesagt, dass …«

»Das war zu einer Zeit, als ich noch etwas zu verlieren hatte«, fiel er ihr ins Wort.

»Sag so etwas nicht – du hast noch ein ganzes Jahr!« Aber ihre Kehle brannte, als sie diese Worte sagte. Ein Jahr war nicht annähernd genug. Selbst wenn sie gewann und ihre Schwester zurückbekam, würde ihr die Sache, auf die sie insgeheim immer noch hoffte, verwehrt bleiben: eine Zukunft mit Emerson.

»Du hast noch dein ganzes Leben vor dir, ich nur ein Jahr.« Der flehende Unterton in seiner Stimme überraschte Bly. Emerson war sonst durch nichts aus der Ruhe zu bringen. »Bitte, Bly. Lass zu, dass ich das für euch tue!«

Mit Entsetzen ging ihr auf, dass Emerson das Ganze mit Absicht eingefädelt hatte. Er traf keine übereilten Entscheidungen. Niemals hätte er versucht, den Birkenzweig zu stehlen, ohne vorher sämtliche möglichen Konsequenzen durchdacht zu haben. Ihm war klar gewesen, dass ihm seine Tat einen Todesfluch einbringen und dass er diesen Umstand dazu einsetzen konnte, seinen Willen zu bekommen.

Doch bei all seiner Logik hatte er eins außer Acht gelassen: Bly konnte genauso wenig ohne *ihn* leben wie ohne ihre Schwester.

Emerson hatte versucht, heldenhaft und großmütig zu sein, ihr jedoch die einzige Chance genommen, das Glück wiederzufinden. Mit dieser Realität musste sie nun zurechtkommen.

Es sei denn, sie veränderte diese Realität …

Eine neue Idee machte sich in ihrem Kopf breit – eine Idee, die so tollkühn, verwegen und optimistisch war, dass sie nur von ihr stammen konnte. Allein die Aussicht darauf, sie vielleicht umsetzen zu können, ließ das Gefühl in ihren tauben Fingern zurückkommen.

»Du solltest tatsächlich bei den Spielen mitmachen«, sagte sie.

Erleichterung durchzuckte Emersons Gesicht, dicht gefolgt von Skepsis. Er kannte sie in- und auswendig, obwohl sie das vergangene Jahr weitgehend getrennt verbracht hatten. Es war zu leicht gewesen, sie zu überzeugen.

»Du musst nämlich den Preis der Vampire gewinnen«, fügte sie nachdrücklich hinzu.

Emerson runzelte die Stirn. »Wir brauchen den Preis der Hexen, um Elise von den Toten zurückzu…« Er brach ab, als ihm klar wurde, worauf sie hinauswollte.

Ein Todesfluch ließ sich nur auf eine Weise aushebeln: indem man unsterblich wurde. Und Unsterblichkeit war für Menschen nur zu erlangen, wenn sie bei den Spielen der Wiederkehr den Preis der Vampire gewannen. Außerhalb der Spiele kam es nur äußerst selten vor, dass die Bewohner von Vagaris Menschen in Vampire verwandelten, denn dazu war zwingend die Einwilligung des Vampirrats erforderlich. Dieser erteilte die Erlaubnis im Grunde nur dann, wenn die betreffenden Menschen in Vagaris aufgewachsen waren und nichts als die Vampirwelt kannten. Grund hierfür war, dass aus der Verwandlung von Bewohnern des Ödlands Vampire hervorgingen, die zu viel Mitgefühl für die Ängste und Nöte der Menschen zeigten. Daher bildeten die Spiele die einzige Ausnahme.

Emerson musste ebenfalls an ihnen teilnehmen, aber aufseiten der Vampire.

»Das kann nicht dein Ernst sein!«

Er sagte es mit so viel Hass in der Stimme, dass Bly unwillkürlich einen Schritt zurückwich und schluckte. Sie verlangte von ihm, eine jener Kreaturen zu werden, die seine Schwester umgebracht hatten. Wie abstoßend dieser Gedanke für ihn war, war ihr vollkommen klar, schließlich würde auch sie aufseiten des Volks kämpfen müssen, das ihr einen geliebten Menschen geraubt hatte.

»Was wäre denn die Alternative?«, fragte sie.

Er zuckte mit den Schultern. »Dass ich sterbe. Na und?«

»Und deine Eltern? Deine Mutter wird wieder arbeiten müssen, und wir wissen beide, dass sie diese Anstrengung nicht überleben würde.« Ihre Worte waren grausam, aber ehrlich. Es war besser, wenn er sich schon jetzt mit diesem Gedanken vertraut machte, denn die Wahrscheinlichkeit, dass sie die Spiele gewannen, war gering. Dennoch, sie mussten es versuchen. »Als Vampir könntest du ihnen ein besseres Leben ermöglichen.«

Bly sah den winzigen Riss, den seine Entschlossenheit bekam.

Trotzdem schüttelte er den Kopf. »Die Vampire sind böse. Ich will nicht wie sie sein.«

»Es gibt auch welche, die anders sind.«

Er sah sie stirnrunzelnd an.

»Na gut … Die meisten von ihnen sind vermutlich tatsächlich bösartig. Aber die, die erst als Erwachsene zu Vampiren wurden und nicht in Vagaris aufgewachsen sind, sind nicht ganz so schlimm. Erinnerst du dich noch an den Jungen aus dem Nachbardorf, der vor ein paar Jahren die Spiele gewonnen hat? Dank ihm wohnen seine Eltern jetzt in einem wunderschönen Haus. Er ist nicht böse geworden durch die Verwandlung.«

»Du weißt doch gar nicht, wie er heute ist. Nur weil er seinen Eltern nicht an die Kehle geht, muss er noch lange kein gutes Herz haben.«

Bly biss sich auf die Lippe und platzte dann heraus: »Elise hat behauptet, dass es auch nette Vampire gibt.«

Emersons Gesicht wurde ausdruckslos. »So etwas hätte sie niemals gesagt.«

»Hat sie aber. Am Tag, als sie gestorben ist. Ihr wäre es lieber gewesen, wenn wir in der Nähe von Vagaris Beeren gesammelt hätten, aber ich wollte Richtung Havenwhile gehen.« Bly hielt inne und atmete tief ein. Dieses Geständnis fiel ihr nicht leicht. Sie hatte Emerson noch nie so viel über jenen Tag erzählt. Dass sie auf Havenwhile bestanden hatte, kam ihr rückblickend als noch größerer Fehler vor, denn ihre Schwester schien recht gehabt zu haben. Schließlich hatte Kerrigan sie heute laufen gelassen.

Emerson blieb stumm, er wirkte vollkommen erschüttert.

»Ich glaube nicht, dass alle Vampire gleich schlecht sind«, fuhr Bly fort. »Auch wenn die gutherzigen vermutlich die Minderheit bilden.«

Er schwieg noch immer.

»Wenn du erst einmal zu ihnen gehörst, kannst du vielleicht von Vagaris aus etwas für uns Menschen bewirken. Du könntest im Wald auf Patrouille gehen und uns vor den anderen Vampiren beschützen.«

Da war er wieder, der rebellische Funke in seinen Augen, wie früher, wenn er von einer Revolution gegen die Unterdrücker gesprochen hatte. Er hatte erkannt, wie viel Gutes er würde tun können, und er war selbstlos genug, sich dafür in eine jener Kreaturen zu verwandeln, die er hasste.

Umso überraschter war Bly, als er den Kopf schüttelte und sich mit der Hand durch die kurzen Haare fuhr. »Ich will teilnehmen, damit du es nicht musst.«

Sie hob das Kinn und erwiderte seinen sturen Blick. »Wir nehmen gemeinsam teil und versuchen, beide Preise zu gewinnen. Zuerst kidnappen wir einen Vampir, um Elise zurückzuholen, und dann fangen wir eine Hexe, um dich zu retten.«

»Wer so etwas wagt, ist so gut wie tot, das weißt du.«

Sie zuckte nur mit den Schultern. Widersprechen konnte sie ihm nicht. Es gab zwar keine Regel, die die Teilnehmer davon abhielt, beide Preise anzustreben, doch wer es tat, nahm doppelt so viele Gefahren in Kauf. Die teilnehmenden Menschen bekamen eine Markierung ans Handgelenk, damit jeder wusste, für welche Seite sie spielten, und wenn sie sich für beide Seiten entschieden, waren sie für die Prämienjäger doppelt wertvoll. Diese ermordeten sie eiskalt, brachten den Hexen den einen Arm und den Vampiren den anderen, noch bevor die Leiche kalt war, und steckten die Prämien ein.

Die Spiele der Wiederkehr waren gnadenlos.

»Wenn ich dich in mein Team aufnehme, dann nur, wenn wir auf meine Weise spielen«, verkündete Bly.

Emerson zögerte. Sie wusste, dass es in seinem Kopf arbeitete. Er versuchte zu kalkulieren, ob es sicherer für sie war, allein teilzunehmen und nur einen Preis anzustreben, oder sich mit ihm zusammenzutun und um beide zu spielen. Bly hatte keine Ahnung, was dabei herauskommen würde.

Endlich seufzte er. »Also gut. Ich bin dabei.«

Er öffnete seine Hand und hielt ihr den Birkenzweig hin. Sie legte ihrerseits die Hand darauf, als würden sie einen Schwur leisten.

* * *

Bly ließ Emerson vor dessen Haustür zurück, und der gequälte Ausdruck auf seinem Gesicht tat ihr in der Seele weh. Sie mochte sich nicht vorstellen, wie furchtbar es war, Eltern, die einen über alles liebten und auf einen angewiesen waren, zu gestehen, dass man nur noch ein Jahr zu leben habe und daher an einem blutigen Wettkampf teilnehmen wolle, bei dem die meisten menschlichen Spieler umkamen.

Seine Mutter würde mit Sicherheit um ihren Sohn weinen. Sein Vater war ein ebenso großer Stoiker wie Emerson selbst, aber Blys Gefühl sagte ihr, dass auch er die Fassung verlieren würde.

Mit einem Tränenschleier vor den Augen wandte sie sich ab und machte sich auf den Weg zu ihrem Haus. Eine schreckliche Vorahnung erfasste sie. Bly fürchtete sich nicht vor den Tränen ihrer Eltern, wenn sie ihnen die Neuigkeit unterbreitete, sie fürchtete sich davor, dass ihre Augen trocken blieben.

Kurz vor der Haustür rutschte ihr Fuß in eine Pfütze, der sie normalerweise instinktiv auswich. Sie nahm das eiskalte Wasser, das in ihren Stiefel sickerte, kaum wahr, als sie die Hand auf die Türklinke legte.

Die Tür knarrte, als sie sie öffnete und ins Haus trat. Bly zuckte zusammen. Das Geräusch fühlte sich wie eine Verurteilung an. *Eure missratene Tochter ist zu Hause, die einzige, die euch noch geblieben ist. Sie wird nie das pflichtbewusste Kind sein, das ihr in Elise verloren habt.*

Bly hatte durchaus versucht, Elise zu ersetzen. Etwa einen Monat nach deren Tod war sie morgens aufgewacht und hatte entschieden, dass es das einzig Richtige war, die Lücke im Leben ihrer Eltern zu schließen. Sie hatte ihren Vater gebeten, sie in seiner Gerberei mitarbeiten zu lassen, und schon an seinem gequälten Gesicht gemerkt, dass das eine schlechte Idee war. Warum hatte sie Begeisterung von ihm erwartet, wenn sie in der Vergangenheit alles getan hatte, um seiner Arbeit aus dem Weg zu gehen? Er wusste natürlich ganz genau, dass sie nur versuchte, ihre

Schuldgefühle zu lindern. Insgeheim hatte sie gehofft, er werde sie in die Vampirstadt mitnehmen, wo er oft für eine ganze Woche blieb, um Aufträge abzuarbeiten. Elise hatte ihn einige Male dorthin begleitet, und Bly hätte sich zu gern davon überzeugt, ob ihre Schwester mit ihrer Aussage, nicht alle Vampire seien böse, recht gehabt hatte. Meist arbeitete der Vater jedoch in seiner kleinen Gerberwerkstatt hinter dem Haus, um die Bly früher einen großen Bogen gemacht hatte. Sie hasste den Geruch von Tierhäuten, die noch vor Kurzem voller Leben gesteckt hatten, hasste das Gefühl von Fell auf ihrer Haut. Selbst im tiefsten Winter trug sie nicht gern Pelz. Als ihr Vater sie nun pflichtschuldig mit in den Schuppen nahm, bemühte sie sich verzweifelt, ihren Ekel zu unterdrücken, aber sie hatte ihre Empfindungen noch nie gut verbergen können. Wenn sie es wagte, in die Richtung ihres Vaters zu spähen, war sein Gesichtsausdruck jedes Mal wie ein Dolchstoß für sie. *Du bist nicht Elise*, war darin zu lesen, *und du wirst auch nie wie sie sein.* Beim Mittagessen hatte er behauptet, sie seien für heute fertig mit dem Gerben, aber Bly hatte ihn dabei beobachtet, wie er allein in den Schuppen zurückgekehrt war. Vielleicht hätte sie es dabei belassen sollen.

Am nächsten Morgen hatte sie trotzdem darum gebeten, ihre Mutter auf ihrer täglichen Runde durchs Dorf begleiten zu dürfen. Eifrig war Bly ihr gefolgt und hatte Arzneien bei den Patienten vorbeigebracht. Jedes Mal, wenn ihre Mutter eine entzündete Hautstelle behandeln oder eine Platzwunde nähen musste, hatte sie sich auf die Innenseite ihrer Wange gebissen, um gegen die Übelkeit anzukämpfen. Sie war überzeugt gewesen, sich besser geschlagen zu haben als beim Vater, doch als sie am nächsten Morgen ihre Mutter fragte, ob sie wieder mitkommen solle, tätschelte diese nur ihre Hand und schüttelte mit einem nachsichtigen Lächeln den Kopf. Dieses Lächeln war ein Schutzschild, hinter dem sich die Wahrheit versteckte: das Bedauern darüber, dass sie nicht Elise war. Bly musste es schon ihr ganzes Leben ertragen, dass sie eine Enttäuschung für ihre Eltern darstellte, aber nun, da Elise nicht mehr da war, um die Erwartungen ihrer Eltern zu erfüllen, war es noch schlimmer geworden.

Seit ihrem vergeblichen Versuch, Elise zu ersetzen, versuchte Bly, erst nach Hause zu kommen, wenn ihre Eltern schon schliefen. Doch es wäre feige von ihr gewesen, aufzubrechen, ohne sich von ihnen zu verabschieden, und Bly war erst einmal in ihrem Leben feige gewesen. Es würde nicht noch einmal vorkommen, das hatte sie sich geschworen.

Ihre Eltern blickten nicht auf, als sie hereinkam. Sie saßen über ihre Teller mit dampfenden Kartoffeln gebeugt, an einem Tisch, an dem es nur noch zwei Stühle gab. Früher waren drei Stühle da gewesen, jedoch nie vier, denn der Tisch war klein und stand an der Wand. Einen Monat nach Elises Tod war auch der dritte Stuhl verschwunden.

Bly hatte nichts dazu gesagt. Sie nahm ihr Essen ohnehin immer mit nach draußen. Auch vor Elises Tod konnte sie sich nicht erinnern, wann sie das letzte Mal mit der Familie zusammengesessen hatte. Eines Tages hatte ihre Mutter sie dabei ertappt, wie sie die leere Tischseite angestarrt hatte, und ihr erklärt, sie hätten Elises Stuhl für ein wenig zusätzliches Geld verkaufen müssen. Damit war die Sache erledigt gewesen. Es hatte nichts zu bedeuten.

Jetzt starrte Bly wieder auf die dritte Tischseite, bis ihre Mutter den Kopf hob. Sie schien überrascht darüber, sie zu sehen, als hätte sie vollkommen vergessen, dass sie noch eine zweite Tochter hatte, die lebte. Bly warf einen Blick zur Feuerstelle, wo eine in ein Tuch gewickelte gegarte Kartoffel auf sie wartete. Die Versuchung war groß.

»Stimmt etwas nicht?« Ein Anflug von Sorge lag in der Stimme ihrer Mutter.

Er bewirkte, dass auch ihr Vater den Kopf hob. Beide Eltern starrten sie an und blinzelten, als müssten sie sich an zu grelles Licht gewöhnen.

Bly machte ihren Mund mehrmals auf und zu, bevor sie krächzte: »Ich wollte euch nur mitteilen, dass ich fortgehe.«

»Oh«, erwiderte die Mutter. »Dein Essen liegt an der Feuerstelle.« Sie wandte sich wieder ihrem Teller zu. »Bleib nicht zu lange weg«, murmelte sie, als wäre es ein nachträglicher Gedanke, ein reflexartiges Äußern der Worte, die von einem liebenden Elternteil erwartet wurden.

Ihr Vater war schon wieder dabei, Kartoffeln in sich hineinzuschaufeln. Er sagte immer, dass Essen nicht zum Vergnügen da sei, sondern lediglich dafür, neue Kraft zu schöpfen für die Arbeit. Bly hatte ihn erst einmal lächeln gesehen: als er ein Stück von Elises Apfelkuchen gegessen hatte. Sie erinnerte sich an ihr Vorhaben, Elise zu bitten, ihr das Backen beizubringen. In ihren Träumen von einem weit entfernten Leben bereitete sie stets köstliche Gerichte zu – Gerichte, die dazu da waren, genossen zu werden und nicht nur vertilgt.

Die Leere, die heute anstelle dieser Träume in ihrem Inneren herrschte, versetzte ihr einen Stich.

»Nein«, sagte sie nach einer Weile. »Ich gehe fort, um an den Spielen der Wiederkehr teilzunehmen.«

Damit erregte sie endlich die Aufmerksamkeit ihrer Eltern. Sie hoben ruckartig die Köpfe, und von ihren Blicken schien sich ein Schleier zu heben, als nähmen sie Bly zum ersten Mal seit über einem Jahr tatsächlich wahr. Als Tochter. Als Menschen, den sie vielleicht ebenfalls verlieren würden. Es fühlte sich gleichzeitig schrecklich und wunderschön an.

Stille breitete sich im Raum aus, bis der Moment unerträglich wurde.

»Was?«, stieß ihre Mutter irgendwann hervor. Auf ihrem Gesicht lag eine eigenartige Mischung aus Verwirrung und Verständnis.

»Um Elise zurückzuholen«, ergänzte Bly leise, als könne es noch einen anderen Grund geben.

»Du wirst nicht mal den ersten Tag überstehen.« Ihr Vater schüttelte den Kopf und senkte den Blick wieder auf seinen Teller. Er tat ihr Vorhaben als Unsinn ab, wie jedes Mal, wenn sie zu Hause einen Plan verkündet hatte. Seine Skepsis wunderte Bly nicht. Schließlich hatte sie ihre Ideen bisher nie wahr gemacht, hatte immer nur von ihnen geträumt.

Ihre Mutter sah sie immer noch an. Vielleicht spürte sie, dass es diesmal anders war.

»Nein«, sagte sie. »Das würdest du nicht tun.«

Die Worte schmerzten. Ihre Mutter sagte nicht, dass sie es nicht tun *solle* oder *dürfe,* sondern dass sie es nicht *würde.* Sie würde nicht mutig oder stark genug sein, um es durchzuziehen.

»Es ist meine Schuld, dass sie tot ist«, sagte Bly.

Ihre Mutter schwieg. Ihr Vater hob erneut den Kopf. Doch auch er sagte nichts. Das Schweigen der beiden nagte an Bly, bis sie sich nur noch wie ein halber Mensch vorkam. Wie eine halbe Tochter.

»Wenn du stirbst, macht sie das auch nicht wieder lebendig«, argumentierte ihre Mutter leise.

»Ich habe nicht vor, zu sterben.« Bly wünschte, ihre Stimme hätte überzeugter geklungen.

Ihr Vater schnaubte verächtlich. »Werde endlich erwachsen. An etwas zu glauben heißt noch lange nicht, dass es wahr wird. Deine Träume machen dich nicht unbesiegbar. Ich habe wirklich gedacht, dass du das mittlerweile gelernt hast.«

Sie zog den Kopf ein. Der Blick ihrer Mutter verriet, dass sie dasselbe dachte, jedoch nicht grausam genug war, es auszusprechen.

»Es wäre besser für dich, die Sache mit Elise einfach zu vergessen«, fuhr ihr Vater fort. »Lebe dein Leben, und lass uns unseres leben.«

Hinter seinen letzten Worten verbarg sich noch mehr – eine Bitte, oder vielmehr ein Befehl. *Lass uns gefälligst in Ruhe.*

Ihre Eltern wünschten sich nicht, dass sie tot wäre, aber sie wollten, dass sie vernünftig wurde. Dass sie Emerson heiratete – diese Idee hatten sie ihr gegenüber schon mehrmals erwähnt, seit Elise tot war. Als ob sie eine Bürde wäre, die er ihnen abnehmen könne.

»Was sagt Emerson dazu?«, fragte ihre Mutter, als spürte sie, dass Bly an ihn dachte.

Sie hatte keine Ahnung, dass ihre Tochter nicht mehr so eng mit dem Sohn des Schmieds befreundet war wie früher. Bly hatte keinen Grund gehabt, es ihren Eltern zu erzählen. Die Frage ihrer Mutter ärgerte sie trotzdem. Sie brauchte Emerson nicht, um Entscheidungen zu treffen.

»Er wird mich begleiten.«

Ihre Mutter schnappte nach Luft.

Die Gabel ihres Vaters landete klappernd auf dem Tisch. »Ich hätte ihn für schlauer gehalten.«

Bly antwortete nicht. Sie wollte nicht zugeben, dass er tatsächlich Bedenken gehegt und sich nur zur Teilnahme bereit erklärt hatte, weil sie die waghalsige Seite in ihm hervorgekitzelt hatte. Und nun blieb ihm keine andere Wahl, als mit ihr um den Sieg zu kämpfen.

»Er glaubt, dass wir gewinnen können«, sagte sie.

Ihr Vater schüttelte den Kopf, und ihre Mutter zog ein finsteres Gesicht.

»Bitte wünscht mir einfach Glück. Ihr könnt es mir sowieso nicht ausreden«, erklärte Bly, obwohl ihre Eltern gar keine Anstalten machten, es zu versuchen. Ihr Vater hatte nur klargestellt, dass er sie für eine Närrin hielt.

Ihre Mutter stand vom Tisch auf und ergriff ihre Hand. Bly malte sich aus, sie würde sie anflehen, dazubleiben, würde ihr sagen, sie ertrage es nicht, noch eine Tochter zu verlieren. Stattdessen zog sie Bly zu einer unerträglich festen Umarmung heran. So umarmte man jemanden, von dem man sicher war, ihn nie wiederzusehen.

Bly biss sich auf die Lippe, um nicht in Tränen auszubrechen.

Ihr Vater aß schon wieder. Er blickte nicht auf, als sie ihre Kartoffel holte und damit hinausging. Sie würde draußen abwarten, bis ihre Eltern eingeschlafen waren, und dann eine letzte Nacht in dem kalten Schweigen verbringen, das ihr Zuhause hätte sein sollen.

SECHS

Wie oft hatte Bly früher davon geträumt, mit Emerson in den Wald davonzulaufen. In ihrer Vorstellung hatte sie dabei seine Hand gehalten, wohingegen sie in Wirklichkeit mehrere Schritte voneinander entfernt gingen. Während die kalte Nachtluft die Distanz zwischen ihnen füllte, blickten sie nicht etwa einem gemeinsamen Leben an einem besseren Ort entgegen, sondern waren erfüllt vom Tod – dem Tod, den sie hinter sich hatten, und jenem, der vor ihnen lag.

Emerson starrte zunächst stur geradeaus, als er den Wald betrat. Nach einer Weile blieb er stehen und drehte sich zu ihr um. »Ich kann immer noch allein teilnehmen und um den Preis der Hexen kämpfen.« Er sagte es halbherzig, wusste, dass Bly kein Mensch war, der seine Meinung änderte.

Sie schüttelte den Kopf, und er setzte sich wieder in Bewegung. Sie folgte ihm, ohne auch nur ein einziges Mal zurückzublicken. Seit Elise nicht mehr morgens das Feuer in der Küche anfachte, war das Haus ihrer Eltern noch weniger ein Zuhause als vorher. Falls es ihr gelang, ihre Schwester zurückzuholen, würde sie einen Weg finden, dort glücklich zu werden, das schwor sie sich. Sie würde realistischere Ziele ins Auge fassen, vielleicht sogar eine Arbeit finden, die ihr nicht gänzlich zuwider war. Zum Beispiel als Orangenverkäuferin auf dem Markt. Das kam ihrem einstigen Traum, einen eigenen Orangenbaum zu besitzen, schon recht nahe. Und wenn sie Glück hatte, würde Emerson doch eines Tages auf sie aufmerksam werden und anfangen, von ihr zu träumen …

Bly beobachtete ihn dabei, wie er vor ihr durch die Bäume stapfte. Es würde ein langer Fußmarsch werden.

Die Vampire öffneten bei Sonnenuntergang ihre Tore für potenzielle Spieler, und um Mitternacht würde die entscheidende Prüfung beginnen. Bly und Emerson waren daher schon vor dem Morgengrauen aufgebrochen. Sie würden es gerade rechtzeitig schaffen, allerdings nur, wenn sie für den zweiten Teil der Strecke Geschwindigkeitszauber einsetzten. Bly hatte bereits zwei Leuchtkugeln verbraucht, um die Dunkelheit der frühen Morgenstunden zu erhellen. Die Kugeln waren um ihre Köpfe geschwirrt wie die Glühwürmchen, aus denen die Hexen sie gemacht hatten. Emerson und sie würden vor der Prüfung außerdem je einen Kraftzauber benötigen, nachdem sie zwanzig Stunden ohne Pause marschiert waren.

Blys Brust schnürte sich vor Panik zusammen, wenn sie daran dachte, wie viele Zaubergegenstände sie bereits verschwendete, bevor die Spiele überhaupt angefangen hatten. Doch was blieb ihr anderes übrig? Um Chancen auf den Sieg zu haben, brauchten sie unbedingt einen mächtigen Vampir oder eine einflussreiche Hexe, die ihnen den Rücken stärkte. Es war zwar nicht zwingend magische Unterstützung erforderlich, um an den Spielen teilnehmen zu können, aber es kam nur äußerst selten vor, dass ein Menschenteam eigenständig den Sieg errang. Unterstützer boten Orientierung und statteten ihre Teams – was noch viel wichtiger war – mit Geld, Zaubergegenständen, Nahrung und anderen Dingen aus, von denen die Menschen niemals genug besaßen. Am allerwichtigsten aber war, dass er oder sie einen gewissen Schutz vor Prämienjägern und anderen Gefahren darstellte. Vampire und Hexen durften sich gegenseitig während der Spiele keinen Schaden zufügen, wohingegen menschliche Spieler nach Herzenslust ausgeplündert oder getötet werden durften.

Bly und Emerson mussten also zumindest versuchen, eine solche Unterstützung zu ergattern, zumal sie bereits derart viele Zaubergegenstände verbraucht hatten.

Sie waren nicht die Einzigen, die nach Vagaris unterwegs waren. Überall huschten von kleinen Leuchtkugeln begleitete Schatten durch die Bäume, die alle dasselbe Ziel hatten. Hin und wieder kamen Bly und Emerson einer anderen Gruppe nah genug, um einzelne Blicke aufzufangen. Dann fragten sie sich jedes Mal, welche Motive diese Menschen wohl dazu trieben, auf eine Stadt voller blutrünstiger Vampire zuzusteuern. Sie winkten einander nicht zu und tauschten auch keine freundlichen Worte aus. Die Verzweiflung, die sie allesamt einte, würde dafür sorgen, dass sie im Notfall, ohne zu zögern, aufeinander losgehen würden, das wussten sie alle.

Es kursierten die wildesten Geschichten: über Menschen, die ihre Gegenspieler töteten und deren Gefangene stahlen, um selbst die Lorbeeren dafür einzuheimsen, über Teammitglieder, die sich gegenseitig angriffen, um ihren Preis nicht teilen zu müssen, und natürlich über die vielen Prämienjäger, die skrupellos Teilnehmer töteten.

Bly starrte Emersons breiten Rücken an. Trotz der Spannungen, die zwischen ihnen existierten, würde er sie nie verraten, das wusste sie.

Emerson zögerte, als sie die ersten Beerensträucher erreichten, genau wie Bly. Seine Schultern hoben sich, als müsste er sich erst gegen die Geister der Vergangenheit wappnen, bevor er über den Bach trat und einen vorstehenden Ast beiseitezog, damit Bly ihm leichter folgen konnte. Beim Gedanken daran, wie die Beerenranken sie eingepfercht hatten, während von der anderen Seite die hungrigen Vampire näher gekommen waren, lief ihr ein eiskalter Schauder über den Rücken. Sie war kurz davor, die Heimatstadt dieser Vampire zu betreten. Umso wichtiger war es, dass sie sich nicht von ihrem Erlebnis einschüchtern ließ, so frisch die Erinnerung daran auch war. Wer schwach war, überlebte die Spiele nicht, geschweige denn hatte er Chancen auf den Sieg.

»Brauchst du eine Pause?« Es waren die ersten Worte, die Emerson seit Betreten des Walds an Bly richtete. Er spähte auf die blutroten Beeren, die sie umgaben, und für einen kurzen Moment glitt sein Blick zum Ärmel ihres Mantels, der die frisch verkrustete Wunde an ihrem Handgelenk verbarg.

Aber sie schüttelte den Kopf und betrat das Labyrinth aus Dornbüschen, bevor er etwas hinzufügen konnte.

Seine Hand streifte ihren Ärmel, als sie sich an ihm vorbeischob, und sie erstarrte, als hätte er sie gepackt und festgehalten.

»Hast du etwas gegessen, bevor wir aufgebrochen sind?«, fragte er leise. »Wir kommen schneller voran, wenn wir bei Kräften bleiben.«

Diese Logik war nicht von der Hand zu weisen, und doch verbarg sich hinter seinen Worten auch Fürsorge. Genau das liebte Bly an Emerson: Er war nicht nur praktisch veranlagt, sondern besaß auch Empathie, auch wenn er es nicht gerne zugab. Sie durchschaute ihn trotzdem. Während sie den Riemen ihrer Tasche von der Schulter gleiten ließ, streckte Emerson die Hand aus und pflückte eine Beere.

»Vielleicht sollten wir unseren mitgebrachten Proviant lieber aufsparen«, sagte er.

Bly sah ihm dabei zu, wie er eine Handvoll Beeren sammelte. Als er sich zu ihr umwandte und sah, dass sie sich keinen Zentimeter gerührt hatte, hielt er inne. Dann bot er ihr von seinen Beeren an. Widerstrebend zog sie ihre Handschuhe aus und griff zu. Die Früchte fühlten sich kalt an. Während sie auf das Rot in ihrer Handfläche starrte, versuchte sie, nicht an rothaarige Vampire zu denken. Da ihr dies unmöglich erschien, konzentrierte sie sich auf jenen Vampir, der ihr ihren Beutel zurückgegeben hatte. Vielleicht hatte sie sich getäuscht. Vielleicht konnten diese Blutsauger tatsächlich auch freundlich und selbstlos sein, ohne Hintergedanken.

Sie schüttelte den Kopf. Es war besser, wenn sie nicht so dachte. Auch wenn sie am Vorabend noch versucht hatte, Emerson von ihrer Theorie zu überzeugen, musste sie bei den Vampiren weiterhin auf alles gefasst sein.

Bly hob den Kopf und ertappte Emerson dabei, wie er sie prüfend musterte. Er machte sich nicht die Mühe, es zu überspielen.

Sie senkte den Blick, pflückte selbst eine Beere und steckte sie in den Mund. Es fiel ihr schwer, nicht zu würgen, als sie die extreme Süße an ihrer Zunge schmeckte.

Trotzdem aß sie alle Beeren auf.

Emerson sagte nichts mehr. Er schwieg fast während des gesamten Fußmarschs, stellte ihr nur die allernötigsten Fragen: ob sie eine Pause brauche? Ob sie Hunger habe? Ob ihr zu warm oder zu kalt sei? Bly war dankbar für seine Rücksichtnahme, sehnte sich jedoch nach den ungezwungenen Gesprächen, die sie früher geführt hatten.

Die erste Hälfte des Wegs schien eine Ewigkeit in Anspruch zu nehmen – ein nicht enden wollender Tag nach einem Jahr voll langer Tage. Auf der zweiten Etappe erwiesen sich die Geschwindigkeitszauber als genauso effektiv, wie Bly gehofft hatte. Ihre Beine wurden völlig schwerelos, der Wald verschwamm zu einem farbenfrohen Reigen, und die Luft strich kühl und erfrischend über ihr erhitztes Gesicht. Sie war schon immer gern gerannt, doch durch die Magie wurde ihr Lauf zu einer unvergesslichen Erfahrung. Erst jetzt wurde ihr bewusst, wie langsam ein Mensch, verglichen mit einem Vampir, tatsächlich war.

Als Vagaris vor Bly zwischen den Bäumen auftauchte, war sie beinahe enttäuscht.

Der Wald teilte sich nicht etwa vor der Vampirstadt, sondern wuchs bis direkt an ihre steinernen Mauern heran. Diese mussten mindestens drei Menschenlängen hoch sein und waren so dicht von Moos bewachsen, dass der graue Stein kaum noch hindurchblitzte. Mächtige Eichen neigten sich darüber und streckten ihre Äste aus, als wollten sie die Mauer mit sich in den Wald reißen. Um ihre Wurzeln herum bröckelte die Stadtmauer an einigen Stellen, was den Eindruck erweckte, als könnte sie jeden Moment in sich zusammenstürzen.

»Hier entlang«, sagte Emerson.

Sie folgten dem moosbewachsenen Bauwerk, bis sie das Tor erreichten, das ins Innere von Vagaris führte. Auch andere Menschen blieben zunächst zögernd vor dem abschreckenden schwarzen Eisengitter der Torflügel stehen. Normalerweise waren diese Flügel fest verschlossen. Nur wer in Vagaris oder Havenwhile arbeitete, erhielt Zutritt und wurde dafür – im Fall der Vampire – mit einem eisernen oder – im Fall der Hexen – mit einem hölzernen Armband ausgestattet, dessen leuchtendes Siegel absolut fälschungssicher war. Es ließ das Tor aufschwingen, sobald man sich ihm näherte. Jetzt war es weit geöffnet, um die Spieler willkommen zu heißen.

Doch seine scharfen, schwertähnlichen Eisenstangen, die an ihrem oberen Ende Spitzbögen bildeten, schienen den sich nähernden Besuchern zuzurufen: *Sucht lieber das Weite, wenn ihr nicht bluten wollt!*

Die bedrohliche Atmosphäre bewirkte, dass Bly wie angewurzelt an der Mauer stehen blieb und sich wie eine der Eichen an ihr abstützte. Sie hatte nie vorgehabt, um einen Vampirunterstützer zu kämpfen, und wusste daher nur wenig darüber, was die in Vagaris stattfindende Prüfung beinhaltete. Ehemalige Teilnehmer sprachen nur selten über die Spiele, zumal jene, die zu viel redeten, zu verschwinden pflegten. Über die Hexenprüfung wusste Bly immerhin, dass die Hexen es schätzten, wenn man sich mit ihren Zaubergegenständen auskannte. Darauf hatte sie sich vorbereitet. Vampire hingegen schätzten nichts als rohe Gewalt. Darauf war sie eindeutig *nicht* vorbereitet.

Bei der Vorahnung, dass sie noch vor Verstreichen der Nacht Blut sehen würde, fröstelte sie. Plötzlich umhüllte wohlige Wärme ihre eiskalte Hand, und sie stellte fest, dass Emerson ihre Finger drückte. Statt sie anzusehen, starrte er geradeaus, doch seine Berührung genügte ihr. Sie erinnerte sie daran, dass sie nicht allein war.

Emerson war nie ein Mann der tröstenden Worte gewesen – es gab andere Möglichkeiten, für jemanden da zu sein. Einige Wochen vor Elises Tod hatten Bly und ihre Schwester ihn in seiner Schmiede besucht. Sie hatten es beide genossen, ihm bei der Arbeit zuzusehen, zu beobachten, wie er mithilfe von Hitze und Willenskraft eine wunderschöne und gleichzeitig todbringende Waffe schuf. Elise hatte diesen Vorgang magisch genannt, so wie sie immer etwas Zauberhaftes im Gewöhnlichen entdeckte. Bly hatte ihr zugestimmt. Die Geschichten, die sie sich zu den fertigen Schwertern ausdachte, waren genauso fantastisch wie die, die sie sich damals am Waldrand ausgedacht hatte, als Emersons Waffen noch aus Holz gewesen waren.

An jenem Tag in der Schmiede hatte Bly nach einem langen, schmalen Schwert gegriffen und es mit beiden Händen vor sich hochgehalten. Sie hatte irgendetwas Albernes darüber gesagt, dass sich ihr mit einer derart edlen Waffe kein Feind in den Weg stellen würde … oder zumindest kein Ast. Emerson hatte von seinem Amboss aufgeblickt, das Gesicht vom Feuer erhellt, und sein Lächeln war so breit und spontan gewesen wie vor dem Tod seiner Schwester. Auch wenn es kein offenes Lachen gewesen war, war Bly bei diesem Anblick das Schwert aus der Hand gerutscht, und sie hatte instinktiv nach unten gegriffen, damit es nicht auf den Boden fiel. Die scharfe Klinge hatte ihren Finger fast bis zum Knochen aufgeschlitzt.

Elise war losgerannt, um ihre Mutter zu holen, während Bly auf den Lehmboden sank. Aus der Hand, mit der sie ihren Finger hielt, war Blut gequollen. Ihre Umgebung war vor ihren Augen verschwommen, und das Einzige, was sie fühlte, war ihr pulsierender Schmerz, bis Emerson sich neben sie gekniet und eine Hand auf ihre Schulter gelegt hatte, die sie von ihren Qualen ablenkte.

Elise war ohne die Mutter zurückgekehrt, die gerade einen Hausbesuch machte. Sie hatte sich vor Bly hingekniet und deren blutende Hand in ihren Schoß gezogen.

Beim Anblick der Wunde schluckte sie. »Mutter hat die betäubende Salbe dabei«, sagte sie und zog Nadel und Faden hervor.

Nur Emersons Hand auf ihrer Schulter hielt Bly davon ab, davonzulaufen. Elises Finger zitterten, als sie versuchte, den Faden einzufädeln, bis Emerson herumrutschte und ihr seine andere Hand aufs Knie legte. Elise blickte zu ihm auf, und Bly sah die Veränderung in ihrem Blick, als hätte Emersons Berührung ihr Inneres zu Stahl geschmiedet. Sie fädelte den Faden durchs Nadelöhr und nähte Blys Finger, ohne auch nur einmal zu wackeln.

Emerson hatte sie beide zusammengehalten an jenem Tag.

Manchmal brauchte man nur die richtige Berührung, um tapfer sein zu können. Und jetzt war es an Bly, die ersten Schritte zu wagen, die sie und Emerson in die Vampirstadt führten.

In Vagaris schien dieselbe Kälte zu herrschen wie in den Menschenansiedlungen, doch während die Zehen der Ödland-Bewohner ständig feucht vor Schlamm waren, existierte hier kein einziges Stück ungepflasterten Bodens. Sämtliche Oberflächen bestanden aus Stein. Die Straße unter Emersons und Blys Füßen war mit gewaltigen grauen Platten ausgelegt, zwischen denen dunkelgrünes Moos hervorwucherte. Vor ihnen lag eine Stadt, die gänzlich in Schwarz und Grau errichtet war.

Die Mauern der Häuser, an denen sie vorbeigingen, waren ebenfalls aus Stein. Neben dem dunkelgrünen Moos bildeten die in Rot- und Violetttönen gestrichenen Fensterläden die einzigen Farbtupfer.

Genau wie die Vampire selbst, deren frivole, farbenfrohe Kleidungsstücke sich von ihrer trostlosen Stadt abhoben wie Blumen, die ein Sturm überall verstreut hatte. Es war allgemein bekannt, dass die Bewohner von Vagaris äußerst modebewusst waren. Einige von ihnen hatten sich am Straßenrand versammelt und verfolgten die hereinkommenden Menschen mit Blicken, deren Gier Blys Puls zum Rasen brachte.

Gesäumt wurde die Straße von rot gekleideten Vampirwachen, die ihre Schwerter einsatzbereit in der Hand hielten. Bly stellten sich die Nackenhaare auf, wenn sie darüber nachdachte, warum es offenbar nötig war, sie zwischen ihnen und den schaulustigen Vampiren zu platzieren. Zumal ihnen die Blicke der Uniformierten genauso hungrig zu folgen schienen.

Endlich erreichten sie ein hoch aufragendes hölzernes Tor, das in eine Festung hineinführte. Deren Außenmauern verliefen in einem Bogen, um einen See mit einzuschließen. Genau wie Havenwhile war auch Vagaris um ein Gewässer herum erbaut. Von der Festung ragten unterschiedlich hohe Türme auf – einige waren steinerne Spiralen, die in gezackten Kronen endeten, andere wiesen ein so willkürliches Muster auf, als wäre jeder Stein, der gerade zur Hand war, zu ihrem Bau verwendet worden. Zwei der Türme waren mit rund geschliffenen Kieseln besetzt und wurden am oberen Ende von kunstvoll gemeißelten Wasserspeiern bewacht. Die uneinheitliche Silhouette der Festung bewirkte, dass sie wie ein Maul voll spitzer Zähne wirkte, das nach den Wolken schnappte.

Bly fand, dass der verschnörkelte Baustil gut zu den Vampiren passte. Diese Kreaturen waren genauso unberechenbar. Aber irgendwie gefielen ihr die Türme auch. Vielleicht verbarg sich in jedem von ihnen ein einzigartiges Abenteuer. Sie bemühte sich, ihre Fantasie zu zügeln. Dies war weder die richtige Zeit noch der richtige Ort für Tagträume.

Ihr Blick wanderte zu Emerson, der mit grimmiger Miene die Festung betrachtete. Er bevorzugte Maß und Ordnung, das wusste sie. Obwohl er im Rahmen seiner Arbeit schon viele Male hier gewesen war, hatte er Vagaris vermutlich noch nie mit den Augen eines Menschen betrachtet, der eines nicht mehr fernen Tages hier leben könnte.

Bly wagte es nicht, ihn auf das Thema anzusprechen, aus Angst, er könne doch noch einen Rückzieher machen. Sie durfte es nicht riskieren, dass er absprang.

Weitere Teilnehmer erschienen hinter ihnen und schoben die bereits Wartenden näher an das Tor heran. Die Minuten verstrichen, und Bly fühlte sich immer mehr wie ein Schaf in einem überfüllten Pferch. Unruhig trat sie von einem Fuß auf den anderen. Sie war nicht die Einzige, die nervös war. Unbehagen machte sich zwischen den vor der Festung versammelten Menschen breit.

Auch die Vampire am Straßenrand wurden unruhig, als könnten sie die um sich greifende Furcht riechen. Einige Wachen packten ihre Schwerter fester, und Bly überlegte, ob es wohl schon einmal vor Beginn der Spiele zu einem Massaker gekommen war. Diese Möglichkeit erschien ihr durchaus plausibel. Andererseits hätte man im Ödland mit Sicherheit davon gehört.

Kurz bevor sie endgültig davon überzeugt war, dass sie alle vor den Festungsmauern sterben würden, ging das hölzerne Portal plötzlich auf, und eine Horde goldgekleideter Vampire strömte heraus. Sie mischten sich unter die Menschen, wählten einige aus, nachdem sie sie prüfend hin und her gedreht hatten, und zogen sie mit sich in die Festung. Die Wachen griffen nicht ein, also versuchte Bly, ihre Angst hinunterzuschlucken. Das Ganze schien Teil des Prozederes zu sein. Trotzdem war sie dankbar dafür, dass sie noch immer Emersons Hand auf sich spürte, auch wenn er sie ein wenig nach oben geschoben hatte, sodass sie ihr Handgelenk umschloss. Auf diese Weise konnten sie weniger leicht auseinandergerissen werden.

Lange Finger legten sich um ihr anderes Handgelenk.

»Ich will die hier«, sagte eine tiefe, sinnliche Frauenstimme.

Bly fuhr herum, was ihr schwerfiel, da sie noch immer mit Emerson verbunden war. Ein weiblicher Vampir mit hellbrauner Haut und schwarzen, hüftlangen Haaren versuchte, sie in die Festung zu zerren.

Die junge Frau hatte knallrote Lippen und starrte Bly unverwandt an. »Sieh dir diese markanten Wangenknochen an! Daran könnte man sich aufschlitzen!«

Sie drehte sich zu einem Vampir um, der direkt hinter ihr stand. Seine Lippen waren in der gleichen Farbe geschminkt, und er hatte ebenso schwarze Haare und hellbraune Haut.

Der junge Mann seufzte. »Ach was, sie ist nur ausgemergelt.« Seine Gefährtin zog einen Schmollmund, woraufhin er nachgiebiger wurde. »Aber du hast recht. Sie ist auf jeden Fall interessant. Ihre großen runden Augen erinnern mich an dich.«

Die junge Frau lachte. »Wenn sie wie ich aussieht, ist sie umwerfend! Schau an, ihr Begleiter ist auch nicht von schlechten Eltern!«

Emerson verstärkte seinen Griff, und Bly warf ihm einen fragenden Blick zu. Sein Gesicht verriet nichts, aber sie spürte förmlich seine Anspannung.

Immer mehr Menschen wurden von den goldgekleideten Vampiren in die Festung gebracht. Es schien keine andere Möglichkeit zu geben, als ihnen zu folgen.

»Na los, gehen wir«, sagte die Langhaarige und zupfte an Blys Arm.

Emerson gab keinen Zentimeter nach.

Die junge Frau runzelte die Stirn.

»Sie haben Angst«, stellte ihr Gefährte fest und wandte sich an Bly und Emerson: »Es ist unsere Aufgabe, euch vor dem heutigen Ball ein wenig zurechtzumachen. Betrachtet uns als eure … persönlichen Führer durch die Festung. Und als eure Beschützer.« Er bedachte sie mit einem Lächeln, bei dem seine Eckzähne aufblitzten, und musterte sie prüfend. »Ich denke, wir sollten so schnell wie möglich mit der Arbeit beginnen. Also kommt endlich.«

Die Vampirfrau zupfte erneut an Blys Arm. Vermutlich hätte sie Bly mühelos aus Emersons Umklammerung reißen können, doch sie übte nur sanften Druck aus und wartete.

Bly tat einen zögerlichen Schritt und dann noch einen, zog Emerson hinter sich her wie totes Gewicht, bis sie im Inneren der Festung waren. Auch hier bestand jede Oberfläche aus bedrohlich wirkendem, dunklem Stein, auch wenn dieser immer wieder von goldenen Wandleuchtern unterbrochen wurde. Jeder Leuchter sah ein wenig anders aus, genau wie es draußen bei den Türmen der Fall gewesen war, und Bly fragte sich, ob das mit der Unsterblichkeit der Vampire zusammenhing. Wahrscheinlich wollten sie an jeder Ecke etwas anderes sehen, weil sie sich sonst unendlich gelangweilt hätten.

Auch Türen säumten den steinernen Gang, aus düsterem, wild

gemasertem Eichenholz. Vor einer von ihnen – sie sah genau wie alle anderen aus – blieben sie stehen und betraten einen kleinen Raum, an dessen Wänden sich Kleiderständer mit Gewändern in Dunkelrot und Violett reihten. Von der Decke baumelte eine Leuchtkugel, die so hell strahlte, als wäre eine Sonne hinter Milchglas gefangen. Dahinter steckte zweifellos ein Hexenzauber. Vampire und Hexen hassten sich zwar, trieben jedoch genauso regen Handel miteinander wie mit den Menschen, nur dass sie sich gegenseitig kein Blut verkaufen durften.

Die junge Frau ließ Blys Arm los und drehte sich im Licht, damit ihr fließender goldener Rock zur Geltung kam. Sie lächelte erfreut, als sie sah, dass Bly sie neugierig beobachtete.

Der junge Mann verdrehte genervt die Augen. »Das ist meine Schwester Seraphine, und ich bin Sebastian.«

»Zieht bitte eure Kleider aus«, sagte Seraphine.

»Was?« Bly wich ein Stück zurück.

»Nein, danke«, erwiderte Emerson barsch.

Sebastian seufzte, was er offensichtlich häufiger tat. »Was sie damit sagen will, ist, dass wir euch für den Ball umkleiden müssen.«

»Ähm …« Bly warf Emerson einen panischen Blick zu. Er drehte geflissentlich den Kopf in eine andere Richtung. »Gleichzeitig?«

»Ihr seht euch doch bestimmt nicht zum ersten Mal nackt, oder?«, fragte Seraphine lachend. »Wir zwei haben schon so viele Leute unbekleidet erlebt, dass wir es gar nicht mehr wahrnehmen.« Sie zuckte mit den Schultern.

Bly schüttelte den Kopf.

»Ihr seid gar kein Paar?« Seraphines Augen weiteten sich. Sie betrachtete Bly und Emerson noch einmal eingehender. »Warum nicht?«

Wieder schoss Blys Blick zu Emerson, als wartete sie darauf, dass er die Frage beantwortete. Als er es nicht tat, errötete sie und sah auf ihre Zehen hinunter.

Als sie wieder aufblickte, zwinkerte Sebastian ihr aufmunternd zu. »Sei nicht so neugierig«, ermahnte er seine Schwester. An Bly gewandt, versicherte er: »Wir kümmern uns separat um euch.«

Er ging mit großen Schritten in den hinteren Bereich des Raums und zog an einem goldenen Vorhang, der von der Decke hing und das Zimmer in zwei Hälften teilte. Emerson ließ noch immer nicht Blys Arm los.

Sebastian blieb mit dem Vorhang in der Hand stehen und räusperte sich. Als Emerson sich weiterhin nicht bewegte, sagte er: »Du musst dich jetzt leider von ihr trennen, es sei denn, du willst ihr vermitteln, dass du sie unbedingt nackt sehen willst.«

Emerson blinzelte und ließ dann so schnell Blys Hand los, dass sie ein wenig beleidigt war. Nachdem er zu Sebastian getreten war, fiel der Vorhang zwischen ihnen zu.

Seraphine zog Bly zu den Kleiderständern, fuhr mit den Fingern über die Stoffe und sah hin und wieder über die Schulter zu ihrem Schützling. »Hmm … In Blutrot würdest du sicher hübsch aussehen …«

Bly konnte nicht verhindern, dass sie erschauderte.

Seraphine hob eine Augenbraue. »Dann vielleicht ein dezentes Pflaumenviolett?«

»Geht nicht. Ich muss meine eigenen Kleider anbehalten«, sagte Bly. Sie bewegte ihre Hände nicht, obwohl sie am liebsten nach den Zaubergegenständen in ihrem Rock getastet hätte.

Seraphine durchschaute sie dennoch. *»Die menschlichen Besucher dürfen während ihres Aufenthalts in der Festung keine Zaubergegenstände oder Waffen bei sich tragen«*, leierte sie die Vorschriften herunter. Dann bedachte sie Bly mit einem Lächeln.

»Aber keine Angst, du bekommst alles zurück. Mir macht es einfach riesigen Spaß, euch Menschen noch hübscher zu machen!« Sie summte vergnügt vor sich hin, während sie sich wieder zu den Kleidern umdrehte und sie mit neuer Entschlossenheit durchkämmte. Sie zog eine lila Robe hervor, die so dunkel war, dass sich in ihren Falten der Nachthimmel zu verstecken schien, und warf sie Bly in die Arme. »Dieses Kleid wird wunderbar an dir aussehen!« Sie stand abwartend da. Als Bly keine Anstalten machte, sich umzuziehen, wedelte sie ungeduldig mit der Hand durch die Luft. »Na los, mach schon!« Bly rührte sich noch immer nicht vom Fleck. Seraphine schnaubte. »Ganz schön prüde für jemanden, der den Vampirpreis gewinnen und in Kürze selbst zum Vampir werden will.« Sie drehte Bly den Rücken zu.

Bly korrigierte sie nicht. Die schwarzen Linien von Emersons Todesfluch waren unter seiner Kleidung verborgen gewesen, und so, wie sie ihren Kindheitsfreund kannte, würde er bestimmt auch Sebastian bitten, sich umzudrehen, bevor er sich auszog. Die Vampire brauchten ihre Motive nicht zu kennen.

Die dunkelviolette Robe lastete auf ihren Armen. Der Stoff war schwer, jedoch seidig glatt. Er fühlte sich kühl an auf der Haut. Es war zwar nicht das himmelblaue Kleid, nach dem sie sich in ihrem früheren Leben gesehnt hatte, aber sie erwärmte sich allmählich für den Gedanken, das von Seraphine ausgewählte Ballkleid anzuziehen und sich schön zu fühlen.

Gleich darauf hasste sie sich dafür. Sie war nicht hier, um hübsch auszusehen. Sie war hier, um erbittert für einen Unterstützer zu kämpfen. Kurz entschlossen riss sie sich ihre Kleider vom Leib und schlüpfte in die edle Robe, versuchte, nicht daran zu denken, wie gut sie sich auf ihrem Körper anfühlte.

»Beim Schließen der Knöpfe wirst du meine Hilfe brauchen«, sagte Seraphine.

»Ist gut«, antwortete Bly.

Seraphine brauchte nur wenige Sekunden, bis die Knopfleiste zu war.

»Perfekt!« Sie klatschte in die Hände, wirbelte Bly herum und zog sie zu dem hohen, ovalen Spiegel, den sie bisher gemieden hatte.

Bly versuchte, nur flüchtig hineinzublicken, kam jedoch nicht umhin, sich bewundernd anzustarren. Das Mieder des Kleids schmiegte sich eng um ihren Oberkörper, und die bauschigen Ärmel wogten um ihre Oberarme wie stoffgewordene Tinte. Auf Taillenhöhe begann der weite, anmutig fallende Rock, der auf Kniehöhe plötzlich endete. Dort schlossen sich Volants aus schwarzer Spitze an, die Blättern nachempfunden waren.

»Die untere Hälfte des Rocks lässt sich mit einem Handgriff entfernen. Falls du das möchtest«, erklärte Seraphine.

»Nein, mir gefällt es so«, antwortete Bly. Sie hatte nicht vor, mehr Haut zu zeigen als nötig.

Seraphine griff in ihre Haare und zog die Nadeln heraus, die Blys Dutt im Nacken zusammenhielten. Sie frisierte ihre dunklen Locken zu einem hohen Haarknoten, aus dem sie einige Strähnen zupfte, die locker über Blys Schultern fielen. Mit dieser nur leicht veränderten Frisur betonte sie geschickt die Gesichtsform ihres Schützlings.

Bly fühlte sich schön. Und bekam sofort wieder Gewissensbisse. Andererseits: Wenn dies die Rolle war, die sie spielen musste, um bei den Spielen erfolgreich zu sein, dann blieb ihr wohl nichts anderes übrig. Schließlich ging es hier nicht um sie. Als sie das Kinn hob, wurde ihr bewusst, wie nackt ihr Dekolleté und ihre Schultern waren.

»Und?«, fragte Seraphine. Ihre Stimme verriet, dass sie mit Lob rechnete.

Die frühere Bly wäre ins Schwärmen geraten, hätte den Rock herumwirbeln lassen und alles genauestens betrachtet. Die heutige Bly berührte unsicher ihr Schlüsselbein. »Wie wäre es mit einem Halstuch?«

»Nein. Ohne erregst du mehr Aufmerksamkeit.«

Bly verstand, dass dies das eigentliche Ziel der Verschönerungsaktion war: Die Menschen sollten appetitlich aussehen, wie Spanferkel auf einer Servierplatte. Seraphines Nettigkeit und ihre komplizenhafte Art waren vermutlich nur aufgesetzt, Teil der Scharade.

»Genau deshalb will ich ja ein Halstuch.«

Die junge Vampirfrau senkte ihre Stimme zu einem Flüstern, als würden sie und Bly sich gegen den Rest der Ballgesellschaft verschwören. »Ihr seid doch hier, um einen Unterstützer zu finden, oder? Diese Aufmachung wird euch dabei helfen. Du siehst wunderschön aus. Dein Hals ist besonders lang und zart, und wenn du ihn heute Nacht der richtigen Person für ein paar Schlucke anbietest, spielt es keine Rolle mehr, wie ihr euch bei der Prüfung schlagt. Dann wählt dich diese Person allein schon deshalb aus, um dir während der Spiele nahe sein zu können und … irgendwann erneut von deinem Blut zu kosten.«

Bly schluckte und beobachtete im Spiegel, wie sich ihr Kehlkopf bewegte. Vielleicht hatte Seraphine ja recht. Sie strich unwillkürlich mit dem Finger über die Wunde an ihrem Handgelenk. So schlimm war der Biss auch wieder nicht gewesen. Sie hatte ihn kaum gespürt, bevor sie in Ohnmacht gefallen war. Aber wie würde es sein, wenn sie nicht das Bewusstsein verlor? Würde sie einen solchen Vampirbiss dann bis zum Ende aushalten können? Ihr wurde jedes Mal übel, wenn sie auf dem Markt dabei zusehen musste, wie ihr Blut ihren Körper verließ.

»Ich wusste nicht, dass … Ich dachte, heute Nacht würde es

nur um die Prüfung gehen. Mir war nicht klar, dass man die Besucher des Balls bei sich trinken lassen muss.«

»Muss man auch nicht«, sagte Seraphine. »Einige Vampire wählen die Teams aus, die bei der Prüfung erfolgreich sind, um die größten Chancen darauf zu haben, den Hexen eins auszuwischen und am Ende ihren Blutpreis einzuheimsen. Alle anderen wollen nur ein bisschen Spaß und Gratisblut aus einem hübschen Hals.«

Sie zwinkerte ihrem Schützling zu, und Bly kämpfte gegen den Drang an, sich die Kehle mit den Händen zu bedecken.

»Wie auch immer du dich entscheidest, meine Aufgabe besteht darin, dafür zu sorgen, dass niemand zu weit geht.«

»Zu weit geht …?«, wiederholte Bly erschrocken.

Sie hatte noch nie über die Gefahren nachgedacht, die *vor* den Spielen auf sie warteten, über die Tatsache, dass die Teilnahme an diesem Ball offenbar viel gefährlicher war als das Betreten des Vampirwalds mit seinen Beerensträuchern. Das Einzige, was sie hier vor einer ganzen Festung voll gieriger Vampirzähne beschützte, war eine junge Frau, die sich gern in ihrem goldenen Kleid vor dem Spiegel bewunderte und selbst scharfe Eckzähne besaß.

»Ach, darum musst du dir keine Sorgen machen«, versicherte Seraphine leichthin.

»Seid ihr zwei endlich bereit?«, rief Sebastian von der anderen Seite des Vorhangs.

Seraphine ließ den Blick noch einmal prüfend über Bly wandern. »Bereit ist gar kein Ausdruck!«

Der Vorhang wurde zurückgezogen, und Bly wandte sich vom Spiegel ab, wobei sie noch immer gegen den Wunsch ankämpfte, sich den tiefen Ausschnitt zu bedecken.

Emerson trug eine schwarze Kniehose, die verdächtig nach der

Hose aussah, in der er gekommen war, hatte sich darüber jedoch ein neues karmesinrotes Hemd angezogen, das eng an seiner breiten, muskulösen Brust anlag. Die oberen Knöpfe standen offen und entblößten mehr Haut, als Bly es bei ihm gewohnt war. Zuletzt erreichte ihr Blick sein Gesicht. Er starrte auf ihren nur spärlich verhüllten Busen.

»Das gefällt mir alles gar nicht«, knurrte er mürrisch.

Bly konnte nur mutmaßen, worauf er sich bezog – ihre Aufmachung oder seine eigene. Vermutlich meinte er die gesamte Entwicklung, die der Abend genommen hatte.

»Zeit, uns ins Getümmel zu stürzen!«, verkündete Seraphine mit übertriebener Fröhlichkeit.

Sebastian ging zur Tür voraus, und sie schritten weiter den Korridor entlang, bis sie den größten Saal erreichten, den Bly je gesehen hatte.

Er machte einen gleichermaßen lebendigen und kalten Eindruck, was ihr irgendwie passend erschien. Decke und Boden bestanden aus großen schwarzen Steinplatten, genau wie die Wände, an denen gewaltige Wandteppiche hingen. Auf den meisten waren Kriegsszenen zu sehen, Vampire, die sich in die Hälse blauäugiger Hexen verbissen hatten, während sich unter ihnen die Leichen auf dem Waldboden türmten. Ein besonders schön gearbeiteter Wandteppich zeigte einen tiefblauen Teich, der an einigen Stellen golden und silbern schimmerte. Aus dem Wasser erhob sich eine nackte Frau, auf deren hellbrauner Haut Tropfen leuchteten. Ihr schwarzes Haar fiel ihr in nassen Strähnen über die Brust, und ihre zu einem Gefäß geformten Hände liefen über vor Wasser, das sie an ihren Mund hob, um zu trinken. Ihre Augen funkelten in dem dunklen Grau, das sie als Vampir auswies. Laut Überlieferung der Vampire waren *sie* die Ersten gewesen, die aus dem Heiligen Teich getrunken hatten, weshalb sie eine derart rohe und brachiale Macht besaßen. Als sich danach immer mehr Pilger an dem Wasser gelabt hatten, hatte sich die Magie abgeschwächt und nur noch Hexen produziert, und als sie ganz versiegt war, blieben die Nachzügler einfache Menschen.

»Und? Was sagt ihr?«, fragte Seraphine.

Bly konnte nur nicken, während sie den Rest des Saals in Augenschein nahm. Ob die Überlieferung nun der Wahrheit entsprach oder nicht – die Vampire lebten und feierten eindeutig so, als wären sie die rechtmäßigen Herrscher dieser Welt.

Prächtige Kronleuchter hingen dicht an dicht von der hohen Decke, goldene Geflechte aus rankenähnlichen Armen, an deren Enden Kugeln aus violettem oder rotem Glas hingen. Das sanfte Licht, das sie erzeugten, verlieh dem ganzen Raum einen bläulich roten Schimmer.

Der Boden des Saals war ein Labyrinth aus goldenen Beerensträuchern, als hätten die Vampire einen Teil ihres Walds hierher transferiert und mit Gold überzogen. Bly trat näher an einen Strauch heran und betrachtete eins seiner gezackten Metallblätter. Anstelle von Beeren hingen leuchtend violette und rote Juwelen an den Zweigen. Tief im Inneren der goldenen Ranken warteten mit feinsten Speisen beladene Teller auf die Gäste. So etwas hatte Bly in ihrem Dorf noch nie gesehen.

Während sie das Essen anstarrte, erschien eine junge Frau neben ihr und hauchte: »Oh, die Häppchen sehen ja unglaublich aus!« Sie griff an Bly vorbei nach einem winzigen goldenen Tortenstück mit cremeweißer Glasur und roten Beerensprenkeln. »Autsch!«, sagte sie, als sie die Hand aus den goldenen Ranken zurückzog. An der Hand, in der sie die Torte hielt, rann ein Blutstropfen entlang.

Bly nahm die Sträucher genauer unter die Lupe: Die Blätter wiesen scharfe Kanten auf, und die Zweige waren mit spitzen

Dornen gespickt. Keiner der Teller mit Kuchen und Häppchen war zu erreichen, ohne damit in Berührung zu kommen.

Eine Falle. Genau wie die Beerensträucher im Wald.

Sie drehte sich zu der jungen Frau um, die sich gerade das letzte Stück ihrer Torte in den Mund schob, als ein Vampir neben ihr erschien. Er war nicht golden gekleidet, sondern trug edle Gewänder, die ebenso rot leuchteten wie das Blut an der Hand der jungen Frau. Seinen Kopf zierte ein goldenes Diadem, das wie ein Zweig geformt war, in dessen Mitte mehrere rote Beeren prangten. Er sah umwerfend aus mit seinen weißblonden Haaren und seinem markanten, perfekt geformten Gesicht. Seine Sonnenbräune schien nicht recht zu der düsteren Vampirstadt mit ihrer trüben Beleuchtung zu passen.

Er ergriff die Hand der jungen Frau, während diese noch kaute, und drehte sie zur Seite, inspizierte die kleine Wunde. »Damit kann ich dir gern helfen«, flüsterte er mit verführerischer Stimme.

Als er von der Hand des Mädchens aufblickte und Bly dabei erwischte, wie sie ihn anstarrte, verzogen sich seine Lippen zu einem Grinsen. »Keine Sorge, Schätzchen: Um dich kümmere ich mich später.« Er zwinkerte Bly zu, während er die junge Frau hinter sich herzog, die ihm mit weit aufgerissenen Augen folgte.

Bly drehte sich um und sah, dass Seraphine und Sebastian alles beobachtet hatten. »Was macht er jetzt mit ihr?«, fragte sie.

»Er wird ihre Wunde heilen, nachdem er ihr Blut gekostet hat«, antwortete Sebastian.

»Ein fairer Handel«, fügte Seraphine hinzu.

Bly kam er ganz und gar nicht fair vor. *Wir verletzen dich mit unseren Beerensträuchern, und dann darfst du uns dafür bezahlen, dass wir deine Wunden heilen.*

Sie warf einen Blick zu Emerson, der deprimiert ins Leere

starrte. Sebastian bemerkte ihr Unbehagen, während Seraphine offenbar nichts davon mitbekam.

»Und schon hast du Aufmerksamkeit erregt!«, sagte sie aufgekratzt zu Bly. »Das war Prinz Benedict.« Sie senkte die Stimme. »Er nimmt normalerweise nicht an den Spielen teil, sondern vergnügt sich nur auf dem vorausgehenden Ball. Aber man weiß nie.« Sie räusperte sich. »Ich erkläre euch jetzt mal, wie es hier läuft.« Mit einer theatralischen Geste wies sie auf eine Galerie, die entlang des gesamten Saals verlief. »Unsere Königinnen und Könige beobachten alles von oben. Ihr seid dort nicht willkommen. Stattdessen werdet ihr euch unter die rot gekleideten Prinzessinnen und Prinzen mischen, und unter den lila gekleideten Rest des Adels. Ein hochrangiger Unterstützer ist während der Spiele natürlich von Vorteil.«

Bly nickte. Sie wusste, wie die Machtverhältnisse im Reich der Vampire aufgeteilt waren. Bei den Hexen verhielt es sich anders, sie gaben ihre gesellschaftliche Stellung an ihre Kinder weiter, von einer Generation zur nächsten. In Vagaris herrschten jene Vampire als Königinnen und Könige, die damals aus dem Heiligen Teich getrunken hatten. Da sie selbst keine Kinder bekommen konnten, nahmen sie menschliche Kinder bei sich auf, die sie in ihresgleichen verwandelten – die sogenannten Königskinder. Der restliche Adel war von ebendiesen Königskindern zu Vampiren gemacht worden, und auch die Adligen konnten Menschen verwandeln, die als einfache Bürger in Vagaris lebten. Je weiter man von den Ursprungsvampiren entfernt war, desto schwächer war die eigene Macht.

Bly spähte zu der Galerie empor. Jenseits der steinernen Balustrade herrschte völlige Dunkelheit. Alles, was sie erkennen konnte, war hin und wieder ein rotes Kleidungsstück, das aus dem Schatten auftauchte und wieder verschwand. Sie hatte gehofft, einen Blick auf die beiden Machthaberinnen zu erhaschen, die beiden führenden Königinnen. Die Geschichte, die über sie erzählt wurde, hatte Bly schon immer fasziniert, ob sie nun stimmte oder nicht.

Angeblich hatten die Mitglieder des Königshauses einst erbittert darum gekämpft, wer in Vagaris das Sagen haben sollte, wodurch zu viele der Ur-Vampire ums Leben gekommen waren. Mit jedem Tod war die Macht des Königshauses geschwächt worden, und so wurde schließlich ein Turnier abgehalten, bei dem sich die Königinnen und Könige nach festen Regeln duellierten. Siegerin oder Sieger war jeweils, wer den ersten Treffer landete. Zwei Königinnen schafften es in den finalen Kampf, aber die beiden liebten sich und weigerten sich daher, die jeweils andere zu verletzen. Stattdessen verschränkten sie in der Arena die Hände miteinander und schworen, gemeinsam über die Vampirgemeinde zu herrschen und die übrigen Mitglieder des Königshauses als Vampirrat mit einzubeziehen.

Falls diese Geschichte der Wahrheit entsprach, waren Vampire tatsächlich dazu in der Lage, zu lieben. Bly überlegte, ob sie Emerson darauf hinweisen sollte, doch sein Gesichtsausdruck verriet, dass er an der Legende nur das Blutvergießen wahrnehmen würde, nicht die Liebe, die diesem schließlich Einhalt geboten hatte.

Also wandte sie sich stattdessen an Seraphine und Sebastian. »Gehört ihr beide auch dem Königshaus oder dem Adel an?« Falls ja, hätte Bly vielleicht einen von ihnen überreden können, sie bei den Spielen zu unterstützen.

»Wir sind nur gewöhnliche Stadtbewohner«, antwortete Sebastian, aus dessen Stimme eine Spur von Verbitterung sprach.

Seraphine stupste ihn aufmunternd mit der Schulter an.

»Und man hat euch gezwungen, uns Menschen während des Balls zu beaufsichtigen?«, fragte Emerson.

»Nein, wir haben uns freiwillig gemeldet«, erwiderte Seraphine fröhlich. »Es werden jedes Jahr Vampire für diese Aufgabe gesucht, die möglichst erst vor Kurzem verwandelt wurden. Weil sie dann weniger … launenhaft sind. Bei uns beiden ist die Verwandlung erst ein Jahr her.«

»*Du* hast dich freiwillig gemeldet. Und ich musste mit«, betonte Sebastian.

»Ja, ich wollte unbedingt auf den Ball!« Seraphine sah sich im Saal um, als sei es der schönste Ort auf der Welt. »Das ist ja wohl verständlich.«

Sebastian zog eine mürrische Grimasse, entgegnete jedoch nichts.

»Ihr könnt also selbst keine Teilnehmer der Spiele unterstützen?«, erkundigte sich Bly.

»Nein«, antwortete Seraphine. »Dieses Recht ist den hochrangigen Vampiren vorbehalten. Aber wir werden euch im Auge behalten, und falls ihr gewinnt, bekommen wir ein wenig Geld dafür, dass wir euch als Schützlinge ausgewählt haben. Wir Vampire sind begeisterte Glücksspieler.« Sie ließ ihre Eckzähne aufblitzen.

Emerson schüttelte angewidert den Kopf.

»Wir geben euch jetzt den nötigen Freiraum, damit ihr hier im Saal um Unterstützer werben könnt«, verkündete Seraphine mit einem Zwinkern in Blys Richtung, bevor sie kehrtmachte und sich davonschlängelte.

»Ich mag sie nicht«, knurrte Emerson, sobald auch ihr Bruder außer Hörweite war.

»Ich finde sie nett«, widersprach Bly und dachte mit einem mulmigen Gefühl an ihre eigenen Zweifel bezüglich der Motive, die hinter Seraphines Freundlichkeit steckten.

»Sie ist ein Vampir.«

Bly antwortete nicht. Sie fand, dass es Zeit war, nach Lichtblicken innerhalb dieser blutrünstigen Gemeinde Ausschau zu halten. Schließlich würde ihr auch Emerson bald angehören.

»Komm, suchen wir uns ein Eckchen, in dem es nicht so voll ist«, schlug Emerson vor. Er betrat einen der schmalen Pfade, die sich durch die goldenen Beerensträucher wanden, und Bly folgte ihm und achtete darauf, dass keins der nadelspitzen Blätter an ihrem Kleid oder ihrer Haut hängen blieb.

Nach einiger Zeit erreichten sie die Mitte des Ballsaals, eine große, kreisrunde Fläche, in deren Zentrum das Prunkstück aufragte, ein goldener Brunnen. Bly hätte fast gewürgt, als sie ihn genauer in Augenschein nahm. Er war wunderschön und schrecklich zugleich, bestand aus drei lebensecht wirkenden, in Gold gegossenen Statuen. Die mittlere war eine Frau, die ihre Arme mit nach oben gedrehten Handflächen nach vorn streckte, als würde sie jemandem huldigen. An ihren Handgelenken befanden sich die offenen Münder der beiden äußeren Statuen, und aus ihren Adern floss eine zähe rote Flüssigkeit an goldenen Lippen vorbei in das darunter angebrachte Becken.

Immer wieder blieben Vampire stehen und füllten ihre langstieligen Gläser am stetig fließenden Rot nach.

»Ekelhaft«, murmelte Emerson. Er blickte zu dem Dornengestrüpp zurück, aus dem sie gekommen waren, und verzog das Gesicht. Wenigstens liefen sie hier nicht ständig Gefahr, sich aufzuschlitzen.

»Konzentrieren wir uns einfach auf uns«, schlug Bly vor und drehte sich zu ihm, um ihm in die Augen zu sehen.

Sie standen da und starrten sich an, was ihnen schmerzlich den Verlust ihrer Freundschaft und ihrer mühelosen Kommunikation bewusst machte. Die Tage des unbeschwerten Zusammenseins waren vorbei. Bly suchte krampfhaft nach einem Gesprächsstoff, um das angespannte Schweigen zu beenden, fand jedoch keinen. Über Elise konnten sie nicht reden, über ihr Dorf und ihre Eltern auch nicht. Es gab kein einziges Thema, das sie anschneiden konnten, ohne an Wunden zu kratzen, die noch lange nicht verheilt waren.

Ihre Strategie für die Spiele zu planen erschien ihr am unverfänglichsten. »Seraphine meinte vorhin, dass man nicht unbedingt die Prüfung gewinnen muss, um einen Unterstützer zu finden.«

Emerson runzelte die Stirn.

»Man kann auch einen Vampir von sich trinken lassen, bevor die Prüfung beginnt, und sich bereit erklären, ihn während der Spiele mit Blut zu versorgen. So lange sind zwei Wochen schließlich auch nicht, wenn man es recht bedenkt.« Bly brach ab, als sie sah, dass er noch verkrampfter wirkte als vorher. Was sie als Nächstes sagen wollte, kam ihr nur schwer über die Lippen, aber es musste sein. Es war ihre Schuld, dass die schwarzen Adern des Todes seinen Arm hinaufwanderten, also war es auch an ihr, ihm dieses Angebot zu unterbreiten. »Ich kann das für uns beide übernehmen. Inzwischen bin ich es gewohnt zu bluten.«

»Auf keinen Fall!« Emerson starrte sie so angeekelt an, als wollte er sich am liebsten übergeben. »Es ist nicht dasselbe, ob man Blut auf dem Markt verkauft oder … zulässt, dass einen ein Vampir beißt.«

»So schlimm war es gar nicht.« Bly senkte den Blick auf ihr Handgelenk.

»Du warst bewusstlos.«

»Diesmal würde ich wach bleiben und genau kontrollieren, wie lange der Vampir trinkt.«

»Wenn du das tust, marschiere ich auf der Stelle aus diesem Saal.«

»Bitte sehr. Ich bleibe hier und gewinne den Vampirpreis.«

Seine Kiefermuskeln zuckten, weil er so fest die Zähne zusammenbiss.

In der Vergangenheit hatte Bly immer auf ihn gehört. So war die Dynamik zwischen ihnen gewesen: Sie machte einen Schritt zu viel in den Wald hinein, und er erinnerte sie daran, wie gefährlich es war. Während des vergangenen Jahrs hatte er sich jedoch von ihr ferngehalten, was sie ihm keineswegs verübelte. Die Distanz hatte dafür gesorgt, dass sie sich von ihm abgenabelt hatte.

Und wenn sie gewinnen wollte, musste sie so frei und ungebunden bleiben.

Dieses Mal hörte *er* auf *sie* und verließ nicht den Saal. Die Veränderung gefiel ihr, auch wenn sie sich eingestehen musste, dass sie nicht wirklich Lust darauf hatte, einem Vampir ihr Handgelenk anzubieten.

Emersons Blick fiel auf irgendetwas hinter ihrem Rücken. Er verengte die Augen zu Schlitzen. »Sieht aus, als wäre noch jemand auf dich aufmerksam geworden«, knurrte er.

Sobald er es ausgesprochen hatte, spürte auch sie es: Jemand starrte ihren Nacken an. Sie kämpfte lange dagegen an, sich umzudrehen, bis das Gefühl unerträglich wurde. Fast fühlte es sich an, als würden sich bereits gierige Vampirzähne in ihre Haut bohren, was ihren Magen noch mehr in Aufruhr versetzte.

Ganz langsam drehte Bly den Kopf, um über ihre Schulter nach hinten zu spähen. Dann erstarrte sie.

Emerson senkte die Stimme. »War er derjenige, der dich im Wald gebissen hat?«

Der Vampir, der sie anstarrte, trug eine himmelblaue Kniehose und ein dazu passendes Hemd mit Puffärmeln. Die weiße Seidenweste mit Goldknöpfen, die er dazu kombiniert hatte, durchbrach das Blau wie eine einzelne Wolke an einem sonnigen Tag.

Er war einer der wenigen Ballgäste, die nicht in Dunkelrot oder Violett gekleidet waren.

Als wollte er in all der Düsternis einen Hoffnungsschimmer darstellen, dachte Bly.

Mit seiner Farbwahl stach der Vampir aus der Menge heraus, und irgendetwas verriet ihr, dass er genau das beabsichtigte. Schließlich war er gestern im Wald genauso auffällig gekleidet gewesen. Es war der Gutaussehende mit den kupferroten Haaren – Kerrigan. Von sämtlichen Vampiren, die ihren Nacken hätten anstarren können, erschien er ihr als die beste Option. Zumindest hatte er schon einmal darauf verzichtet, ihr Blut zu trinken. Das hieß natürlich noch lange nicht, dass sie ihm vertrauen konnte, doch es vergrößerte ihre Chancen, unbeschadet aus dieser erneuten Begegnung hervorzugehen. Sie hatte keine Ahnung, was in seinem Kopf vorging. Er musste irgendetwas von ihr wollen, sonst hätte er sie nicht so intensiv angesehen.

Ein goldenes Diadem krönte seinen Kopf. Er war also ein Prinz, auch wenn er kein Rot trug.

Bly begegnete seinem Blick und suchte sein Gesicht nach irgendeiner Emotion ab – Hunger, Interesse, Wiedererkennen. Vergeblich. Vielleicht war sie nur eine entfernte Erinnerung für ihn, und er versuchte nun herauszufinden, wo er sie schon einmal gesehen hatte.

Sie wandte sich wieder Emerson zu. Er betrachtete ihr Gesicht und gab einen Laut von sich, der halb Knurren und halb Seufzen war. »Ich bringe ihn um.«

»Pst! Nicht so laut!« Bly spähte um sich. Jeder wusste, dass Vampire über ein exzellentes Gehör verfügten.

»Mir egal, wenn mich jemand hört«, sagte Emerson.

»Er war gar nicht derjenige, der mich gebissen hat«, zischte Bly.

»Ach nein? Warum glotzt er dann so?« Emerson starrte über ihre Schulter.

Bly war sich sicher, dass Kerrigans Blick noch immer auf ihr ruhte. Jedenfalls hatte das Kribbeln in ihrem Nacken nicht nachgelassen. Sie hob die Hand und rieb sich die Stelle, als könnte sie sein Interesse einfach wegwischen.

»Lass das.« Emersons Hand schloss sich um ihr Handgelenk und zog es nach unten, bis Blys Arm wieder an ihrer Seite hing. »Du tust uns keinen Gefallen damit, wenn du auf diese Weise deinen Hals anfasst. Jetzt starren uns noch mehr Vampire an.«

»Wollen wir das nicht?«

»Wir wollen einen Unterstützer, der uns zum Sieg verhilft. Keinen, der dich nur vernaschen will.« Emerson löste seinen Blick von Kerrigan und begegnete ihrem. »Oder es bereits getan hat.«

»Ich habe dir doch schon gesagt, dass er es nicht war!«, blaffte ihn Bly an.

Sie hasste es, wenn er sich weigerte, ihr zu glauben, weil er meinte, Beweise fürs Gegenteil erkannt zu haben. Ihr blieb nichts anderes übrig, als ihm die ganze Geschichte zu erzählen, damit er verstand, dass dieser Vampir tatsächlich nett zu ihr gewesen war, aus welchem Grund auch immer. Sie wusste selbst nicht genau, warum sie es nicht längst getan hatte. Zumal die Milde des Vampirs wahrscheinlich ohnehin nichts zu bedeuten hatte. Vielleicht hatte er genug von der ständigen Grausamkeit gehabt und es zur Abwechslung mal mit ein wenig Freundlichkeit versucht.

Bly räusperte sich. »Ich bin im Wald nicht nur einem Vampir begegnet. Es war eine ganze Gruppe.«

Entsetzen zeichnete sich auf Emersons Gesicht ab.

Sie schüttelte den Kopf. »Sie haben mich nicht angegriffen. Der, der mich jetzt beobachtet …« Sie zögerte, bevor sie seinen Namen sagte: »Kerrigan …«

Emersons Nasenflügel zuckten, als könnte er seinen Ekel kaum noch beherrschen.

Bly schluckte. Warum hatte sie ihn nicht einfach »der Vampir« genannt? Kerrigan und sie hatten sich einander schließlich nicht offiziell vorgestellt.

»Ihm ist aufgefallen, wie schwach ich war, und er hat die anderen zurückgepfiffen. Ihnen befohlen, mich gehen zu lassen.«

»Ich habe dich bewusstlos im Wald gefunden, Bly. Mit einer Bisswunde am Handgelenk.«

»Die stammt nicht von ihm. Eine junge Frau aus der Gruppe hat kehrtgemacht und mich hinterrücks angefallen.«

»Er scheint sein gestriges Verhalten zu bereuen«, sagte Emerson.

Bly lief ein Schauder über den Rücken. Ihr alter Freund sah sie eindringlich an. Sie wusste, dass sie ihm nichts vormachen konnte.

»Ich sollte vielleicht mit ihm reden«, murmelte sie. »Wenn wir eine Beziehung zu ihm aufbauen, könnte uns das bei der Prüfung helfen.«

»*Willst* du denn mit ihm reden?« Emersons Tonfall war vorwurfsvoll, als hätte sich Bly den Vampiren im Wald angebiedert und darum gebettelt, ihre Eckzähne am Hals zu spüren. Als hätte sie das alles aktiv herbeigeführt und gewollt.

Sie ließ ihre Stimme hart und unnachgiebig klingen, als sie antwortete: »Ich glaube, ich *muss* es tun.«

Emersons Miene wurde weicher. »Ich will doch nur … Ich will dich doch nur beschützen! Und hier in dieser Schlangengrube kommt mir das unmöglich vor. Ich will mir gar nicht vorstellen, dass du sterben könntest, genau wie …«

Elise.

»Mir passiert schon nichts«, flüsterte Bly. »Wir brauchen ihn als Unterstützer.«

Sie umrundete Emerson, ohne auf seine Entgegnung zu warten. Ihr war ohnehin klar, was er sagen wollte: dass sie überhaupt nicht hier sein müssten, dass nichts von alldem notwendig sei. Sie sollte einfach zulassen, dass er fortging und sich zum Sterben hinlegte. Aber das kam nicht infrage. Sie würde an diesen Spielen teilnehmen, ob er nun wollte oder nicht.

Bly schob sich durch das wogende Durcheinander aus Rot und Violett und hob beim Gehen das Kinn an, zeigte ihren Hals mit dem Selbstverständnis einer Frau, die es kaum erwarten konnte, Vampirzähne zu spüren. Da die goldgekleideten Helfer die menschlichen Gäste in Vampirgewänder gehüllt hatten, fiel es schwer, sie von den geladenen Vampiren zu unterscheiden. Man erkannte die Blutsauger erst, wenn man ihnen nahe genug kam, um ihren gierigen Blick aufleuchten zu sehen. Nicht alle Vampire hatten graue Augen, aber ihr Gesichtsausdruck verriet sie, als Bly mit entblößtem Hals an ihnen vorbeischritt.

Auf Höhe des goldenen Brunnens geriet sie ins Stocken, weil ihr der vertraute Gestank von Blut entgegenschlug. Sie hatte diesen Geruch ihr ganzes Leben lang gemieden, hatte sich darum gedrückt, ihren Eltern bei deren blutiger Arbeit zu helfen. Auch nachdem sie das ganze letzte Jahr Blut auf dem Markt verkauft hatte, hatte sie sich noch nicht daran gewöhnt.

Bly senkte das Kinn, ließ die Schultern hängen und gab sich Mühe, nicht durch die Nase einzuatmen. Sie hob erst wieder den Kopf, als sie die himmelblaue Hose vor sich aufleuchten sah. Nachdem sie tief Luft geholt hatte, blickte sie in die grauen Augen, die wartend auf sie gerichtet waren.

Nachdem Kerrigan sie so intensiv beobachtet hatte, erwartete sie, dass er zuerst das Wort an sie richtete. Doch er trank nur stumm einen Schluck aus seinem Glas, ohne den Blick von ihr zu lösen. Das Grau seiner Augen glich dem einer Sturmwolke.

Vielleicht hatte er sie doch nicht erkannt. Ihr stieg das Blut in die Wangen.

»Ich … ich wollte mich bedanken.«

Er hob eine Augenbraue und nahm das Glas vom Mund. »Wofür? Du bist hier in Vagaris. Es scheint, als hätte ich dich gestern vor ein paar Bissen bewahrt, nur damit du heute in einen Saal voller Vampire marschierst, die weit mehr von dir wollen.« Er beugte sich so dicht über ihren Hals, dass sie seinen Atem spürte. »Wenn du wissen wolltest, wie es sich anfühlt, wenn sich spitze Zähne in deine Haut bohren und das Blut langsam aus deinem Körper entweicht, hättest du mich nur fragen müssen. Ich hätte es dir direkt an Ort und Stelle gezeigt. Dafür wäre es nicht nötig gewesen, unter dem Vorwand der Spiele nach Vagaris zu kommen.«

Er richtete sich wieder auf, und seine vollen Lippen verzogen sich zu einem Lächeln. Er hatte wieder den Charme angeknipst, den er auch im Wald aufgesetzt hatte, einen Charme, der nicht bis zu seinen Augen reichte. Auch jetzt spürte Bly hinter seinem koketten Auftreten noch etwas anderes … Verärgerung? Als würde es ihn enttäuschen, sie hier auf dem Ball zu sehen.

»Die Leute kommen hierher, um gebissen zu werden?«, fragte sie ungläubig.

Ihr war durchaus bewusst, dass manche Menschen die Vampire romantisierten, dass einige von ihnen sogar in der Vampirstadt lebten und als wandelnde Blutkonserven arbeiteten, die sich die wohlhabenden Vampire für ihre Mahlzeiten kaufen konnten. Bluter, nannte man sie. Die meisten von ihnen waren keine verrückten Spinner, sondern verzweifelte Bewohner des Ödlands, denen nichts anders übrig blieb. Es gab strenge Regeln in dem Vertrag, den die Vampire mit den Hexen geschlossen hatten, Regeln, die festlegten, wie viele Menschen jede Seite für die Blutzufuhr beschäftigten durfte. Hauptquelle für Blut waren immer noch die Märkte in den Dörfern des Ödlands.

Bly konnte sich daher beim besten Willen nicht vorstellen, dass Menschen den ganzen weiten Weg zum Ball auf sich nahmen, um sich beißen zu lassen.

Kerrigan lachte. Seine Stimme klang rau und kehlig. »Es gibt viele, denen es gefällt, uns zu Diensten zu sein.« Er öffnete leicht den Mund, und seine Zunge strich über seine Eckzähne.

»Tja, ich bin wegen der Spiele hier.«

Er zuckte mit den Schultern. »Dann habe ich mich wohl geirrt. Liegt vermutlich an … deiner Aufmachung.« Sein Blick wanderte so genüsslich über ihre nackte Haut, dass sie nicht umhinkonnte, die Hand schützend auf ihren Hals zu legen.

»Ich habe vergeblich um einen Schal gebeten«, murmelte sie.

Sein Gesichtsausdruck veränderte sich. Er wirkte immer noch verärgert, aber sein Zorn schien sich nicht mehr gegen sie zu richten. Er hielt sein Glas hoch, woraufhin es ihm umgehend von einem Vampir abgenommen wurde. Dann löste er seinen Seidenschal, machte einen Schritt auf Bly zu und legte ihn ihr um den Hals. Bei der Berührung des federleichten Stoffs setzte ihr Herz einen Schlag aus. Sie erschauderte, als Kerrigans Finger zu ihrem Dekolleté wanderten, um die Enden des Schals miteinander zu verknoten. Er hielt inne. Ihre Reaktion schien ihm nicht entgangen zu sein. Er hob den Kopf und sah Bly aus dunklen Augen an. »Sicher, dass du nicht gebissen werden willst?« Sein Tonfall hatte sich verändert – die Verführung, die darin lag, klang nicht mehr aufgesetzt wie noch einige Augenblicke zuvor. Auch er wirkte überrascht darüber und runzelte kaum merklich die Stirn.

Bly öffnete den Mund, um ihm mit einem *Nein* zu antworten, doch das Wort schien in ihrer Kehle festzustecken. Kerrigans Blick glitt zu ihren Lippen hinunter.

Emerson. Ihr Verstand schrie ihr förmlich seinen Namen zu. Ihr Freund sah vermutlich alles mit an, und selbst wenn nicht, wollte sie auf keinen Fall mit einem Vampir flirten. Das würde sie sich für nach der Prüfung aufsparen, wenn ihr keine andere Wahl mehr blieb.

Sie schüttelte den Kopf.

Kerrigan räusperte sich, und seine Augen nahmen wieder einen helleren Grauton an. Seine Finger beendeten den Knoten an ihrem Hals.

»Hast du dich etwa schon für ein Lustobjekt entschieden?« Die grausame Unbekümmertheit der Stimme ließ Bly das Blut in den Adern gefrieren.

Kerrigans Hände gerieten erneut ins Stocken, bevor er wie beiläufig die Enden des Schals zurechtrückte und dabei den empfindlichen Bereich zwischen Blys Brüsten und ihren Schlüsselbeinen berührte. »Ich helfe nur einer frierenden jungen Dame aus.«

»Wir Vampire helfen keinen Menschen, Kerrigan. Du hast dir schon gestern im Wald einen Ausrutscher geleistet. Daher hoffe ich für dich, dass dieser Schal nur eine Leine ist, an der du dein neues Schoßhündchen spazieren führst.«

Für den Bruchteil einer Sekunde verdunkelten sich Kerrigans Augen wieder, und seine Finger schlossen sich um den Schal. Seine ganze Konzentration schien sich auf Blys Hals zu richten, und ihr Instinkt verriet ihr, dass er sich ausmalte, was er alles mithilfe dieses Schals mit ihr anstellen könnte.

Sie lehnte sich nach hinten und spürte seinen Druck. Er hatte sie eingefangen wie ein Tier.

Nachdem er sich leicht geschüttelt hatte, schien er sich wieder unter Kontrolle zu haben. Mit einem leisen Lachen löste er die Hände vom Schal und ließ sie hinter seinem Rücken verschwinden. Der flüchtige Blick, den er Bly zuwarf, wirkte … zerknirscht.

Hatte er etwa ein schlechtes Gewissen?

»Pass auf, wie du mit mir sprichst, Jade.«

Bly hatte längst erkannt, wer die junge Vampirfrau war, die sich zu ihnen gesellt hatte. Sie hielt verzweifelt nach einem Fluchtweg Ausschau. Noch stand Jade ein Stück versetzt hinter ihr, was bedeutete, dass sie ihr Gesicht nicht sehen konnte. Bly beschloss, an Kerrigan vorbeizugehen und sich in das Labyrinth aus Beerensträuchern zu flüchten, um nicht erneut in jene kalten grauen Augen mit den blauen Rändern blicken zu müssen. Als sie sich in Bewegung setzen wollte, packte eine zarte und dennoch eiserne Hand ihren Arm.

»Moment mal, ich will erst sehen, wer die Aufmerksamkeit des Verräters erregt hat.«

Der Zorn, der plötzlich in Kerrigans Gesicht trat, war so furchterregend, dass Bly zurückgewichen wäre, wenn Jade nicht hinter ihr gestanden hätte.

»Dass du mit meinem Bruder befreundet bist, ist mir vollkommen egal, Jade. Nenn mich noch einmal Verräter, und ich reiße dir die Zunge heraus.«

»Versuch es«, erwiderte sie und stellte sich trotzig neben Bly. Sie trug blutrote Kleidung sowie das gleiche goldene Diadem wie der Rest der Königskinder.

»Du?«, stieß sie hervor, nachdem sie den Kopf gedreht und Blys Gesicht erkannt hatte. Sie wandte sich Kerrigan zu und starrte ihn herausfordernd an. »Hast du etwa Gefallen gefunden an diesem Blutbeutel? Du weißt, wie so was endet.« Jade grinste höhnisch. »Ich habe dich gestern nicht verpfiffen, deinem Bruder zuliebe, aber vielleicht muss ich den Königinnen doch raten, dich besser im Blick zu behalten.«

Kerrigan sah Bly betont abfällig an. »Ach was, das Mädchen bedeutet mir nicht das Geringste. Aber was für ein glücklicher

Zufall, dass sie hier auf dem Ball ist, findest du nicht auch? Sie sieht aus, als wären ihre Blutvorräte wieder aufgefüllt. Schau dir nur ihre hübschen rosigen Wangen an.« Das verführerische Flüstern, in das er verfallen war, legte sich wie eine Würgeschlange um Blys Hals und erschwerte ihr das Atmen. Er schob einen Finger unter den Seidenschal und zupfte daran, bis sie stolpernd einen Schritt nach vorn machte.

Jades Blick kehrte zu Bly zurück. Ihre Augen funkelten. »Nun ja, ich kann bezeugen, dass sie ganz hervorragend schmeckt.«

»Was hast du gerade gesagt?« Die Veränderung in Kerrigans Stimme war nicht zu überhören. Koketterie und Schmeichelei waren stählerner Härte gewichen.

Jade fuhr genau in dem Moment zu ihm herum, als seine Hand schwer auf ihrer Schulter landete. »Was du gesagt hast, will ich wissen«, wiederholte er.

»Ich hatte Hunger«, rechtfertigte sich Jade schnippisch. »Also bin ich noch mal zurückgegangen und habe mir genommen, was mir zusteht.«

»Nachdem ich dir befohlen hatte, es nicht zu tun?«

»Dir liegt also doch etwas an ihr.« Die junge Frau mit den weißblonden Haaren grinste höhnisch, als wäre er ihr in die Falle getappt. »Warum?« Ihre Stimme klang aufrichtig erstaunt.

Bly stellte sich insgeheim dieselbe Frage. Kerrigans Verhalten ergab keinen Sinn.

Mittlerweile wurden auch die Umstehenden auf sie aufmerksam. Einige Ballgäste hatten sich bereits in ihre Richtung umgedreht.

»*Sie* ist mir egal«, sagte Kerrigan langsam. »Was mir *nicht* egal ist, ist die Tatsache, dass du einen direkten Befehl missachtet hast, Jade. Vielleicht sollten die Königinnen eher *davon* erfahren.«

Seine Körperhaltung blieb entspannt, aber mit seinem Tonfall und seiner Mimik strahlte er eine solche Macht aus, dass niemand davon unberührt bleiben konnte. Offenbar gab es eine Rangordnung unter den Königskindern, und Kerrigans Stellung musste hoch sein.

Er wäre der perfekte Gefangene, um ihn den Hexen auszuliefern und den Wiedererweckungspreis zu gewinnen, dachte Bly.

Immerhin hatte sie seine Aufmerksamkeit erregt, auch wenn es stimmte, was er sagte, und er sich nur für den Inhalt ihrer Venen interessierte. Sie wollte auch gar nicht, dass sein Interesse darüber hinausging.

Sein Blick blieb beiläufig an ihr hängen. »Du kannst jetzt gehen.«

Jade wandte sich mit einem zuckersüßen Lächeln zu Bly um und ließ ihren Arm los. »Keine Sorge. Ich finde dich wieder.«

Kerrigan gab ein ungehaltenes Knurren von sich. »Du wirst meinen Befehl nicht noch einmal ignorieren.« Erneut sah er Bly an. »Geh.«

Diesmal zögerte sie nicht. Sie machte kehrt und huschte davon, ohne jede Spur des Selbstvertrauens, das sie auf dem Hinweg vorgetäuscht hatte. Voller Anspannung hielt sie die Luft an, bis sie wieder bei Emerson angekommen war.

»Bly.« Er sprach ihren Namen aus, als wäre er ein Schimpfwort. Ungläubig starrte er auf den Schal um ihren Hals.

Sollte sie ihn ausziehen? Alles in ihr sträubte sich dagegen. Durch den Stoff, der sich an ihre nackte Haut schmiegte, fühlte sie sich weniger verletzlich.

»Ich glaube, es hat funktioniert«, sagte sie und spähte zurück zu Kerrigan.

Jade war nirgendwo zu entdecken, und sein Blick ruhte erneut auf ihr. Er wandte ihn nicht ab, zuckte mit keinem Muskel seines Gesichts.

»Vielleicht ein bisschen *zu* gut. Der Kerl sieht aus, als wollte er dich *auffressen.*« Die Abscheu sprach überdeutlich aus Emersons Stimme. »Genau genommen gilt das für den halben Saal.«

Bly schüttelte den Kopf. »Nein. Ich glaube nicht, dass Blutgier dahintersteckt. Nicht bei ihm.« Sie dachte daran zurück, wie seine Finger ihre Haut gestreift hatten, an seine dunklen Augen. »Jedenfalls ist das nicht alles. Die junge Frau, die zu uns gekommen ist – sie ist diejenige, die mich im Wald gebissen hat. Kerrigan hat dafür gesorgt, dass sie mich in Ruhe lässt. Er … beschützt mich.«

Emerson schnaubte verächtlich. »Er ist ein *Vampir.*« Ein Argument, das in seinen Augen genügte.

So war es auch. Oder hätte es zumindest sein sollen.

Bly biss sich auf die Lippe und erwiderte Kerrigans Blick. Er hatte sie tatsächlich beschützt, schon das zweite Mal. Nicht auf die Art, wie Osmond sie auf dem Markt vor Victors Skrupellosigkeit bewahrt hatte. Osmond hielt sich nur an die Gesetze. Kerrigan hingegen hatte die Regeln bei ihrer Begegnung im Wald missachtet.

Allerdings starrte er ihr zu oft auf den Hals, als dass sein Interesse an ihr lediglich auf Freundlichkeit und Anteilnahme hätte beruhen können. Manchmal beschützten Vampire ihre Opfer, um später über sie herzufallen.

»Denk dir bloß keine Fantasiegeschichten über ihn aus.« Emersons unnachgiebige Stimme holte Bly in die Realität zurück.

Blys riss ihren Blick von Kerrigan los und wandte sich endgültig Emerson zu. »Tu ich nicht.«

»Ich kenne dich, Bly.«

Aber das stimmte nicht. Er kannte nicht ihr ganzes Wesen, hatte keine Ahnung, dass sich die meisten ihrer Fantasiegeschichten um ihn drehten. Es schmerzte, dass er das noch immer nicht verstanden hatte. Bly stand hier in einem Saal voller Vampire, weil sie wollte, dass er weiterlebte. Denn selbst wenn es ihr gelang, ihre Schwester zurückzuholen, wären ihre Träume sonst mit ihm gestorben.

»Was, wenn ich ihm doch anbiete, von mir zu trinken?«

»Er hat schon etwas zu trinken«, erwiderte Emerson abfällig.

Kerrigan hatte endlich seinen Blick von Bly gelöst, um an seinem Glas zu nippen, das wie durch Zauberhand wieder in seiner Hand erschienen war.

»Das habe ich nicht gemeint.«

Emerson folgte der Richtung, in die Bly starrte, und entdeckte ein Paar, das nicht weit von ihnen entfernt stand. Es schien sich innig zu umarmen, doch einer der beiden Männer hatte sein Gesicht am Hals des anderen, und seine Bewegungen deuteten nicht auf einen zärtlichen Kuss hin. Er hatte die Haut seines Liebhabers mit den Zähnen durchbohrt und trank.

»Die Vorteile, die wir dadurch angeblich hätten, sind es nicht wert.«

»Ich würde alles tun, damit wir es schaffen«, murmelte Bly mit kaum hörbarer Stimme.

Emersons Züge wurden nachgiebiger. Seine Augen quollen über vor Schmerz, und seine plötzliche Verletzlichkeit raubte ihr den Atem. Sie wollte die Hand nach ihm ausstrecken, doch er kam ihr zuvor und nahm ihre zarten Finger in seine rauen.

»Ich will das nicht«, sagte er sanft.

»Schon gut. Wir müssen keinen Bluthandel eingehen, um einen Unterstützer zu finden.«

»Nein.« Er drückte ihre Hand. »Ich will das alles nicht. Kannst du dir ernsthaft vorstellen, wie ich hier in Vagaris lebe?« Er wandte den Blick von ihr ab und ließ ihn durch den Saal schweifen, über die Menschen, die halb verhungert nach winzigen Tortenstücken griffen, während das Blut an ihnen heruntertropfte und die Vampire wie Geier um sie herumschwirrten. Die menschlichen Ballgäste waren nichts als Kadaver, an denen sich die Aasfresser gütlich taten.

Nein. Sie konnte es sich beim besten Willen nicht vorstellen. Emerson hätte niemals in diese Welt gepasst.

»Du wirst dich bestimmt daran gewöhnen.«

»Hör auf mit deinen Hirngespinsten, Bly. Bitte. Können wir für einen Moment der Wirklichkeit ins Auge blicken?«

Sie brachte es nicht über sich. »Du müsstest doch gar nicht hierbleiben! Wir könnten zusammen abhauen, in den Wald flüchten und nicht mehr zurückkommen.«

Sie sprach schon seit so vielen Jahren davon, aus dem Ödland fliehen zu wollen. Dass er mitkam, hatte sie bisher noch nie vorgeschlagen. Voller Anspannung wartete sie auf seine Reaktion.

»Nicht schon wieder diese Leier.«

Bly zuckte zusammen. Emerson hatte ihr schon öfter gesagt, wie töricht er es fand, vor diesem Leben davonlaufen zu wollen. Aber er hatte dabei immer schmunzelnd den Kopf geschüttelt, genau wie nach ihren Fantasiegeschichten, die er so gern hörte. Jetzt klang seine Stimme schroff und abweisend. Hatte er immer schon so empfunden? War er immer schon genervt gewesen von ihren Träumen?

»Bleib bitte realistisch.« Er packte ihre Hand fester, als hätte er Angst, sie würde auf der Stelle davonrennen.

Er irrte sich. Gerade ihre Träumerei war es, die ihn retten würde. Und Elise auch. Träume stellten den einzigen Ausweg aus unerträglichen Situationen dar, auch wenn sie noch so unerfüllbar erschienen.

Bly straffte die Schultern. »Du wirst ein Vampir sein, wenn wir gemeinsam von hier fortgehen. Weil du mich dann besser beschützen kannst. Und Elise wird auch mitkommen.«

Emerson verzog gequält das Gesicht, als sie den Namen ihrer Schwester sagte. Daran erkannte Bly, dass er nicht wirklich an ihre Rettung glaubte. Manchmal fragte sie sich, ob er überhaupt an irgendetwas glaubte.

Es sah ganz danach aus, als würde *ihr* Glaube für sie beide reichen müssen.

»Und wovon soll ich mich ernähren, wenn ich mit euch durch den Wald streife?«, fragte Emerson.

»Ich würde dich von meinem Blut trinken lassen.«

Er machte ein angewidertes Gesicht. Bly kam nicht umhin, seinen Ekel damit zu vergleichen, wie Kerrigan sie vorhin angesehen hatte – als wünschte er sich nichts mehr, als seinen Mund auf ihre Haut zu legen.

Emersons Reaktion bewirkte, dass ihr die Schamesröte ins Gesicht stieg. Ihr selbst war ihr Vorschlag gar nicht so schlimm erschienen, und das, obwohl sie kein Blut sehen konnte. War die Vorstellung, sie beißen zu müssen, wirklich so abstoßend?

»Und was, wenn ich ein typischer Vampir werde und mich nicht beherrschen kann? Was, wenn ich dich versehentlich umbringe?«

»Warum musst du eigentlich immer gleich vom Schlimmsten ausgehen?«

»Weil *du* dich weigerst, in der Wirklichkeit zu leben.«

»Und *du* weigerst dich, überhaupt irgendetwas zu wollen.«

»Es bringt nichts, etwas zu wollen, was man nicht mehr haben kann.«

Ihr gemeinsamer Schmerz hing schwer und drückend in der Luft.

»Lass uns nach Hause gehen«, sagte Emerson.

»Fühlt es sich für dich wirklich noch wie ein Zuhause an?«, fragte Bly. »Ohne Elise?«

Er wandte den Blick ab. »Ein Zuhause ist nur ein Ort, kein Gefühl.«

»Da irrst du dich«, flüsterte Bly. »Es *ist* ein Gefühl. Wir müssen es nur wiederfinden.«

Emerson seufzte. »Du gehst also nicht zurück.«

»Natürlich nicht, aber ich habe Verständnis dafür, wenn du gehst.« Sie würde den Vampirpreis allein erkämpfen und Emerson dann holen, damit er die Unsterblichkeit für sich beanspruchte. Wenn sie so vieles durchgestanden hätte, würde er nicht mehr Nein sagen können.

Emerson schwieg lange. »Ich werde euch nicht alleinlassen. Keine von euch.« Er sah sich im Saal um. »Aber eins musst du wissen, Bly: Diese Geschichte wird nicht so ausgehen, dass wir drei fröhlich weiterleben bis ans Ende unserer Tage. Wir sind keine Kinder mehr. Es gibt keine glücklichen Ausgänge.«

»Es gibt allemal bessere Ausgänge als den, dass ihr beide tot seid und ich allein in dieser elenden Welt zurückbleibe. Können wir … es nicht wenigstens versuchen?«

Emerson schluckte. Sie rechnete damit, dass er ihr den Rücken zudrehte und davonging.

»In Ordnung«, sagte er. »Aber wir gehen die Sache auf meine Art an. Zuerst verlassen wir diesen Ball und warten auf die Prüfung. Das, wonach wir suchen, werden wir hier nicht finden.«

»Den Ball zu verlassen ist keine Option.«

Bly zuckte erschrocken zusammen, als Seraphines Stimme neben ihrer Schulter erklang. Hatten Sebastian und seine Schwester Emerson und sie etwa die ganze Zeit beobachtet? Bly hatte die beiden überhaupt nicht wahrgenommen.

»Es sei denn, ihr wollt von den Wachen aus der Stadt gebracht werden, ohne die Chance zu haben, an der Prüfung teilzunehmen«, fügte Seraphine kühl hinzu.

Sebastian tauchte neben Emerson auf und legte ihm die Hand auf den Arm. Er schüttelte sie aufgebracht ab.

Der junge Vampir quittierte es mit einem Lächeln. »Amüsiert ihr euch etwa nicht?«

»Dazu sind wir nicht hier«, gab Emerson zurück.

»Ihr seid für die Spiele hier, und die haben bereits begonnen«, beteuerte Seraphine. Die Wärme war in ihre Stimme zurückgekehrt. Dann wanderte ihr Blick zu Kerrigan hinüber. »Prinz Kerrigan nimmt übrigens nie an den Spielen der Wiederkehr teil. Er tut manchmal so, als würde er als Unterstützer zur Verfügung stehen, hat jedoch noch nie ein Team begleitet. Bei seinem Bruder hättet ihr mehr Glück. Soll ich euch mit ihm bekannt machen?«

»Nein«, antwortete Bly ein wenig zu schnell.

Sebastian verengte die Augen zu Schlitzen. Seraphine zuckte hingegen nur mit den Schultern.

»Versucht bitte, ein wenig Spaß zu haben.« Sie nickte ihrem Bruder zu, woraufhin die Geschwister wieder in der Menge verschwanden.

Der Abend schritt voran. Der schwindelerregende Geruch von Blut und Alkohol legte sich immer schwerer über den Saal, und in Blys Kopf wurden die Gedanken immer zäher. Irgendwann versuchte sie, ihre Hand zwischen die scharfkantigen goldenen Blätter der Beerensträucher zu schieben, um etwas zu essen zu ergattern. Genau in dem Moment, als sie ein Törtchen mit Cremefüllung und einer Garnitur aus weißen Beeren hervorzog, stach ein goldener Dorn sie in den Finger. Blut tropfte auf die süße Köstlichkeit hinab. Bly biss dennoch hinein und aß um die befleckte Stelle herum. Als sie unschlüssig auf den letzten blutigen Bissen starrte, erschien wie aus dem Nichts eine Hand und schnappte ihn ihr weg. Der gut aussehende weißblonde Vampir vom Beginn des Balls stand vor ihr. Prinz Benedict hatte ihn Seraphine genannt.

»Ich hatte dir ja versprochen, dass ich wiederkomme«, sagte er und zwinkerte ihr zu, während er sich den Happen an seinen Eckzähnen vorbei in den Mund schob. Er kaute mit geschlossenen Augen. »Köstlich«, murmelte er und verschwand dann wieder zwischen den Partygästen.

»Ekelhaft«, lautete Emersons Kommentar.

Bly starrte auf ihren noch immer blutenden Finger hinunter, bevor sie den Blick hob, um dem sich entfernenden Vampir hinterherzusehen.

Der Zucker half. Das Rauschen in ihren Ohren hörte auf, und sie ertappte sich dabei, dass sie erneut nach Kerrigan Ausschau hielt. Er saß auf dem Brunnenrand und lachte, während er sein Glas unter das sprudelnde Blut hielt, ein paar Schlucke davon trank und es erneut auffüllte.

»Das kann nicht dein Ernst sein«, sagte Emerson, als hätte er ihren Gedanken erraten.

»Entspann dich«, erwiderte Bly. »Ich werde ihm nicht anbieten, von mir zu trinken. Aber er ist ein Prinz. Wir könnten einen Prinzen gebrauchen.«

Leicht taumelnd stand Kerrigan auf und nahm ein Glas voll dünnerer roter Flüssigkeit von einem Tablett, das gerade vorbeigetragen wurde. Er trank es in einem Zug leer. Das Essen mochte schwer zu erreichen sein, doch mit dem Wein waren die Vampire großzügig, und Kerrigan schien mehr davon zu konsumieren als die meisten anderen.

Er erwiderte Blys Blick und hob sein leer getrunkenes Glas in ihre Richtung.

»Er scheint ein Problem mit seinem Konsumverhalten zu haben«, sagte Emerson. »Und ich spreche nicht von Blut.«

Bly trat näher an Emerson heran. Sie wollte nicht, dass Seraphine und Sebastian mitbekamen, was sie miteinander redeten.

Niemand sollte hören, was sie ihrem alten Freund gleich anvertrauen würde – dass ihr ein Plan eingefallen war, während sie Kerrigan beobachtet hatte.

»Wir können uns das alles zunutze machen«, flüsterte sie. »Wir bewegen ihn dazu, uns während der Spiele zu unterstützen, und nachdem er uns geholfen hat, die gefangene Hexe hier abzuliefern, überfallen wir ihn und bringen ihn nach Havenwhile. Was auch immer du über ihn denkst, er scheint mich zu mögen. Ich glaube nicht, dass er darauf gefasst sein wird, dass wir ihn überwältigen. Er ist das perfekte Opfer.«

Kerrigan saß inzwischen wieder auf dem Brunnenrand, auf der einen Seite flankiert von einer jungen Frau und auf der anderen von einem jungen Mann. Beide hatten ihre Hände auf seine Oberschenkel gelegt. Vielleicht ein anderes Team, das sämtliche Register zog.

Aber Bly war ihnen gegenüber im Vorteil, denn Kerrigan und sie verband eine gemeinsame Geschichte, wie kurz diese auch sein mochte. Sie war sich sicher, dass er sich im Zweifelsfall für sie entscheiden würde. Alles, was Emerson und sie tun mussten, war, ihn bei der Prüfung zu beeindrucken.

Sie richtete ihre Aufmerksamkeit auf Emerson und sah ihn fragend an. Er machte einen frustrierten Eindruck – bestimmt, weil ihr Plan so gut war und er nicht selbst darauf gekommen war.

Irgendwo schlug eine Uhr Mitternacht. Am hinteren Ende des Ballsaals wurden knarrend die Türen zum Innenhof geöffnet, in dem sich der See befand. Bly fröstelte in der nächtlichen Brise, die hereinwehte.

Die Vampire klatschten und jubelten.

SIEBEN

Die menschlichen Ballgäste wurden dazu aufgefordert, in die Nacht hinauszutreten. Wie kleine Monde schwebten Leuchtkugeln über ihnen und tauchten alles in ein gespenstisches Licht. Die Wachen trieben die Prüfungsteilnehmer zu einem dichten Pulk zusammen, und Bly stieß immer wieder mit anderen Spielern zusammen und konnte sich kaum darauf konzentrieren, ihre Umgebung auf sich wirken zu lassen.

Auch die Vampire traten aus dem Ballsaal. Die meisten steuerten große Steinblöcke an, die halbkreisförmig zu einer Tribüne gestapelt waren. Andere stellten sich auf die Holzpodeste, die sich darüber erhoben. So hatten alle einen guten Blick aufs Geschehen.

Die Fläche zwischen den steinernen Tribünen bildete eine Art Arena, die Bly bereits auf dem Wandteppich im Ballsaal gesehen hatte. Es war dieselbe Arena, in der die Königinnen sich geweigert hatten, das Blut der jeweils anderen zu vergießen.

Bly drehte sich zu Emerson um, der zum Eingang der Arena starrte, durch den sie gerade gekommen waren. »Ich denke, wir sollten …«, begann er.

In diesem Moment wurden die Türen zugeschlagen, und das Kratzen von zugeschobenen Riegeln brachte Zuschauer wie Spieler zum Verstummen.

Emerson murmelte einen leisen Fluch, und Bly glaubte, Panik in seinem Blick aufflackern zu sehen. Ihre Hände begannen zu schwitzen. Wann hatte sie Emerson das letzte Mal panisch erlebt?

Nicht mehr seit jenem Tag im Wald, als ihm klar geworden war, dass Elise tot war.

Er packte Bly bei den Ellbogen und zog sie näher zu sich heran.

»Schaut sie euch an – zusammengepfercht wie Vieh!«, rief jemand von den Zuschauerrängen.

Gelächter breitete sich im Publikum aus, und Blys Nervosität stieg ins Unermessliche. Die Prüfung fühlte sich nicht mehr an, als ginge es hier nur darum, die eigenen Fähigkeiten zu demonstrieren und dadurch Unterstützer zu rekrutieren. Sie fühlte sich an wie eine Zurschaustellung menschlicher Schwäche zur Belustigung der anwesenden Vampire.

»Verteilt euch entlang der Ränder!«, befahl eine Stimme.

Für einen kurzen Moment bewegte sich niemand, dann begannen die Teilnehmer, zögernd nach links und rechts auszuschwärmen.

Bly ließ den Blick über die Arena schweifen, die sie nun zum ersten Mal vollständig sehen konnte. Grauen erfasste sie. Vor ihr erstreckte sich ein offenes, schräg abfallendes Gelände, an dessen hinterem Ende sie den See vermutete. Sie spürte die kalte Luft, die von ihm heraufzog, doch vor dem Ufer erhob sich eine Absperrung aus wild miteinander verflochtenen Ästen, deren Spitzen in den Nachthimmel aufragten. Bly kannte inzwischen die Vorliebe der Vampire für Mauern und Labyrinthe und vermutete, dass sich hinter der Barriere noch weitere befanden.

Eine ganz in Rot gekleidete Vampirfrau trat aus einer Lücke in der heckenähnlichen Absperrung. Ihre Haarspitzen waren so rot wie ihre Robe. Sie quittierte das Schweigen der wartenden Spieler mit einem Grinsen. »Jenseits dieser Barrieren werdet ihr eine Hexe vorfinden.« Die Stimme der Rotgekleideten war hoch und schrill. »Es ist eine große Ehre für euch Menschen, während der Spiele mit uns Vampiren zusammenzuarbeiten. Sie wird nur wenigen zuteil, und wir müssen uns zuvor vergewissern, dass ihr die Hexen ebenso hasst wie wir und stark und unbarmherzig genug seid für das ewige Leben. Kurzum, dass ihr in der Lage seid, einer oder eine von uns zu werden.« Sie wies mit der Hand auf die Vampire auf der Tribüne, von denen sich keiner auch nur im Entferntesten daran zu stören schien, was sich gleich hier ereignen würde.

Vielleicht lag es nur an der Dunkelheit, aber die Augen der Zuschauer wirkten allesamt schwarz vor Gier.

»Tötet die Hexe.« Ihr Befehl klang beiläufig, als handelte es sich um eine simple Bitte.

Einige der wartenden Teilnehmer schnappten nach Luft. Die Regeln der Spiele besagten, dass man sämtliche Gefangenen lebend überbringen musste, um den Preis gewinnen zu können. Das bedeutete natürlich noch lange nicht, dass sie auch danach am Leben blieben. Aber Mord ging eindeutig über das hinaus, womit die meisten Anwärter gerechnet hatten.

Die rot gekleidete Vampirin grinste erneut und genoss ganz offensichtlich das Unbehagen der Menschen darüber, dass sie selbst zu Mördern werden mussten, statt nur ihre Gefangenen abzuliefern und so zu tun, als hätten sie kein Blut an den Händen.

Bly spürte eine kalte Taubheit in sich, als wären ihre Knochen zu Eis gefroren. Seit dem Tod ihrer Schwester hatte sie immer wieder davon geträumt, sich an den Hexen zu rächen – Auge um Auge, Zahn um Zahn –, aber sie hatte geglaubt, mit ihren Rachegelüsten Elises Rettung zu gefährden, schließlich würde sie aufseiten der Hexen spielen müssen, um ihre Schwester von den Toten zu erwecken. Und nun sagten ihr die Vampire, dass sie eine Hexe töten sollte. Vielleicht war die Hexe jenseits der Barrieren sogar eine von jenen, die damals gelacht hatten, während sie Elises Körper auf die Trage gerollt hatten.

Diese grausamen Scheusale verdienten das gleiche Schicksal

wie ihre Schwester. Bly wusste, dass sie es schaffen würde, die Aufgabe der Vampirprüfung zu erfüllen.

Nicht, um Rache zu üben, sondern weil es der Preis war, den sie zahlen musste, um Elise und Emerson zu retten. Einen Preis, den sie nur wegen der Unbarmherzigkeit der Hexen begleichen musste. Sie hatten dafür gesorgt, dass Bly an diesen Spielen teilnahm, also mussten sie auch mit den Konsequenzen zurechtkommen.

»Die Person oder das Team, das es schafft, die Hexe zu töten, wird während der Spiele von Prinz Donovan persönlich unterstützt, dessen Team im vorigen Jahr gewonnen hat.«

Bly hob ruckartig den Kopf und folgte den Blicken der anderen Teilnehmer zu dem Vampir mit den leuchtend roten Haaren. Aber sie sah nur flüchtig in sein selbstgefälliges Gesicht, denn neben ihm stand Kerrigan, der sie nicht aus den Augen ließ. Die Wachheit seines Ausdrucks schien nicht zu dem stolpernden, flirtenden Trunkenbold zu passen, der er noch vor wenigen Minuten gewesen war. Er gab nicht zu erkennen, ob er bemerkt hatte, dass sie in seine Richtung blickte.

»Ihr könnt beginnen«, sagte die Vampirfrau und machte Anstalten, sich zum Publikum zu gesellen. Niemand rührte sich. Sie hielt inne und fügte hinzu: »Ach ja: Ihr dürft jede Waffe verwenden, die ihr in die Finger bekommt. Und wenn ihr euch dafür gegenseitig umbringen müsst, bitte sehr. Dagegen ist nicht das Geringste einzuwenden.« Ihre Zähne blitzten auf. »Jede noch so kleine Wunde bedeutet allerdings, dass ihr ausscheidet. Eure Teammitglieder dürfen weiterkämpfen.«

Sie stolzierte davon, während eine Horde dunkelgrau gekleideter Vampire das Gelände betrat. Metall klirrte, und als die Graugekleideten wieder abzogen, hatten sie eine Spur aus Schwertern und Dolchen hinterlassen.

Noch immer bewegte sich niemand vom Fleck.

»Bleib in meiner Nähe«, raunte Emerson.

»Du willst die Hexe töten?« Bly wusste, dass sie selbst dazu in der Lage war. Bei Emerson hatte sie nicht mit Rachegelüsten gerechnet.

»Natürlich nicht.« Seine Stimme troff vor Geringschätzung. »Aber ich werde jeden umbringen, der auch nur versucht, dich zu verletzen. Wenn wir es schaffen, kein Blut auf dem Feld zu lassen, stechen wir vielleicht auf diese Weise heraus.« Er beäugte den Rest der reglos dastehenden Menschen. Dann wanderte sein Blick zu den Vampiren. »Wir sollten auf jeden Fall nicht hier stehen bleiben. Ich will nicht wissen, was mit Teilnehmern passiert, die sich weigern, bei der Prüfung mitzumachen.«

Bly spähte zu den gezogenen Schwertern der Wachen, die hinter ihnen standen. Sie waren jetzt zahlreicher, hatten eine Reihe gebildet zwischen Teilnehmern und Zuschauern.

»Lass uns versuchen, es bis zur Hexe zu schaffen«, schlug Bly vor. »Wenn wir die Ersten sind, wirft das vielleicht ein gutes Licht auf uns, auch wenn wir sie nicht töten.«

Emerson nickte. Sie erwähnte nicht, dass sie durchaus vorhatte, die Hexe umzubringen. Davon musste er nichts wissen. Sie konnte es nicht gebrauchen, dass er sie belehrte. Bly hasste die Hexen, und sie wollte unbedingt gewinnen.

Es herrschte absolute Stille in der Arena, bis ein Mädchen mit leuchtend blonden, zu einem straffen Knoten gebundenen Haaren in die Mitte marschierte und nach einem langen Dolch griff, den sie geschickt in der Hand herumwirbelte, um ihn zu testen. Hinter ihr trat ein großer junger Mann mit hellbraunen Haaren und muskulösen Armen heran, schnappte sich ein Schwert vom Boden und schwang es in einem routinierten Bogen durch die Luft. Er drehte sich um und grinste den anderen Teilnehmern zu.

Im Vampirpublikum wurde gejohlt. Dieses Zweierteam war offensichtlich gut vorbereitet. Nicht alle nahmen aus Verzweiflung an den Spielen teil. Manche Eltern aus dem Ödland ermunterten ihre Kinder dazu, nach mehr Macht zu streben, und trainierten sie von klein auf.

Die beiden jungen Leute setzten sich in Bewegung und hielten auf die Lücke in der ersten Barriere zu. Für einen kurzen Moment glaubte Bly, dass niemand sie angreifen würde, doch dann hob ein älterer Mann mit Bart und ausgezehrtem Gesicht ein Schwert vom Boden auf. Seine Muskeln wölbten sich, als er es vor sich ausstreckte, und unter seinem hochgerutschten Ärmel kamen die schwarzen Adern auf seinem Arm zum Vorschein. Die meisten Teilnehmer waren jünger, es waren Männer und Frauen, die noch nach einem besseren Leben strebten und ihr Schicksal im Ödland nicht akzeptieren wollten. Aber manchmal blieb auch Älteren nichts anderes übrig, als das Wagnis einzugehen. Das Leben ließ ihnen keine andere Wahl.

Weitere Spieler begannen zögernd, sich auf den See zuzubewegen. Die meisten von ihnen wirkten unbeholfen mit den von ihnen ausgewählten Waffen. Einige wenige hantierten geübter.

»Gehen wir«, drängte Emerson. »Wir müssen uns auch eine Waffe sichern – schon allein für den Fall, dass uns jemand angreift.«

Bly folgte ihm, und sie erreichten als Erstes ein Schwert. Verglichen mit den Waffen, die Emerson und sein Vater herstellten, war es grob und stumpf, aber Emerson schnappte es sich dennoch und wog es mühelos in der Hand.

Er wies mit dem Kinn auf einen kleinen Dolch zur Linken und schob sich näher an ihn heran. Bly und er erreichten ihn genau in dem Moment, als ein Junge, der einige Jahre jünger zu sein schien, danach greifen wollte.

Emerson streckte sein Schwert über dem Dolch aus, und der Junge hielt mitten in der Bewegung inne und musterte prüfend die größere Waffe und die Hand, die sie hielt. Er schien abzuschätzen, ob Emerson sie wirklich einsetzen würde, und entschloss sich dazu, reglos zu verharren.

»Bly«, sagte Emerson.

Sie kniete sich auf den Boden und hob den Dolch auf. Obwohl sie mit dem Messer geübt hatte, das Emerson ihr geschenkt hatte, und obwohl sie es fast täglich an ihrem Rock trug, fühlte sich das kalte Metall ungewohnt an, zu schwer, zu echt.

Der Junge saugte seine ohnehin schon hohlen Wangen noch weiter ein, und ihr wurde schwer ums Herz. Aber bei diesem Wettkampf war Mitleid fehl am Platz. Aus irgendeinem Grund empfand Bly es dennoch. Der Junge war genau wie sie und Emerson in einer Welt voller Elend gefangen. Sie öffnete den Mund, um ihm zu raten, bei ihnen zu bleiben.

Noch bevor sie etwas sagen konnte, hörte sie Metall gegen Metall schlagen. Sie drehte sich in Richtung des Geräuschs um, und auch Emerson wandte leicht den Oberkörper, behielt sein Schwert jedoch auf den Jungen gerichtet.

Der Bärtige und der junge Mann mit den hellbraunen Haaren kreuzten die Klingen. Für einen kurzen Moment sah es so aus, als genügten die Verzweiflung und die harten Muskeln des alten Mannes, um den Sieg davonzutragen. Aber dann tauchte das blonde Mädchen neben den Kämpfenden auf und stieß dem Bärtigen ihren langen Dolch bis zum Griff in die Brust.

Das allgemeine Gerangel um Waffen geriet ins Stocken.

Die Klinge kam rot und glänzend wieder zum Vorschein, und der alte Mann fiel mit einem dumpfen Schlag zu Boden. Das Geräusch kam Bly zu leise vor für die Wucht, mit der sein Kopf aufprallte.

Überhaupt war es zu still in der Arena. Dann brach Chaos aus. Die restlichen Spieler rannten los, einige von ihnen scheinbar völlig gedankenlos. Sie grapschten die verbliebenen Waffen aus dem Gras und schwangen sie wild in alle Richtungen, während sie auf die Öffnung in der Barriere zurannten. Die Vampirwachen rückten immer weiter in Richtung der wenigen Teilnehmer vor, die noch immer am Rand verharrten, zwangen sie mit den Spitzen ihrer Schwerter ins Getümmel hinein. Irgendetwas krallte sich an Blys Arm fest, und sie wirbelte herum und entdeckte den Jungen, dem sie gerade noch hatte helfen wollen. Er kratzte sie fast blutig, während er an den Dolch in ihrer Hand zu gelangen versuchte.

Bly schrie auf, und Emerson drehte sich um und schwang sein Schwert, noch bevor er gesehen hatte, wer sie angriff. Die Klinge erwischte den Jungen am Arm, und er brüllte laut, bevor er Bly losließ. Emerson wich erschüttert zurück. Der Junge wimmerte und griff mit der unversehrten Hand nach seinem blutigen Ärmel. Ein grau gekleideter Vampir erschien wie aus dem Nichts, packte ihn beim Kragen und zog ihn davon.

In der Arena herrschte inzwischen ein heilloses Durcheinander. Einige Menschen versuchten, zurück zur Tür zu rennen, aber die Wachen stellten sich ihnen mit ihren Schwertern entgegen, und nicht wenige trugen blutende Wunden davon, woraufhin auch sie beiseitegeschleift wurden. Über allem hing schwer der Gestank von Blut.

»Wir müssen uns nach vorn bewegen!«, rief Bly, um die Schmerzensschreie zu übertönen.

»Dann komm!« Emerson nahm sie bei der Hand und streckte gleichzeitig sein Schwert nach vorn.

Während sie sich auf diese Weise voranschoben, umklammerte Bly den Griff ihres Dolchs so fest, dass sie ihre Finger kaum noch spürte. Das Teilnehmerfeld dünnte sich aus, weil immer mehr

Graugekleidete wie Geister herbeihuschten und die Verletzten davontrugen.

Und die Toten. Bly erstarrte, als sie eine reglose junge Frau ausgestreckt auf dem Boden liegen sah. Sie hatte die gleiche Haarfarbe wie Elise. Blut floss aus einer offenen Wunde an ihrem Hals und bildete eine Lache unter ihrem Körper. Ihre Augen waren offen. Braune Augen. Hatten sie denselben Farbton wie die ihrer Schwester? Bly konnte sich nicht erinnern.

Die Vergangenheit drohte sie zu verschlucken. Auch wenn Elises Augenfarbe in diesem Moment nicht relevant war, konnte Bly an nichts anderes mehr denken. *Geliebte Schwester.* Ihre Augen waren heller gewesen als die der toten jungen Frau, oder?

Bly war hier, um Elise und Emerson vor dem Tod zu retten, und was tat sie? Sie versteckte sich hinter Emersons Rücken. Ihr Verhalten sorgte dafür, dass sie in den Augen ihrer Konkurrenz schwach wirkte. Dass sie sich schwach *fühlte*. So konnte sie ihre Fähigkeiten nicht beweisen. Sie ließ Emerson vorausgehen, weil er körperlich stärker war, dabei war Muskelkraft nicht das Einzige, was die Vampire wertschätzten. Bly besaß ein Talent, das die anderen nicht vorzuweisen hatten.

Und mit ihm konnte sie die Hexe als Erste erreichen.

Nachdem sie tief Luft geholt hatte, schoss sie hinter Emerson hervor und rannte los. Er rief ihren Namen, doch es blieb keine Zeit, ihn in ihren Plan einzuweihen. Zumal er argumentiert hätte, dass es sicherer sei, wenn sie an seiner Seite blieb. Damit hätte er sie nur unnötig aufgehalten.

Bly ließ zu, dass die Umgebung um sie herum verschwamm. Die Waffen, die sie aufzuschlitzen versuchten, waren Äste, die der Wind in ihre Richtung trieb, die leblosen Körper, über die sie sprang, umgefallene Baumstämme. Zumindest redete sie sich das ein. Tief in ihrem Inneren schrie sie vor Entsetzen.

Schnell hatte sie die erste Absperrung erreicht und mied die Lücke, die einige Meter entfernt lag und von mehreren Teilnehmern verstopft war, die alle versuchten, sich zuerst hindurchzuzwängen. Nachdem Bly hastig die von Seraphine ausgewählten Tanzschuhe abgestreift hatte, beugte sie sich nach unten und riss die untere Hälfte ihres Rocks ab. Erst jetzt wurde ihr klar, welchen Gefallen ihr Seraphine mit dieser Robe getan hatte. Während die anderen Frauen noch versuchten, ihre schweren Ballkleider mithilfe ihrer Schwerter und Dolche zu kürzen, war sie bereits frei und ungehindert.

Bly klemmte sich ihren Dolch zwischen die Zähne und krallte ihre Hände um einige höhergelegene Zweige, um sich emporzuziehen. Ihre Füße fanden Halt auf einem breiten Ast, und schon kletterte sie an dem Gestrüpp nach oben, das die Barriere bildete, mit der Leichtigkeit eines Mädchens, das seine Kindheit damit verbracht hatte, in Baumkronen zu sitzen und zu träumen. Alle hatten geglaubt, sie hätte nur ihre Zeit vergeudet, aber jetzt erwies sich ihr damaliges Verhalten als großer Vorteil.

Die Absperrung wankte, weil andere versuchten, ihre Methode nachzuahmen. Zum Glück war Bly bereits oben angekommen, wo angespitzte Zweige eine zerklüftete Linie bildeten.

Nicht bluten. Diese Worte wiederholte sie in Gedanken immer wieder, während sie ein Bein hinüberschwang. Statt auf der anderen Seite rückwärts wieder hinunterzuklettern, stieß sie sich ab und sprang. Mit gebeugten Knien federte sie den Aufprall ab. Über ihr ertönte ein Schmerzensschrei, und sie warf einen Blick über die Schulter nach oben, obwohl sie wusste, dass das unklug war. Ein junger Mann, der versucht hatte, genau wie sie am oberen Ende über die Barriere zu steigen, hielt sich den Oberschenkel, in den sich eine Astspitze gebohrt hatte. Bly überlegte, ob sie ihm helfen sollte, doch die grau gekleideten Vampire waren bereits bei ihm und zogen ihn herunter. Sie zwang sich, nach vorn zu blicken.

Die Öffnung der zweiten Barriere lag direkt vor ihr, und sie rannte, ohne zu zögern, hindurch. Dann erhob sich die dritte Barriere vor ihr, und sie eilte an ihr entlang. Da sie mit einigem Abstand vorne lag, war es nicht nötig, sie kletternd zu überwinden. Nachdem sie die Lücke gefunden hatte, sprintete sie hindurch.

Waren das etwa Schritte, die sie hinter sich hörte?

Sie versuchte, das Geräusch zu ignorieren, doch es dröhnte in ihrem Inneren und zwang ihren Herzschlag, sich an seinen Rhythmus anzupassen.

Bly sah eine Barriere ohne Lücke vor sich und lächelte erleichtert. Die fehlende Öffnung würde die meisten anderen Teilnehmer aufhalten, sie jedoch nicht. Sie erklomm mühelos die Äste, sprang ab und landete mit einem Platschen auf der anderen Seite.

Die Kälte des Wassers brannte an ihrer nackten Haut, aber sie bemerkte es kaum. Sich vorzunehmen, die Hexe am Ende des Hindernisparcours zu töten, war eine Sache. Sie vor sich zu sehen, eine ganz andere.

Die junge Frau stand hüfttief im Wasser, die Hände hinter dem Rücken an einen Pfahl gefesselt. Über einer fließenden beigefarbenen Bluse trug sie eine zartgrüne Weste, und ihr dunkelbrauner Rock wogte wie Schlamm um sie herum. Sie stand ruhig und gelassen da, mit erhobenem Kinn, als wäre ihr Kampfgeist schon vor längerer Zeit würdevollem Gleichmut gewichen.

Bly hasste Hexen, aber diese junge Frau sah so hilflos aus, dass sich ihr Bauch zusammenkrampfte. Die Kälte der Luft hatte sich auf dem See verstärkt. Oder Bly empfand es nur so, weil das Gewässer in Kürze Zeuge eines Mords werden würde.

Sie stapfte einige Schritte auf die Hexe zu, wobei ihr das Wasser bis zu den Knien hinaufschwappte. In ihren Ohren rauschte es, als würde der See nicht gespenstisch ruhig daliegen, sondern tosen und wüten.

Die blauen Augen der Hexe richteten sich auf Bly, als sie den Dolch aus ihrem Mund nahm.

Sie wirkte so jung. Ihre Haare hatten die gleiche Farbe wie die von Elise. Bly hatte keine Ahnung, warum sie ausgerechnet jetzt daran dachte. Was spielte es für eine Rolle? Ihr gegenüber stand eine Hexe, vielleicht sogar eine der jungen Frauen, die im Wald über Elises leblosen Körper gelacht hatten. Sie versuchte, in der jungen Frau all das zu sehen, was sie hasste.

Stattdessen nahm sie nur das Aufflackern von Furcht in ihrem Blick wahr, das Verschwinden ihres gelassenen Auftretens. Sie hatte noch nie Angst bei einer Hexe erlebt. Ihr Gesicht wirkte dadurch so … menschlich.

Etwas klatschte hinter Bly ins Wasser, und sie fuhr herum.

Ein Arm schoss auf sie zu, mit einem Dolch, der auf ihren Hals gerichtet war. Bly wich gerade noch rechtzeitig aus. Die junge blonde Frau, die vorhin den alten Mann getötet hatte, geriet ins Straucheln. Bly nutzte die Gelegenheit und stieß ihr den Ellbogen in die Seite. Ihre Angreiferin fiel platschend ins Wasser und rappelte sich wieder auf, suchte kniend nach ihrer Waffe, die ihr offenbar bei dem Sturz abhandengekommen war.

Bly ging unterdessen weiter auf die Hexe zu, bis sie sich von Angesicht zu Angesicht gegenüberstanden. Sie hätte sich ihren Tod wünschen müssen, hätte begierig darauf sein müssen, das Blut einer verhassten Hexe zu vergießen. Stattdessen wurde ihr mit einem Mal bewusst, dass sie sich die Rache für den Tod ihrer Schwester nicht so dringend wünschte, wie sie gedacht hatte. Sie wollte nicht genauso gnadenlos werden wie die Hexen und Vampire.

Sie wollte nur ihre Schwester zurückhaben.

Aber um das zu erreichen, würde sie ihre Skrupel überwinden müssen.

»Mir wäre ein Dolchstoß ins Herz lieber als eine aufgeschlitzte Kehle«, sagte die Hexe unvermittelt. Ihre Stimme war leise und lieblich, und Blys Dolch zitterte in ihren Fingern.

Sie musste es tun – für Elise. Als ihre Gedanken erneut zu ihrer Schwester zurückwanderten, vernahm sie plötzlich deutlich Elises Stimme, die sie anflehte, es sein zu lassen.

Bly keuchte. »Ich werde dich nicht umbringen …«

Eine Klinge schlitzte den zarten weißen Hals der Hexe auf.

Blys Dolch fiel ihr aus den Händen, und sie taumelte rückwärts. Die Hexe gab einen gurgelnden Laut von sich, während das Blut aus ihrem Hals schoss und aus ihrem Mund sprudelte. Eine schreckliche Art, zu sterben.

Bly konnte den Blick nicht von ihr abwenden.

Die triefnasse Blonde drehte sich zu ihr um und grinste triumphierend. Das Blut der Hexe glänzte noch an ihrem Dolch.

Erst als Bly von einem grau gekleideten Vampir gepackt wurde, merkte sie, dass ihr Arm brannte. Die junge Frau hatte auch sie verletzt, doch Bly war zu sehr in den Anblick der sterbenden Hexe vertieft gewesen, um es zu bemerken.

Sie wurde in einen der Holzpferche geworfen, die sich entlang der Arena reihten. Neben ihr drängten sich weitere blutende Menschen wie Kühe, die darauf warteten, geschlachtet zu werden. Auch ein paar Vampire waren anwesend, doch Bly machte sich nicht die Mühe, darüber nachzudenken, was sie in den Pferchen wollten. Stattdessen schob sie sich durch das Gedränge zum Holzzaun, um nach Emerson Ausschau zu halten.

Sie konnte ihn nirgends entdecken.

»Möchtest du, dass ich dir das heile?« Ein Finger tippte gegen die Hand, die Bly auf ihre Wunde drückte.

Sie fuhr herum und sah sich einem hübschen Vampirjungen mit kurzen Haaren und großen, schräg stehenden Augen gegenüber. Bly spürte das heiße Blut unter ihrer Hand und wünschte sich sehnlich, ihr Ekel und ihre Schmerzen würden verschwinden. Aber das hinterhältige Lächeln des Vampirjungen hielt sie davon ab, Ja zu sagen.

Sie sah sich im Pferch um und beobachtete, wie ein weiterer Vampir an der Halswunde eines Teilnehmers leckte, sich selbst in die Lippe biss und mithilfe des Vampirbluts die Heilung vollzog.

Ihr wurde schlecht.

»Voraussetzung ist, dass ich dich trinken lasse, oder?«, fragte sie.

»Nichts ist umsonst.« Die Eckzähne des Vampirs blitzten auf.

Blut quoll zwischen Blys Fingern hervor, die sie noch immer krampfhaft auf die Wunde presste. Sie wusste besser als jede andere, dass man für alles im Leben einen Preis zu bezahlen hatte und dass dieser Preis nur selten fair war. Ein wenig Blut für die Heilung einer gefährlich tiefen Wunde war eigentlich nicht zu viel verlangt. Zumal auch viele andere Menschen in diesen Handel einwilligten.

»Lass nur. Ich kümmere mich selbst darum.« Die Stimme war ihr vertraut, und Bly stellte überrascht fest, dass bei ihrem Klang die Anspannung in ihren Schultern ein wenig nachließ. Der hübsche junge Vampir suchte das Weite, und Bly drehte sich um.

Kerrigan blickte ernst auf ihren Arm herunter. Er stand groß und aufrecht vor ihr, die Hände hinter dem Rücken verschränkt.

»Wenigstens bist du nicht tot«, sagte er.

Diese Aussage überraschte Bly. Wo der andere Vampir nur verlockendes Blut gesehen hatte, schien Kerrigan die Verletzung wahrzunehmen und sich Sorgen um sie zu machen.

»Soll ich die Wunde für dich heilen?«

Sie zögerte. Beim Gedanken daran, dass er sich zu ihrem Arm hinunterbeugte und seinen Mund auf ihre Haut presste, wurde ihr schwindelig. Trotzdem malte sie es sich in allen Details aus.

»Du musst nicht zustimmen«, stellte er klar. »Allerdings wäre ich besonders vorsichtig, versprochen.« Seine Augen funkelten jetzt vor Belustigung.

Bly wäre sich schwach und feige vorgekommen, wenn sie Nein gesagt hätte. Also nickte sie.

Kerrigan streckte so langsam die Hand aus, als wäre sie ein verletztes Rehkitz – oder ein Mädchen, das zwischen dornenbesetzten Beerensträuchern in der Falle saß und gerettet werden wollte.

Denn genau das war sie. Sie hatte geglaubt, durch die Teilnahme an den Spielen neue Kräfte zu entwickeln, und doch brauchte sie Kerrigans Hilfe mehr denn je.

Er löste sanft ihre Hand von ihrem blutenden Arm, und als er die Wunde berührte, hätte sie am liebsten gequält das Gesicht verzogen. Stattdessen atmete sie tief ein und hielt die Luft an.

Nachdem er ihre Verletzung inspiziert hatte, blickte er prüfend in ihr Gesicht. Sie wandte sich ab.

Ihr Arm pochte vor Schmerz, als er mit dem Finger über ihr geschundenes Fleisch fuhr, und sämtliche Muskeln in ihrem Körper spannten sich an.

»Schon vorbei«, sagte er.

Ihr Kopf schoss zu ihm herum. Er starrte wieder auf sie herunter, die Arme hinter dem Rücken.

»Du hast kein Blut von mir getrunken?«

Er hob eine Augenbraue. Sein Mundwinkel zuckte. »Glaube mir – ich habe durchaus darüber nachgedacht. Betrachte meinen Verzicht als einmaliges Geschenk. Solltest du noch mal vor meiner Nase bluten, bin ich vielleicht nicht mehr so großzügig.« Seine Augen wurden dunkler, und sein Blick wanderte zu ihrem Mund.

Bly leckte sich über die Lippen. Hatte sie sich vorhin im Eifer des Gefechts gebissen und nichts davon mitbekommen? Sie schmeckte kein Blut.

»Aber du könntest mir eine Frage beantworten«, sagte er.

Sie zögerte zunächst und nickte dann, weil sie das Gefühl hatte, ihm etwas schuldig zu sein. Nicht nur für das Heilen ihrer Wunde.

»Warum hast du die Hexe nicht getötet?«

»Ich … ich konnte einfach nicht.« Eine bessere Erklärung hatte sie ihm nicht zu bieten. Bly verstand selbst nicht genau, was sie zurückgehalten hatte, war jedoch erleichtert. Ihre Skrupel machten sie menschlich.

Kerrigan sah ihr tief in die Augen, als suchte er darin nach einer überzeugenderen Antwort. Sie rechnete damit, dass er weiter nachhakte, doch was auch immer er in ihrem Gesicht entdeckt hatte, es schien ihn zufriedenzustellen.

Sie kam sich plötzlich nackt vor.

Und dann wandte er sich einfach von ihr ab und schob sich durch die anderen Teilnehmer, die ihn anstarrten wie eine Trophäe. Wahrscheinlich überlegten sie schon, wie sie ihn überwältigen und als Gefangenen in die Hexenstadt bringen könnten.

Bly wollte ihm hinterherlaufen und sich bei ihm bedanken. Sie musste jede Chance ergreifen, ihn davon zu überzeugen, Emerson und sie als Team auszuwählen, aber in diesem Moment wurde der Pferch geöffnet und die Menschen wieder hinaus in die Arena getrieben. Einige versuchten, sich zu widersetzen, und wurden kurzerhand hinausgeschleift.

»Seid keine Feiglinge!«, brüllte jemand von der Tribüne.

»Ihr könnt keine Vampire werden, wenn ihr Angst vor ein bisschen Blut habt!«, fügte ein anderer Zuschauer hinzu.

Das Publikum lachte.

Doch es war nicht nur ein bisschen Blut, der Boden war mit Lachen übersät. Man konnte ihnen kaum ausweichen. Bly hatte ihre Schuhe während der Prüfung ausgezogen, und als sie nun die glitschige Feuchtigkeit an ihren Füßen spürte, hätte sie sich am liebsten übergeben.

»Stellt euch zu Teams auf!« Die rot gekleidete Vampirin, deren Worte die Prüfung eingeleitet hatten, stand wieder vor ihnen. »Die spielbereiten Vampire werden gleich an euch entlanggehen und die Person oder das Team auswählen, das sie während der Spiele unterstützen möchten.«

Bly sah sich mit bis zum Hals klopfendem Herzen nach Emerson um und stieß beinahe gegen ihn. Er hatte sie aufgespürt, genau wie an dem Tag, als Elise gestorben war, und wie nach ihrer Begegnung mit den Vampiren im Wald.

Er würde sie immer aufspüren, davon war sie überzeugt.

Besorgt musterte sie ihn. Ein Schnitt zog sich an seinem Hals entlang. Er war unbehandelt.

»Wie geht es deinem Arm?«, fragte er.

Sie folgte seinem Blick zu dem Blut, das noch immer ihre Haut bedeckte, wohl wissend, dass die Wunde darunter verschwunden war.

»Gut.«

Er betrachtete die Stelle genauer und runzelte die Stirn. Bly öffnete den Mund, um ihm zu versichern, dass sie kein Blut im Tausch für die Heilung gegeben hatte. Obwohl … dass Kerrigan ihr einfach so geholfen hatte, erschien ihr fast noch schlimmer.

»Es geht mir gut«, wiederholte sie daher nur.

Emerson schien etwas dazu sagen zu wollen, aber in diesem

Moment schritt der erste Unterstützer an der Teilnehmerreihe entlang. Es war Donovan. Bly hätte am liebsten den Kopf eingezogen, als er auf ihrer Höhe war. Er sah niemanden an, blieb lediglich kurz vor dem Gewinnerteam stehen. »Kommt«, befahl er. Der junge Mann und die Blonde mit dem Dutt tauschten einen flüchtigen Blick, bevor sie ihm folgten.

Ein großer Vampir mit schmalem Gesicht und dunkelbrauner Haut war als Nächster an der Reihe. Er war in leuchtendes Violett und Schwarz gekleidet und bewegte sich, als würde ihm selbst die Luft gehören, die er atmete. Auch er musste ein hochrangiger Adliger sein. Als er an Bly und Emerson vorbeikam, wurde er nicht einmal langsamer. Stattdessen entschied er sich für einen älteren Mann mit Blutspritzern im Gesicht.

Den nächsten Unterstützer erkannte Bly sofort wieder. Es war Benedict, der gut aussehende Blonde, der ihr blutiges Tortenstück gegessen hatte. Mit breitem Lächeln schlenderte er die Reihe entlang. Nur ein einziges Mal gefror ihm das Grinsen auf dem Gesicht, nämlich, als er Bly erreichte. Seine Schritte verlangsamten sich, und er sah sie mit gerunzelter Stirn an, als würde er sie nun ernster nehmen als zuvor im Ballsaal.

»Wie ist dein Name?«, fragte er.

»Bly.« Sie straffte die Schultern.

»Interessant …«

Sie hielt hoffnungsvoll die Luft an. Wahrscheinlich würde er mehr von ihr erwarten als nur ihre Kletter- und Kampfkünste. Es war ihr gleichgültig, sie würde schon irgendwie mit seinen Ansprüchen zurechtkommen.

»Du hättest sie abmurksen sollen«, knurrte er. »Aber anscheinend hast du nicht das Zeug dazu.« Sein großspuriges Grinsen kehrte zurück. »Auch wenn du wirklich vorzüglich schmeckst.«

Er ging weiter und blieb vor einer Dreiergruppe stehen, die

Bly bisher noch nicht bemerkt hatte. Die strammen Muskeln der Männer wirkten Respekt einflößend. Benedict bedeutete ihnen, ihm zu folgen. »Mögen die Spiele beginnen, Kameraden!«, sagte er gut gelaunt.

Das Publikum reagierte mit lautem Gemurmel auf seine Wahl. Dann war plötzlich vereinzeltes Lachen zu hören.

Kerrigan war nach vorn getreten.

Einige Vampire buhten leise, und Bly kam nicht umhin, sich zu fragen, was er getan hatte, um ihre Geringschätzung zu verdienen. Jade hatte ihn einen Verräter genannt. Sie schien ihn zu hassen, aber dass er trotz allem Macht besaß, war nicht zu übersehen.

Die Reaktion des Publikums schien ihn nicht zu stören. Im Gegenteil, er drehte sich zur Tribüne um und zwinkerte. Das Gelächter wurde lauter, dann erstarb es, als sein Gesicht ernst wurde. Seraphine hatte Bly vorgewarnt: Er nahm normalerweise nicht an den Spielen teil, tat nur so, als hätte er Interesse. Offenbar handelte es sich um einen internen Witz unter den Vampiren.

Aber vielleicht machte er dieses Jahr ja eine Ausnahme. Schließlich hatte er ihr bereits drei Mal geholfen.

Mit großen Schritten ging er an der Reihe entlang, betrachtete die Teilnehmer aus dem Augenwinkel, ohne auch nur den Kopf zu wenden. Es sah aus, als würde er Bly passieren, ohne stehen zu bleiben.

Doch dann machte er wieder einen Schritt zurück und drehte den Kopf zu ihr. Ihr Herz klopfte ein wenig schneller vor Hoffnung. Sein Blick fiel zunächst auf ihren Arm, den er vorhin geheilt hatte, bevor er ihr prüfend ins Gesicht sah. Er runzelte die Stirn. Dann setzte er seinen Weg fort und marschierte energisch davon.

»Was für ein Frauenheld!«, rief ein Vampir.

Die Menge kicherte.

Bly taumelte nach vorn, wollte Kerrigan hinterherrennen und ihn anflehen, ihr Unterstützer zu werden, doch Emerson packte ihr Handgelenk und zwang sie, an seiner Seite zu bleiben.

»Lass ihn«, murmelte er, nachdem er sich zu ihr heruntergebeugt hatte. »Es gibt noch mehr Unterstützer. Falls wir leer ausgehen, bleibt uns immer noch die Hexenprüfung.«

Sie nahm vage Emersons Mund an ihrem Ohr wahr, dachte flüchtig daran, wie sie früher erschauert wäre, wenn sie seinen Atem an ihrer Haut gespürt hätte. Jetzt konnte sie sich nur auf eins konzentrieren: Kerrigan, wie er von ihr wegging. Genau wie gestern im Wald sah er sich nicht nach ihr um.

Weitere Vampire gingen an der Reihe entlang, und auch wenn einige von ihnen zögernd vor Emerson verharrten, wandten sie sich wieder ab, sobald ihr Blick auf Bly fiel. *Sie* war die Schwachstelle in ihrem Team – diejenige, die hätte töten können und es nicht getan hatte. Es wäre besser gewesen, wenn sie nie bei der Hexe angekommen wäre. Die Vampire hatten nur Geringschätzung für Milde und Gnade übrig, das war offensichtlich.

Auf die Hexenprüfung hatte sich Bly hingegen eingehend vorbereitet. Dabei würden ihr endlich die im vergangenen Jahr erworbenen Fähigkeiten nützlich sein. Emerson hatte recht, ihr Plan konnte immer noch funktionieren. Zuerst mussten sie eine Unterstützerin unter den Hexen finden und anschließend einen Vampir fangen, um ihn nach Havenwhile zu bringen und Elise von den Toten zurückzuholen.

Dann würden sie die Hexe verraten und sie nach Vagaris verschleppen, um auch Emerson zu retten. Dafür brauchten sie Kerrigan und seine falsche Freundlichkeit nicht.

ACHT

Die üppig grüne Hecke, die Havenwhile umgab, war ungewöhnlich hoch und dicht und von Winden überwuchert, deren violette Blüten sich der frühen Morgensonne zuwandten. Bly fand es abstoßend, wie freundlich und einladend die Hexenstadt auf den ersten Blick aussah. Die düstere Steinmauer von Vagaris mit ihrem gezackten schwarzen Tor warnte Besucher wenigstens frühzeitig davor, dass man sich in ihrem Inneren in Gefahr begab. Der Eingang zur Hexenstadt strahlte hingegen Fröhlichkeit und Helligkeit aus.

Wie heuchlerisch, dachte Bly.

Die Hecke wurde an mehreren Stellen von kleinen Gartentoren durchbrochen, die aus Bärentraubenästen bestanden. Diese waren von Rinde befreit und zu wilden Mustern verflochten worden, bevor sie am oberen Ende der Tore einen Bogen bildeten. Bärentraubenrinde konnte einen Hexenzauber enthalten, der das Gedächtnis auslöschte. Vielleicht stellten diese anmutigen Türen also sehr wohl eine Warnung dar. Sie waren geschlossen, anders als das vergitterte Tor der Vampirstadt, das sie offen willkommen geheißen hatte.

Emerson spürte Blys Unbehagen. Sein Blick glitt immer wieder in ihre Richtung. Auch andere Teilnehmer waren inzwischen aus dem Wald getreten und verharrten zögernd vor den Eingängen. Alle wussten, dass man Pflanzen und Gegenstände aus der Hexenwelt besser nicht berührte – auch wenn niemand diese Erfahrung auf so schmerzhafte Weise gemacht hatte wie Bly.

»Ich denke, wir sollten einfach durchgehen«, sagte sie zu Emerson. Normalerweise standen hier Wachen, die überprüften, ob alle, die die Stadt betreten wollten, über das Armband verfügten, das bewies, dass sie für die Hexen arbeiteten. Doch während der Spiele waren hier angeblich alle Menschen willkommen.

Dennoch schreckte Bly davor zurück, das Bärentraubenholz zu berühren. Fröstelnd überwand sie sich schließlich und legte ihre Hand mangels einer Türklinke um eine Astwindung. Sie war so glatt und makellos, dass sie sich tatsächlich wie verzaubert anfühlte. Bly zog daran, während ihr die anderen Teilnehmer vom Waldrand aus aufmerksam zusahen.

Das Tor ließ sich mühelos öffnen.

Der schwierige Teil bestand für Bly nun darin, die verhasste Hexenstadt auch tatsächlich zu betreten. Emerson passierte das Tor als Erster und drehte sich dann abwartend zu ihr um. Er bedrängte sie nicht, stand einfach nur da, mit ruhigem, geduldigem Blick. Während des Fußmarschs nach Havenwhile war ihr die Stimmung zwischen ihnen ein wenig gelöster erschienen. Sie sprachen immer noch nicht viel miteinander, aber sie hatten den Großteil der Strecke Seite an Seite zurückgelegt, und ihr Schweigen fühlte sich nicht mehr so drückend an. Bly hatte keine Worte gebraucht, um zu bemerken, dass Emerson fror, und sie hatte ihm stumm einen ihrer Wärmezauber überlassen. Sie brauchte ihn auch nicht darum zu bitten, sie aus dem Wasserschlauch trinken zu lassen, den er mit sich trug, denn er tat es von selbst. Ihre Freundschaft glich nicht mehr der, bevor Elise gestorben war, doch die Verständigung zwischen ihnen klappte reibungslos.

Daher verstand er auch jetzt, warum sie zögerte, ohne dass sie es ihm erklären musste. Während sie weiterhin vor dem Tor verharrte, steuerten die anderen Teilnehmer ähnliche Gartentore an und gingen hindurch.

Bly rief sich in Erinnerung, dass sie ein wahres Gemetzel hinter sich hatte. Warum machte es ihr also so viel Angst, über eine harmlose Türschwelle zu treten?

Sie zwang sich, endlich das Tor zu passieren.

Havenwhile war ihr auf Anhieb zuwider.

Die Stadt war mitten in den Wald hineingebaut. Aus den Ritzen der kopfsteingepflasterten Straße, die sich vor ihnen erstreckte, sprossen Gräser und Blüten, so üppig, dass sie eher einer Blumenwiese glich, und am Straßenrand wuchsen Pilzkolonien. Bly versuchte, die Panik hinunterzuschlucken, die sie beim Anblick ihrer weißen Schirme überkam, konnte jedoch nicht verhindern, dass ihr Herz wild in ihrer Brust zu hämmern begann.

Bis sich beruhigende Finger um ihr Handgelenk legten.

»Ich bin da«, sagte Emerson schlicht.

Er sagte nicht: *Es wird alles gut.* Oder: *Du brauchst keine Angst zu haben.* Und Bly wusste es zu schätzen, dass er kein Lügner war. Sie konzentrierte sich auf den Druck seiner Finger auf dem blauen Band, das sie ums Handgelenk trug, stellte sich vor, sie könnten ihren rasenden Puls verlangsamen.

Es funktionierte. Sie hob den Kopf und begegnete dem festen Blick seiner braunen Augen. Er wartete geduldig ab, bis sie den nächsten Schritt wagte. Erst als sie sich wieder in Bewegung setzte, ließ er sie los.

Sie wünschte sich seine Hand zurück, blieb jedoch stumm. Es war nicht der richtige Zeitpunkt, um ihm zu beichten, was sie für ihn empfand. Eines nicht mehr fernen Tages würde sie endlich dazu in der Lage sein. Wenn sie Elise gerettet hatte und das blaue Armband abnehmen konnte.

Die Bewohner der Hexenstadt blieben weder stehen, noch grüßten sie, als sie die Menschen sahen, als wäre die Prüfung keine große Sache für sie. Sie gingen einfach weiter ihrem Alltag nach. Vielleicht taten sie es mit der Absicht, ihnen zu demonstrieren, wie schön es hier war. Es ähnelte dem, was sich Bly in ihren Träumen ausgemalt hatte: ein Leben im Einvernehmen mit der Natur.

Sämtliche Häuser und Geschäfte waren um die Bäume herumgebaut, bisweilen sogar in sie hinein, als wollte man den Wald so wenig wie möglich stören. Rechts von ihnen verschmolz ein Haus regelrecht mit den weitverzweigten Ästen einer uralten Eiche, und davor standen Pflanzkästen, aus denen üppig das Grün spross. Ein Hexer kniete davor und füllte seinen Korb mit Kräutern und Gemüse, während er zufrieden vor sich hin summte. Zur Linken kamen Bly und Emerson an einem Laden vorbei, der zwischen zwei Kiefern gebaut war. Seine Wände bestanden aus Holzschindeln in vielen verschiedenen Brauntönen, die ihnen das Aussehen von Flickenteppichen verliehen. Darüber trafen die Äste der beiden Kiefern zusammen und bildeten ein Dach aus grünen Kiefernnadeln. Es war so dicht und gerade, dass die Hexen offenbar mit Magie nachgeholfen hatten.

Vor dem Laden saß eine ältere Hexe neben einem Korb frisch gebackener Brotlaibe, deren köstlicher Duft Bly in die Nase stieg. Ihr knurrte der Magen. Ein kleiner Junge näherte sich, und die Hexe gab ihm einen Laib, nachdem er ihr eine Münze in die Hand gelegt hatte. Sie lächelte, und Bly wandte den Blick ab.

Sie wollte nicht sehen, wie glücklich und zufrieden die Hexen hier lebten.

Je höher die Sonne stieg, desto mehr Passanten eilten durch die Straßen, winkten sich gegenseitig zu, riefen Grußworte, lächelten und plauderten. Sie verhielten sich ganz anders als die gespenstisch stillen Vampire. Fast schon … menschlich.

Nur, dass sie nicht menschlich waren.

In den Menschenansiedlungen lächelten die Bewohner nur

selten. Sie kannten nur ein einziges Ziel: überleben. In gewisser Weise glichen sie mehr den Vampiren, denn sie strebten unbeirrbar nach dem, was sie brauchten, um am Leben zu bleiben.

Außerdem war es fast immer eiskalt in Blys Dorf. Hier hingegen wurde die kühle Waldluft von unaufdringlicher Wärme erfüllt, und Bly hielt Ausschau nach der Ursache. Sie entdeckte Laternen aus gebogenen, bunt bemalten Zweigen an allen Ästen, die über die Straße ragten. Die Farben waren mit der Zeit ausgeblichen, sodass die Laternen genauso natürlich wirkten wie die Bäume selbst. Licht glühte in ihrem Inneren. Die Hexen mussten sie mit einem Zauber versehen haben, der nicht nur nachts die Straßen beleuchtete, sondern auch Wärme spendete.

Warum wurden nicht auch entlang der Straßen im Ödland solche Laternen aufgehängt?

Bly hörte Gelächter und stellte erstaunt fest, dass es von den Menschen stammte, die staunend durch Havenwhile schlenderten. Vielleicht träumten sie schon davon, den Sieg zu erringen und hier leben zu dürfen, die Kälte zu vergessen, aus der sie kamen.

Emerson hingegen lachte nicht.

Bly wusste, dass er das Gleiche dachte wie sie: Die Hexen hätten den Wohlstand, der hier überall zu erkennen war, so leicht mit den Menschen teilen können. Wenn die Bewohner im Ödland ein besseres Leben hätten, wäre seine Schwester damals bestimmt nicht in den Wald gegangen. Genauso wenig wie sie und Elise.

Bly schmeckte Bitterkeit auf ihrer Zunge und freute sich darüber. Sie war nicht hier, um sich verzaubern zu lassen. Dass das Leben der Hexen so sehr demjenigen ähnelte, das sie sich einst für sich selbst erträumt hatte, machte sie noch wütender. Dieses Volk besaß nicht nur alles, was sie sich je gewünscht hatte, es hatte ihr auch das wenige geraubt, was ihr Halt gegeben hatte: ihre Schwester und ihre Träume von einer besseren Welt.

Sie kamen an einem größeren Gebäude vorbei, dessen Eckpfeiler vier riesige Eichen waren. Ihre Zweige breiteten sich über das ganze Holzdach aus, sodass es aussah, als würde eine grüne Wolke über dem Haus schweben. Kinder liefen davor herum, und Bly blieb für einen Moment stehen. Auf einigen Gesichtern erkannte sie das gleiche unbeschwerte Lächeln wie bei den erwachsenen Hexen, andere Kinder runzelten sorgenvoll die Stirn. Ein etwa zehnjähriges Mädchen saß tief über ein Buch gebeugt auf einer Holzbank. Es sah aus, als würde es weinen.

Der Anblick brachte Bly zum Grübeln. Von jetzt an überlegte sie bei jedem Lächeln, das ihr begegnete, ob es echt war. Kinder waren weniger gut darin, die Wahrheit zu vertuschen.

Im Gegensatz zu den Vampiren, deren Macht davon abhing, wer sie in ihresgleichen verwandelt hatte, wurde die Macht innerhalb der Hexengemeinde von Generation zu Generation weitergegeben. Allerdings musste sich jede neue Generation erst beweisen, musste sich möglichst viel Wissen aneignen und ihre magischen Fähigkeiten trainieren. Die Kinder mussten lernen, dass nur ganz bestimmte Pflanzen und Dinge mit Magie aufgeladen werden konnten und dass man dafür Hexen-, Menschen- oder Vampirblut benötigte, manchmal sogar eine Kombination aus allen drei Komponenten. Im Ödland wurde gemunkelt, dass nicht jede Hexe dazu in der Lage war. Manch eine schaffte es offenbar nur, einfachste Magie zu wirken, beispielsweise jemanden in Schlaf zu versetzen. Wer bis zum Erwachsenenalter die wichtigsten Hexenfähigkeiten nicht beherrschte, wurde aus Havenwhile verbannt und musste im Wald sein Auskommen finden.

So jedenfalls lauteten die Gerüchte. Den Gesichtern der Schulkinder nach zu urteilen, trafen sie zu.

Bly versuchte, nicht allzu viel Mitleid mit ihnen zu empfinden. Wenigstens hatten sie beheizte Straßenlaternen.

Sie ließen die Kinder hinter sich und gingen weiter. Nebenstraßen zweigten von der gepflasterten Hauptstraße ab und schlängelten sich durch Obstgärten und Wäldchen. Zwischen den Bäumen erkannte Bly noch mehr Häuser und Läden. Emerson und sie wanderten jedoch weiter geradeaus, weil niemand ihnen etwas anderes sagte. Es war, als hätten die Hexen den Befehl erhalten, sie zu ignorieren.

Ihr Alltagsleben sollte die Menschen wohl dazu verleiten, sich von dieser Welt angezogen zu fühlen, an der sie vielleicht bald würden teilhaben dürfen. Wer den Hexenpreis gewann, konnte sich anschließend dafür entscheiden, in Havenwhile zu leben. Wenn Bly ihre Schwester zurückerhielt, würde sie dann immer noch den Wunsch verspüren, in den Wald zu flüchten und sich jenseits davon ein neues Leben aufzubauen? Oder würde sie den einfacheren Weg einschlagen und stattdessen hier bei den Hexen wohnen? Würde sie es zulassen können, dass die Farben und Gerüche dieser utopischen Stadt den Albtraum auslöschten, in den die Hexen ihr Leben im Ödland verwandelt hatten?

Vor einem Geschäft mit rötlichem Holzdach und orangegelber Fassade hatten sich mehrere Bewohner versammelt. Sie lachten lauter als die Hexen, denen sie bisher begegnet waren.

Bly blieb ruckartig stehen, und Emerson sah sich beunruhigt um, als würde irgendwo in der Nähe eine Bedrohung lauern. Bly hatte ihm nie erzählt, wie fröhlich die Hexen im Wald gelacht hatten und wie nachlässig sie Elise auf die Trage gerollt hatten, als handle es sich um einen wertlosen Gegenstand.

Ihre Kehle schnürte sich zusammen, und in ihrem Kopf drehte sich alles. Emersons suchender Blick kehrte zu ihr zurück, als ahnte er, dass sich die Bedrohung in ihrem Inneren befand.

Schuld waren nicht die lachenden Hexen vor dem Laden, die noch nicht einmal in ihre Richtung sahen, schuld war ihre Erinnerung. Tief in Blys Brust hatte sich ein Ungeheuer eingenistet, das beim kleinsten Auslöser erwachte und mit seinen krallenbesetzten Pranken ihre Lunge zusammendrückte.

Manchmal konnte sie es in seine Höhle zurückdrängen, andere Male zog sie den Kürzeren.

Diesmal ließ es sich nicht so leicht verscheuchen. Das Gelächter der Hexen hallte durch Blys Kopf, und die braungrüne Umgebung verschwamm vor ihren Augen. Das Atmen fiel ihr immer schwerer, bald hatte sie das Gefühl, überhaupt keine Luft mehr zu bekommen.

Bis sich erneut Emersons Finger um ihr Handgelenk legten und sanften Druck ausübten. Bly konzentrierte sich ganz auf die Kraft seiner Hand und speiste ihre eigene daraus. Endlich wich das Ungeheuer in die Dunkelheit zurück. Die Welt um sie herum war wieder hell, bunt und fröhlich, auf die schlimmstmögliche Weise.

»Ich hasse die Hexen«, sagte sie leise.

Emerson drückte als Reaktion noch einmal ihr Handgelenk und ließ es dann los. Sie gingen weiter, bis sich die Straße zu einem Pfad verengte und sie einen tiefblauen See erblickten, der wie das Auge einer Hexe zwischen den Bäumen aufblitzte.

Und plötzlich tauchten auch Hexen entlang des Pfads auf, junge Frauen, die ihnen lächelnd zunickten. Sie hielten den Teilnehmern Körbe mit Törtchen hin, die nach Äpfeln und Blaubeeren dufteten, dunkelbraune Brotlaibe, saftig glänzende Orangen. Erfreut begannen die Menschen, im Vorbeigehen ihre Hände und Münder zu füllen.

Bly hingegen nahm sich nichts aus den Körben. Sie versuchte, stur geradeaus zu starren, um das gastfreundliche Lächeln der

Frauen nicht sehen zu müssen, aber der Duft nach Zitrusfrüchten, süßen Äpfeln und gezuckerten Leckereien bestürmte ihre Sinne und wühlte ihren Magen auf.

»Du musst etwas essen.« Emerson hielt ihr einen Apfel vor die Nase. Sie hatte nicht mitbekommen, dass er sich bedient hatte – zum Glück, sonst hätte sie vermutlich versucht, ihn davon abzuhalten.

Er streckte ihr den Apfel so lange hin, bis es ihr peinlich wurde und sie ihn nehmen musste. Sie umklammerte die Frucht und starrte auf ihre makellose rote Schale, als könnten plötzlich blaue Adern darauf erscheinen. Aber Äpfel dienten nicht als Überbringer von Todesflüchen. Falls Bly einen verzauberten Apfel erwischte, würde er ihr lediglich ein besseres Haarwachstum bescheren.

Sie biss trotzdem nicht hinein, sondern hielt ihn wie eine Giftschlange auf Abstand, bis der Pfad am Seeufer endete.

Ob es reiner Zufall war oder an einem Hexenzauber lag, vermochte sie nicht zu sagen – jedenfalls war nichts von den dunklen Wolken zu sehen, die normalerweise über dem Ödland hingen. Das blaue Gewässer lag glitzernd in der strahlenden Sonne, die ihre ganz eigene Magie besaß. Entlang des Ufers reihten sich kleine sechseckige Pavillons, die aus je sechs moosbewachsenen Stämmen und einem Strohdach bestanden. Efeu verwob alle Elemente zu einem grünen Ganzen, und im Inneren jedes Pavillons standen zum See gewandte Holzbänke und Keramiktöpfe, aus denen Blumen quollen.

Es war wunderschön hier am See. Früher hätte sein Anblick Blys Herz erfreut und Träume und Sehnsüchte in ihr geweckt. Jetzt wünschte sie sich nur noch, die Spiele der Wiederkehr zu gewinnen. Es würde kein schöner Wettkampf werden, denn für den Sieg würde sie brutal sein und Blut vergießen müssen. Die

Aussicht darauf schien besser zu den Vampiren zu passen als zu diesem trügerisch schönen, sanften Ort.

Zwischen den Pavillons erhob sich ein Podest, das auf Stelzen ruhte und auf dem ein aus Zweigen geflochtener Thron stand. Die oberen Enden dieser Zweige ragten wie Sonnenstrahlen in den Himmel, und auf dem Thron saß eine Hexe mit hoch aufgetürmten dunkelroten Haaren und einer Krone aus Efeu. Sie trug ein Kleid aus winzigen weißen Blütenblättern, die von nichts als der Luft zusammengehalten zu werden schienen. Sie wehten in der Seebrise, als die Hexe aufstand. Sie war klein und zierlich, aber ihr Rücken war kerzengerade und ihr Kopf so stolz erhoben, dass sie größer wirkte, als sie tatsächlich war.

Sofort verstummten die versammelten Hexen.

Bly nahm die Furcht in ihrem Schweigen wahr. Die Rothaarige musste Halfryta sein, das Oberhaupt der Hexen. Früher war Havenwhile von einem Ältestenrat mit zwei Anführern regiert worden – Una und Dyfed, einem Paar, das Gerüchten zufolge schon damals am Heiligen Teich dabei gewesen war. Hexen waren zwar nicht unsterblich, aber jene mit Macht und Geld konnten sich einen Unsterblichkeitszauber leisten, der nur ganz bestimmten goldenen Beeren innewohnte. Diese wuchsen weit entfernt von den hiesigen geplünderten Wäldern. Im Gegensatz zu den meisten Unsterblichen, die mit zunehmendem Alter immer gleichgültiger und abgebrühter wurden, hatten Una und Dyfed eines Tages die Menschenansiedlungen im Ödland besucht und waren entsetzt gewesen von den Bedingungen, unter denen die Menschen dort hausten. Sie hatten begonnen, Pläne zu schmieden, wie sie das Leben der Bewohner verbessern konnten, etwa durch Zaubergegenstände, die für Wärme sorgten und auf den unfruchtbaren Böden Feldfrüchte wachsen ließen. Die Ältesten hatten dagegen gestimmt, mit dem Argument, dass sie dadurch alles riskiert hätten, was den Hexen ihrer Ansicht nach zustand. Sie hatten befürchtet, ihre Privilegien zu gefährden, hatten Una und Dyfed ermordet, ihre halbwüchsige Tochter Halfryta jedoch am Leben gelassen.

Wie die meisten Erwachsenen unterschätzten sie die Jugend und ihren puren, ungezügelten Zorn, zu dem sie selbst nicht mehr in der Lage waren. Zudem besaß Halfryta einen der mächtigsten Zaubergegenstände weit und breit, einen Vampirzahn, der nach dem Tod ihrer Eltern ihr zugefallen war. Wenn man damit die Haut eines Feindes durchbohrte, wurden einem vorübergehend Vampirkräfte zuteil sowie die Macht, eigene Wunden verheilen zu lassen. Bewaffnet mit dem Zahn, einem Unsichtbarkeitszauber und einer Handvoll Todesflüchen, war Halfryta durch die Nacht getobt und hatte die Mörder ihrer Eltern in ihren Betten umgebracht. Als der nächste Morgen gedämmert hatte, war sie blutüberströmt und unerbittlich in der Mitte der Stadt gestanden und hatte sich selbst zur Herrscherin von Havenwhile erklärt. Sie hatte die Kinder der getöteten Ältesten in einen neuen Hexenrat berufen, jedoch ein totalitäres Regime errichtet.

Niemand wagte es, sich ihr zu widersetzen.

Nun hätte man auf den Gedanken kommen können, sie würde sich für das Ziel ihrer Eltern einsetzen und die Lage der Menschen im Ödland verbessern. Stattdessen war sie noch grausamer als der ehemalige Hexenrat. In ihren Augen war das Mitgefühl ihrer Eltern die Schwachstelle gewesen, wegen der sie hatten sterben müssen – eine Blöße, die sie selbst sich niemals geben würde.

Jetzt stand ebendiese Halfryta auf ihrem Podest am See und starrte mit unverhohlenem Hass auf die vor ihr versammelten Menschen. Wenn sie diejenige gewesen wäre, die die Vampire in Vagaris an den Pfahl gefesselt hätten, wäre Bly problemlos dazu in der Lage gewesen, sie zu töten.

»Willkommen in Havenwhile«, sagte Halfryta und ließ den Blick über die Anwesenden schweifen. Ihre Augen schienen jeden Teilnehmer einzeln ins Visier zu nehmen, wenn auch nur für Sekundenbruchteile. »Wie schön, dass ihr euch dazu herabgelassen habt, zu unserer Prüfung zu erscheinen.« Ihre Worte troffen vor Sarkasmus und Herablassung. »Wir freuen uns über die Chance, mit euch zusammen möglichst viele Vampire zu fangen – Bestien, die sich wegen ihrer brachialen Gewalt für etwas Besseres halten, obwohl wir alle wissen, dass sie nichts als verabscheuenswürdige Tiere sind.« Sie verzog das Gesicht, als würde allein der Gedanke an ihre größten Feinde Ekel in ihr auslösen.

Die Überlieferungen der Hexen unterschieden sich – wenig überraschend – erheblich von jenen der Vampire. Sie behaupteten, die Hexen seien diejenigen gewesen, die als Erste aus dem Heiligen Teich getrunken hätten. Alle Trinkenden seien durch das heilige Wasser mit magischen Kräften ausgestattet worden, bis am Ufer ein Kampf ausgebrochen und Blut in den Teich getropft sei. Dieses Blut habe die Magie vergiftet und jene, die als Nächste getrunken hatten, in Vampire verwandelt. Wer kein Wasser mehr abbekommen habe, sei Mensch geblieben.

Halfryta lächelte, doch es lag keinerlei Wärme in ihren Zügen. »Wahre Macht entsteht nur aus der Fähigkeit, Magie zu wirken. Wir laden die Dinge wieder mit ihr auf, so wie es früher einmal war und immer hätte sein sollen. Doch diese Kraftanstrengung verlangt einen hohen Preis, und dieser Preis ist Blut. Unser Blut, das der Vampire, das der Menschen. Wir müssen alle unseren Teil dazu beitragen. Ihr Menschen verkauft uns euer Blut, weil ihr das verstanden habt.«

Nein, dachte Bly. Die Bewohner des Ödlands verkauften ihr Blut, weil sie sonst verhungerten. Oder weil sie verzweifelt auf eine Chance hofften, glücklich zu werden.

Unruhe machte sich unter den versammelten Teilnehmern breit. Emerson warf Bly einen Blick zu, und in seinen Augen blitzte ein Zorn auf, den sie schon lange nicht mehr bei ihm erlebt hatte. Ihr fielen all die Gespräche wieder ein, die sie miteinander geführt hatten – darüber, dass die Welt schon viel zu lange so beschaffen war, dass die Menschen an ihr kaputtgingen.

Doch niemand ergriff das Wort.

Halfryta legte genüsslich eine Pause ein, als wollte sie die Menschen dazu herausfordern, ihr zu widersprechen.

Sie alle waren hier, weil sie irgendetwas so sehr brauchten oder herbeisehnten, dass sie bereit waren, dafür an einem Wettkampf teilzunehmen, bei dem sie nur austauschbare Spielfiguren waren. Keiner der Teilnehmer war ein Revolutionär. Sie waren alle nur verzweifelt.

Halfryta nickte, als würde sie zustimmende Rufe vernehmen. »Im Gegensatz zu euch sind die Vampire viel zu geizig, um mit ihrem Blut zu handeln. Also müssen wir es uns gegen ihren Willen nehmen.«

Sie hielt erneut selbstgefällig inne, was die vor ihr Versammelten als blanken Hohn empfanden. Denn die wahre Geschichte lautete vollkommen anders, wie sie sehr genau wussten. Beide Seiten – Vampire wie Hexen – hatten in der Vergangenheit die Kontrolle über ihre Blutgier verloren und es beinahe zugelassen, dass die Menschen sich erfolgreich gegen sie aufgelehnt hatten. Nur aus diesem Grund hatten sie beschlossen, sich gegenseitig kein Blut mehr zu verkaufen.

Bly starrte auf den blutroten Apfel hinunter, den sie noch immer in der Hand hielt. Wenigstens gingen die Vampire offen mit ihrem Bluthunger um. Sie versteckten ihn nicht hinter aufgesetzter Freundlichkeit und frischem Obst.

Sie grub ihre Zähne ins Fruchtfleisch und behielt die Süße des

Apfels im Mund, bis sie würgen musste und gezwungen war, den Bissen hinunterzuschlucken.

Halfryta klatschte in die Hände. »Und jetzt dürft ihr uns beweisen, dass ihr in der Lage seid, einzustecken!« Sie hob die Hand und pustete den Staub, den sie in ihrer Handfläche aufbewahrt hatte, auf den See hinaus.

Das Wasser begann zu beben, und auch der Sonnenschein und die Luft schienen in Bewegung zu geraten. Bly blinzelte erschrocken. Auch andere Menschen schnappten nach Luft. Eine gewaltige runde Bühne, die noch Sekunden zuvor nicht sichtbar gewesen war, schwebte plötzlich über dem Wasser. In ihrer Mitte stand ein Tisch und direkt daneben ein großer, leerer Holzkäfig. Dieser Käfig war mit einem Flaschenzug ausgestattet, dessen Seil an einem darüber angebrachten Balken befestigt war. Am Rand der Bühne erkannte Bly einen weiteren Käfig, in dem ein Mann zu sitzen schien. Sie ahnte, dass er lange, spitze Eckzähne besaß.

»Eure Aufgabe ist einfach: Überwältigt den Vampir, egal auf welche Weise«, erklärte Halfryta.

Auf ihr Kommando schwärmten Hexen zu den wartenden Menschen aus und zogen sie mit sich davon. Eine junge Frau mit glatten blonden Haaren ergriff Blys Arm. »Hast du ein Team, oder trittst du allein an?«, fragte sie.

In Blys Ohren rauschte es. Sie nahm nur noch den Druck der Finger wahr, die oberhalb ihres Ellbogens auf ihrem Arm lagen. Der Mund der jungen Hexe hatte sich wieder in Bewegung gesetzt, sie runzelte verärgert die Stirn.

»Ich gehöre zu ihr«, sagte Emerson, und seine tiefe Stimme holte Bly aus ihrem Trancezustand.

Die Hexe blickte von Blys Gesicht zu ihrem Arm und ließ ihn dann los, als hätte sie plötzlich verstanden. Ihr Ärger schien zu verrauchen, aber Bly wollte kein Mitleid von ihr. Sie wollte einen unerschrockenen Eindruck machen, doch noch bevor sie sich sammeln konnte, drehte sich die junge Hexe von ihr weg.

»Folgt mir«, sagte sie und eilte so schnell davon, dass Bly und Emerson kaum hinterherkamen. Sie wurden zu einem der Pavillons am Seeufer gebracht. »Hier könnt ihr euch hinsetzen. Wenn ihr an der Reihe seid, bringt euch ein Boot zur Arena.« Bevor sie davonging, hielt sie noch einmal inne. »Viel Glück!« Sie sagte es leichthin und fröhlich, aber ihre Worte plumpsten so nutzlos ins Wasser wie Kieselsteine.

Auf dem See waren zahlreiche Boote unterwegs, die allesamt in verschiedenen Blautönen gestrichen waren. Einige dümpelten in der Nähe des Ufers und beherbergten Hexen, die sich einen besonders guten Blick auf die Bühne erhofften. Ein anderes war dabei, die erste Teilnehmerin auf dem runden Podest im See abzuliefern. Mehrere Hexen in einem neben der Bühne vertäuten Boot zogen an dem Seil, das an dem Käfig neben dem Tisch befestigt war, und hoben ihn so weit nach oben, dass eine Öffnung entstand. Sie bedeuteten der Frau, hineinzukriechen. Sie zögerte nur einen Moment, bevor sie der Aufforderung nachkam.

»Zum Glück sind wir nicht die Ersten«, murmelte Emerson.

Bly blieb keine Zeit, ihm zu antworten. Wie gebannt starrte sie auf den Käfig, der zunächst hinabgelassen worden war und nun erneut Stück für Stück nach oben glitt. Die Frau in seinem Inneren versuchte, durch die Gitterstäbe an den Tisch zu gelangen. Offenbar hielt er verschiedene Zaubergegenstände bereit, aber was auch immer sie sich holen wollte, es befand sich außer Reichweite. Der Käfig hob sich immer weiter nach oben, genau wie der Vampirkäfig. Die Frau gab es auf, durch die Gitterstäbe greifen zu wollen, und legte sich flach auf den Bauch, bis der Käfig hoch genug war, dass sie sich unter ihm hindurchrollen konnte.

Endlich war sie frei. Doch auch der Vampir verließ seinen Käfig. Die Teilnehmerin rannte zum Tisch, und ihre Hand schloss sich genau in dem Moment um den angestrebten Zaubergegenstand, als der Blutsauger bei ihr ankam. Er packte sie ohne jedes Zögern und brach ihr das Genick. Es sah nicht so aus, als hätte sie den Zauber in ihrer Hand noch anwenden können.

Einige Hexen buhten, andere applaudierten. Bly wusste nicht, was sie schlimmer fand.

Sechs Hexenwachen erklommen das Podest, um den Vampir wieder einzufangen. Blys Blick ruhte jedoch auf den beiden Helfern, die sich der getöteten Frau näherten. Sie packten sie bei den Armen und schleiften sie über die Bühne, während ihr abgeknickter Hals auf und ab hüpfte. Es war ein unerträglicher Anblick.

»Hatte sie einen Fesselzauber in der Hand?«, fragte Emerson. Er hatte den Kopf schräg gelegt und betrachtete aufmerksam das Geschehen, kühl kalkulierend wie immer. »Warum hat sie ihn nicht angewendet, bevor er ihr den Hals umdrehen konnte?«

»Ich glaube nicht, dass ein Fesselzauber auf dem Tisch liegt«, antwortete Bly langsam und zwang sich, den Blick von der Frau loszureißen, die gerade unsanft in eins der Boote geladen wurde. »Sieh mal, dort drüben.« Sie zeigte mit dem Finger auf den Bühnenrand, ließ ihre Hand jedoch wieder sinken, als sie merkte, wie sehr sie zitterte. »Neben dem Vampirkäfig ist noch ein kleinerer Metallkäfig. Ich wette, er enthält einen Fesselzauber. Oder zumindest einen Schlafzauber. Ihn offen auf dem Tisch zu platzieren, wäre zu einfach. Wir müssen irgendwie an den Inhalt des kleinen Käfigs kommen.« Auch ihre Stimme bebte merklich.

»Du musst dir das nicht ansehen«, sagte Emerson leise.

Ihr blieb nichts anderes übrig, wenn sie herausfinden wollte, wie Emerson und sie lebend diese Prüfung überstehen konnten.

Als Nächstes war ein Dreierteam an der Reihe. Nachdem der

Käfig angehoben war, stürzte sich ein junger Mann direkt auf den Vampir. Dadurch hatten die anderen beiden Teammitglieder – zwei junge Frauen – Zeit, sich je einen Zaubergegenstand vom Tisch zu schnappen, bevor der Vampir sie erreichte. Ihr Begleiter war längst nur noch ein lebloser Haufen auf dem Boden. Eine der jungen Frauen trat dem Vampir mit erhobenem Schwert entgegen. Wenigstens nahmen die Hexen den Prüfungsteilnehmern nicht die Waffen weg, wie es die Vampire getan hatten.

Selbst aus der Distanz erkannte Bly, dass die Frau mit dem Schwert muskulöse, gut trainierte Arme hatte. Doch der Vampir wich mühelos ihrem Hieb aus. Wahrscheinlich hatte sie zwar einen Kraftzauber, aber keinen Geschwindigkeitszauber an sich angewendet.

Der Vampir glitt um sie herum und packte sie von hinten, noch während sie erneut kampfbereit ihr Schwert erhob. Auch sie endete mit gebrochenem Genick.

Die zweite junge Frau hatte sich unterdessen geschnappt, was sich in dem kleinen Käfig befand. Aber sie zögerte, und ihr Blick blieb an den Leichen ihrer beiden Gefährten hängen. Schließlich machte sie kehrt, rannte los und sprang von der Plattform ins Wasser. Sie schwamm auf ein Boot mit Hexen zu, die sie an Bord zogen.

Der Vampir stieß ein lautes, grausames Lachen aus, das im krassen Kontrast zu der lieblichen, friedlichen Umgebung stand.

Bly lief ein Schauder über den Rücken.

»Sie hatte es fast geschafft«, murmelte Emerson. »Warum hat sie aufgegeben?«

»Auf dem Tisch liegen ein Kraft- und ein Geschwindigkeitszauber. Beides hilft zwar, macht einen aber längst nicht so stark und schnell wie die meisten Vampire. Wenn man schon vorher kräftig und flink auf den Beinen ist, hat man vielleicht eher eine

Chance.« Bly spähte zu Emersons sich wölbenden Muskeln und kaute nachdenklich auf ihrer Lippe herum, während die Hexen den Tisch neu bestückten. »Einer von uns muss den Vampir mithilfe der beiden Zaubergegenstände im Zaum halten, während der andere sich den Fesselzauber aus dem kleinen Käfig holt.«

»Die erste Frau hatte kaum Zeit, die Zaubergegenstände auf dem Tisch zu berühren, geschweige denn, sie an sich anzuwenden.«

»Wir müssen schneller sein.«

Emerson schwieg. Sie wusste, dass sein nüchterner Verstand nach einer umsetzbaren Möglichkeit lechzte, es besser zu machen als die bisherigen Teams. Die Hoffnung darauf, dass es ihnen schon irgendwie gelingen würde, genügte ihm nicht.

Ein Zweierteam betrat die Bühne – eine junge Frau und ein junger Mann mit den gleichen dunkelblonden Haaren. Sie waren beide groß, hatten markante Gesichtszüge und weit auseinanderstehende Augen. Wahrscheinlich Geschwister. Bly wünschte sich verzweifelt, nicht bei ihrem Scheitern zusehen zu müssen, und drückte ihnen insgeheim die Daumen.

Die Käfige wurden angehoben. Der junge Mann stellte sich unerschrocken dem Vampir entgegen und schwang sein Schwert mit einem Brüllen, das weit über den See hallte. Er drehte sich um die eigene Achse und ließ erneut seine Waffe durch die Luft sausen, wodurch er den Vampir effektiv davon abhielt, an seinen Hals zu gelangen. Seiner Gefährtin blieb auf diese Weise genug Zeit, die beiden Zaubergegenstände vom Tisch auf sich anzuwenden. Sie ging auf den Vampir los, und er lachte, als sie in schnellen, geübten Zügen ihre Streitaxt schwang und ihn zwang, nach hinten zu tänzeln.

Aber sie stellte keine echte Bedrohung für ihn dar. Der junge Mann mit den dunkelblonden Haaren war unterdessen nicht etwa zu dem kleinen Käfig gerannt, um sich den Fesselzauber zu schnappen, womit der Vampir vermutlich gerechnet hatte. Stattdessen war er neben den Kämpfenden stehen geblieben und holte nun mit seinem Schwert aus, das er mit beiden Händen gepackt hatte. Dann lieferte er den Beweis dafür, dass menschliche Kräfte ausreichen konnten, um einen Vampir zu enthaupten. Der Kopf des Blutsaugers fiel mit einem dumpfen Schlag zu Boden. Für einen Moment herrschte Stille, dann begannen die Hexen zu jubeln, und die Menschen stimmten ein.

Es war also möglich.

Aber Bly war längst keine so gute Kämpferin wie die junge Dunkelblonde. Und sie hatte weder Schwert noch Streitaxt, nur ein kleines Messer.

»Ihr seid dran.« Bly hatte gar nicht bemerkt, dass ein Boot an dem Steg gehalten hatte, das vor ihrem Pavillon in den See hinausragte.

Emerson sah sie an, und sein Gesicht war ein einziges Fragezeichen: Wollte sie es noch immer durchziehen? Sie konnten schließlich auch ohne Unterstützung an den Spielen teilnehmen. Andererseits gewannen nur sehr selten Teams ohne einen Vampir oder eine Hexe im Hintergrund.

»Falls ihr Zaubergegenstände bei euch habt, lasst sie bitte hier, sonst werdet ihr disqualifiziert. Menschliche Waffen sind hingegen erlaubt«, sagte der Steuermann des Boots mit monotoner Stimme.

Bly legte ihre Zaubergegenstände widerwillig neben sich auf die Bank. Der Mann warf kaum einen Blick darauf, bevor er sie ins Boot winkte. Es wackelte, als sie hineinstiegen. Bly starrte nicht ins Wasser, sondern in den Himmel, während sie zur Bühne gebracht wurden.

Als sie ausstieg, bot ihr der Hexer seine Hand an, aber sie

ergriff sie nicht. Er nickte ihr zu, als habe sie damit ihre Stärke bewiesen. Sie brauchte seine Anerkennung nicht. Voller Anspannung strich sie ihren langen grauen Rock glatt. Er würde ihr beim Kampf im Weg sein. Eine Kniehose wäre besser gewesen, doch für einen Kleiderwechsel war es jetzt zu spät.

Blys Blick glitt über die frischen Blutflecke auf dem Boden zu dem Käfig, in dem nun ein neuer Vampir wartete. Ihr Mut verließ sie. Der erste war klein und dürr gewesen, wohingegen dieser sogar kräftiger war als Emerson und mindestens einen Kopf größer.

Sie hoffte, dass ihn sein Umfang langsam machte. Der Bootsmann bedeutete ihr und Emerson, unter den leeren Käfig zu schlüpfen. Bly starrte ins Publikum, während sich die Gitterstäbe herabsenkten, als könnte sie darin die Hexen ausmachen, die Elise damals vom Waldboden gehoben und mitgenommen hatten.

»Bly«, sagte Emerson leise. »Ich brauche dich hier, in der Gegenwart.«

Aber die Vergangenheit war ihre Motivation. In gewisser Weise war sie ihre Waffe, denn sie hatte sie hierhergeführt. Doch jetzt musste sie sie beiseiteschieben und sich auf die Waffen konzentrieren, die sie vor sich hatte, auf die Zaubergegenstände, die die Hexen auf der Bühne bereitgelegt hatten. Ausgerechnet jene Wesen, die sie am meisten hasste, waren der Schlüssel zur Wiedererweckung ihrer Schwester.

Sie sog tief die kühle Luft ein, die vom See heraufstieg. Sie war ihr tausend Mal lieber als die künstliche Wärme in den Straßen der Stadt.

»Bly«, sprach Emerson sie erneut an.

Er glaubte, sie sei noch immer in den Klauen ihrer Erinnerungen gefangen, aber das war sie nicht. Nicht mehr. Sie war hier auf der Bühne und atmete tief und gleichmäßig. Bly kannte die bereitliegenden Zaubergegenstände wie ihre Westentasche. Sie hatte Stunden damit verbracht, sich in der Nähe der Hexenstände herumzutreiben, hatte gelauscht, wenn sie mit Kunden gesprochen und erklärt hatten, wie jeder einzelne Zauber wirkte und welche Worte man sagen musste, um ihn freizusetzen.

Das Problem war die Zeit. Wie konnte sie die Zaubergegenstände aktivieren, bevor der Vampir bei ihr war?

Sie musterte prüfend den Tisch jenseits der Gitterstäbe. Ein Geschwindigkeitszauber und ein Kraftzauber warteten knapp außer Reichweite und schienen Emerson und sie zu verhöhnen. Die Zaubergegenstände, die näher am Käfig lagen, waren unbrauchbar für die bevorstehende Aufgabe.

Wenn Emerson den Vampir angriff und ihn lange genug aufhielt, um es Bly zu ermöglichen, den Geschwindigkeits- und den Kraftzauber auf sich anzuwenden, würden sie dann den Sieg erringen? Der Kraftzauber verstärkte nur, was ohnehin schon vorhanden war, und Bly war nicht so trainiert und ausgeruht wie die junge Frau, die gerade mit ihrem Bruder gewonnen hatte. Wenn sie es umgekehrt machten und *sie* den Vampir angriff, während Emerson zum Tisch rannte, würde das ihren sicheren Tod bedeuten.

Sie hätte heulen können. Das nötige Wissen besaß sie zwar, aber warum hatte sie nicht mehr Zeit darauf verwendet, ihren Körper zu stählen? Emerson trat unruhig von einem Fuß auf den anderen, als plagten ihn dieselben Gedanken.

Sie glaubte, ihn erneut ihren Namen sagen zu hören, nahm jedoch nichts mehr wahr außer den Gegenständen auf dem Tisch. Ihr Blick fiel auf ein leuchtend grünes Blatt mit scharfen Kanten. Es lag nah genug, dass sie es durch die Gitterstäbe erreichen konnte.

Der Signalton zum Beginn der Prüfungsrunde ertönte.

Emerson rief laut ihren Namen, während sich die Käfige langsam anhoben. Er kauerte auf dem Boden, bereit, sich unter den Gitterstäben hindurchzuzwängen, sobald die Öffnung groß genug war. Verzweifelt zupfte er an Blys Rock.

Aber sie brauchte sich nicht aus dem Käfig zu befreien, um den ersten Zauber anwenden zu können. Ihre Finger schlossen sich um das Blatt. Sie kniete sich hin und zerschmetterte es an den Holzplanken unter ihren Füßen. Dabei rief sie laut: »Wachse!«

Eine dichte Hecke breitete sich vor ihnen aus und wuchs so schnell über die gesamte Bühne, dass Bly nach hinten fiel.

Auf der anderen Seite warf sich der Vampir brüllend gegen das Gestrüpp. Wenn sie Glück hatten, spießte er sich auf. Stattdessen hörten sie knackende Äste. Er versuchte vergeblich, zu ihnen zu gelangen. Bly hatte ihnen erfolgreich ein wenig Zeit verschafft.

Der Käfig war inzwischen vollständig angehoben, und sie spurtete los und nahm sich vom Tisch, was sie brauchte. Nachdem sie Emerson die Feder eines Blauhähers in die Hand gedrückt hatte, murmelte sie: »Geschwindigkeit!« Er wiederholte das Wort, während er die Finger um die Feder schloss.

»Kraft!«, sagte sie und berührte ihn mit dem spitzen Ende einer Eichel. Er griff sein Schwert fester, während beide Zauber ihre Wirkung entfalteten.

Wieder knackte ein Ast auf der anderen Seite der Hecke, dann wurde es still.

Bly kehrte zum Tisch zurück und griff nach einem glatten weißen Stein. Sie hoffte, dass er den Zauber enthielt, den sie in ihm vermutete.

In diesem Moment brach der Vampir durch die letzten Zweige, die ihm noch den Durchgang versperrten. Sein Gesicht und seine Arme waren mit Blutresten von den erlittenen Kratzern übersät, die offenbar sofort wieder verheilt waren. Wutschnaubend blickte er zwischen Bly und Emerson hin und her. Sein Körper drehte sich leicht in Blys Richtung, und Emerson nutzte die Bewegung, um zuzuschlagen.

Sein Schwert sauste durch die Luft, direkt auf den Hals des Vampirs zu, und für eine Sekunde dachte Bly, es würde sein Ziel treffen und sie müssten nicht mehr weiterkämpfen. Die Hoffnung darauf raubte ihr den Atem, gleichzeitig mischte sich Angst in ihren Optimismus – sie wollte keinen Schädel vor ihre Füße rollen sehen, auch keinen Vampirschädel. Auf einen derart grausamen Anblick konnte sie verzichten.

Ihre Angst war unbegründet. Der Vampir bewegte sich so beiläufig zur Seite, als würde er einem entgegenkommenden Fußgänger ausweichen. Emersons Schwert raste ungebremst auf den Bühnenboden zu und bohrte sich tief in die Holzplanken. Der Vampir stürzte sich auf ihn, bevor er es wieder herausreißen konnte.

Während ihn der Blutsauger bei den Schultern packte und seinen Hals anvisierte, gelang es Emerson endlich, das Schwert zu befreien. Er schwang es durch die Luft und wollte es seinem Widersacher in die Seite bohren, aber es traf ihn wieder nicht. Selbst mit seiner erhöhten Geschwindigkeit und Kraft besaß Emerson nicht die rohe Gewalt eines Vampirs.

»Lauf!«, brüllte er ihr zu.

Der Kopf des Vampirs drehte sich ruckartig in ihre Richtung. Seine Augen waren tiefschwarze Höhlen. Bly wartete nicht ab, ob er von Emerson abließ und sich auf sie stürzte. Sie rannte los und warf sich durch das zerklüftete Loch in der Hecke. Äste rissen an ihrer Kleidung und kratzten an ihrer Haut, doch sie spürte es kaum. Zielstrebig hielt sie auf den kleinen Käfig zu und rechnete jederzeit damit, von hinten gepackt zu werden.

Ob Emerson unbeschadet aus dem Zweikampf hervorging? Oder hatte ihn der Vampir längst getötet?

Bly durfte nicht zulassen, dass die Furcht ihre Glieder lähmte. Sie erreichte den kleinen silbernen Käfig und klopfte mit dem glatten Stein gegen sein Schloss. »Zerbrich!«, stieß sie hervor. Das Schloss fiel klirrend in Stücke, und Bly zog die Tür auf. Ihre Finger schlossen sich genau in dem Moment um zwei angespitzte Birkenzweige, als eiskalte Hände von hinten ihren Kopf packten – eine am Kinn, die andere im Genick. Ihr Herz setzte einen Schlag aus, und einer der Zweige entglitt ihrem Griff. Sie wollte nach Emerson schreien, wusste jedoch tief in ihrem Inneren, dass er diese Bestie niemals zu ihr gelassen hätte, wenn er noch am Leben gewesen wäre.

Der Vampir lachte. Diese Blutsauger spielten gern mit ihrer Beute, bevor sie sie töteten. Das war allgemein bekannt. Ihr Spieltrieb war ihre größte Schwäche.

»Ihr habt verloren«, verkündete der Vampir genau in dem Moment, als Bly »Fessle ihn!« flüsterte und ihm den Birkenzweig in den Arm stieß. Sein Griff um ihren Kopf wurde kurzzeitig stärker, bevor seine Hände erschlafften und nach unten fielen. Der Fesselzauber würde sie vor seinem Körper zusammenbinden wie mit einem unsichtbaren Seil. Die Gefahr war dadurch noch lange nicht gebannt. Er konnte sie immer noch töten – schließlich stand er hinter ihr und hatte seine Eckzähne in der Nähe ihres Halses.

Aber Bly hielt bereits einen zweiten Birkenzweig in der Hand, den sie hastig aus ihrem Blusenärmel gezogen hatte. Sie hatte nicht alle ihre Zaubergegenstände auf der Bank zurückgelassen. Wenn die Vampire und Hexen nicht fair spielten, warum sollte sie es dann tun?

»Fessle ihn!«, wiederholte sie, doch diesmal bohrte sie den

Zweig in seinen Oberschenkel. Dann sprang sie rasch zur Seite, bevor ihr Widersacher seitlich zu Boden sackte und liegen blieb, weil er seine Beine nicht mehr bewegen konnte. Während er mit dem Mund gierig nach ihr schnappte, kniete sie sich neben ihn, als wollte sie ihren Mut und ihre Furchtlosigkeit demonstrieren, indem sie ihn auf diese Weise reizte.

In Wahrheit tastete Bly unauffällig auf dem Boden herum, bis ihre Finger gegen den ersten Birkenzweig stießen, der ihr aus der Hand gerutscht war. Beim Aufstehen schob sie ihn in eine Tasche ihres Rocks. Sie glaubte nicht, dass jemand ihren Betrug bemerkt hatte. Falls doch, war es ihr gleichgültig. Ihr Herz hämmerte in ihrer Brust und machte ihr schmerzhaft bewusst, dass sie noch am Leben war. Sie drehte sich zur Hecke um, um nach Emerson zu suchen. Genau in diesem Moment trat er durch die Öffnung.

Er hatte die Hand am Hals. Erleichterung trat in seine Züge, als er von ihr zu dem bezwungenen Vampir blickte. »Du hast es geschafft«, krächzte er, machte einen Schritt auf sie zu und wankte.

Sie erreichte ihn in dem Moment, als er umkippte und mit seinem ganzen Gewicht auf sie fiel. Bly bedauerte, dass sie keinen zusätzlichen Kraftzauber für sich selbst auf dem Tisch gefunden hatte. Dann hätte sie ihn auffangen und davontragen können, wie er es bereits zweimal für sie getan hatte.

Stattdessen riss er sie mit sich zu Boden. Seine Finger erschlafften an seinem Hals, und sie legte ihre eigenen auf die Wunde. Sein Blut war so heiß.

Und dann waren die Hexen bei ihnen. Sie versuchten, Emerson von Blys Schoß herunterzuziehen, und diesmal schrie sie und schlug um sich. Auf keinen Fall würde sie zulassen, dass diese Scheusale ihn bekamen. Sie würden ihr nicht noch einmal einen geliebten Menschen wegnehmen. Bly klammerte sich an ihn und schob die Hexen beiseite, bis sich eine Hand um ihren Mund schloss und etwas gegen ihre Lippen drückte.

»Schlaf!«, sagte eine Frauenstimme.

* *
*

Bly erwachte aus einer allumfassenden, gespenstischen Leere. Blaue Augen starrten auf sie herab.

»Lass mich in Ruhe!« Sie setzte sich auf, während die Hexe sie weiter stumm beobachtete.

Sie war nicht mehr jung, hatte eine dunkle Haut und grau werdende schwarze Haare, die ihr in Korkenzieherlocken bis zur Taille reichten. Ihr Gesicht wirkte müde.

»Wo ist Emerson?«, fragte Bly. Sie sah sich um und stellte fest, dass sie wieder da war, wo die Prüfung für sie begonnen hatte: in einem der Pavillons am See. Um sie herum hatten die Feierlichkeiten begonnen. Die Hexen aßen und lachten, von irgendwo wehte Musik herüber.

»Dein Freund wird ebenfalls versorgt und beobachtet, genau wie du«, sagte die Hexe. »Ich bin übrigens Hazel.«

Bly erwiderte nichts.

Hazel lächelte. »Du magst wohl keine Hexen.«

Ihre unverblümten Worte überraschten Bly.

»Und trotzdem bist du hier. Ich nehme an, du hast ein Familienmitglied verloren – wahrscheinlich an uns.« Die Frau sagte es mit einem Nicken.

»Liest du gerade meine Gedanken?«, fragte Bly.

Hazel lachte. »Nur dein Gesicht.« Ihr Ausdruck wurde wieder ernst. »Mein herzliches Beileid.«

Bly schwieg.

»Dein Herz ist voller Dornen, das verstehe ich. Ich kann dir dennoch versichern, dass wir Hexen nicht alle gleich sind. Nur die wenigsten verwenden für ihre Magie das Blut ermordeter Menschen.«

»Aber ihr anderen tut nichts, um es zu verhindern«, brauste Bly auf. Es behagte ihr nicht, wie sehr die Anwesenheit der alten Frau sie tröstete. Vielleicht lag es an Hazels Augen – aus ihnen sprach echte Anteilnahme, ohne jede Herablassung.

»Du weißt nicht das Geringste über mich«, sagte Hazel und stand auf. Sie wies mit dem Kinn auf einen Kleiderstapel, der auf einer Bank bereitlag. »Dort findest du frische Kleidung, falls du dich umziehen möchtest. Ich gehe allerdings davon aus, dass du das lieber nicht willst.« Sie begann, in Richtung der Feiernden davonzugehen, wandte sich jedoch noch einmal zu Bly um. »Wenn du diese elenden Spiele überlebst, komm zu mir. Dann können wir uns ausführlicher darüber unterhalten, was ich tue oder nicht tue.«

Bly stand auf und wunderte sich darüber, wie klar ihr Kopf war. Sie warf einen Blick auf das Kleidungsstück, das gefaltet auf der Bank lag. Allem Anschein nach handelte es sich um ein braun-grünes Kleid.

Sie hätte niemals ein solches Hexengewand angezogen. Als Nächstes hielt sie Ausschau nach ihren Zaubergegenständen und verspürte leise Panik, als sie sie nirgendwo entdeckte. Instinktiv tastete sie die Innentaschen ihres Rocks ab, und da waren sie. Hazel musste sie wieder eingeräumt haben, während sie geschlafen hatte. Nervös zog Bly den Ärmel ihrer Bluse hoch. Der Birkenzweig, den sie auf der Bühne vom Boden aufgeklaubt und in ihrem Rock verstaut hatte, steckte wieder fein säuberlich in ihrer Manschette.

Hazel wusste also, dass sie gemogelt hatte. Bly suchte die Menge nach ihr ab und war sich plötzlich sicher, dass sie irgendwo stand und sie lachend beobachtete. Bestimmt würde Bly gleich aus Havenwhile hinausgeworfen, oder Schlimmeres.

Doch es kam niemand, um sie zu holen.

Vielleicht war die Anteilnahme der alten Hexe doch echt gewesen. Vielleicht tat es ihr tatsächlich leid, dass die anderen Hexen solches Unrecht an den Menschen begingen. Auch wenn Bly sich das nicht wirklich vorstellen konnte, schlich sich Dankbarkeit in ihre Gedanken.

Sie mischte sich mit ihrem alten grauen Rock unter die Feiernden. Erst als sie die Blicke mehrerer Menschen und Hexen auf sich gezogen hatte, merkte sie, dass Emersons Blut einen großen, dunklen Fleck auf Höhe ihrer Oberschenkel hinterlassen hatte.

Ihr Magen krampfte sich zusammen, während sie sich besorgt nach ihm umsah.

»Kann ich dir vielleicht helfen?« Die Stimme klang so glatt und flach wie ein windstilles Gewässer.

Bly drehte sich um und blickte in blaue Augen, die perfekt zu der Stimme passten. Die Hexe, die ihr gegenüberstand, war nur wenig älter als sie selbst und genauso groß. Sie hatte rotblonde Haare, die ihr in lockeren Wellen bis auf die Taille fielen, und ein hübsches rundes Gesicht mit Grübchen. Doch es waren die Augen, die Blys Blick fesselten.

Sie waren irgendwie unheimlich, wie ein regloser See, unter dessen Oberfläche furchtbare Dinge lauerten.

Bly wich einen Schritt zurück, bevor sie die Reaktion unterdrücken konnte. Sie hätte schwören können, dass sich das Lächeln der jungen Frau noch vertiefte, als sie ihr Unbehagen wahrnahm. Aber vielleicht bildete sie es sich nur ein. Schließlich hatte sie die Hexen bisher von ihrer schlimmsten Seite kennengelernt – Hazel einmal ausgenommen. Bly hätte sich auch mit einem Monster zusammengetan, um ihre Chancen auf eine Wiedererweckung ihrer Schwester zu verbessern. Selbst mit einem hübschen, dessen harmlos wirkende Grübchen einen aufs Glatteis führten.

Sie bremste sich daher gerade noch, bevor sie antwortete, sie bräuchte keine Hilfe. Die junge Hexe wartete ohnehin nicht auf ihre Antwort. Sie beugte sich vor und drückte etwas gegen Blys Rock, wobei sie leise ein Wort murmelte. Als sie sich wieder aufrichtete, war der Blutfleck verschwunden.

»Ich heiße Demelza«, stellte sie sich vor.

»Bly.« Ihr Name war alles, was sie ihrem Gegenüber anbot. Sie hatte nicht vor, freundlicher als nötig zu sein.

Demelza nickte, als sei das ohnehin alles, was sie interessierte.

Bly sah sich erneut nach Emerson um. Die Säuberung ihrer Kleider war nicht die Hilfe, die sie am dringendsten benötigte.

»Emerson geht es gut. Sie sind noch dabei, ihn wieder zusammenzuflicken«, erklärte Demelza.

Bly erstarrte.

Auch Demelza sah sich nun um, als würde sie nach ihm Ausschau halten. »Ihr seid doch heute zusammen angetreten, oder?« Ihre blauen Augen richteten sich wieder auf Bly. Es lag ein freudiger Schimmer in ihnen, von dem Bly nicht wusste, was ihn hervorgerufen hatte.

Sie nickte. Woher kannte diese Hexe Emersons Namen? Hatte sie bereits mit ihm gesprochen? Bly konnte sich nicht vorstellen, dass ihr Freund eine Hexe zu ihr geschickt hätte, wenn es ihm wirklich gut gegangen wäre.

Bevor sie nachhaken konnte, ergriff die junge Frau erneut das Wort. »Ich würde euch gern während der Spiele unterstützen.«

Bly wäre fast ein vehementes *Nein* entschlüpft. Ihr Bauchgefühl riet ihr, zu allem Nein zu sagen, was diese hinterhältigen Wesen vorschlugen.

»Das wäre schön«, sagte sie stattdessen langsam.

Allmählich mischte sich freudige Erregung unter ihre Sorge um Emerson. Dies war der Moment, auf den sie hingearbeitet hatte: die Aufmerksamkeit einer Hexe auf sich zu lenken und mit ihrer Hilfe ihre Schwester zurückzuholen. Sie hatte es tatsächlich geschafft!

»Da ist er ja«, sagte Demelza.

Bly fuhr herum und konnte sich nur mit Mühe davon abhalten, Emerson in die Arme zu fallen. Sie starrte seinen Hals an, der vollkommen unversehrt aussah, und die Erleichterung ergriff so vollständig von ihr Besitz, dass sie befürchtete, ohnmächtig zu Boden zu sinken.

»Jemand möchte uns unterstützen«, stieß sie hervor. Am liebsten hätte sie mit den Fingern über seine Haut gestrichen und sich vergewissert, dass die Wunde tatsächlich verschwunden war.

Bly wartete darauf, dass Emerson irgendeine Reaktion zeigte – Erleichterung oder gar Freude. Eine Unterstützerin war genau das, was sie brauchten.

Doch stattdessen starrte er Demelza stirnrunzelnd an. »Ich kenne dich«, sagte er.

Blys Blick wanderte zwischen den beiden hin und her. Demelzas Grübchen vertieften sich, ihr Lächeln wirkte nun aufrichtig und herzlich.

»Diana?«, fragte Emerson.

Das Lächeln der jungen Hexe geriet für einen Moment ins Stocken, bevor es nach einem kleinen Kopfschütteln erneut erstrahlte. »Demelza.«

»Natürlich«, sagte Emerson. »Demelza. Ich …« Er schien sich Blys Anwesenheit bewusst zu werden und drehte sich zu ihr um. In seinem Gesicht zeichnete sich etwas ab, das sie ihm nicht zugetraut hätte: ein Geheimnis. Er presste die Lippen zusammen, als wüsste er nicht recht, wie er es ihr offenbaren sollte.

Als sie noch Kinder gewesen waren, hatte sie ihn einmal am Waldrand überrascht und gesehen, dass er etwas hinter seinem Rücken versteckte. Sie hatte einen Schmollmund gezogen und ihm vorgehalten, er verletze ihre Gefühle, wenn er etwas vor ihr verberge. Schon hatte sie ihn überzeugt, ihr zu zeigen, um was es sich handelte: Es war ein kleines, selbst geschnitztes Holzpferd gewesen, das er ihr zum Geburtstag schenken wollte. Danach hatte er ihr jedes Jahr etwas anderes geschnitzt: ein kleines Schwert, einen Vogel, einen Baum. Egal was es war, er erzählte ihr davon, sobald er mit seinem Vorhaben begann, hatte sogar zugelassen, dass sie sich zu ihm setzte und ihm bei der Arbeit zusah. Bly war zwar ein wenig traurig darüber gewesen, dass sie sich beim ersten Mal selbst die Überraschung verdorben hatte, aber ihm zuschauen zu dürfen war für sie das größere Geschenk gewesen.

Wenn Emerson seine Holzfiguren fertigte, kam die Fantasie zum Ausdruck, die er sonst immer versteckte. Dann hatte Bly das Gefühl, dass sie sich ähnlicher waren, als es nach außen hin den Anschein hatte. Es war eine unausgesprochene Übereinkunft zwischen ihnen, dass er nie wieder etwas vor ihr verheimlichen wollte.

Zumindest hatte das gegolten, bis sie sich nach Elises Tod voneinander entfernt hatten. Welche Geheimnisse hatte er im vergangenen Jahr angesammelt?

Blys Hand wanderte zu der Kette, die sie versteckt unter ihrer Bluse trug. Sie bestand aus einer kleinen hölzernen Rose an einer Schnur – das letzte Geburtstagsgeschenk von ihm, bevor Elise im Wald gestorben war.

Ihr diesjähriger Geburtstag war ohne Geschenk von ihm verstrichen, obwohl sie den Tag damit verbracht hatte, voller Hoffnung am Waldrand auf und ab zu gehen.

Emerson starrte Blys Hand an, die an ihrer Brust lag. Ahnte er, dass sie durch den Stoff hindurch seinen Holzanhänger umklammerte?

Mit einem Kopfschütteln wandte er sich zu Demelza um. »Könntest du uns einen Moment Zeit geben?«

»Natürlich«, antwortete die Hexe. »Aber ich muss bald wissen, ob ihr euch mit mir zusammentun wollt.« Sie warf einen Blick zu den anderen Hexen, die sich inzwischen um die besten Anwärter versammelt hatten. »Die Teams, die Chancen auf den Sieg haben, sind schnell vergeben.«

Bei diesen Worten spürte Bly ein Kribbeln im Bauch. Es gab noch jemanden außer ihr selbst, der glaubte, dass sie es schaffen konnte! Dass es sich dabei um eine Hexe handelte, war ihr ausnahmsweise egal.

Lediglich der seltsame Ausdruck auf Emersons Gesicht hielt sie davon ab, allzu große Zuversicht zu empfinden.

»Schieß los«, sagte sie, weil sie glaubte, er könne einen kleinen Anstoß gebrauchen, so wie damals, als er ihr erstes Geburtstagsgeschenk hinter seinem Rücken versteckt hatte.

Er rückte genauso schnell mit der Sprache heraus wie an jenem Tag: »Nach Elises Tod bin ich hierher in die Hexenstadt gekommen.« Er starrte beim Reden an Bly vorbei, statt ihr in die Augen zu sehen. Auch das war untypisch für ihn. »Der Gedanke, dass die Hexen ihren toten Körper besitzen … dass sie sich an ihrem Blut bedienen … das hat mich ganz krank gemacht. Diesen Triumph habe ich ihnen nicht gegönnt. Also bin ich an dem Tag, als es passiert ist – nachdem ich dich nach Hause gebracht hatte –, hierher nach Havenwhile gerannt. Ich habe mir mit meinem Messer einen Weg durch die Hecke geschnitten und bin durch die Straßen geirrt. Immer wieder habe ich Passanten bedrängt und sie gefragt, wo gestohlene Menschenleichen aufbewahrt würden. Irgendwann hat jemand die Wachen informiert. Ich habe gesehen, wie sie mir auf der Straße entgegengekommen sind, und … Es war mir vollkommen egal. Ich stand da und habe auf sie gewartet, bis mich plötzlich Demelza gepackt und in einen Blumenladen gezogen hat. Sie hat mich hinter den Vasen mit den Rosen versteckt, und ihr Duft war so unerträglich, dass ich mich übergeben musste.«

Nun sah er Bly doch an, und sie erkannte den Schmerz in seinem Blick, den er bisher vor ihr verborgen hatte. Er war ebenso groß wie ihr eigener.

»Weil *sie* nie mehr Gelegenheit haben würde, diese Rosen zu riechen.«

Blys Herz krampfte sich zusammen. »Du hättest mich mitnehmen sollen«, flüsterte sie.

Sie hatte die ganze Zeit geglaubt, sie sei diejenige, die ihren Fehler allein wieder ausmerzen müsse. Dabei hatte Emerson genauso verzweifelt versucht, eine Lösung zu finden. Und auch er war unbesonnen und kopflos vorgegangen. Der junge Mann, der sonst immer alles genau durchdachte. Bly versuchte vergeblich, sich vorzustellen, wie er durch die Hexenstadt gestapft war. Dass er es getan hatte – für Elise, für *sie* –, verstärkte noch ihre Liebe zu ihm.

»Ich wollte dir das nicht zumuten.«

»Hast du sie gefunden?«, fragte Bly leise.

Er schüttelte den Kopf. »Demelza hat mich zu dem Ort geführt, an dem die Hexen … ihre Blutvorräte aufbewahren. Sie war nicht mehr da. Sie haben sie *verkauft.*« Er verschluckte sich beinahe an diesem letzten Wort. »Die Leichen, die die Hexen im Wald finden, gehören ihrer Anführerin und dem Hexenrat, aber sie verkaufen das Blut auch manchmal. Und es gibt sogar Blutlieferanten, die … noch leben. Die Hexen töten nicht alle Vampire, die ihnen im Zuge der Spiele gebracht werden. Manche behalten sie, um sie zu schröpfen, wann immer sie Vampirblut brauchen.«

Bly war entsetzt. So etwas durfte eigentlich nicht passieren. Die Spiele waren dazu da, das Blutvergießen einzudämmen, nicht, um endlose Blutvorräte zu schaffen. Die Hexen verstießen eindeutig gegen die Regeln. Sie fragte sich, ob die Vampire es genauso hielten. Es war typisch für diese Kreaturen, dass die Menschen die Einzigen waren, die fair spielen mussten. Vielleicht gab es überhaupt keine Regeln. Vielleicht waren sie nur Fassade.

Emersons Miene verfinsterte sich. »Du weißt ja, wie sehr ich die Vampire hasse. Aber dass die Hexen sie auf diese Weise quälen? Das ist grausam. Und wir helfen ihnen dabei.«

»Wir helfen *Elise*«, korrigierte Bly, allerdings mit einem unguten Gefühl im Bauch.

Er nickte und kniff die Lippen zusammen. »Dann sollten wir mit Demelza zusammenarbeiten. Sie ist nicht so schlimm wie viele andere Hexen.«

»Eine Hexe bleibt eine Hexe, genau wie ein Vampir ein Vampir bleibt.« Sie warf ihm seine eigenen Worte an den Kopf, während ihre Hand zu den Fesselzaubern wanderte, die dank Hazel wieder sicher verstaut waren.

»Sie hat mir trotzdem geholfen. Ihr gefällt es genauso wenig, wie ihresgleichen die Menschen behandeln. Oder dass sie Vampire in Käfigen halten.«

Die Situation erinnerte Bly an ihr Gespräch in Vagaris, wo sie ihm erzählt hatte, dass Kerrigan anders sei, während er darauf beharrt hatte, dass er trotz allem ein Vampir war. Sie zwang sich, den Mund zu halten, obwohl sie zu gern auf die Parallele zu sprechen gekommen wäre. Aber es gab noch etwas anderes, was ihr zu denken gab und worauf sie Emerson aufmerksam machen wollte.

»Wenn Demelza wirklich anders ist als die übrigen Hexen, warum will sie dann ein Team unterstützen, das noch mehr Vampire für Havenwhile fängt?«

Emerson runzelte die Stirn. Es sah ihm gar nicht ähnlich, dass er eine derart offensichtliche Unstimmigkeit übersah. »Vielleicht hat sie ihre eigenen Gründe, so wie wir. Wie auch immer: Wir brauchen jemanden, der uns unterstützt. Oder etwa nicht?«

Bly hätte ihm gern widersprochen. »Doch«, sagte sie stattdessen. Sie blickte sich nach Demelza um und stellte fest, dass sie mit einem konkurrierenden Team sprach – den Geschwistern, die den Vampir enthauptet hatten. Aus der Nähe sahen sie aus wie Zwillinge. »Wir müssen ihr Angebot annehmen, bevor es jemand anders tut!«

Sie gingen hinüber, und Demelza strahlte Emerson freudig entgegen. »Habt ihr eine Entscheidung getroffen?«

Die Zwillinge starrten ihn und Bly misstrauisch an.

»Wir möchten mit dir zusammenarbeiten«, verkündete Bly, obwohl Demelza auf Emersons Antwort zu warten schien.

Die Hexe nickte zögerlich, und Bly atmete erleichtert auf.

»Unter einer Bedingung«, schränkte Demelza ein und zeigte auf die Zwillinge. »Das sind Nova und Vincent. Ich will sie auch dabeihaben. Mit einem vielseitigeren Team haben wir bessere Gewinnchancen.« Sie musterte Bly prüfend. »Du kennst dich gut mit Magie aus, aber wie du heute sicher festgestellt hast, ist manchmal ein wenig Muskelkraft nötig, um sie anwenden zu können. Und über die verfügst du nicht. Ich fürchte, Emersons Muskeln würden nicht genügen.« Sie warf ihm einen entschuldigenden Blick zu.

»Das geht nicht«, widersprach Bly energisch. »Ich brauche den Wiedererweckungspreis.«

»Ich weiß«, beteuerte Demelza. Sie wusste, dass Bly und Emerson einen geliebten Menschen verloren hatten, schließlich hatte sie Emersons Trauer persönlich erlebt. »Die Zwillinge haben es nur auf den Geldpreis abgesehen. Es kommt ständig vor, dass die Teams den Gewinn unter sich aufteilen.«

Bly starrte die Geschwister an. Ihre Kleider waren abgetragen und fadenscheinig, und ihre hungrigen Blicke verrieten, dass sie schon seit vielen Jahren wussten, was Verzicht war. Bly hingegen hatte sich nur ein gutes Jahr lang einschränken müssen, um Zaubergegenstände und Vorräte für die Spiele zu kaufen. Die Verzweiflung dieser beiden ging weit über das hinaus, was sie erlebt hatte, zumindest vor Elises Tod.

Ihr selbst war das Geld nicht wichtig. Sie hätte nichts dagegen gehabt, es zu besitzen, wusste jedoch, dass sie es nicht ertragen hätte, die großzügige Summe der Hexen entgegenzunehmen, während diese den Menschen kontinuierlich Dinge nahmen, die nicht zu ersetzen waren. Je mehr Zeit Bly in Havenwhile verbrachte, desto sicherer war sie sich, dass sie hier nicht hätte leben wollen. Sie hätte nur überall blaue Augen gesehen, die sie an ihren schlimmsten Albtraum erinnerten.

Also gab sie sich einen Ruck und nickte.

Auch Nova reagierte mit einem knappen Nicken. Vincent blinzelte nicht einmal.

Demelza betrachtete zufrieden ihre Teammitglieder. »Dann lasst uns heute Abend ausruhen und Pläne schmieden. Morgen früh geht es los.«

NEUN

Wieder war es eine Überwindung für Bly, durch den Hexenwald zu gehen. Sie kam sich vor, als hätte sie den Albtraum der Prüfung hinter sich gelassen, nur um sich im nächsten wiederzufinden, der ihr allzu vertraut war. Hatte sich die Anzahl der Pilze über Nacht verdoppelt, oder gingen sie heute einen Pfad entlang, an dem sie dichter wucherten? Bly konnte keinen einzigen Schritt tun, ohne sie weich und schwammig unter ihren Füßen zu spüren. Sie versuchte, nicht auf den Boden zu starren, konnte jedoch nicht anders, bis sie einen Blick auf sich fühlte und Demelza dabei ertappte, wie sie sie beobachtete. Die Hexe nickte ihr teilnahmsvoll zu. Danach behielt Bly den Kopf hocherhoben.

Sie musste ohnehin nach Prämienjägern Ausschau halten. Nun, da die Spiele offiziell begonnen hatten, würde es im Wald nur so von ihnen wimmeln. Es gab Regeln, die ihnen ihr blutiges Handwerk erleichterten: Die regulären Teilnehmer durften keinen Unsichtbarkeitszauber auf sich anwenden, und auch ihre Geschwindigkeit durften sie nur zum Kämpfen auf magische Weise verstärken, nicht zur Fortbewegung im Wald. Beides diente dazu, den Prämienjägern bessere Chancen einzuräumen. Natürlich riskierte man bei Missachtung der Regeln eine empfindliche Strafe.

Blys ganzer Körper spannte sich an, als sie zu ihrer Linken ein Rascheln und eine Bewegung wahrnahm. Dann erkannte sie, dass sich etwa ein Dutzend Hexen neben ihr durch die Bäume schlängelte. Im Vampirwald waren vermutlich ähnliche Trupps unterwegs. Sie durften sich nicht in die Gefangennahme von ihresgleichen einmischen – schließlich bestand darin das Ziel der Spiele –, sorgten jedoch dafür, dass die Regeln eingehalten und eventuelle Verstöße geahndet wurden. Außerdem nahmen sie die Leichenteile entgegen, die die Prämienjäger ihnen brachten. Bly verzog gequält das Gesicht, als eine der Hexen Demelza zunickte und dann wieder im Wald verschwand.

Nach dieser Begegnung setzten sie ihren Weg nach Vagaris fort. Anfangs stellte Demelza Emerson noch Fragen, als wären sie alte Freunde, die sich lange nicht mehr gesehen hatten, doch nachdem er ihr nur einsilbig antwortete, verstummte sie.

Hin und wieder ertönten gellende, albtraumhafte Schreie.

»Sollte vielleicht jeder von uns einen Kraftzauber bei sich tragen?«, fragte Bly, als die untergehende Sonne den Wald in flüssiges Gold zu tauchen begann. Früher hatte sie diese Tageszeit immer geliebt, aber jetzt erinnerte sie sie an das vergoldete Labyrinth im Ballsaal der Vampire.

»Meine Vorräte sind leider begrenzt«, antwortete Demelza. »Wir müssen uns die Zaubergegenstände, die ich bei mir trage, für den Ernstfall aufsparen. Wenn ich sie euch gebe, geratet ihr womöglich in Panik und verschwendet sie, obwohl wir sie noch gar nicht wirklich brauchen.«

»*Wir* geraten nicht in Panik«, knurrte Vincent, und die Betonung des ersten Worts stellte klar, dass er nur sich und Nova damit meinte.

Emerson sagte nichts. Es war auch nicht nötig, denn er strahlte ein kühles Selbstvertrauen aus. Bei seinem Anblick würde niemand auf die Idee kommen, dass er leicht in Panik zu versetzen war.

»Und ich habe ja wohl bewiesen, dass ich mich im Griff habe«, argumentierte Bly. Bei der Hexenprüfung hatte sie die zur Verfügung stehenden Zaubergegenstände geschickt eingesetzt und nicht gezögert, wie sie es bei der Vampirprüfung getan hatte. Zum Glück wussten Demelza, Nova und Vincent nichts von ihrem Versagen in Vagaris.

»Es ist trotzdem besser, wenn wir abwarten, bis wir sie tatsächlich benötigen«, entschied Demelza.

»Besser für wen?«, fragte Vincent und imponierte Bly mit seiner Bereitschaft, der Hexe offen zu widersprechen.

»Für mich«, fuhr ihn Demelza an.

Bly sah, wie Vincent mit den Zähnen knirschte und mühsam eine wütende Antwort hinunterschluckte. Er wusste genauso gut wie sie alle, dass Demelza hier das Sagen hatte.

Am Vorabend hatten sie in einer Schankstube zusammengesessen, an einem Holztisch, auf dem sich ofenwarmes Brot, Käse und Kartoffeln türmten. Sie hatten es sich schmecken lassen, während sie ihr Vorgehen planten. Es schien hauptsächlich darin zu bestehen, Demelzas Anweisungen zu folgen, ohne ihr zu widersprechen. Bly hatte sie neugierig gefragt, wie viele Zaubergegenstände sie für ihre Mission zur Verfügung habe.

»Genug«, hatte Demelza barsch geantwortet.

Dass sie sich ganz auf eine fremde Person verlassen musste, bereitete Bly Unbehagen. Sie verriet der Hexe daher nicht, dass sie über ihr eigenes kleines Arsenal verfügte. Die meisten Teilnehmer traten mit Zaubergegenständen bei den Spielen an, aber Bly hatte das Gefühl, dass sie mehr davon besaß als die meisten anderen. Ob ihre Teammitglieder es mitbekommen würden, wenn sie in einer Gefahrensituation danach griff, damit wenigstens sie selbst auf alles vorbereitet war? Nova und Demelza warfen ihr häufig misstrauische Blicke zu, was ihr gar nicht gefiel. Wenn sie ihre Sammlung entdeckten, würden sie sie vielleicht drängen, sie mit den anderen zu teilen, und Blys Loyalität für ihr Team hielt sich derzeit noch in Grenzen.

Den einzigen richtigen Plan, den sie gefasst hatten, war der, dass sie sich im Falle eines Angriffs um Demelza versammeln würden, die ihnen dann austeilte, was sie zum Kämpfen benötigten. Es war Bly nicht entgangen, dass sich die Teammitglieder dadurch zwischen die Hexe und die Bedrohung stellen würden, worin auch immer diese bestand.

Sie waren entbehrlich. Demelza nicht.

Niemand hatte sich darüber beschwert. Die Menschen waren in einer Welt aufgewachsen, die sie gelehrt hatte, es nicht zu tun.

Auch wenn es Bly nicht gefiel: Demelza musste mehr Zaubergegenstände besitzen, als sie selbst je würde zusammentragen können. Und es gewann nur selten jemand ohne die Hilfe von Magie. Tatsächlich hatte sie erst einmal davon gehört, dass menschliche Teilnehmer ohne die Unterstützung von Vampiren oder Hexen erfolgreich gewesen waren. Damals hatten sich zwölf Spieler zusammengetan und gemeinsam ein anderes Team im Wald überwältigt. Sie hatten dessen gefangenen Vampir gestohlen, um ihn den Hexen zu überbringen, aber die meisten hatten den Preis nie zu Gesicht bekommen. Denn je näher sie Havenwhile gekommen waren, desto heftiger war der Konkurrenzkampf zwischen ihnen geworden. Um ihr Geld nicht mit so vielen anderen teilen zu müssen, hatten die Spieler angefangen, sich gegenseitig umzubringen, bis am Ende nur noch drei Brüder übrig geblieben waren. Wenigstens hatte das Blutvergießen bei ihnen haltgemacht.

Bly starrte auf Vincent und Nova, die vor ihr gingen.

In dieser Welt war Blut wichtiger als alles andere, und das bezog sich nicht nur auf Verwandtschaftsverhältnisse. Vielleicht war es doch nicht so schlau gewesen, sich auf ein größeres Team einzulassen, auch wenn sie es auf unterschiedliche Bestandteile des Preises abgesehen hatten.

Zum Glück hatte Bly ebenfalls einen festen Verbündeten. Es gab schließlich auch Verbindungen, die nicht auf Blutsverwandtschaft, sondern auf Freundschaft basierten, auf unzähligen gemeinsam verbrachten Stunden, in denen etwas anderes entstanden war – etwas, das sich vielleicht sogar als stärker erwies.

Sie warf einen Blick auf Demelza, die gerade ihren Rock anhob, um mit der Mühelosigkeit einer Person, die viel Zeit im Wald verbrachte, über einen umgefallenen Baumstamm zu steigen. Ihre Kleider waren schöner als die der meisten anderen Hexen – nicht auf protzige Weise, sondern was die kleinen Details anging, die nur modebewussten Frauen auffielen. Auch Bly hatte früher von Kleidern geträumt, die über derart ausgefeilte, liebevolle Details verfügten. Demelza trug eine wallende weiße Bluse und darüber eine hüftlange Weste, die offen stand und vermutlich vollgestopft war mit Zaubergegenständen. Was Bly jedoch besonders ins Auge gestochen war, war die florale Stickerei in verschiedenen Grüntönen, die säulenartig beide Seiten der Weste zierte. Dazu passte Demelzas Überrock, der aus unterschiedlich großen Blättern in allen erdenklichen Braun- und Grünnuancen bestand, die die ganze Farbpalette des Waldes abdeckten.

All dies sprach dafür, dass ihre Unterstützerin über mehr Geld verfügte als die Durchschnittshexen, die Bly auf dem Markt beobachtet hatte. Und mehr Geld konnte ein Hinweis auf einen höheren gesellschaftlichen Rang sein. Bly bekam ein schlechtes Gewissen, weil sie Demelza beobachtete und überlegte, wie sie sie später verraten und überwältigen könnten, um auch noch den Preis der Vampire einzuheimsen. Andererseits hatten sich die Vampire und Hexen diese grausamen Spiele selbst ausgedacht, Bly orientierte sich nur an deren Regeln.

Es war Demelzas eigene Entscheidung, als Unterstützerin an den Spielen teilzunehmen, und Bly kam nicht umhin, sich zu fragen, warum sie es tat. Die Bewohner des Ödlands waren sicher nicht die Einzigen, die triftige Gründe für ihre Teilnahme hatten, zumal viele Vampire und Hexen, die im Zuge der Spiele gekidnappt wurden, freiwillige Unterstützer waren und sich somit selbst in Gefahr gebracht hatten. Demelza sah nicht aus wie eine Hexe, die es sich nicht leisten konnte, Blut zu kaufen, also ging es ihr möglicherweise um Macht oder Prestige. Oder sie war älter, als sie aussah, und gelangweilt vom jahrelangen ereignislosen Dasein als Hexe.

Bly schob sich näher an Demelza heran. Das goldene Licht der Abendsonne betonte die roten Strähnen in ihren Haaren, wie Blutfäden vor einem Hintergrund aus Honig. Bly kam der Gedanke, dass sie besser in die Vampirstadt gepasst hätte mit all ihrem Gold und Karmesinrot.

»Warum unterstützt du uns eigentlich?«, fragte sie. »Ich meine nicht, warum du auf uns aufmerksam geworden bist, sondern warum du generell mitmachst.«

Demelza sah sie an. Wann immer die Hexe ihre tiefblauen Augen auf sie richtete, musste Bly gegen den Drang ankämpfen, den Blick abzuwenden. Ob Demelza wohl spürte, welches Unbehagen sie in ihr hervorrief?

»Meine Gründe gehen dich nichts an«, antwortete die Hexe, nachdem sie eine Weile geschwiegen hatte.

»Finde ich schon«, widersprach Bly. »Du weißt schließlich auch, warum ich hier bin.«

Demelza starrte plötzlich hinter ihre Schulter. Bly drehte sich um und sah, dass Emerson sich zu ihnen gesellt hatte.

Die junge Hexe seufzte. »Ich entstamme einer mächtigen Hexenfamilie. Während meiner Kindheit und Jugend haben daher immer wieder Teilnehmer der Spiele versucht, uns anzugreifen und zu entführen.« Ihre Stimme wurde kalt. »Es ist nie jemandem gelungen, aber ich habe die Spiele fürchten gelernt und fand es schrecklich, untätig zu Hause zu sitzen und jederzeit damit zu rechnen, dass jemand unsere Verteidigungsmaßnahmen umgeht. Sobald ich alt genug war, habe ich daher beschlossen, selbst mitzuspielen. Ich bin lieber draußen im Wald und jage Vampire, statt darauf zu warten, dass sie irgendwelche skrupellosen Menschen zu mir führen.« Demelza hielt inne. »Entschuldigt, euch meine ich damit nicht.« Sie sah nicht so aus, als würde ihr ihre Aussage leidtun.

»Schon gut«, antwortete Bly.

Sie wandte den Blick ab, damit Demelza nicht sah, was sich deutlich auf ihrem Gesicht abzeichnen musste: Erleichterung. Emerson und sie hatten nicht irgendeine Unterstützerin an ihrer Seite, sondern eine mächtige Hexe, die ihnen nicht nur helfen konnte, einen ebenso mächtigen Vampir zu fangen, sondern auch selbst hochrangig genug war, um ihnen den Vampirpreis einzubringen. Alles, was sie brauchten, um als Doppelsieger aus den Spielen hervorzugehen, schien sich wie von selbst zu ergeben.

Bly spähte verstohlen zu Emerson, der Demelza teilnahmsvoll ansah.

»Das tut mir leid«, sagte er. »Ein solches Leben wünsche ich niemandem.«

Demelza wandte ruckartig den Kopf in seine Richtung und starrte ihn überrascht an.

Bly knirschte insgeheim mit den Zähnen. Warum entschuldigte er sich bei einer Hexe, deren Vorfahren die Spiele einst selbst erfunden hatten? Ihr fiel ein, was er ihr über Demelza erzählt hatte.

»Emerson hat gesagt, du würdest es ablehnen, dass ihr Hexen Vampire in Käfigen haltet und ihnen Blut abzapft.«

Diesmal war es ein scharfer, vorwurfsvoller Blick, den Demelza Emerson zuwarf. Es war offensichtlich, dass niemand von dieser grausamen Praxis erfahren sollte. Andererseits war er es ihr nicht schuldig, ihre Geheimnisse zu bewahren.

»Das lehne ich tatsächlich ab«, bestätigte sie schroff. »Mir ist es lieber, wenn sie tot sind.«

»Verständlicherweise«, sagte Emerson finster.

Bly ließ sich zurückfallen. Er versuchte nur, sich mit der Person gut zu stellen, die sie für den Sieg brauchten, aber seine Anteilnahme versetzte ihr dennoch einen Stich. Hexen verdienten es nicht, dass man sie bemitleidete.

Andererseits hatte Demelza Emerson geholfen, als er am Tiefpunkt gewesen war, hatte versucht, Elise für ihn zu finden. Also gebührte ihr wohl doch ein wenig Anerkennung.

Dunkelheit senkte sich herab und vertrieb das goldene Licht, verwandelte den Wald in einen stillen Ort voller Gefahren. Bly versuchte, sich auf die Bedrohungen zu konzentrieren, die mit der Nacht einhergingen, statt auf das Unbehagen, das ihr eigener Plan in ihr verursachte.

Nachdem es vollkommen finster geworden war, blieb Demelza stehen und verteilte kleine Ampullen mit einer Flüssigkeit, die sie sich in die Augen tropfen ließen, um im Dunkeln sehen zu können. Der Zauber wurde mithilfe von Morgentau hergestellt, der aus Prachtwinden im ersten Licht des Tages gesammelt wurde und äußerst teuer war. Er erinnerte Bly daran, wozu sie die Hilfe einer Hexe benötigten, denn er ermöglichte es dem Team, bis weit in die Morgenstunden hinein weiterzugehen, in der Hoffnung, dass sie sich so einen Vorsprung vor den anderen Teilnehmern und den Prämienjägern erarbeiteten, ohne sich durch Fackeln oder andere Lichter angreifbar zu machen.

Endlich fand Bly einen günstigen Moment, um zwei ihrer eigenen Kraftzauber aus ihrem Rock zu ziehen. Lautlos gab sie einen davon an Emerson weiter. Sie hatte nicht vor, ein Risiko einzugehen, indem sie sich von Demelza abhängig machte.

Die Nacht wurde immer gewalttätiger. Metall klirrte, und Gebrüll drang an ihre Ohren. Bly überlegte, ob es nicht klüger gewesen wäre, sich einen Unterschlupf zwischen den Bäumen zu suchen, statt weiter durch den Wald zu ziehen. Bewegung bedeutete Geräusche, und Geräusche bedeuteten, dass sie gehört werden konnten.

Plötzlich ertönte so dicht neben ihnen ein Schrei, dass der Schmerz darin in Blys Brust widerhallte. Sie verharrten reglos, sogar Demelza blieb stehen.

»Sollen wir für den Rest der Nacht hierbleiben?«, fragte Nova.

Demelza schüttelte den Kopf, und Bly musste ihr recht geben. Sie wollte nicht an einem Ort Rast machen, an dem der letzte Laut eines Sterbenden in den Bäumen hing wie ein Gespenst.

Jeder ihrer Schritte hörte sich lauter an als der vorherige, genau wie jeder Herzschlag, der in Blys Brust hämmerte. Sie hatte schon immer Angst gehabt vor der Dunkelheit, und der Helligkeitszauber bewirkte lediglich, dass der Wald aussah, als würde es dämmern. Man hatte nicht das Gefühl, bei Tag unterwegs zu sein.

Finger legten sich um ihr Handgelenk, und sie war wieder einmal dankbar für Emersons Gegenwart. Er schien es zu spüren, wenn ihre Panik am größten war.

Dann drückte die Hand plötzlich so fest zu, dass Bly das Gefühl hatte, sie wolle ihr die Knochen brechen. Eine zweite Hand schloss sich um ihren Mund und würgte den Zauberspruch ab, den sie gerade hatte murmeln wollen. Der Griff um ihren Unterarm wurde so qualvoll, dass sie die Faust öffnete. Die zarte kleine Eichel, die ihren Kraftzauber enthielt, fiel auf den Boden, während Bly zur Seite gezogen wurde.

Die Hand vor ihrem Mund dämpfte ihren Schrei, und die Äste schlossen sich hinter ihr und dem Angreifer. Warum hatte sie nur beschlossen, ganz hinten zu gehen?

Emerson verharrte, als hätte er ihren im Keim erstickten Ruf gehört. Novas Kopf fuhr herum, sie starrte in die Richtung, in der Bly verschwunden war. Dann tauchten schemenhafte Gestalten auf, die hinter den umstehenden Bäumen hervortraten.

Demelza stieß einen Schrei aus.

Bly wurde unterdessen tiefer in den Wald hineingezogen. Sie hörte Metall, das gegen Metall stieß, vernahm kämpferisches Gebrüll. Äste kratzten an ihrer Haut und erinnerten sie daran, dass auch sie kämpfen musste – ob sie nun einen Kraftzauber zur Verfügung hatte oder nicht.

Falls sie es nicht tat, würde sie nur ein weiteres Echo werden, ein weiterer Todesschrei, der unheilvoll durch die Nacht hallte.

Sie trat mit den Beinen aus, stieß gegen Schienbeine, die sich anfühlten wie Baumstämme. Mit der freien Hand riss sie an den Fingern, die immer noch über ihrem Mund lagen. Dann zwang sie sich, innezuhalten. Sie kämpfte wie ein Mensch, dabei konnte sie auf die Kräfte einer Hexe zurückgreifen. Die Eichel war zwar auf dem Waldboden verloren gegangen, aber sie besaß noch mehr Zaubergegenstände.

Bly trat weiter um sich, um davon abzulenken, dass sie in ihren Rock griff und ein kleines Kästchen daraus hervorzog. Sie öffnete es und nahm vorsichtig ein kleines, getrocknetes Stück Pilz heraus.

Um den Zauber zu aktivieren, musste sie sprechen können, doch die Person, die sie festhielt, presste gnadenlos die Hand auf ihren Mund. Dagegen half auch ihr anhaltendes Treten nichts. Ihre Panik drohte die Energie des Adrenalins, das durch ihren Körper rauschte, zu ersticken.

Aber dann dachte sie an Emerson, der, den Geräuschen nach zu urteilen, in einen erbitterten Kampf verwickelt war. Vermutlich hatte er längst bemerkt, dass sie entführt worden war, und sein Bemühen, zu ihr zu gelangen, würde ihn ablenken und seine Kampfkraft schwächen. Sie musste sich möglichst schnell befreien.

Also holte sie ein letztes Mal aus, trat jedoch nicht nach ihrem Entführer, sondern hakte sich mit einem Bein am Stamm einer kleinen Eiche ein, die vor ihr stand. Dann zog sie sich ruckartig nach vorn, obwohl ihr Knie und ihre Hüfte schmerzhaft protestierten. Der Mann, der sie festhielt, gab ein verärgertes Knurren von sich. Er ließ sie zwar nicht los, presste jedoch nicht mehr ganz so druckvoll seine Hand vor ihren Mund.

Bly nutzte den Freiraum und biss ihn in die Finger, schmeckte Dreck, Rauch und Widerwärtigkeit. Schreiend riss er seine Hand weg.

»Hure!«, fauchte er und versuchte, erneut die Finger über ihren Mund zu legen, aber es war bereits zu spät.

»Schlaf!« Sie hätte es gern laut und triumphierend hinausgeschmettert, brachte jedoch nur ein Krächzen zustande. Es musste genügen. Schnell zerdrückte sie den Pilz an der Handfläche ihres Entführers.

Er begann zu wanken, lockerte seinen Griff und sank in sich zusammen, wobei er Bly unter sich begrub. Sein Gewicht ließ die Luft aus ihrer Lunge entweichen. Sie keuchte und krallte sich in die weiche Erde, um sich unter seinem Körper hervorzuziehen. Mühsam erhob sie sich auf die Knie.

Etwas Kaltes legte sich an ihren Hals.

»Was hast du mit ihm gemacht?«, fragte eine Frauenstimme.

Bly blieb stumm.

»Antworte mir!« Die Klinge wurde fester gegen ihre Kehle gedrückt und zwang sie, ihre Beichte abzulegen.

»Er schläft nur«, sagte Bly.

Die Frau stieß ein Lachen aus, es klang rau und freudlos.

»Du hast keine Ahnung, wie oft ich mir gewünscht habe, ihm einen Schlafzauber zu verpassen.« Die Klinge wurde für einen Moment weggezogen, tauchte jedoch sofort wieder an Blys Hals auf. »Einer Fremden kann ich so etwas trotzdem nicht durchgehen lassen. Steh auf.«

Die Frau kratzte mit ihrer Messerklinge an Blys Haut entlang nach oben. Sie schien klarmachen zu wollen, dass sie keine Gnade kannte, wenn man ihre Befehle missachtete, und vor dem Kinn ihrer Beute keineswegs haltmachen würde. Hastig rappelte Bly sich auf. Sobald sie festen Boden unter den Füßen hatte, tastete sie mit der Hand unauffällig nach den Zaubergegenständen in ihrem Rock.

»Hände nach oben!« Die Klinge ritzte ihre Haut ein.

Bly gehorchte – nicht der Frau, sondern deren Messer.

Ein winziger Dolch erschien in der freien Hand der Prämienjägerin. Sie versuchte, ihn unter Blys Blusenärmel zu schieben, und folgte ihrer ausweichenden Bewegung.

»Ich muss nachschauen«, sagte die Frau. »Das verlangt unser Verhaltenskodex. Erst die Markierung prüfen, dann töten.«

Der kleine Dolch ließ Blys Manschettenknöpfe abspringen und entblößte die Markierung, die Emerson und sie erhalten hatten, bevor sie Vagaris verlassen hatten: eine rote, in die Haut gebrannte Beere.

»Perfekt!«, zischte die Frau. »Ich ziehe es vor, mit den Hexen zu verhandeln. Diese eiskalten Vampire machen mich wahnsinnig.«

Sie wandte sich Blys anderem Handgelenk zu und reagierte ungehalten, als diese sich wand, um ihrem Dolch zu entkommen. Unsanft drückte sie Bly gegen einen Baum und vertiefte die Ritzwunde, die ihr Messer verursacht hatte. Heißes Blut tropfte an ihrem Hals herunter, und sie schnappte erschrocken nach Luft. Ihr zweiter Blusenärmel wurde aufgeschlitzt, und die Markierung, die Emerson und sie vor Verlassen der Hexenstadt erhalten hatten, wurde sichtbar: ein zartblauer Pilz, den Bly mit Abscheu auf ihrer Haut trug.

»Jackpot!«, stieß die Frau erfreut hervor.

Sie drehte den Kopf in Richtung der Kampfgeräusche, als wollte sie ihren Komplizen zurufen, dass sie auf eine Doppelprämie gestoßen war. Ihr Vorhaben machte Bly noch größere Angst als die Klinge an ihrem Hals. Der Ruf der Frau würde deren Gefährten dazu bringen, noch härter zu kämpfen und Emerson und den Rest des Teams zu töten. Das musste sie verhindern! Sie riss ein Knie nach oben und rammte es der Frau zwischen die Beine, doch die gab lediglich ein Stöhnen von sich, ohne ihren Griff zu lockern. Wenigstens hatte Bly verhindert, dass sie ihre Komplizen informierte.

»Ich wollte dich eigentlich töten, damit du nicht leiden musst, aber jetzt werde ich dir bei lebendigem Leib beide Arme abschneiden, während du um Gnade flehst, und dich dann für die Wölfe oder Vampire liegen lassen.«

In diesem Moment traf ein schwerer Ast die Frau seitlich am Kopf, und sie fiel bewusstlos um und riss Bly mit sich.

Ein grimmiges, wild entschlossenes Gesicht tauchte über ihr und der Frau auf, dann wurde deren regloser Körper auf den Rücken gezerrt. Es war Nova, die sich daneben auf die Knie niederließ und ihren Dolch in das Herz der Frau stieß, bevor sie ihn wieder hervorzog. Blut spritzte über den Waldboden, und Bly rappelte sich auf und taumelte rückwärts. Die Lider der Frau flatterten, als würde sie gerade noch rechtzeitig wieder zu sich kommen, um ihre letzten Atemzüge zu tun. Nova wandte sich dem schlafenden Mann zu und stach ihm den Dolch in den Rücken. Er zuckte nicht einmal, als sie ihre Waffe wieder entfernte und das Blut zu fließen begann.

Bly wollte schreien, hielt sich jedoch die Hand vor den Mund und starrte in Novas finsteres Gesicht.

»Gern geschehen«, sagte die junge Frau, ohne ihren Blick zu erwidern.

»Das hättest du nicht …«, stammelte Bly.

»Was? Ich hätte dich nicht retten müssen?« Novas hochgezogene Augenbrauen verliehen ihrem hageren Gesicht einen noch strengeren Ausdruck. »Nein, ich weiß.«

»Du hättest sie nicht töten müssen.«

»Du wolltest, dass ich sie am Leben lasse, damit sie uns später erneut angreifen und umbringen?« Nova nahm erst Blys linkes Handgelenk und dann ihr rechtes ins Visier, obwohl beide wieder von den Blusenärmeln bedeckt waren. »Damit sie dir *beide* Arme abtrennen, während du um Gnade flehst?«

Bly wollte protestieren, schloss jedoch verunsichert den Mund. Hatte Nova auch die Vampirmarkierung gesehen? Zumindest hatte sie gehört, was die Frau zu ihr gesagt hatte, und war misstrauisch geworden.

»Nein? Dann sei froh, dass ich es getan habe«, sagte Nova und wandte sich ab.

Bly konnte sich nicht dazu überwinden, ihr zu danken, auch wenn sie teilweise verstand, warum Nova so gnadenlos handelte. Auch sie stumpfte seit einem Jahr zunehmend ab, wurde immer unempfindlicher und gefühlskälter. Wer weiß, wie sie sich in zwei oder drei Jahren verhalten würde, falls sie diesen Wettkampf nicht gewann und ihr elendes Leben im Ödland wieder aufnehmen musste.

»Was ist mit den anderen?« Bly wollte sich an Nova vorbeischieben, doch die junge Frau nahm sie beim Arm.

»Die haben alles unter Kontrolle. Ich bin dir hinterhergerannt, sobald klar war, dass sie allein zurechtkommen.« Nova runzelte die Stirn, als glaubte sie mittlerweile, dass Blys Rettung ein Fehler gewesen sei.

»Danke«, stieß Bly endlich hervor. Es klang zögerlich und unsicher.

Nova gab ein schroffes Lachen von sich. »Das sagst du nur, weil ich hinter dein kleines Geheimnis gekommen bin.«

Bly schüttelte den Kopf, obwohl sie wusste, dass Leugnen zwecklos war. Sie senkte den Blick auf die Hand, mit der die junge Frau noch immer ihren Arm umfasste.

Vincents Schwester ließ los, stellte sich jedoch vor Bly und bedachte sie mit einem abfälligen Blick. »Ich dachte, wir wären uns ähnlich. Vincent und ich sind nur hier, um für unsere Familie zu kämpfen. Wir haben viele Geschwister, die hungern müssen, wenn wir kein Essen auf den Tisch bringen.« Sie hielt inne und drehte den Kopf zur Seite, als bereute sie es, derart Persönliches preisgegeben zu haben. »Als wir ein Team werden sollten, habe ich nur zugestimmt, weil Demelza meinte, du hättest vergleichbare Gründe. Aber du spielst offenbar ein doppeltes Spiel. Vielleicht sollten alle davon erfahren. Weiß es dein Gefährte? Bist du eine dieser Frauen, die sich gern von Vampiren beißen lassen? Ist das dein Motiv?«

Bly zuckte erschrocken zusammen. »Natürlich nicht!«

Nova verschränkte die Arme vor der Brust, und Bly seufzte.

»Emerson ist mit einem Todesfluch belegt. Wir wollen auch ihn retten.«

Novas Augenbrauen schossen nach oben.

In diesem Moment schrie Emerson Blys Namen durch die Bäume. Auch Vincent rief nach seiner Schwester. Die beiden Frauen antworteten nicht.

»Ich muss beide retten: meine Schwester und ihn. Ich kann nicht … Ich kann nicht weiterleben, ohne es wenigstens versucht zu haben. Unsere Vereinbarung als Team wird nicht darunter leiden. Wir werden den entführten Vampir zusammen mit euch übergeben und bis dahin keinen Versuch unternehmen, eine Hexe zu fangen. Kannst du mich nicht verstehen?«

Nova blieb einen Moment lang stumm. Dann nickte sie. »Doch.«

»Ich weiß, dass ich es schaffen kann, beide Preise zu gewinnen!«

»Ich glaube dir«, sagte Nova und streckte ihr die Hand hin. »Und ich werde dein Geheimnis für mich behalten, solange es uns nicht in die Quere kommt.«

Bly schlug ein. Der Händedruck der beiden jungen Frauen war fest, ihre Entschlossenheit unumstößlich.

ZEHN

Das kribbelnde Gefühl, beobachtet zu werden, sorgte während des restlichen Wegs nach Vagaris noch mehrmals dafür, dass Bly die umliegenden Bäume nach lauernden Angreifern absuchte, aber jedes Mal entdeckte sie nur Emerson, dessen Blick besorgt auf ihr ruhte. Er war voller Angst auf sie zugerannt, als sie mit der blutbesudelten Nova zwischen den Bäumen hervorgetreten war, und seine Hände hatten vor ihrem Körper innegehalten, als wollte er über ihre Haut streichen und sie nach Wunden absuchen.

»Ich konnte nicht zu dir gelangen«, hatte er mehrmals gestammelt.

Am liebsten hätte sie ihm versichert, dass es in Ordnung sei, wenn er sie berühre und sich vergewissere, dass sie unverletzt sei. Sie fühlte sich nur noch dann vollständig und unversehrt, wenn er seine Finger gegen ihr Handgelenk presste.

Es erleichterte sie, dass er sie seither nicht mehr aus den Augen ließ. Jedes Mal, wenn sie wieder das Kribbeln spürte und sich nach ihm umsah, erwachte jener Teil von ihr, der sich tot anfühlte, auf schmerzhafte Weise zum Leben.

Aber sie durfte sich jetzt nicht ablenken lassen. Wenn alles nach Plan lief, hatte sie eine ganze lange Zukunft vor sich, in der sie seine Aufmerksamkeit genießen konnte. Vorausgesetzt, er sah sie nach den Spielen überhaupt noch an.

Was, wenn er nur deshalb so oft den Blick auf sie richtete, weil er befürchtete, sie auch noch zu verlieren? Was, wenn die Gefahren der Spiele vorüber waren und er sie nach wie vor nur als platonische Freundin betrachtete?

Dann würde sie damit leben müssen.

Wenn Bly die Zeit hätte zurückdrehen können, wäre sie überglücklich gewesen mit dem, was sie hatte – eine schöne, großherzige Schwester und einen überfürsorglichen Freund. Was wirklich zählte, war, dass sie die beiden um sich hatte, dass sie gesund und munter waren. Bly hatte ihre Lektion gelernt und würde nie wieder mehr vom Leben wollen als das.

Irgendwann tauchte das gewaltige Tor von Vagaris vor ihnen auf, und die Metallspitzen an seinem oberen Ende bildeten vor dem mondhellen Himmel eine unheilvolle Silhouette. Die Zwillinge wollten, ohne zu zögern, hindurchgehen.

»Nicht dort hinein«, flüsterte Demelza. »Wir können keine neugierigen Blicke gebrauchen.«

»Wo hinein dann?«, fragte Nova und machte sich nicht die Mühe, den Ärger in ihrer Stimme zu verbergen.

Bly hatte längst gemerkt, dass sie eine Person war, die den direkten Weg bevorzugte – die erst durchs Tor marschierte und dann über die Konsequenzen nachdachte, die Feinden einen Dolch ins Herz rammte, damit sie nicht zum anhaltenden Problem wurden.

Genau so jemanden brauchte Bly an ihrer Seite.

»Folgt mir«, sagte Demelza.

Sie schlichen weiter durch den Wald, während die Mauer der Vampirstadt wie ein Schatten neben ihnen aufragte. Demelzas Hände strichen über die Rinde jedes Baums, an dem sie vorbeikamen, bis sie eine knorrige Eiche erreicht hatten. Dort wandte die Hexe sich zur Mauer und ging geradewegs auf sie zu.

Auch Bly legte im Vorbeigehen die Hand auf die Eichenrinde und spürte die undeutlichen Umrisse eines eingeritzten Sterns unter ihren Fingern.

Die Mauer sah hier genauso aus wie an allen anderen Stellen: Steine über Steine, überwuchert von Moos. Demelza drückte die Hand dagegen und flüsterte etwas, das Bly zu gern verstanden hätte. Dann tat sich ein dunkler, zerklüfteter Spalt in der Mauer auf. Demelzas Zähne blitzten weiß in der Dunkelheit auf, als sie ihren Mitstreitern zulächelte. Dann schlüpfte sie durch die Öffnung, die in der Mauer klaffte. Vincent und Nova sahen sich an und folgten ihr.

Emerson bedeutete Bly, als Nächste zu gehen. »Ich will dich nicht allein auf dieser Seite zurücklassen.«

Sie begann, sich seitwärts durch den engen Spalt zu schieben. Die rauen Steine kratzten an ihrer Haut, und sie brauchte mehrere Schritte, bis sie durch die breite Mauer hindurch war.

Dann stand sie zum zweiten Mal in Vagaris. Vor ihr erhoben sich die Rückwände steinerner Häuser. Es schien sich um einen dunklen, vergessenen Winkel der Vampirstadt zu handeln, dem Graben zwischen Mauer und Gebäuden.

Demelza legte einen Finger an ihre Lippen, obwohl niemand ein Wort gesagt hatte. Sie hielt den Kopf schräg und lauschte. »Ich höre, dass sich irgendwo nicht allzu weit entfernt Vampire versammelt haben. Die Teilnehmer der Spiele bringen uns nur selten einen wirklich hochrangigen Vampir in die Hexenstadt. Die meisten begnügen sich mit einem einfachen Wachmann. Wenn wir stattdessen einen Befehlshaber erwischen, ist uns der Sieg so gut wie sicher.«

So gut wie sicher reichte Bly nicht. Sie wollte nicht das geringste Risiko eingehen, dass andere sie übertrumpfen könnten. Wenn sie die diesjährigen Spiele verlor, würde sie im nächsten Jahr erneut antreten müssen, dabei drehte sich ihr allein beim Gedanken an das viele Blut, das in den letzten Tagen geflossen war, der Magen um. Manche Menschen spielten jeden Winter aufs Neue und waren irgendwann nur noch leere Hülsen – ihre Sehnsucht nach mehr höhlte aus, was sie ursprünglich ausgemacht hatte. Die meisten von ihnen lebten an den Dorfrändern und gaben sich nicht mehr mit ihren Mitmenschen ab.

Ein solches Leben wollte sie nicht führen.

»Nein«, widersprach Bly. »Wir brauchen ein Mitglied des Königshauses. Ich will auf keinen Fall riskieren, das uns jemand den Sieg wegschnappt.« Sie sah zu Nova hinüber, die zustimmend nickte.

Auch Emerson und Vincent tauschten einen Blick aus. Bly wusste, dass ihr alter Freund gerade die Chancen und Gefahren gegeneinander abwog und zu dem Schluss kam, dass es sich nicht lohnte, einen Angehörigen der königlichen Familie zu kidnappen.

»Da muss ich dir recht geben.«

Bly fuhr überrascht zu Demelza herum, in deren Augen wilde Entschlossenheit funkelte. Aber als sich auch die anderen zu ihr umwandten, zuckte sie nur beiläufig mit den Schultern. »Ich will eben unbedingt gewinnen«, sagte sie, als wäre das keine große Sache. Ihr Ausdruck war wieder neutral geworden, doch hinter ihrer scheinbaren Gleichgültigkeit verbarg sich noch etwas anderes. Bly hatte es genau gesehen. Vielleicht ging Demelzas Hass auf die Vampire tiefer, als sie hatte zugeben wollen.

Im Grunde war es Bly egal. Hauptsache, die Hexe und sie waren einer Meinung, was die Wahl ihres Entführungsopfers anging.

Demelza kaute nachdenklich auf ihrer Lippe herum. »Während der Spiele finden in der Festung jede Nacht Feste statt. Dazu lassen die Vampire jeden herein.«

»Warum sollten sie?«, fragte Vincent. »Klingt nach einer Falle.«

»Weil sie überhebliche Mistkerle sind, die glauben, sie wären unantastbar.« Demelza lachte leise. »Wir Hexen machen es im Übrigen genauso. Das Problem wird also nicht sein, wie wir hineingelangen, sondern wie wir mit unserer Beute wieder *heraus*kommen. Ich war noch nie in der Festung. Da ich nicht weiß, womit ich es zu tun habe, kann ich schlecht einen konkreten Plan schmieden. Aber wir müssen ja nicht sofort aktiv werden. Wir können erst mal nur an der Feier teilnehmen, uns umsehen, schauen, ob wir irgendwo einen Schwachpunkt entdecken.« Sie nickte. »Das ist wohl am vernünftigsten. Uns bleibt genug Zeit, mit Bedacht vorzugehen.«

Bly rutschte das Herz in die Hose. Emerson und ihr blieb mitnichten genug Zeit. Sie spürte Novas Blick auf sich. Der jungen Frau musste klar geworden sein, vor welchem Dilemma Bly stand. Wenn sie beide Preise anstrebte, konnte sie nicht tagelang in Vagaris herumlungern und Pläne schmieden. Sie musste sofort handeln.

Bly sah zu Emerson hinüber, der kaum merklich den Kopf schüttelte. Sie durften nicht zugeben, dass sie schon am ersten Abend der Spiele hier gewesen waren. Frühere Aufenthalte in Vagaris waren hingegen unverfänglich.

»Emerson kennt die Festung. Er ist Waffenschmied, und ich glaube, sein Vater und er haben mal ein Schwert hierher ausgeliefert.« Glücklicherweise verriet das Gesicht ihres Freunds keinerlei Überraschung über ihre Lüge. »Hast du nicht erzählt, du hättest über die Größe der Festung gestaunt? Über diesen langen Flur mit den vielen Türen, der in einen riesigen Ballsaal mündet?«

»Ja, stimmt«, antwortete Emerson langsam.

In Bly hatte ein Plan zu keimen begonnen. Er wuchs und gedieh, schob seine Wurzeln in ihren Magen und bereitete ihr ein flaues Gefühl. Aber es war ein guter Plan.

»Wie wäre es, wenn sich das Team in einem der Räume versteckt, die vom Flur abgehen, während sich einer von uns unter die Vampire mischt? Der- oder diejenige könnte ein Opfer ausmachen und es unter dem Vorwand, sich beißen lassen zu wollen, in das Zimmer locken. Die Ballgäste rechnen sicher nicht mit einem Angriff aus dem Hinterhalt, und es würde alles fernab von neugierigen Blicken über die Bühne gehen.«

»Wir hätten immer noch das Problem, wie wir den Vampir aus der Festung und der Vampirstadt hinausschmuggeln«, merkte Emerson an.

Bly seufzte. So weit hatte sie noch gar nicht gedacht.

»Ich könnte ihn unsichtbar machen«, schlug Demelza vor.

»Du hast einen Unsichtbarkeitszauber?«, fragte Bly. Dafür brauchte man die zarten Flügel einer Libelle, die auf natürlichem Weg ertrunken war. Die Magie funktionierte nicht, wenn das Insekt extra für den Unsichtbarkeitszauber getötet wurde. Dadurch waren die Flügel so selten, dass sie nur unter der Hand gehandelt wurden.

»Die wichtigere Frage ist doch, wen wir zum Lockvogel bestimmen«, erwiderte Demelza. »Die Vampire haben auf dem heutigen Ball sicher einige Freiwillige zum Bluttrinken zur Verfügung. Warum sollten sie also einem von euch in einen abgelegenen Raum folgen?«

Bly suchte erneut Emersons Blick. Wieder schüttelte er den Kopf.

Sie beschloss, sich über seine Warnung hinwegzusetzen. »Vor einigen Tagen bin ich beim Beerenpflücken im Wald einem Vampirprinzen begegnet, der … Gefallen an mir gefunden hat.«

Demelza schnaubte verächtlich. »Vampire finden keinen Gefallen an *Menschen.* Nur an deren Blut.«

Emerson nickte zustimmend, und Bly warf ihm einen bitterbösen Blick zu.

»Er hat seine Begleiter davon abgehalten, mich zu beißen,

weil ich schon vorher auf dem Markt Blut verkauft hatte und geschwächt war.«

Demelza sah sie mit hochgezogenen Augenbrauen an, als fiele es ihr schwer, das zu glauben.

»Es war wirklich so!«, beteuerte Bly.

»Was hast du also vor? Willst du ihm zum Dank deinen Hals anbieten?«

Bly zuckte mit den Schultern. »Ich denke, dazu würde er nicht Nein sagen.«

Wieder wanderte ihr Blick zu Emerson. Er hatte mitbekommen, wie Kerrigan sie angesehen hatte. Es war nicht ausgeschlossen, dass ihr der Vampirprinz in die Falle ging. Wie höflich und zurückhaltend er sich auch gab, seine Augen hatten sich merklich verdunkelt, als sie vor ihm gestanden hatte. Wenn sie ihm ihr Blut freiwillig anbot, würde er nicht ablehnen, das spürte sie. Er hatte sogar zu ihr gesagt, dass er sie beißen würde, wenn sie sich das wirklich wünschte.

»Versuchen kannst du es ja«, knurrte Emerson schließlich. Sie sah ihm an, wie schwer ihm diese Worte fielen.

Vincent schüttelte den Kopf. »Demelza hat es schon gesagt: Wir müssen nicht gleich heute Nacht zuschlagen.«

»Der Plan ist gut«, widersprach Nova. »Warum sollen wir es nicht so schnell wie möglich hinter uns bringen?« Sie sah ihrem Bruder in die Augen. »Wenn wir den Vampir früher an die Hexen übergeben als die anderen Teams, können wir zurück nach Hause und dort auf das Endergebnis warten.«

Die Aussicht auf eine frühere Rückkehr zu seinen Geschwistern schien Vincent zu besänftigen. Seine Miene wurde nachgiebiger. »Also gut«, sagte er.

Demelza betrachtete ihre Mitstreiter und seufzte. »Wir werden uns allerdings ein wenig aufhübschen müssen.«

ELF

Bly versuchte, sinnlich und verführerisch zu wirken, als sie auf das Tor der Festung zuging. Demelza hatte dem ganzen Team einen Glamourzauber verpasst. Mithilfe der kandierten Rosenblätter, die sie zu diesem Zweck aus der Tasche gezogen hatte, waren ihrer aller Augen dunkelgrau geworden, sodass sie nicht sofort als Nicht-Vampire auffielen. Anschließend hatte die Hexe jedem von ihnen die zarten Fäden eines Spinnennetzes gegeben – wenn man sie in der Hand hielt, konnte man sich jedes Kleidungsstück herbeizaubern, das man sich vorstellte. Die anderen Teammitglieder hatten die violetten und roten Kleidungsstücke gewählt, die die Vampire bevorzugten.

Bly hingegen hatte ein goldenes Kleid vor Augen gehabt, als sie das Zauberwort gemurmelt hatte, denn ihr war wieder eingefallen, dass Kerrigan gesagt hatte, er bevorzuge es, wenn seine Blutspenderinnen golden gekleidet waren. Aber sie hatte sich die Farbe offenbar zu dunkel ausgemalt, denn ihre Robe schimmerte in einem Kupferton, der eher an Kerrigans Haarfarbe erinnerte als an Gold.

Schmale Spaghettiträger hielten das Kleid auf ihren Schultern, und der Wasserfallausschnitt war tief und entblößte die weiße Haut ihres Dekolletés, schloss auch ihre Arme ein, um die sich der Stoff anmutig bauschte. Der seidene Rock des Kleids umschmeichelte fließend ihre Beine, die aufgrund der seitlichen Schlitze, die fast bis zu Blys Taille hinaufreichten, gut sichtbar waren. Am wichtigsten waren jedoch die breiten Bündchen, in denen die Ärmel endeten: Sie verdeckten Blys Markierungen und verbargen die Zaubergegenstände, die sie für ihre Mission brauchte.

Emerson war blass geworden, als er das Ergebnis ihrer Verwandlung gesehen hatte. Demelza hingegen hatte anerkennend genickt und erklärt, sie finde es gut, dass Bly wie eine Vampirhure aussehe. So würde ihr Kerrigan eher glauben, dass sie auf sein Angebot zurückkommen wolle.

Beim Wort *Hure* war Bly zusammengezuckt.

Auf dem Weg zum Tor versuchte sie, nicht ständig an ihrem Kleid zu zupfen, dessen Schnitt die Form ihrer Brüste betonte und für ihren Geschmack zu viel nackte Haut zeigte. Stattdessen konzentrierte sie sich darauf, unfallfrei auf den kniehohen Schnürstiefeln mit den spitzen Absätzen zu laufen, die sie als Ergänzung zu ihrem Kleid herbeigezaubert hatte und die sie noch größer wirken ließen.

Trotzdem konnte Bly ein unsicheres Wanken nicht verhindern. Sie hoffte, dass jene, die auf sie aufmerksam wurden, sie für angetrunken hielten. Ihre Mitstreiter hatten die Festung bereits vor ihr betreten und hoffentlich die leere Garderobe gefunden, in der sie warten sollten. Es war wichtig, dass Bly allein hineinging. Sie wollte auffallen, nicht untergehen in der Menge.

Mit erhobenem Kinn stolzierte sie an den beiden Wachen vorbei, die das Tor flankierten. Sie beäugten sie neugierig, einer zwinkerte ihr sogar zu. Aber sie hielten sie nicht auf.

Bly ging den vertrauten Flur entlang und sehnte sich beinahe nach Seraphine und Sebastian zurück, die sie beim letzten Mal durch das Labyrinth aus Gängen geführt hatten. Doch vollkommen auf sich gestellt war sie auch diesmal nicht. Links von ihr streckte Demelza den Kopf aus einem Türspalt, nickte ihr zu und verschwand dann wieder. Bisher lief alles wie geplant. Wenn Bly den Ballsaal später verließ, würde es die erste Tür zur Rechten sein. Sie wollte Kerrigan auf keinen Fall in den falschen Raum führen, wo sie ihm ohne den Rückhalt ihrer Teammitglieder ausgeliefert sein würde – nicht etwa, weil sie befürchtete, er könne sie töten, sondern weil sie ihn dann tatsächlich würde trinken lassen müssen und – fast noch schlimmer – so tun, als würde es ihr gefallen.

Nachdem Bly noch einmal tief Luft geholt hatte, betrat sie den Ballsaal. Er sah auf den ersten Blick genauso aus wie vor der Vampirprüfung. Das goldene Labyrinth aus Dornbüschen war angefüllt mit Vampiren und Menschen, und es roch nach Wein und vergossenem Blut. Die süßliche Schärfe dieser Mischung verstopfte Bly sofort die Nase und bewirkte, dass sie am liebsten rückwärts wieder hinausgegangen wäre.

Und dennoch unterschied sich dieser Ball von dem vorherigen, denn er stand offenbar allen Bewohnern der Vampirstadt offen, nicht nur dem besonders prächtig gekleideten Adel. Auch Menschen schienen zahlreicher vertreten zu sein. Einige von ihnen trugen elegante Kleidung, lächelten ungezwungen und beugten sich zu den Vampiren, um ihnen ihr Handgelenk oder ihren Hals anzubieten. Es waren die Bluter, die in Vagaris lebten und ihre Ware direkt frei Eckzahn lieferten. Die Aufmachung der übrigen Menschen verriet, dass sie aus dem Ödland stammten. Bly entdeckte eine junge Frau mit zerrissenem, schlammbespritztem Rock, die einen Teller mit feinem Gebäck in der Hand hielt. Sie stopfte sich ein ganzes Törtchen in den Mund, als würde sie den Vampir, der hinter ihr stand und seine Zähne in ihrem Hals vergraben hatte, überhaupt nicht bemerken.

Bly wusste, dass Havenwhile und Vagaris während der Spiele für Besucher offenstanden, hätte sich jedoch bis vor Kurzem niemals vorstellen können, selbst einen dieser Orte aufzusuchen.

Gut möglich, dass sie sich als Kind manchmal dorthin geträumt hatte, aber da war ihr noch nicht bewusst gewesen, dass die Vampire und Hexen für das Elend verantwortlich waren, in dem die Menschen lebten.

Viele von ihnen waren in ständigem Hunger aufgewachsen und nutzten daher jede Gelegenheit, etwas gegen ihre knurrenden Mägen zu tun. Bly selbst hatte im vergangenen Jahr auch oft gehungert, weil sie immer wieder Mahlzeiten ausgelassen hatte, um sich Zaubergegenstände leisten zu können. Doch das war nicht dasselbe, wie wenn man sein ganzes Leben lang nach Nahrung lechzte und gar nicht mehr wusste, wie es sich anfühlte, einen vollen Bauch zu haben.

Ihre Augen brannten bei der Vorstellung, so ausgehungert zu sein, dass man die Eckzähne an seinem Hals nicht spürte, während man hübsch anzusehende Törtchen in sich hineinstopfte.

Blys Gefühl sagte ihr, dass Nova und Vincent sehr wohl einen solch alles verzehrenden Hunger kannten. In ihr erwachte ein altbekannter Funke, der sich aus ihrer Wut auf die ungerechten Verhältnisse speiste. Sie verspürte plötzlich wieder den dringenden Wunsch, etwas dagegen zu unternehmen. Aber wie? Sie steckte im selben Teufelskreis fest wie alle anderen, nahm an einem grausamen Spiel teil, um ihre eigenen Probleme zu lösen. Immerhin würde sie auf den Geldpreis verzichten und ihn an die Zwillinge abtreten.

Inzwischen hatte sie sich an das regelmäßige Blutlassen auf dem Markt gewöhnt, und auch im Wald kannte sie sich immer besser aus. Sie würde genügend Beeren und Pilze finden, die sich verkaufen ließen, und konnte daher getrost auf das Geld verzichten, das ihnen der gefangene Vampir einbringen würde. Eins stand fest: Sie würde nie wieder davon träumen, sich ein schönes Kleid zu kaufen.

Da sie im Moment nichts für die junge Frau tun konnte, die aus Hunger ihren Hals hinhielt, zwang sie sich, an ihr vorbeizugehen und weiter nach einem kupferroten Haarschopf Ausschau zu halten. Aber von Kerrigan war weit und breit nichts zu sehen.

Eine Frau mit kastanienbraunen Haaren packte Bly beim Ellbogen. »Eine Goldmünze gegen einen Schluck aus deinem Hals?« Sie ließ ihre Eckzähne aufblitzen, während sie versuchte, Bly die Münze in die Hand zu drücken.

»Nein.« Bly wich zurück. »Ich … ich verkaufe kein Blut.«

Die Frau hob überrascht die Augenbrauen und musterte erst Blys Kleid und dann ihren Hals. Bluter trugen Halsketten mit einem rubinroten Blutstropfen als Anhänger, um anzuzeigen, dass sie die Erlaubnis besaßen, Blut zu verkaufen. Eine solche Kette fehlte bei Bly, doch ihr Abendkleid ähnelte der edlen Aufmachung der Bluter, weshalb die Verwechslung nicht verwunderlich war.

»Mein Fehler«, sagte die Frau. »Melde dich, falls du deine Meinung änderst …« Mit einem Zwinkern zog sie sich zurück.

Blys Herz raste. Sie wurde das dumpfe Gefühl nicht los, dass nicht jeder Vampir in diesem Saal ein Nein akzeptieren würde. Wieder ließ sie den Blick über die Menge schweifen. Kerrigan war nicht hier.

»Bly?«

Als sie ihren Namen hörte, fuhr sie erschrocken herum und stand direkt Seraphine und Sebastian gegenüber. Sie waren nicht mehr in glänzendes Gold gekleidet, was ihren Anblick jedoch nicht weniger überwältigend machte. Sebastian trug dunkelviolette Kniehosen und ein schwarzes Wams über einem weißen Hemd, und Seraphines fließender Rock passte farblich zu Sebastians Beinkleid, wozu sie eine schulterfreie weiße Bluse und ein schwarzes Korsett kombiniert hatte. Ihre schwarzen Haare waren nach hinten geflochten und gaben den Blick auf einen Hals frei, der jeden Vampir im Saal magisch angezogen hätte, wenn Seraphine menschlich gewesen wäre.

Es überraschte Bly, wie sehr es sie erleichterte, zwei bekannte Gesichter zu sehen.

Seraphine begrüßte sie mit einem Grinsen. »Du bist es tatsächlich!«

Sebastians Blick war fragend. »Was machst du hier?«

Bly biss sich auf die Lippe. Ihre Erleichterung verflüchtigte sich. Seraphine hatte mitbekommen, wie sehr ihr beim Gedanken daran, gebissen zu werden, die Knie gezittert hatten. Wenn sie ihr nun erzählte, dass sie zurückgekommen war, um Kerrigan beim Wort zu nehmen und ihn von ihrem Blut kosten zu lassen, würde die junge Frau sicher durchschauen, dass es sich um eine Lüge handelte.

»Ich bin immer noch auf der Suche nach einem mächtigen Unterstützer.« Diese Behauptung kam ihr leichter über die Lippen. Schließlich war ihre Verzweiflung echt und nicht gespielt. Sie hoffte, dass die Geschwister anbissen.

Sebastian schüttelte den Kopf. »Das widerspricht zwar nicht den Regeln, wird aber wohl kaum von Erfolg gekrönt sein. Du hättest jeden Unterstützer bekommen können, den du hättest haben wollen, wenn du nur die Hexe getötet hättest.« Er versuchte gar nicht erst zu verbergen, wie enttäuscht er von ihr war.

Seraphine stieß ihn tadelnd mit der Schulter an. »Also, *ich* finde es gut, dass du die Hoffnung noch nicht aufgegeben hast, Bly.« Sie warf ihrem Bruder einen vorwurfsvollen Blick zu. »Es kann ja nicht schaden, wenn du noch einen Versuch startest.«

Sie legte Bly den Arm um die Schulter und drehte sie um, damit sie gemeinsam die anwesenden Vampire durchgehen konnten. »Hm«, sagte sie und tippte sich mit dem Finger auf die rot geschminkten Lippen. »Du müsstest wahrscheinlich mit jemandem vorliebnehmen, der schon ein Team zusammengestellt hat. Vielleicht nimmt dich ein Unterstützer als zusätzliches Teammitglied auf. Das würde zwar bedeuten, dass du den Unsterblichkeitspreis nicht für dich beanspruchen könntest, aber ein Anteil vom Geldpreis ist ja auch nicht schlecht.« Sie seufzte. »Leider sind die meisten Teams schon aufgebrochen.«

»Was ist mit Kerrigan?«, fragte Bly. »Ich dachte, er … würde seine Meinung vielleicht ändern.«

»Zweifelhaft, dass er sich umstimmen lässt«, lautete Seraphines Urteil. »Da!« Sie wies auf einen hellblonden Vampir, der sein Gesicht am Hals einer jungen Frau vergraben hatte. »Benedict hat dieses Jahr ein Team im Rennen und ist ganz verrückt danach, junge Frauen zu beißen! Ich hoffe, du nimmst ihm seine Zurückweisung nach der Prüfung nicht übel. Durch dein Versagen musst du jetzt andere Vorzüge geltend machen, und sagen wir es mal so: Benedict lässt sich leicht von hübschen Dingen überzeugen.« Sie lachte.

Bly warf Sebastian einen fragenden Blick zu. Er zuckte mit den Schultern. »Er wäre tatsächlich die beste Option. Allerdings bezweifle ich, dass du mit seinem Team gewinnen würdest. Er nimmt die Spiele nicht wirklich ernst und hat vermutlich nur aus Langeweile beschlossen, mitzuspielen.«

Sie beobachteten, wie Benedict bereits die Hand um den Unterarm einer zweiten jungen Frau legte, bevor er auch nur von der ersten abgelassen hatte. Er zog seine neueste Eroberung zu sich heran, schob ihr lachend die langen Haare hinter die Schultern und rammte seine Eckzähne in ihren Hals.

Bly schluckte. Kerrigan war nicht hier, und Benedict hatte beim letzten Ball ein Auge auf sie geworfen, auch wenn er sie nach der Prüfung zurückgewiesen hatte. Als Entführungsopfer war er ihr deutlich lieber als Kerrigan, denn es bereitete ihr Kopfschmerzen, ausgerechnet den Vampir in eine Falle zu locken, der freundlich zu ihr gewesen war, aus welchen Gründen auch immer.

»Donovan ist übrigens auch noch in Vagaris«, fügte Sebastian hinzu. »Er gibt den anderen Teams gern einen Vorsprung, um es spannender zu machen.«

Bly gab sich Mühe, sich ihren Schreck nicht anmerken zu lassen. »Danke, aber ich denke, ich versuche mein Glück bei Benedict.«

»Eine gute Wahl.« Seraphine schubste sie sanft in die richtige Richtung. »Schnapp ihn dir!«

Bly schob sich durch die Gäste, bis ihr eine weißblonde junge Frau den Weg verstellte. Es war Jade, die sie mit schräg gelegtem Kopf musterte. Bly wich unwillkürlich zurück, zwang sich dann jedoch, stehen zu bleiben.

Jade war ein Königskind, sie war also genauso gut geeignet wie Benedict. Vielleicht sogar noch besser. Es würde Bly jedenfalls keine schlaflosen Nächte bereiten, die Vampirin, die sie im Wald gebissen hatte, an die Hexen auszuliefern.

Die zierliche blonde Blutsaugerin trat so nah an Bly heran, dass sie zu ihr aufblicken musste. »Ich gebe zu, dass es mich überrascht, dich hier anzutreffen.« Ihr Blick verharrte auf Blys Hals. »Bei der Prüfung hat sich kein Unterstützer für dich entschieden. Bist du inzwischen zu einer anderen Übereinkunft gelangt? Wer beißt deinen hübschen Hals im Gegenzug dafür, dass er dir hilft? Nettes Kleidchen, übrigens.«

Bly schluckte, und Jades Augen wurden schwarz vor Gier.

»Noch niemand. Deshalb bin ich hier. Ich hatte gehofft, dass ich noch Chancen habe, jemanden zu finden …«

Jade seufzte. »Du glaubst vermutlich, du könntest Kerrigan von einer Teilnahme bei den Spielen überzeugen.«

»Ich nehme jeden, der Interesse hat.« Bly schluckte wieder. »Du hast gesagt, dir hat mein Blut geschmeckt.«

Jade grinste. »Du bist verzweifelt. Das gefällt mir. Normalerweise spiele ich nicht … Zu viel Zeit, die ich mit euch Menschen verbringen müsste. Lieber trinke ich nur euer Blut und vergesse euch dann wieder.« Ihre Augen leuchteten. »Aber vielleicht würde mich eine weitere Kostprobe überzeugen.«

Sie streckte die Hand aus und griff nach Blys Unterarm, doch die machte einen Schritt nach hinten. Ihr war vollkommen klar, dass Jade sie leer trinken und dann trotzdem ohne Unterstützung zurücklassen würde. Für ihr Vorhaben spielte es keine Rolle.

»Nicht hier.« Bly spähte über die Schulter zu den anderen Menschen, die gerade von Vampiren gebissen wurden.

Jade lachte. »Sag bloß, du bist schüchtern!«

Bly wusste, dass dies der Schwachpunkt ihres Plans war. Wie sollte sie Jade dazu bringen, ihr in die Garderobe zu folgen? Das Einzige, was ihr in die Hände spielte, war die Tatsache, dass sie schon beim letzten Ball hier gewesen war. Die Vampire hatten keinen Anlass, zu glauben, dass sie aufseiten der Hexen spielte.

»Ich will nur … Wenn ich ehrlich bin, kann ich kein Blut sehen. Mir ist jetzt schon schwindelig. Wie wäre es mit einer der Garderoben, die vom Flur abgehen? Dort ist es dunkler.«

Jade verengte die Augen zu Schlitzen. »Und *du* willst den Unsterblichkeitspreis gewinnen und eine von uns werden?«

Bly schluckte. Diesmal wurden Jades Augen nicht dunkler, als sie die Bewegung an ihrem Hals wahrnahm. Sie war misstrauisch geworden.

»Darauf hat es mein Gefährte abgesehen. Mich selbst interessiert nur das Preisgeld.«

Jade nickte. Ihr Argwohn verflüchtigte sich. Ein Mensch, der dringend Geld brauchte, war keine Seltenheit.

»Was hast du dir da Hübsches eingefangen?«, fragte plötzlich eine tiefe Männerstimme.

Bly fuhr herum und nahm erleichtert die roten Haare des Hinzugekommenen zur Kenntnis, bis sie merkte, dass sie nicht hellrot waren, sondern ihr dunkel und kräftig entgegenleuchteten. Es war Donovan, der auf sie herunterstarrte.

»Das Kaninchen aus dem Wald«, antwortete Jade.

Stirnrunzelnd musterte Donovan sie, bevor sich ein breites Grinsen auf seinem Gesicht ausbreitete. »Ach ja – das Kaninchen, das uns entwischt ist.«

»Mir nicht«, säuselte Jade.

Donovan warf ihr einen Blick zu. »Darauf bin ich ein bisschen neidisch, wie du weißt.«

»Sie ist bereit, sich beißen zu lassen, wenn sie dafür Unterstützung bei den Spielen bekommt.«

Donovan legte den Kopf schräg. »Sieh an. Mein Team könnte ein zusätzliches Mitglied gebrauchen. Bist du bereit, dein Preisgeld zu teilen?«

Blys Mund war so staubtrocken, dass sie kein Wort hervorbrachte.

Jade antwortete an ihrer Stelle: »Sie ist schüchtern und kann kein Blut sehen. Deshalb möchte sie an einem dunklen, abgeschiedenen Ort gebissen werden.« Sie lachte so unbekümmert, als hätte sie eine Bemerkung über das Wetter gemacht.

»Hättest du was dagegen?«, fragte Donovan.

Bly sah ihn an, aber er schien nicht mit ihr zu sprechen.

»Sie gehört dir.« Jade ließ ihr Handgelenk los.

Und dann lag Donovans Hand auch schon an ihrem Rücken. Mit der anderen umfasste er ihren Oberarm und schob sie auf die offene Tür des Ballsaals zu. Seine Berührung war nicht fest, doch Bly hatte das Gefühl, dass sich Taue um ihre Haut spannten, die sich blitzschnell zuziehen konnten.

Donovan war nie Teil ihres Plans gewesen. Ihre erste Wahl wäre Kerrigan gewesen, weil sie darauf gehofft hatte, dass er sie nicht sofort umbringen würde, wenn er feststellte, dass er in der Falle saß. Selbst die boshafte Jade mit ihrem zierlichen Körper wäre ihr lieber gewesen, denn sie wirkte leicht zu überwältigen. Donovan hingegen war die Gnadenlosigkeit in Person, und sie führte ihn direkt zu ihren Gefährten.

Es war zu spät für einen Rückzieher. Schon waren sie im Flur. Bly marschierte energisch auf die erste Tür zur Rechten zu und hoffte, dass Donovan ihr folgen würde. Aber sein Griff um ihren Arm wurde fester, und er zog sie zu einem zweiten Korridor, der wegführte von ihren Teammitgliedern.

»Sind die Garderoben nicht hier?«, stammelte sie.

»Ich bevorzuge meine eigenen Gemächer.«

»Ich …« Sie verstummte und blieb stehen, spähte verzweifelt über ihre Schulter. Wenn sie jetzt schrie, würde Emerson sie hören, genau wie sämtliche Vampire im Ballsaal. Damit hätte sie ihr Team verraten. Also schloss sie ihren Mund wieder. Schreien war keine Option. Ob Donovan sie loslassen würde, wenn sie ihm sagte, sie hätte ihre Meinung geändert? Wollte sie überhaupt losgelassen werden? Vielleicht schaffte sie es auch allein, ihn zu überwältigen.

Sie gelangten an eine Treppe und gingen in den ersten Stock hinauf. Bly zählte die Stufen, die sie immer weiter wegführten von Emerson. Ihr Atem ging schnell und stoßweise, bis sie sich zwang, tief Luft zu holen und sich zu sammeln.

Sie war nicht vollkommen wehrlos. In einem Ärmel ihres Kleids steckte ein Schlafzauber, den sie herausziehen konnte, wenn Donovan gerade anderweitig beschäftigt war.

Zum Beispiel an ihrem Hals.

Wieder galoppierte ihr Puls davon. Sie gab jeden Versuch auf, sich gegen den rothaarigen Vampir zu wehren. Vermutlich bereitete es ihm besonderes Vergnügen, wenn sie sich sträubte, und diesen Gefallen wollte sie ihm nicht tun.

Sie bogen in einen breiten Flur ein, der mit einem Schachbrettmuster aus nachtschwarzen und wolkengrauen Steinplatten gefliest war. Gesäumt wurde er auf beiden Seiten von Mauernischen, in denen Skulpturen aus miteinander verschlungenen Vampiren und Menschen standen. Bei ihrem Anblick wurde Bly gleichzeitig heiß und kalt. Sie senkte den Blick auf ihre Füße, obwohl sie sich angeblich nach genau so einer intimen Umarmung sehnte, oder zumindest danach, dass ein Vampir seine Eckzähne in ihren Hals grub.

Sie blieben unvermittelt stehen, und Bly verstand zunächst nicht, warum.

»Bruder«, sagte Donovan.

Bly hob ruckartig den Kopf. Sie konnte nicht verhindern, dass sie vor Erleichterung hörbar ausatmete.

Kerrigan starrte ungläubig auf sie herab. Er trug schwarze Samthosen und eine smaragdgrüne Seidenweste über einem weiten Hemd in tiefdunklem Violett. Der lavendelfarbene Schal an seinem Hals war mit grünen Ranken und Blättern bestickt.

»Auf dem Weg in den Ballsaal?«, erkundigte sich Donovan. »Die Auswahl ist groß heute Nacht.«

»Was hast du mit ihr vor?« Kerrigan sah Bly immer noch unverwandt an.

»Ach ja. Ich hatte ganz vergessen, dass du eine Schwäche für die Kleine zu haben scheinst. Wir wissen beide, dass die Sache kein gutes Ende finden würde – weder für dich noch für sie. Überlass sie lieber mir.«

Donovan setzte sich wieder in Bewegung und zog Bly mit sich, blieb jedoch stehen, als Kerrigan nicht von der Stelle wich.

»Für *was* soll ich sie dir überlassen?«, fragte er.

»Was auch immer sie möchte. Angeblich sucht sie immer noch einen Unterstützer für die Spiele.«

»Dann gib sie mir«, sagte Kerrigan.

»Du nimmst doch gar nicht teil.«

»Ich will sie aber«, stieß Kerrigan hervor, dessen Stimme ihre kühle Gelassenheit eingebüßt hatte.

»Um sie wieder freizulassen wie neulich im Wald?«

»Nicht, wenn sie es nicht möchte.«

Donovans Blick wanderte zwischen Bly und Kerrigan hin und her. Seine Augen verengten sich, als er seinen Bruder anstarrte. »Na schön. Aber du bist mir was schuldig.«

Er versetzte Bly einen Stoß in Kerrigans Richtung. Sie geriet ins Straucheln, und die Hände, die sich um ihre Oberarme schlossen, um sie zu stützen, packten fester zu als die von Donovan. Als sie das Gleichgewicht wiedergefunden hatte, nahm Kerrigan sie beim Handgelenk und zog sie den Flur entlang davon.

Hinter ihnen lachte Donovan in sich hinein.

Bly war hin- und hergerissen. Einerseits hatte sie gerade erst Gefallen gefunden an der Vorstellung, den Vampir in die Falle zu locken, der im Wald so grausam mit ihr gespielt hatte. Andererseits war Kerrigan die ungefährlichere Wahl. Glaubte sie zumindest.

Prinz Donovan zu verführen war so, als würde man eine Schlange beschwören. Bly wäre mit Sicherheit gebissen worden, hätte wahrscheinlich sogar ihr Leben gelassen.

Sie blieben vor einer schweren Holztür stehen, in die unzählige, einander überlappende Blumen geschnitzt waren. Es waren mehr Arten, als Bly hätte aufzählen können. In der Mitte befand sich ein Türklopfer aus glänzendem Kupfer in Form eines aus Blättern gewundenen Kranzes. Er zählte zu den schönsten Dingen, die Bly je gesehen hatte, und sie konnte sich nur mit Mühe davon abhalten, mit den Fingern darüber zu streichen.

Kerrigan drehte den Türknauf, der ebenfalls aus Kupfer bestand, und Bly erwartete, dass er sie mit sich in den Raum zog. Doch er ließ sie los und spähte den Flur entlang, vergewisserte sich, dass Donovan verschwunden war. Dann erst trat er durch die Tür und drehte sich zu ihr um.

Für einen Moment stand er einfach nur da, die Arme vor der Brust verschränkt, als müsste er über seinen nächsten Schritt nachdenken. »Also gut, komm rein«, sagte er schließlich. »Wenn es das ist, was du wirklich willst.«

Es klang nicht wie eine Frage. Eher wie eine Drohung. Blys Herz klopfte noch ein wenig schneller.

Sein Blick verließ ihre Augen und wanderte zu ihren nur knapp bedeckten Brüsten hinunter. Er hob eine Augenbraue. »Du scheinst deine Angst vor zu viel nackter Haut überwunden zu haben.« Er lachte. »Die Jungfrau in Nöten hast du äußerst überzeugend gespielt, das gestehe ich dir zu. Und als das nicht das gewünschte Ergebnis gezeigt hat, bist du zum nächsten Plan übergegangen.« Seine Augen verfinsterten sich. »Ich glaube, ich mag diese Version lieber. Sie ist authentischer.«

Am liebsten wäre Bly zurückgewichen und davongerannt. Stattdessen betrat sie zögernd den Raum.

Seine Wände bestanden aus dem schwärzesten Stein, den sie je gesehen hatte. Sie schienen jedes Fünkchen Licht in ihrer Umgebung zu schlucken und bildeten den perfekten Hintergrund für eine umfangreiche Gemäldesammlung. Wie vor einem vollkommen dunklen Nachthimmel entfalteten die Kunstwerke ihre ganze Pracht: goldgerahmte Bilder von düsteren Seen bei

Sonnenaufgang, schemenhaften Bäumen, einem Hirsch auf einer Lichtung, Paaren, die sich im Mondlicht küssten. Dazwischen hingen Wandleuchter mit flackernden roten Kerzen, die den schweren Duft von Zimt verströmten. Der Geruch erinnerte Bly an zu Hause, an Elise, die schon vor Tagesanbruch Apfelbrot buk. Der Druck in ihrer Brust ließ ein wenig nach.

In der Mitte des Zimmers standen ein roter Samtsessel, ein einfacher Holzstuhl und eine kunstvoll verschnörkelte Stehlampe, die Bly als kleinere Version der Kronleuchter im Ballsaal erkannte. Sie bestand aus goldenen Ranken, die oben in kleinen leuchtenden Kugeln endeten, zu Bündeln angeordnet wie Beeren. Magie sorgte dafür, dass sie im ganzen Raum ihr rotes, verführerisches Licht verbreiteten. Jenseits eines Vorhangs erkannte Bly ein Schlafgemach mit einem Bettgestell aus goldenen Ranken und roten Beeren.

Kerrigan durchschritt das Zimmer und setzte sich auf den Sessel. Er nahm eine Beere aus einer schimmernden goldenen Schale auf dem Tisch und schob sie sich in den Mund. Als er eine rote Flüssigkeit aus einer Karaffe in ein Glas schenkte, machte sich Bly auf den süßlichen Gestank von Blut gefasst, aber sie roch nur sauren Wein. Kerrigan beäugte sie kritisch, während er einen Schluck davon trank.

Nervös strich sie sich mit den Händen übers Kleid und leckte sich die Lippen, gab sich Mühe, möglichst verführerisch und erwartungsvoll auszusehen.

Er lachte. »Du kannst aufhören damit.«

Bly erstarrte. Die Zaubergegenstände unter ihrem Ärmel erschienen ihr plötzlich so auffällig wie Signalfeuer.

»Du bist nicht die Erste, die mich als Unterstützer anzuwerben versucht, indem sie …« Er wedelte mit der Hand vor ihrem Körper herum. »… auf fantasievolle Weise ihre Reize einsetzt.«

Ein anzügliches Grinsen breitete sich auf seinem Gesicht aus. »Du kannst es natürlich gern probieren, aber ich möchte gleich zu Anfang klarstellen, dass ich nicht an den Spielen teilnehmen werde. Wir würden es bestimmt beide genießen, wenn du dich trotzdem ins Zeug legen würdest. Bevor du jetzt kehrtmachst und zu meinem Bruder zurückrennst: Er hat bereits ein Team, und ich bezweifle, dass er dich mit aufnehmen würde, was auch immer er dir versprochen hat. Ich habe dir also einen Gefallen getan.«

Wenigstens schien er nichts von ihren wahren Absichten zu ahnen.

Während er ihre Entscheidung abwartete, wanderte sein Blick über ihren Körper, und irgendwann hatte Bly das Gefühl, bis in die Haarspitzen errötet zu sein. Ihr Zögern entlockte ihm erneut ein Grinsen.

Sie verbarg ihre Arme hinter dem Rücken und ging langsam auf ihn zu, in der Hoffnung, sexy zu wirken und nicht wie eine Frau, die gerade eine Waffe aus ihrem Ärmel zu ziehen versuchte. Zwischen seinen Knien blieb sie stehen, und ihre Beine berührten den samtenen Bezug seines Sessels.

»Du hast gesagt, wenn ich wissen will, wie es sich anfühlt, gebissen zu werden, bräuchte ich dich nur zu fragen. Hier bin ich und … frage dich.«

Seine Augen weiteten sich.

Sie hatte ihn überrascht. Sehr gut. Hoffentlich hatte sie ihn nachhaltig genug aus dem Gleichgewicht gebracht.

Bly beugte sich vor und stützte ihre Hände auf den Armlehnen des Sessels ab, wobei sie den zwischen ihre Finger geklemmten Zaubergegenstand sorgfältig verdeckte.

Kerrigans Blick war völlig ausdruckslos, als würde ihm die Situation keinen wirklichen Genuss bereiten. Seine Augen waren nicht mehr schwarz, wie noch vor einigen Sekunden. Vielleicht besaß er doch mehr Selbstbeherrschung, als sie gedacht hatte.

Bly versuchte, sich davon nicht beirren zu lassen. Sie musste ihn schließlich nicht erfolgreich verführen, nur lang genug ablenken, um ihn überwältigen zu können. Sie beugte sich noch weiter vor, bis ihre Lippen beinahe sein Ohr berührten und ihr Hals lang gestreckt und verletzlich vor seinem Mund verharrte. »Vielleicht schmecke ich so süß, dass du mich anflehen wirst, dich als Unterstützer zu wählen«, flüsterte sie und riss die Hand, in der sie den Schlafzauber hielt, nach oben, um die nackte Haut oberhalb seines Schals damit zu berühren.

Das Zauberwort hatte noch nicht ihre Lippen verlassen, als sich seine Finger um ihr Handgelenk legten und so fest zudrückten, dass sie die Faust öffnete. Schreiend wich sie zurück.

Ein getrocknetes Stück Pilz fiel auf seine Samthose. Er sprang auf die Füße und stieß Bly so abrupt nach hinten, dass sie gestürzt wäre, wenn seine Finger nicht ihr Handgelenk umklammert hätten. Im nächsten Moment hatte er sie herumgewirbelt und einen Arm um ihre Brust geschoben, um sie an sich zu drücken und hochzuheben, sodass nur noch ihre Zehenspitzen den Boden berührten. Mit der anderen Hand packte er ihr Kinn und zog es zur Seite, bis ihr Hals vor seinem Mund lag. Seine Eckzähne bohrten sich in ihre Haut, ohne sie zu durchstoßen, und ihr ganzer Körper zitterte vor Panik. Dann lockerte er seine Umklammerung ein wenig.

»Jetzt hast du es doch noch geschafft, mich zu überraschen. Du spielst also für beide Seiten. Entweder, du brauchst dringend Geld, und zwar eine Menge davon, oder du bist gierig. Was davon trifft zu?«

Bly stemmte sich gegen den eisernen Griff seines Arms und schwieg. Sie war ihm keine Antwort schuldig.

»Also gierig«, antwortete er an ihrer Stelle.

Wieder spürte sie seine Eckzähne an ihrem Hals.

Verzweifelt versuchte sie, sich ihm zu entwinden. Seine Muskeln spannten sich an, und er gab keinen Zentimeter nach, was sie nicht davon abhielt, weiterzukämpfen. Jedes Mal, wenn sie sich aufbäumte, kratzten seine Zähne an ihrer Haut. Doch das war ihr egal.

Wenn sie jetzt starb, würde Emerson aufgeben und in das Ödland zurückkehren, das wusste sie. Seiner Ansicht nach sollten die Toten tot bleiben, das hatte er oft genug gesagt. Das war zwar vor Elises Tod gewesen, aber Bly bezweifelte, dass sich seine Meinung diesbezüglich geändert hatte. Emerson änderte nie einen Standpunkt, auch nicht, wenn er seinen eigenen Wünschen und Sehnsüchten widersprach. Außerdem hatte er mehr als deutlich gemacht, dass er sich kein Leben als Vampir vorstellen konnte.

Wenn Bly nun also starb, würde Elise nie wieder zum Leben erwachen, und auch Emerson würde ihr bald unter die Erde folgen.

Obwohl sie all dies wusste, reichten Blys Kräfte nicht, um sich aus Kerrigans Griff zu befreien.

Sie hörte auf, sich zu widersetzen, und ließ ihren Tränen freien Lauf. Nicht um sich selbst weinte sie, sondern um ihre Schwester und ihren Kindheitsfreund. Die Erkenntnis, wie wenig ihr ihr eigenes Leben mittlerweile bedeutete, ließ sie innerlich erzittern. Sie war zu einem Menschen ohne Träume geworden, wäre jederzeit bereitwillig gestorben, wenn sie damit erreicht hätte, was sie sich wünschte: die Rückkehr ihrer Schwester … und vielleicht ein gewisses Maß an Vergebung für sich selbst.

Ihr entwich ein leises, halb ersticktes Schluchzen. Der Griff um ihr Kinn lockerte sich, und plötzlich waren die Finger des Vampirs auf ihren Wangen, strichen durch ihre Tränen. Bly zuckte erschrocken zurück, und Kerrigan nahm rasch die Zähne von ihrem Hals, damit sie sich nicht schnitt.

»Du willst also doch leben. Dir ist dein kleines, armseliges Leben doch noch etwas wert … Tja, das ist dir wohl zu spät klar geworden.«

»Mein eigenes Leben ist mir vollkommen egal.« Sie drehte ihr Gesicht von ihm weg, und er ließ es zu und legte seine Hand stattdessen auf ihren Hals. Auch wenn er keinerlei Druck ausübte, wusste sie, dass er ihr mühelos das Genick brechen konnte.

»Ach ja?«, fragte er, als würde er ihre Worte für eine Lüge halten.

Sie hasste seinen sarkastischen Tonfall.

»Ich will meine Schwester zurückholen.« Blys Stimme versagte, sie fühlte sich in die Enge getrieben und hoffnungsloser denn je. Elise entfernte sich immer mehr von ihr. Wo auch immer sie war, Bly würde ihr bald nachfolgen, das spürte sie.

Plötzlich berührten ihre Füße wieder den Boden, und energische Hände drehten sie um. »Was hast du gerade gesagt?« Der Vampir starrte mit gerunzelter Stirn auf sie herab.

»Ich will nur meine tote Schwester wieder zurückhaben.«

Wieder strömten ihr heiße Tränen übers Gesicht, und sie versuchte, den Kopf abzuwenden, damit er es nicht sah. Kerrigan nahm erneut ihr Kinn, diesmal ganz sanft, und drehte es in seine Richtung.

»Aber du warst doch hier und hast an der Vampirprüfung teilgenommen. Warum, wenn du eine Tote zum Leben erwecken willst? Wir Vampire *verursachen* den Tod, wir machen ihn nicht rückgängig.«

»Auf meinem … auf meinem besten Freund lastet ein Todesfluch. Ich will auch *ihn* retten. Ich will *alle* retten.« Leiser fügte sie hinzu: »Ich will nicht allein zurückbleiben.«

Ihre Worte schienen ihn aufzuwühlen. Bly bereute ihren letzten Satz, die Selbstsucht, die daraus sprach. Sie konnte nicht verhehlen, dass auch sie Rettung nötig hatte, genau wie Emerson und Elise. Kerrigan sah sie lange an. Etwas an seinem Ausdruck machte ihr zu schaffen – es war, als würde sie in einen Spiegel blicken. Doch das ergab keinen Sinn. Was hätten sie und ein Vampir gemeinsam haben sollen?

»Wie heißt du eigentlich?«, fragte er schließlich.

»Bly«, antwortete sie, überrascht von seiner Frage.

»Also gut, Bly. Ich werde mit dir kommen.«

Ihr blieb der Mund offen stehen. »Was?«

»Mein Leben gehört dir. Ich opfere es für deine Schwester.«

Sie wich vor ihm zurück, und seine Hände rutschten von ihren Armen.

»Spiel nicht mit mir«, bat sie leise.

Doch sein Gesichtsausdruck war bestürzend aufrichtig. Sie erkannte darin Trauer und Resignation, und auch einen kleinen Funken Hoffnung, dessen Ursache sie nicht verstand.

»Ich spiele nicht«, versicherte er.

»Warum tust du es dann?«

»Ich bin fertig mit diesem Leben.« Kerrigan sah sich in seinen luxuriösen Gemächern um, und Bly folgte seinem Blick. Es war offensichtlich, dass er alles besaß, wonach ihm der Sinn stand. Wovor lief er also davon?

»Warum?«, wiederholte sie.

Etwas huschte über sein Gesicht. Schmerz? Reue? Auf jeden Fall etwas Unerfreuliches. Sofort danach wurden seine Züge wieder hart wie Stein. »Meine Gründe gehen dich nichts an.«

Damit hatte er vollkommen recht, aber Bly stellte überrascht fest, dass sie sich verzweifelt wünschte, sie zu kennen. Sie wollte unbedingt verstehen, warum ein unsterblicher Prinz derart unzufrieden mit seinem Leben war, dass er sich freiwillig der Gefangenschaft und dem Tod auslieferte. Sie hatte nicht vor, ihm zu verraten, was in ihr vorging.

»Ich vertraue dir nicht«, sagte sie stattdessen.

Seine Augen waren immer noch schwarz. Es musste ihn unglaubliche Selbstbeherrschung gekostet haben, die Zähne von ihrem Hals zu nehmen und sie unversehrt zu lassen. Sie blutete nicht einmal. Er blinzelte, als versuchte er mühsam, seine Blutgier zurückzudrängen. »Ist wohl auch besser so«, sagte er langsam. Seine Hände waren neben seinem Körper zu Fäusten geballt, die Fingerknöchel weiß. »Klug von dir, dass du es nicht tust.«

Nur mit allergrößter Mühe konnte sich Bly davon abhalten zu schlucken.

Schweigen breitete sich zwischen ihnen aus, bis er seinen Blick von ihrem Gesicht losriss und ihn über ihren Körper nach unten wandern ließ, bis zu ihren Zehenspitzen und zurück nach oben. Er verharrte so lang auf ihrem Hals, dass ihre Wangen heiß wurden. Dann machte er einen Schritt nach vorn, sodass sie sich fast berührten. Bly wich nicht zurück. Diese Befriedigung gönnte sie ihm nicht.

Sie stieß beinahe mit der Nase gegen ihn. Er roch genauso nach Zimt wie der ganze Raum, und sein Duft bewirkte, dass sie den lächerlichen Wunsch verspürte, sich an ihn zu lehnen und in diesem vertrauten Geruch zu versinken, sich schönen Erinnerungen hinzugeben und ihre jetzige Situation zu vergessen. Zu verdrängen, dass dieser Vampir sterben wollte, um ihre Fehler auszumerzen.

Ihre Nasenflügel weiteten sich. Obwohl sie sich noch immer nicht berührten, spürte sie die subtile Veränderung in seinem Körper. Die Anspannung. Er seufzte, und sein Atem strich über ihren Kopf, woran sie merkte, dass er auf sie herabsah.

»Ich habe wirklich alles versucht.« Seine Stimme klang brüchig vor Emotionen.

Überrascht hob Bly den Kopf und schaute ihn an.

Seine Augen waren groß und hatten ihre unheilvolle Schwärze verloren. Sie waren zu ihrer ursprünglichen grauen Farbe zurückgekehrt, und Bly erkannte, dass seine Iris einen grünen Rand aufwies. Während Kerrigan und sie sich anstarrten, ging das Grau immer wieder pulsierend in Schwarz über, bevor es wieder heller wurde. Schließlich hob der Vampir eine Hand und verharrte damit vor ihrem Körper. Dann strich er mit einer Fingerspitze über die Haut an ihrer Schulter und beobachtete ihre Reaktion.

Nichts zwang sie, hier zu bleiben, in seiner unmittelbaren Nähe. Er hatte sie schon mehrmals gehen lassen und würde es auch diesmal tun, das wusste sie. Seine Berührung war eine Frage.

Als sie sich nicht vom Fleck rührte, wurden seine Augen erneut pechschwarz. Er zeichnete die Linie ihres Schlüsselbeins nach, bis er in der Vertiefung zwischen ihren Brüsten angekommen war.

»Ich habe mich jedem nur erdenklichen Vergnügen hingegeben.« Er verzog die Lippen zu einem süffisanten Lächeln, doch sein Gesicht glich einem seiner Gemälde – das Gefühl darin war nicht echt, so perfekt es auch dargestellt war. Was auch immer hinter diesem Moment steckte, es war nicht nur gegenseitige Anziehung, sondern noch etwas anderes. Eine gemeinsame Verletzlichkeit.

Bly schob diese Erkenntnis weit von sich. Sie war hier, um ihn zu manipulieren, ihn den Hexen auszuliefern und den Sieg einzuheimsen. Nicht, um eine Verbindung zu ihm aufzubauen.

Kerrigans Lächeln erstarb abrupt, als wüsste er, dass sie ihn durchschaut hatte. »Und auch jeden Schmerz habe ich gesucht.«

Er verzog das Gesicht und nahm seine Hand von ihrem Körper, als hätte er sich verbrannt. »Aber nichts … nichts hat die Erinnerungen in mir verstummen lassen.«

Blys Mund war trocken – nicht vor Begierde, sondern vor Mitgefühl. Er wurde ebenso sehr von seiner Vergangenheit geplagt wie sie. Wenn sie geglaubt hatte, die Zeit würde ihre Schuld irgendwann abschwächen, war er der Gegenbeweis: Kerrigan war unsterblich, hatte die Ewigkeit auf seiner Seite. Und doch hatte er nichts gefunden, was seine qualvollen Erinnerungen vertreiben konnte.

Bly spürte mehr denn je, dass ihr nur eine einzige Wahl blieb. Wenn sie ein Leben führen wollte, in dem sie nicht ständig vor ihrer Vergangenheit davonrannte, musste sie diese Vergangenheit auslöschen. Und dafür brauchte sie Kerrigan.

Nicht, um ihre Trauer mit ihm zu teilen, der Verbindung zwischen ihnen auf den Grund zu gehen. Nein, er musste weiterhin in seiner Hoffnungslosigkeit ertrinken, damit er bereit war, sich für ihre Schwester zu opfern.

»Ich glaube dir jetzt, dass du mitkommen willst«, sagte sie.

Er nickte.

»Gut, dann werde ich dich gefangen nehmen, damit wir aufbrechen können.« Ihre Hände wanderten zu den anderen Zaubergegenständen, die sie in ihrem Kleid versteckt hatte, doch seine Finger schlossen sich um ihre Unterarme, noch bevor sie sie erreicht hatte.

»Ich mag es nicht, wenn man mich in die Enge treibt«, warnte er sie kühl.

»Aber …«

»Nein. Ich habe meine Prinzipien, und die bestehen darin, dass ich freiwillig mitgehe. Ich lasse mich nicht wie ein Schwein ins Schlachthaus führen.«

Bly zögerte und nickte dann.

Er sah sie eindringlich an. »Ich werde unterwegs Blut brauchen.«

Sie schluckte. Meinte er ihr Blut oder das einer anderen Person? Ihr Kopf schien ganz von allein zu nicken.

»Und …« Er hielt inne. »Und ich möchte, dass wir auf dem Weg nach Havenwhile miteinander reden. Ich möchte, dass du mir von deiner Schwester erzählst.«

Sie machte erschrocken einen Schritt nach hinten.

»Das mit dem Blut hat dir keine Angst gemacht, diese Bitte hingegen schon?« Er hob eine Augenbraue. »Ich möchte wissen, wer an meiner Stelle weiterleben wird«, fügte er leise hinzu.

Blys Augen füllten sich mit Tränen, und ihre Brust weitete sich vor Trauer und vor Hoffnung. Beides schmerzte. Dennoch rang sie sich ein Nicken ab. Sie würde ihn liebend gern mit kleinen Häppchen ihrer Schwester füttern, wenn sie damit erreichte, dass Elise am Ende wieder heil und unversehrt vor ihr stand.

»Dann lass uns gehen, mein Häschen.« Er stellte sich neben sie und legte ihr locker einen Arm um die Schultern, sodass seine Hand auf ihre Brust hinunterhing, ohne diese zu berühren.

»Was machst du da?«, fragte sie ihn verunsichert.

»Ich bringe dich heil hier raus.« Er schob Bly durch die Tür auf den Flur hinaus.

Sie hatte sich diese Entführung ganz anders vorgestellt, hatte geglaubt, sie und ihre Mitstreiter würden versuchen, Kerrigan bewusstlos aus der Festung zu zerren. Niemals hätte sie damit gerechnet, dass sie neben ihm dahinschlendern würde, als ob sie ein Liebespaar wären.

»Entspann dich ein bisschen«, forderte Kerrigan sie auf. »Du machst ein Gesicht, als hätte ich dich verschleppt. Damit erregen wir Verdacht. Hier in Vagaris weiß jeder, dass ich sehr enthusiastische Partnerinnen bevorzuge, ob nun als Blutspenderinnen oder für … andere Dinge.«

Sie errötete und verspannte sich noch mehr.

Ihre Reaktion löste belustigtes Lachen in ihm aus. »Entschuldige meine Offenheit«, sagte er, aber es klang nicht, als täte es ihm leid. »Könntest du wenigstens den Arm um mich legen?«

Bly schob ihren Arm um seinen Rücken. Ihre Hand hing zunächst unbeholfen in der Luft, bevor sie sie widerstrebend an seine Taille legte.

Sie hätte schwören können, dass er lautlos in sich hineinkicherte. Dann spürte sie, wie auch er sich versteifte, und richtete den Blick nach vorn.

Auf dem Flur näherte sich ihnen ein Vampir. Wieder war es Donovan.

»Entspann dich«, raunte Kerrigan ihr zu, obwohl sie deutlich die Nervosität in seinem Körper wahrnahm. Er beugte sich näher an ihr Ohr. »Darf ich dich noch ein bisschen mehr berühren?«

Ihre Gedanken rasten, und sie überlegte verzweifelt, was er wohl damit meinte. Aber für Fragen blieb ihr keine Zeit.

»Bly?«, flüsterte er.

Sie nickte.

Sein Arm glitt an ihrer Schulter hinauf und legte sich seitlich an ihren Hals.

Einatmen – ausatmen, ermahnte sie sich. Du musst aussehen, als würde es dir gefallen.

»Bruderherz«, sagte Kerrigan, und seine Stimme klang unbekümmert und leicht.

Mit einem breiten Grinsen blieb Donovan vor ihnen stehen, doch sein Blick glitt skeptisch zu Bly und registrierte die Hand an ihrem Hals. Dann wanderte er weiter zu ihrem Gesicht, dem er mehr Aufmerksamkeit widmete als vorhin im Ballsaal.

Sie hatte keine Ahnung, welcher Gesichtsausdruck von ihr erwartet wurde. Ein wollüstiger? Aber wie ging so etwas? Sie entschied sich stattdessen für ein unterwürfiges Lächeln.

»Ich wollte gerade noch einmal zu dir, um mich zu erkundigen, ob du sie behältst oder nicht«, sagte Donovan.

Kerrigan zuckte mit den Schultern. »Sie gefällt mir.«

»Ich weiß«, antwortete sein Bruder finster. »Du nimmst also an den Spielen teil?« Aus seiner Frage war leise Hoffnung herauszuhören.

»Nein, ich amüsiere mich nur ein bisschen. Wie sich herausgestellt hat, war sie auf andere Dinge aus, für die sie nicht kämpfen und ihr Leben riskieren musste.« Kerrigans Finger streichelten Blys Hals, bevor seine Hand nach oben wanderte, um sanft an ihrem Ohrläppchen zu ziehen.

Sie sog scharf die Luft ein, und in ihrem Bauch machte sich eine unangenehme Wärme breit. Unsicher blickte sie zu Donovan auf, der amüsiert in sich hineinlachte.

»Dann lasse ich euch mal weiter eure gemeinsame Nacht genießen.«

Offenbar musste Bly gar nicht so tun, als würden ihr Kerrigans Zuwendungen gefallen. Sie begann, sie aufrichtig zu genießen, ob gewollt oder ungewollt.

Donovan schob sich an ihnen vorbei, und bevor er hinter ihnen verschwand, sah Bly noch etwas Neues in seinem Gesicht: Sorge um seinen Bruder.

Sie war bestürzt. Was auch immer sie von Donovan hielt, sie wünschte es niemandem, dass er einen Bruder oder eine Schwester verlor – nicht einmal einem Vampir, für den sie nur ein Haufen Blut und Knochen war. Bly bemühte sich, an etwas anderes zu denken.

Kerrigans Hand glitt von ihrem Hals zurück auf ihre Schulter und nahm eine deutlich weniger intime Position ein. Sie redete sich ein, dass sie darüber erleichtert war, aber jede Faser ihres Körpers nahm überdeutlich wahr, wie er sie beim Gehen von der Seite ansah.

Bestimmt fühlte sie sich nur deshalb so zu ihm hingezogen, weil sie ihm dankbar war. Mehr steckte nicht dahinter. Sie durfte nicht vergessen, was Emerson zu ihr gesagt hatte: dass ein Vampir immer ein Vampir blieb. Kerrigan hatte seine eigenen Gründe für sein Verhalten, und die bestanden sicher nicht darin, dass er sich aufrichtig in sie verliebt hatte. Auch wenn er sie noch so interessiert ansah.

Niemand hielt sie auf, als sie auf Höhe des Ballsaals in den langen Flur einbogen, der aus der Festung hinausführte. Bly blieb vor der ersten Tür stehen, die rechts abzweigte.

»Was ist?«, fragte Kerrigan.

»Meine Teammitglieder warten dort drinnen in der Garderobe. Sie sollten … dem Vampir auflauern, den ich aus dem Ballsaal mitbringe.«

»Hattest du von Anfang an vor, dass ich das bin?« Er legte den Kopf schräg und musterte sie so eindringlich, dass sie nicht zu lügen wagte.

»Ich hätte mich auch mit einem anderen Vampir begnügt, aber … ja.«

Er nickte. »Warum?«

»Weil ich den Eindruck hatte, dass du … nett bist.«

»Schwach, meinst du.«

»Du bist mir wie jemand vorgekommen, der nicht vermisst wird«, fügte sie hinzu und biss sich auf die Zunge. Jade hatte ihn einen Verräter genannt.

Er verzog gequält das Gesicht, und sie bereute ihre Offenheit. »Damit könntest du recht haben«, murmelte er.

Sie wartete darauf, dass er weiterredete, doch er schwieg.

Dann öffnete er die Tür der Garderobe und bedeutete ihr, voranzugehen. »Nach dir.«

Sie betrat den Raum, und er folgte ihr und stellte sich neben sie, um ihr erneut seinen Arm um die Schultern zu legen.

»Ihr könnt jetzt rauskommen«, sagte er leichthin zu den Kleiderständern, hinter denen sich Blys Team versteckte.

Emerson sprang als Erster hervor und kam auf sie zugestürmt, als würde ihn die todbringende Kreatur an Blys Seite nicht im Geringsten beeindrucken.

»Warte!« Sie hob beide Hände. »Er ist mein Gefangener.«

»Sieht eher aus, als wärst du *seine* Gefangene«, widersprach Demelza und kam, flankiert von den Zwillingen, aus ihrem Versteck.

Emerson hatte nicht auf Bly gehört. Sein Messer lag an Kerrigans Hals, ohne dass der auch nur einen Finger rührte, um ihn aufzuhalten.

»Lass sie sofort los!«, befahl Emerson.

Kerrigan lachte.

»Hör auf, Emerson. Er ist auf unserer Seite«, beschwichtigte Bly ihren Freund.

Emersons Blick schoss verwirrt zu ihrem Gesicht, bevor er wieder Kerrigan fixierte.

»Du bist diesem Blutsauger in die Falle gegangen«, sagte Demelza. »Wahrscheinlich wird er dich vor unseren Augen töten, noch bevor ich ihn mit einem Zauber außer Gefecht setzen kann.« Sie klang nicht besonders traurig über diesen Umstand.

Kerrigans Kopf fuhr so unvermittelt zu Demelza herum, dass er sich den Hals an Emersons Messerklinge aufritzte. »Bist du eine Hexe? Du magst Vampiraugen haben, aber ich erkenne eine Hexe aus drei Meilen Entfernung.«

Demelza funkelte ihn böse an, widersprach jedoch nicht.

»Du hast mir nicht gesagt, dass ihr eine Hexe im Team habt«, sagte Kerrigan vorwurfsvoll zu Bly.

Sie sah ihn unverwandt an und hoffte inständig, dass er keinen Rückzieher machte. Sein Gesicht war undurchdringlich, als er ihr tief in die Augen blickte und dann wieder zu Demelza hinüberstarrte.

»Lass dir eins gesagt sein, Hexe: Wenn ich sie hätte umbringen wollen, hätte ich es längst getan«, knurrte er. »Und du nimm dein Messer weg, oder ich überlege es mir anders.« Er drehte den Kopf in Emersons Richtung, und auch sein Arm hatte sich verlagert, während er gesprochen hatte, was Bly vollkommen entgangen war. Seine Hand schloss sich so fest um ihre Kehle, dass es fast wehtat. Mit seinem Daumen, der vor den Blicken der anderen verborgen war, beschrieb er gleichzeitig sanfte Kreise an ihrem Nacken.

Bly hoffte, dass das ein Zeichen an sie war. Er schien nicht wirklich vorzuhaben, sie zu töten, sondern wollte nur erreichen, dass Emerson sein Messer wegnahm.

»Er hat mir nichts getan. Es geht mir gut«, beteuerte sie.

Emerson schüttelte den Kopf, als wären sie wieder Kinder und Bly hätte wie so oft eine leichtsinnige Dummheit begangen.

»Hör mir doch mal zu!«, fuhr sie ihn an. Endlich sah er ihr in die Augen. »Es geht mir *gut*!«

Er nahm die Klinge von Kerrigans Hals, ging jedoch nicht auf Abstand.

»Ich wusste, dass die beiden nicht die Schlausten sind«, murmelte Vincent. Weder er noch Nova nahmen ihre Waffen auch nur einen Zoll herunter.

Kerrigan löste seine Hand von Blys Hals und legte sie wieder locker auf ihre Schulter. »Schon besser. Dann lasst uns aufbrechen.«

Niemand rührte sich.

»Wohin?«, fragte Emerson.

»In mein Verderben, natürlich.«

»Warum … solltest du einfach so mit uns kommen?«

»Bly ist sehr überzeugend.«

Alle Augen richteten sich auf sie.

Bly zuckte mit den Schultern. »Er will eben etwas Gutes tun …« Sie brach ab.

»Indem er *stirbt*?« Vincent fasste die Ungläubigkeit in Worte, die allen ins Gesicht geschrieben stand.

»Das ultimative Opfer«, säuselte Kerrigan. »Ich bezahle den Preis für ein Leben voller Bosheit. Wiedergutmachung und so.«

»Seit wann kümmern sich Vampire um Wiedergutmachung?«, zischte Demelza.

»Das würdest du sowieso nicht verstehen, Hexe.« Kerrigans Stimme war eiskalt geworden.

Es faszinierte Bly, wie schnell er zwischen verschiedenen Rollen wechseln konnte. Irgendwo dahinter verbarg sich der traumatisierte junge Mann, mit dem sie gerade in seinen Gemächern allein gewesen war. Aber das konnte sie den anderen natürlich nicht sagen.

»Ich vertraue ihm«, sagte sie stattdessen.

Emerson gab ein Schnauben von sich, das ihr nur allzu vertraut war. Sie wusste, dass sie ihn überzeugt hatte. Er würde ihr nicht mehr in den Rücken fallen. Zumindest vorerst.

»Nun ja, ich werde sicher keinen Vampir aufhalten, der sich den Tod wünscht«, sagte Demelza mit einem Schulterzucken. »Aber ich will, dass du gefesselt wirst, Blutsauger. *Ich* vertraue dir nämlich nicht.« Sie warf Bly einen herablassenden Blick zu.

»Nein«, widersprach Kerrigan. »Bly und ich haben eine Abmachung, und die besteht darin, dass ich freiwillig mitgehe. Und dass sie mir unterwegs Gesellschaft leistet.«

Demelza schüttelte missbilligend den Kopf. Vincent und Nova tauschten vielsagende Blicke aus, und Emerson sah aus, als würde er Kerrigan am liebsten den Kopf abschlagen.

»Wir ziehen das zusammen durch, als Team«, erklärte Bly bestimmt. »Oder wollt ihr lieber, dass wir getrennte Wege gehen und ich ihn allein nach Havenwhile bringe?«

»Nicht doch«, sagte Demelza. »Mitgefangen, mitgehangen. Wenigstens wird er dich zuerst abmurksen, wenn er es sich anders überlegt.«

Ihre Stimme klang ein wenig zu hoffnungsvoll.

ZWÖLF

KERRIGAN REIHTE sich hinter Emerson und vor Bly ein. Sie wartete darauf, dass er ihre Aufmerksamkeit einforderte, doch er warf ihr nur hin und wieder einen prüfenden Blick zu oder lächelte in sich hinein, als hätte er, allein indem er sie beobachtete, schon mehr über sie herausgefunden.

Vagaris zu verlassen war dank Kerrigans Anwesenheit kein Problem gewesen. Da er nicht gefesselt war, sah er aus, als würde er sie als Unterstützer begleiten. Die Wachen am Tor hatten ihnen sogar zugenickt.

Nachdem sie einige Stunden marschiert waren, legten sie die erste Pause ein. Es waren nun weniger Schreie zu hören, das Töten schien zum Morgen hin abzuflauen.

Mit schnellen Handgriffen errichteten sie ihr Lager. Demelza war die Einzige, die ein kleines Zelt bei sich hatte. Sie zog es aus einer langen schmalen Tasche, die sie auf dem Rücken getragen hatte. Alle anderen rollten ihr Bettzeug um das auf einer versteckten Lichtung entfachte Feuer aus und zogen ihren Proviant hervor.

Kerrigan schüttelte den Kopf, als Bly ihm eine Handvoll Trockenäpfel anbot. »Ich brauche leider eine andere Art von Nahrung«, sagte er seufzend.

Die Teammitglieder starrten ihn erschrocken an, obwohl sie wussten, dass Vampire täglich Blut zu sich nehmen mussten. Wenn sie es nicht taten, schwanden ihre Kräfte, und sie vertrugen das Sonnenlicht immer weniger.

»Hast du denn keine Blutkonserven mitgenommen?«, blaffte ihn Demelza an.

Kerrigan zuckte mit den Schultern. »Mein Aufbruch ist ein wenig übereilt erfolgt, wie du weißt.«

»Gefangene müssen nicht mit Nahrung versorgt werden«, sagte Demelza verächtlich. »Es ist nicht notwendig, dass du bei Kräften bleibst.«

»Aber ich bin nicht wirklich euer Gefangener.«

»Du könntest es jederzeit werden.«

Angespanntes Schweigen machte sich breit. Niemand wollte einen offenen Kampf riskieren, denn dabei hätte es mit Sicherheit Verletzte oder sogar Tote gegeben.

Vincent warf Bly einen wütenden Blick zu. Ihr war auch ohne Worte klar, was er ihr vorhielt: Sie war diejenige, die den ursprünglichen Plan über den Haufen geworfen hatte. Statt einen gefesselten, bewusstlosen Vampir durch den Wald zu transportieren, saßen sie mit einem hellwachen Widersacher am Feuer, der sie mühelos umbringen konnte, wenn er sich dazu entschloss.

»Von meinem Blut bekommst du keinen Tropfen«, stellte Demelza klar.

»Ich würde nicht einmal dann Hexenblut trinken, wenn ich im Sterben liegen würde«, versicherte Kerrigan grimmig.

Bly war überrascht. Vampire waren normalerweise verrückt nach Hexenblut, es war einer der Gründe dafür, warum Jahr für Jahr die Spiele stattfanden. Kerrigan ließ seinen Blick über die menschlichen Teammitglieder wandern und nahm schließlich Emerson ins Visier. »Du bist ein besonders stattliches Exemplar, ich bin sicher, dass du wunderbar schmeckst.« Er grinste.

»Nein«, knurrte Emerson.

Kerrigan zuckte nur die Achseln und drehte sich zu Vincent und Nova um. »Ihr beide seht leider aus, als wärt ihr … bitter.«

Vincent war die kaum noch zu zügelnde Lust anzumerken, den Vampir zu enthaupten.

»Obwohl ich deine Angriffslust durchaus appetitanregend finde«, fuhr Kerrigan fort und zwinkerte Vincent zu.

Er sah auf Bly hinab, die neben ihm saß. »Und du ...« Er brach ab, als hätte er vergessen, was er über sie sagen wollte.

Blys Mund wurde trocken, aber sie überwand sich. »Ich tue es«, stieß sie hervor.

»Sie *hasst* Blut«, warf Emerson ein.

Bly schüttelte den Kopf, während Kerrigan sie stirnrunzelnd musterte.

»Verdammt noch mal!«, brauste Nova auf. »Dann füttere ich halt diesen Vampir. Ich habe mein ganzes Leben lang Blut verkauft. Bestimmt ist ein Zahn auch nicht anders als eine Nadel.«

»Ich kann dafür sorgen, dass es anders wird«, sagte Kerrigan mit verführerischer Stimme, sah dabei jedoch nicht Nova an, sondern Bly.

Er riss seinen Blick erst von ihr los, als Nova sich neben ihn auf den morschen Baumstamm plumpsen ließ. Sie rollte ihren Ärmel hoch und hielt ihm ihr Handgelenk hin. Er griff seufzend danach, zog es an seinen Mund und begann zu trinken, als sei es keine große Sache.

Bly versuchte, nicht hinzusehen, musste jedoch immer wieder in seine Richtung spähen. Und jedes Mal starrte er sie an.

Nova machte hingegen ein gelangweiltes Gesicht. Nachdem Kerrigan seine Mahlzeit beendet hatte, beeilte er sich, seine Lippen sauber zu lecken. Als er Bly dabei erwischte, wie sie ihn beobachtete, zuckten seine Mundwinkel, als würde ihn ihr Interesse amüsieren.

Sie wandte rasch den Kopf ab und fing Emersons Blick auf. Der Ekel in seinem Gesicht war offenkundig.

In dieser Nacht sah sie nicht noch einmal in Kerrigans Richtung.

* *
*

Als der Morgen dämmerte, sickerte Licht durch das dichte Laub der Bäume und tauchte den Waldboden in gesprenkeltes Gold. Die Kälte klammerte sich hartnäckig an die ersten Stunden des Tages, und Blys Atem bildete kleine Wolken, als sie sich zusammen mit den anderen auf den langen Fußmarsch vorbereitete.

Demelza ließ Kerrigan nicht aus den Augen. »Du gehst heute zwischen Vincent und Nova.«

»Ich bleibe bei Bly, wie ausgemacht«, erwiderte er und strich das Cape glatt, das er sich auf dem Weg aus der Festung aus einer Garderobe geholt hatte.

Die wenigen Stunden Ruhe, die sie sich gegönnt hatten, hatte er mit dem Rücken an einem Baum verbracht. Demelza hatte darauf bestanden, dass ihn die Teammitglieder abwechselnd bewachten.

»Wir bilden die Nachhut«, ergänzte Kerrigan.

»Auf keinen Fall dulde ich einen Vampir in meinem Rücken.«

»Dass ich mit Bly gehe, ist nicht verhandelbar.«

Demelzas Finger zuckten, als wäre sie kurz davor, nach ihren Zaubergegenständen zu greifen.

»Ich habe ihm diese Bedingung zugestanden, weil er sonst nicht mitgekommen wäre«, erklärte Bly. »Er möchte mit mir reden.«

Emerson schüttelte missbilligend den Kopf.

»Warum sollte er?« Demelza verschränkte skeptisch die Arme vor der Brust.

»Sie ist die Interessanteste von euch, und ich langweile mich nicht gern«, antwortete Kerrigan an Blys Stelle.

»Wenn du bewusstlos bist, kannst du dich nicht langweilen.« Demelza sagte es leise und mit tödlicher Schärfe in der Stimme.

»Versuch es nur, Hexe.« Kerrigans Tonfall war ebenso schneidend.

Bly, die zwischen den beiden stand, überlegte, ob sie sich aus der Gefahrenzone bringen sollte. Stattdessen holte sie tief Luft und sagte mit fester Stimme: »Wir tun genau das, was ich mit ihm ausgehandelt habe. Es ist schließlich mein Plan.«

Demelzas Gesicht wurde rot vor Wut. Ihr war deutlich anzusehen, wie gern sie Bly und Kerrigan einen Todesfluch verpasst hätte.

»Sie hat recht. Das ist nur fair«, brummte Emerson widerwillig. Bly warf ihm einen dankbaren Blick zu. Er wirkte nicht gerade glücklich darüber, ihr den Rücken gestärkt zu haben, und nickte nur knapp, bevor er sich umwandte. »Brechen wir auf«, sagte er.

»Einverstanden«, antwortete Vincent. »Wenn sie unbedingt von ihm angefallen werden will, ist das ihr Problem.« Er ging mit großen Schritten an Bly vorbei, ohne sie auch nur anzusehen, als wollte er beweisen, wie wenig ihn ihr Schicksal interessierte.

Bly konnte nur den Kopf schütteln. Wenn Kerrigan sie hätte umbringen wollen, hätte er längst Gelegenheit dazu gehabt, und nicht nur einmal.

Während sich das Team nach und nach in Bewegung setzte, hielt Kerrigan ihr galant den Arm hin. Sie zögerte. Sich beim Gehen zu unterhalten, war eine Sache, Arm in Arm miteinander durch den Wald zu schlendern, eine vollkommen andere.

Er hob abwartend eine Augenbraue, als wollte er sie zu einer Mutprobe herausfordern. Bly liebte Mutproben – zumindest in der Theorie. Als Kind hatte sie immer versucht, Elise oder Emerson dazu zu bewegen, ihr gefährliche Aufgaben zu stellen – vergeblich. Am Ende hatte sie selbst die Mutproben ausgewählt, die sie bestehen musste, was viel weniger Spaß gemacht hatte.

Sie schob ihre Hand durch Kerrigans Arm und ließ sie locker auf seinem Ärmel ruhen. Er wartete einen Moment, bis die anderen einen Vorsprung hatten.

»Also: Erzähl mir von deiner Schwester, die du so sehr liebst, dass du am Arm eines verachtenswerten Vampirs durch den Wald spazierst.«

»Verachtenswert würde ich dich nicht nennen«, widersprach sie.

»Deine Freunde scheinen das anders zu sehen.« Er hielt inne. »Wie würdest du mich dann nennen?«

»Traurig.« Sie sagte es, ohne nachzudenken. Es war das erste Wort, das ihr durch den Kopf schoss.

Ein Schatten huschte über sein Gesicht. »Genug von mir. Du hast eine Abmachung zu erfüllen. Dass du deine Schwester sehr geliebt hast, weiß ich inzwischen. Erzähl mir, warum.«

Bly öffnete den Mund und erwartete, dass die vielen Eigenschaften, die Elise so besonders gemacht hatten, mühelos hervorsprudelten. Schließlich verfolgten die Gedanken an ihre Schwester sie seit über einem Jahr auf Schritt und Tritt. Doch nun entglitt sie ihr wie das Gespenst, zu dem sie durch ihren Tod geworden war.

»Fangen wir mit etwas Einfachem an«, schlug Kerrigan leise vor. »Wie sah sie aus?«

Aus seiner Stimme war ein Anflug von Trauer herauszuhören, doch es war nicht seine eigene Vergangenheit, die sie hervorrief. Er schien mit Bly mitzuleiden, als wüsste er genau, warum sie sich so schwertat. Aber wie konnte er das wissen? Woher stammte sein Verständnis dafür, dass sie selbst die Beantwortung der Frage, welche Augenfarbe Elise gehabt hatte, unendliche Mühe kostete?

Endlich gelang es ihr, seine Frage zu beantworten. »Sie war … wunderschön.« Dieses Wort machte ihre Schwester wieder greifbar und half ihr dabei, sie sich vor Augen zu führen. Bly ließ zu, dass sie sich in diesem Bild verlor. »Sie hatte Haare, die so goldgelb waren wie die Sonne, und eine ebenso warme Persönlichkeit.«

Unsicher spähte sie zu Kerrigan hinüber. Er nickte lächelnd, als könnte auch er Elise vor sich sehen. Blys Schwester war eine Person gewesen, die jedem ein Lächeln ins Gesicht gezaubert hatte. Das zeigte sich selbst jetzt, als sie tot war.

»Was noch?« Mehr sagte Kerrigan nicht. Er ließ Bly selbst entscheiden, in welche Richtung sich ihr Gespräch entwickeln sollte.

»Sie war ein Mensch, der immer zuerst für andere da war«, fuhr Bly fort. »Vor allem für mich. Ich fand es schrecklich, meine Eltern bei ihrer Arbeit zu unterstützen. Mein Vater ist Gerber und meine Mutter Heilerin, und Emerson hat vorhin nicht gelogen … Ich hasse Blut.«

Kerrigan lachte leise. »Verstehe.«

»Elise hat sich immer freiwillig angeboten, den beiden zu helfen. Sie hat ihre Aufgabe so gut gemacht, dass ich dachte, sie würde Freude daran finden. Aber manchmal frage ich mich, ob sie es nur getan hat, um mir den Druck zu nehmen, als älteste Tochter die Erwartungen erfüllen zu müssen. Vielleicht hat sie die pflichtbewusste Tochter nur gespielt, damit ich es nicht musste.«

Das erste und einzige Mal, dass Elise etwas Leichtsinniges getan hatte, war ebenfalls für Bly gewesen. Eine Welle der Schuldgefühle spülte über sie hinweg und drückte sie zu Boden. Ihre Hand verkrampfte sich auf Kerrigans Arm. Er sagte nichts dazu.

Die nächsten Minuten gingen sie schweigend dahin. Hin und wieder schob Kerrigan einen herunterhängenden Kiefernzweig beiseite.

»Erzähl mir doch etwas, was sie getan hat, um dich zum Lachen zu bringen«, forderte er Bly nach einer Weile auf.

Wieder nistete sich eine schmerzhafte Leere in ihrem Kopf ein. Elise war für ihr sanftes Lächeln und ihre Geduld bekannt gewesen, nicht für Späße und Gelächter – das war Blys Rolle gewesen. Sie konzentrierte sich auf ihre Umgebung, ließ den Blick über die Blätter und Kiefernnadeln schweifen. Dann kam ihr plötzlich eine Erinnerung, wie ein Geschenk.

»Elise hat immer Apfelbrot gebacken, wenn wir uns die Äpfel dafür leisten konnten, und als ich eines Morgens – ich bin später aufgestanden, wie immer – zum Küchentisch gekommen bin, lag dort ein Apfel für mich. Sie hat ein kleines Gesicht mit einem lustigen Grinsen hineingeschnitzt, und ich habe ihn in die Hand genommen und mich riesig darüber gefreut. Das hat meine Liebe für sie noch vertieft. Sie wusste genau, dass ich mich für so etwas begeistern kann – für ein albernes Gesicht auf einem Apfel. Ich bin in Gelächter ausgebrochen, und sie dann auch. Wir haben so laut gelacht, dass unsere Mutter von draußen hereingekommen ist, und als ich ihr den Apfel gezeigt habe, hat sie uns nur angeschaut, als wären wir völlig verrückt geworden. Sie ist kopfschüttelnd wieder hinausgegangen, und wir mussten noch heftiger lachen. Es stimmte ja, wir waren verrückt. Ich zumindest. Und Elise hat mich dafür geliebt.«

Durch die Anekdote war ihre Schwester so lebendig geworden, dass Bly das Gefühl hatte, sie anfassen zu können. Ihre Sehnsucht nach Elise wurde noch stärker, aber sie wusste, dass der Moment immer näher rückte, in dem sie sie wieder in die Arme schließen konnte.

»Bei mir hat sie das auch gemacht.«

Bly hob überrascht den Kopf. Sie hatte gar nicht gemerkt, dass Emerson langsamer geworden war, um ihrem Gespräch zu lauschen. Er sah mit einem entrückten Lächeln zu ihr nach hinten – einem Lächeln, das in der Vergangenheit gefangen war.

Nachdem er sich neben Kerrigan und Bly eingereiht hatte, fuhr er fort: »Sogar mehr als einmal. Sie hat irgendwelche komischen Gesichter hineingeschnitzt und den Apfel dann in der Schmiede auf ein Messer gespießt, damit ich ihn beim Betreten gleich als Erstes sah. Es waren immer grüne Äpfel, die sie gekauft hat. Die waren mir eigentlich zu sauer, aber sie hat immer gesagt, dass man den Tag am besten mit etwas Herbem und einem Lachen als Ausgleich beginnt. Mit der Zeit sind mir die grünen Äpfel richtig ans Herz gewachsen.« Er lachte, tief und dröhnend.

Bly hatte geglaubt, dass er dieses Lachen nur für ihre witzigen Geschichten reserviert hatte. Offensichtlich war es auch Elise gelungen, rückhaltloses Gelächter in ihm wachzurufen. Und nun war es die Erinnerung an ihren Tod, die es sofort wieder auf seinen Lippen ersterben ließ.

So kurz sein Lachen auch gewesen war, es hatte Bly mit Wärme erfüllt. Elise war dabei, zu ihnen zurückzukehren. Sogar Emerson spürte es. Also sprach sie weiter über ihre Schwester, bis sich Kerrigans Arm unter ihrer Hand wie die natürlichste Sache der Welt anfühlte.

Sie lieferte ihm eine Anekdote nach der anderen, Kleinigkeiten aus ihrem Alltag, bis sie sicher war, dass er ihre Schwester genau vor Augen hatte, obwohl er ihr noch nie begegnet war. Elise war durch ihre Worte zu neuem Leben erwacht. Bly hatte gar nicht realisiert, wie sehr sie mit jener einen, schmerzhaften Erinnerung an ihren Tod sämtliche schönen Gedanken blockiert hatte. Sie hatte eine Mauer in ihrem Inneren errichtet, die jetzt in sich zusammenstürzte. Bly hatte nicht das Bedürfnis, sie wieder aufzubauen. Es war in Ordnung, die Erinnerungen an Elise zuzulassen und all das Gute an ihr zu vermissen.

Ihre Trauer würde ohnehin bald ein Ende haben. Bald würde es keinen Anlass mehr dazu geben.

Irgendwann verstummten sie, und Emerson schloss wieder zu den anderen auf, als wäre er zur Besinnung gekommen und hätte gemerkt, dass er einen Vampir an etwas Kostbarem hatte teilhaben lassen.

Kerrigan drängte Bly nicht dazu, weiterzureden. Er war schweigsam, als wären seine Gedanken zu seinen eigenen, qualvollen Erinnerungen abgeschweift.

»Erzähl mir von Donovan«, sagte Bly, weil sie es unhöflich fand, sich nicht für seine Familie zu interessieren, nachdem er so viel Anteil an Elises Schicksal genommen hatte. In Wahrheit hätte sie lieber nichts über Donovan erfahren, doch auch wenn sie ihn für böse und niederträchtig hielt, war er immer noch Kerrigans Bruder.

Sie spürte, wie sich sein Arm unter ihrer Hand anspannte. »Warum fragst du nach ihm?«

»Ich … ich dachte nur, wir würden uns gegenseitig von unseren Familien erzählen, und …«

Kerrigan blieb stehen und drehte sich mit einem Grinsen zu ihr um, wodurch ihre Hand von seinem Arm rutschte. Er hatte wieder den lässigen Charme angeknipst, den er als Schutzschild zu verwenden schien. Diesmal wurde er von einem grausamen Funkeln in seinen Augen begleitet, das ihm Ähnlichkeit mit Donovan verlieh. »Wir erzählen uns nicht von unseren Familien. Ich wollte mich auf dem Weg nach Havenwhile nur ein wenig an dir ergötzen, weil du so ein hübsches Ding bist und ich den Klang deiner Stimme mag.« Er streckte die Hand aus und zupfte an einer Locke, die ihr ins Gesicht gefallen war. »Das ist alles. Wir spielen ein kleines Zusatzspielchen, bis wir in der Hexenstadt angekommen sind.«

Bly war verletzt und schluckte mühsam den Kloß in ihrer Kehle hinunter. Kerrigan hatte ihr aus reinem Vergnügen das Gefühl gegeben, dass er sich ernsthaft für sie interessierte. Noch während sie erschrocken sein Grinsen betrachtete, das nicht bei seinen Augen ankam, erwachte in ihr die Ahnung, dass er jetzt heuchelte, nicht vorhin, was ihre Wut jedoch nicht minderte.

Sie schlug seine Hand weg. »Für mich ist das kein Spiel.«

Sein Grinsen erlosch. »Und du glaubst, für mich wäre es eins? Schon vergessen, dass ich in den sicheren Tod marschiere?«

»So benimmst du dich aber nicht.«

»Wie soll ich meinem Verderben denn entgegenblicken? Wäre es dir lieber, wenn ich mich wehren und herumbrüllen würde?«

Bly fragte sich, ob ihm bewusst war, was sie kürzlich von Emerson erfahren hatte: dass die Hexen auch einige gefangene Vampire am Leben ließen, um sie für ihre Zwecke auszunutzen.

»Das würde dir sicher auch nicht gefallen. Na also. Ich bin sehr gut darin, so zu tun, als ob. Und an meinem letzten Tag auf Erden möchte ich so tun, als würde ich mit einem hübschen Mädchen, für das ich schwärme, im Wald spazieren gehen. Vielleicht möchte ich sogar so tun, als wäre ich wieder ein Mensch. Willst du mir das wirklich verwehren?«

»Natürlich nicht«, flüsterte Bly.

»Gut.« Kerrigan hielt ihr wieder seinen Arm hin.

Sie ergriff ihn nicht sofort, sondern starrte forschend in sein Gesicht. Eine neue Angst rumorte in ihrer Brust und übertönte das hoffnungsvolle Klopfen ihres Herzens.

»Du überlegst es dir doch nicht anders, oder?«, fragte sie.

Nachdem sie ihre Schwester so lange vermisst hatte, war durch das Gespräch mit Kerrigan eine derart real wirkende Elise in ihr erwacht, dass sie es niemals ertragen hätte, wenn sie ihr erneut entrissen worden wäre.

Alles hing davon ab, ob der gut aussehende Vampir, der vor ihr stand, seine Ankündigung wahr machte oder nicht.

Kerrigans Gesichtsausdruck verdüsterte sich. »Es gibt nur eins, was ich mir noch mehr wünsche, als deine Schwester aus dem Tod zurückzuholen, und das kann ich nicht haben. Insofern: Nein, ich überlege es mir nicht anders. Du hast mein Wort.«

»Und warum ist dir meine Schwester so wichtig?« Er lief offensichtlich vor irgendetwas davon, aber es gab andere Möglichkeiten, sich Erleichterung zu verschaffen. Dafür musste Kerrigan sich nicht sehenden Auges einem schrecklichen Schicksal ausliefern.

Er wandte den Blick ab und richtete ihn dann wieder auf Bly. »Ich versuche schon länger, euch Menschen zu helfen, wo ich nur kann. Du hast mir eine letzte Chance dazu gegeben.«

»Elise ist nur eine einzige junge Frau.« Bly zuckte bei ihren eigenen Worten zusammen, denn für sie war ihre Schwester alles. Trotzdem: Wenn Kerrigan tatsächlich etwas daran lag, den Menschen zu helfen, gab es so viel mehr, was er hätte tun können. »Du bist ein Prinz. Du hast Macht.«

Er lachte verbittert auf. »Ich habe einmal versucht, sie einzusetzen, und bin gescheitert.«

»Und seither nennen sie dich Verräter?«

Er nickte.

Bly wollte ihn bitten, ihr mehr darüber zu erzählen, doch er schüttelte den Kopf, noch bevor sie den Mund öffnen konnte. »Es war mir leider nicht möglich, viele Menschen zu retten, aber ich kann einen retten.« Er hielt ihrem Blick stand. »Oder zwei«, fügte er leise hinzu. »Ich werde es mir nicht anders überlegen. Das ist alles, was für dich eine Rolle spielen sollte.«

Sie fröstelte, teilweise vor Erleichterung, teilweise vor Kälte. Dichter Nebel war aufgezogen und hatte sich über den Wald gelegt wie ein Fluch.

Kerrigan zog sein Cape aus. Bly wollte protestieren, doch er hatte es ihr schon über die Schultern gelegt und verschloss es an ihrem Hals, ohne sie zu berühren. Das weiche Fell, mit dem es gefüttert war, wärmte sie sofort, und der schwarze Samt mit dunkelgrüner Blattstickerei hätte sie in ihrem früheren Leben sicher begeistert. Kerrigan gab ihr ein kleines Stück ihrer einstigen Träume zurück, indem er sie in dieses edle Kleidungsstück hüllte.

Es fühlte sich wie ein Versprechen an. Bly wusste, dass sie es nicht als solches betrachten durfte, aber sie brauchte etwas, das sie ein wenig tröstete. Ob auch Kerrigan von etwas Unerreichbarem träumte? Sie beschloss, ihm diese Frage zu stellen, obwohl sie wusste, dass ihm ihre Neugier nicht gefallen würde. Sie kam einfach nicht gegen das Verlangen an, ihn ebenfalls besser kennenzulernen, so töricht es auch war.

Doch er erriet ihre Frage, noch bevor sie ein Wort gesagt hatte. »Genug«, wehrte er ab und schüttelte den Kopf. »Ich ziehe es vor, so zu tun, als hätte ich keine Vergangenheit.«

Bly nahm es schweigend zur Kenntnis. Kerrigan und sie hatten eine Abmachung getroffen, und die besagte, dass er mehr über sie erfahren durfte, nicht jedoch sie über ihn. Sie spähte den schmalen Pfad entlang. Die anderen Teammitglieder waren hinter dichtem Gestrüpp verschwunden. Es würde bestimmt nicht lange dauern, bis Emerson sich wieder nach ihr umsah.

Kerrigan hielt sie am Ellbogen fest. »Du liebst deine Schwester.«

Er sagte es in der Gegenwartsform. Bly schwoll das Herz an. Wollte er ihr damit sagen, dass Elises Wiedererweckung kurz bevorstand?

»Aber das ist nicht alles, oder?«, hakte Kerrigan nach. »Die Liebe veranlasst zu unüberlegten Heldentaten.« Er zögerte. »Die Schuld hingegen treibt einen in den Tod.«

Bly war sich nicht sicher, ob es bei diesem Gespräch noch um sie ging.

»Lass dich von der Liebe leiten«, sagte er.

»Ich habe nicht vor zu sterben.«

»Gut.« Erleichterung huschte über sein Gesicht, und sie kam nicht umhin, sich zu fragen, warum ihm so viel an ihr lag.

DREIZEHN

Der Fussmarsch nach Havenwhile verlief beinahe zu ereignislos. In der Ferne waren noch immer gelegentliche Kampfgeräusche zu hören, aber niemand kam ihnen entgegen oder versuchte, sie anzugreifen. Die Stille, die um sie herum herrschte, schien auf irgendetwas zu warten.

Kerrigan war schweigsam geworden. Bly ging noch immer neben ihm, allerdings ohne sich bei ihm einzuhaken.

»Nicht viele Prämienjäger unterwegs heute«, sagte sie, um die gedrückte Stimmung aufzulockern.

»Die lassen sich gerade auszahlen«, sagte Emerson vor ihr mit kaum verhohlener Verachtung.

»Oder sie trauen sich nicht, ein Team mit einer Hexe *und* einem Vampir anzugreifen. Noch dazu beide ohne Fesseln«, merkte Kerrigan an.

»Genauso ist es.« Demelza sah sich nach ihm um, mit einem Ausdruck, der zum ersten Mal nicht nur blanken Hass widerspiegelte.

In diesem Punkt waren sie sich einig: Wer auch immer sie attackierte, würde nicht lebend aus der Schlacht hervorgehen. Die stumme Übereinkunft zwischen Hexe und Vampir hätte Bly beruhigen müssen, machte sie jedoch noch nervöser. Manche Prämienjäger waren in Bedrängnis und brauchten dringend einen Erfolg. Die meisten von ihnen verdienten ihren Lebensunterhalt damit, verzweifelte Menschen zu jagen. Auch wenn sie es nicht schaffen würden, ihr Team erfolgreich anzugreifen, Bly wollte nicht noch einmal mit ansehen müssen, wie sie vor ihren Augen verbluteten. Einmal hatte ihr gereicht.

Als Kerrigan plötzlich stehen blieb und lauschend den Kopf schräg legte, fing ihr Herz daher an, heftig zu klopfen – nicht nur aus Angst um sich selbst, sondern auch um denjenigen, der sich näherte.

Auch Nova verharrte reglos. »Sie sind direkt hinter uns und versuchen nicht mal, leise zu sein.«

»Das ist kein gutes Zeichen«, knurrte Vincent. Als er sein Schwert fester packte, spielte ein kleines, angriffslustiges Lächeln um seine Lippen.

Demelza und Kerrigan waren nicht die Einzigen, die Störenfriede ohne jedes Zögern töten würden.

Bly suchte Emersons Blick. Wie angespannt die Situation zwischen ihnen auch sein mochte, sie war sich sicher, dass er niemals leichtfertig ein Menschenleben beendet hätte, auch nicht, wenn die betreffende Person mit einem Schwert auf sein Herz gezielt hätte.

Das gefiel ihr ja gerade so an ihm.

Ihr Instinkt riet ihr dennoch, neben Kerrigan zu bleiben.

Zuerst erkannte sie das Paar – die beiden jungen Leute, die die Vampirprüfung gewonnen hatten. Die blonde Frau trug noch immer ihren Haarknoten, der seltsam makellos aussah für jemanden, der einen Fußmarsch durch den Wald hinter sich hatte. Ihr Gefährte hatte ein gieriges Grinsen im Gesicht und hielt genau wie sie einen Bogen in der Hand, dessen dunkles Holz beinahe schwarz schimmerte. In den beiden Waffen steckten bereits mit roten und violetten Federn besetzte Pfeile. Vampirpfeile.

In diesem Moment fiel Bly siedend heiß ein, wer der Unterstützer dieses Paars war.

Donovan trat prompt zwischen den Bäumen hervor und blieb zwischen seinen Schützlingen stehen. Auch er hielt einen Bogen im Anschlag. Hinter ihm tauchten zwei weitere, grimmig dreinblickende Vampire mit gezückten Schwertern auf, in die roten Uniformen von Wachmännern gekleidet.

Donovan ließ seinen Bogen ein Stück sinken, als er sah, wen er vor sich hatte. »Kerrigan.« Sein überraschter Blick schoss zu Bly, dann starrte er wieder seinen Bruder an. »Hat dich die kleine Bluterin also doch noch überzeugt, an den Spielen teilzunehmen. Warum hast du mir nichts davon gesagt? Wir hätten uns zusammentun können!« Er entdeckte Demelza. »Ihr habt sogar schon eine Hexe! Warum geht ihr auf Havenwhile zu?«

Kerrigan schwieg. Aus irgendeinem Grund richtete er seine Aufmerksamkeit auf Bly, und der Schmerz in seinen Augen war kaum zu ertragen. Er hatte diesen Moment nicht kommen sehen. Sein Plan hatte darin bestanden, seinem Bruder nicht mehr zu begegnen, bevor er sich dem Tod auslieferte.

»Weil ich ihr Gefangener bin, nicht ihr Mitspieler«, sagte er schließlich leise.

»Ihr Gefangener? Du bist nicht gefesselt!« Donovan starrte Kerrigans Arme und Beine an, bevor er den Bogen wieder anhob und seinen Pfeil auf Demelza richtete. »Was ist das für ein neuer Hexenzauber? Habt ihr ihm durch Magie seinen freien Willen genommen?«

»Es ist keine Magie im Spiel«, versuchte Kerrigan zu erklären.

In Donovans Blick flackerte etwas auf, das Bly zunächst für Verständnis hielt. Was auch immer es war, er schob es beiseite. »Du sprichst in Rätseln.«

»Ich bin fertig mit diesem Leben, Bruder. Deshalb opfere ich mich für eine gute Sache.« Er drehte sich zu Bly um. »Ich möchte jemand anderen retten.«

Er sah sie an, als meinte er sie damit und nicht Elise.

Auch Donovans Aufmerksamkeit war nun auf sie gerichtet, genau wie die Spitze seines Pfeils. An Kerrigan gewandt, fragte er: »Was für ein Spielchen hat diese Frau mit dir abgezogen?«

»Kein Spielchen«, antwortete Kerrigan. »Ich habe nur etwas in ihr gesehen, das …« Er brach ab, und Bly wusste nicht, ob es daran lag, dass er sich seinem Bruder nicht mitteilen wollte oder dass er selbst nicht verstand, warum er sich zu ihr hingezogen fühlte.

Sie spürte plötzlich zu viele Blicke auf sich, als würden sich alle Anwesenden die gleiche Frage stellen.

»Dann trink sie leer und geh deiner Wege. Hauptsache, du bekommst nicht wieder deine humanen Anflüge«, blaffte Donovan seinen Bruder an. »Ich sehe ganz sicher nicht tatenlos dabei zu, wie du für einen hübschen Hals dein Leben wegwirfst.«

»Du hast mir nichts zu befehlen«, erwiderte Kerrigan.

»Ach nein?« Donovan gab den beiden Vampirwachen ein Zeichen.

Plötzlich waren es drei Pfeile, die auf Bly gerichtet waren. Die Schützen spannten ihre Bogensehnen. Bly spürte, wie sie in eine Art Trance fiel. Auf welche Körperteile sie wohl zielten? Ein Auge? Ihren Hals? Vielleicht sogar ihr Herz? Hoffentlich Letzteres. Ihr Herz war schon so lange gebrochen, dass sie es wahrscheinlich gar nicht bemerkte, wenn sich ein Pfeil hindurchbohrte.

»Bly!«, schrie Emerson.

Doch sie drehte nicht den Kopf in seine Richtung. Donovans boshaftes Grinsen war alles, was sie sah.

Sie musste entscheiden, ob sie nach links oder rechts ausweichen wollte. Tatenlos herumzustehen war keine Option, schließlich war Elise immer noch tot. Wer sollte sie ins Leben zurückholen, wenn nicht Bly?

Donovan spannte seine Bogensehne noch ein wenig mehr.

Starke Arme umschlossen Bly von hinten, drückten sie an eine muskulöse Brust und drehten sie um die eigene Achse, sodass sie die harmlosen Bäume vor sich hatte. Wer auch immer sie gepackt hatte, er nutzte seinen eigenen Körper, um sie vor den Pfeilen abzuschirmen.

Bly spürte einen heftigen Ruck, dann noch einen und schließlich einen dritten, während die Arme sie noch immer festhielten. Sie versuchte, sich aus ihrem eisernen Griff zu winden.

Der Wald verschwamm vor ihren Augen, und sie geriet in Panik, versuchte vergeblich, Emersons Namen hervorzustoßen. Sie hatte immer davon geträumt, dass er zum Helden in ihrer Geschichte wurde, aber nicht so. Ein toter Held war nicht das, was sie gewollt hatte. Sie unternahm erneut einen Versuch, ihn anzubrüllen, damit er sie losließ, doch die Angst davor, ihm beim Sterben zusehen zu müssen, hielt ihre Stimme gefangen.

Endlich lockerten sich die Arme um ihren Körper, und sie drehte sich zu ihm um. Ihre Hände griffen instinktiv nach oben und suchten seine Brust nach Wunden ab.

Eine Brust, die mit einer smaragdgrünen Seidenweste bekleidet war. Blys Hände erstarrten. Sie hob abrupt den Kopf. Kerrigan starrte auf sie herunter, die Augen weit aufgerissen und verwirrt, als überraschte es ihn genauso sehr wie sie, dass er sie gerettet hatte.

Blut rann aus seinem Mundwinkel.

Seine Arme waren immer noch um sie geschlungen, als er in sich zusammensackte und sie mit sich auf die Knie zog.

Hinter ihm brüllte Donovan: »Ihr Narren habt meinen Bruder erschossen!« Er warf seinen Bogen zur Seite und zog sein Schwert aus der Scheide.

»Du hast zuerst auf ihn gezielt!«, rief die junge Frau aus seinem

Team. »Wir sollen doch eigentlich Jagd auf eine Hexe machen, nicht auf deinen Bruder, der offenbar Todessehnsucht …«

Ihr Kopf fiel von ihren Schultern und landete auf dem Boden, bevor ihr Körper folgte. Bly wusste sofort, dass sie diesen schrecklichen Anblick nie wieder vergessen würde. Sie hatte nicht einmal wahrgenommen, wie sich Donovans Schwert bewegt hatte.

Auch der junge Mann starrte mit offenem Mund den Schädel auf dem Boden an. Bly kannte das Entsetzen in seinem Blick nur allzu gut. Kurz darauf wurde auch er enthauptet.

»Haltet ihn auf, oder er bringt euch alle um!«, stieß Kerrigan heiser hervor. Obwohl er mit dem Rücken zum Geschehen kniete, schien er genau zu wissen, was sich abspielte – als würde er das Geräusch eines Schädels, der auf den Waldboden fiel, aufs Intimste kennen.

Doch Bly konnte ihn nicht loslassen. Seine Arme waren längst hinter ihrem Rücken hervorgeglitten und hingen kraftlos an ihm herunter. Sie hatte automatisch ihre Hände um seine Taille gelegt, um ihn zu stützen, und spürte nun, wie er sich langsam zur Seite neigte. Er war kurz davor, das Bewusstsein zu verlieren.

Donovan kam auf sie zu, das Schwert erhoben, als wollte er Kerrigan endgültig niederstrecken, aber Bly wusste, auf wen er es abgesehen hatte. Obwohl ihr menschlicher Schutzschild bereits halb tot war, weigerte sie sich zuzulassen, dass Kerrigan ihretwillen auch nur eine weitere Wunde erlitt. Sie betrachtete das Blut, das aus seinem Mund quoll. Alles, was sie wollte, war, ihn wieder gesund zu sehen.

Sie wollte ihn beschützen.

Aber das ergab keinen Sinn. *Sie* war diejenige, die fest entschlossen war, ihn dem sicheren Tod auszuliefern. Und *Donovan* war derjenige, der versuchte, ihn zu retten. Wer war in Kerrigans Leben der Held und wer der Schurke?

Ihr Held war er, das stand fest.

Donovan rückte immer näher, sein Gesicht vor Wut verzerrt. Bly ließ Kerrigan schweren Herzens los und versuchte, nicht hinzusehen, als er zur Seite kippte. Das leise Knirschen der Blätter, die sein Körper zerdrückte, jagte ihr einen Schauder über den Rücken, während sie fieberhaft nach einem Geschwindigkeitszauber tastete.

Über sich erkannte sie die Umrisse von Donovans Schwert. Welche Ironie, dass sie sterben würde, weil sie nicht schnell genug an den Geschwindigkeitszauber gelangte, der ihr die nötige Schnelligkeit verliehen hätte. Sie fummelte ein Holzkästchen aus ihrer Rocktasche und zog eine schmale blaue Feder daraus hervor.

Während sie das Zauberwort sprach und gleichzeitig die Feder zerbrach, kreuzten sich über ihrem Kopf klirrend die Schwertklingen. Bly ließ einen Kraftzauber folgen und spürte, wie das Blut in ihren Adern anschwoll, wie es ihr befahl, sich in Bewegung zu setzen. *Renn endlich weg oder kämpfe!*

Emersons Arm zitterte, während er sein Schwert gegen Donovans stemmte. Demelza musste es irgendwie geschafft haben, ihn mit einem Kraftzauber auszustatten, aber er würde nicht lange gegenhalten können.

Bly sprang auf die Füße und holte blitzschnell einen Fesselzauber aus ihrem Ärmel. Sie griff nach ihrem Messer, ließ es jedoch vor lauter Hektik fallen. Donovans Blick ruhte bereits auf ihr, als wäre es ein Kinderspiel, mit Emerson fertigzuwerden, als wartete er nur darauf, dass sie näher kam, um zuerst ihn und gleich im Anschluss sie zu töten. Bly wagte es nicht, nach ihrem heruntergefallenen Messer zu tasten.

Plötzlich blitzte etwas Rotes hinter Donovans Schulter auf und erregte ihre Aufmerksamkeit. Dem Vampir entging nicht, wohin sie spähte. Er löste eine Hand vom Griff seines Schwerts und leistete Emerson nur noch mit einem Arm Widerstand, während er den anderen nach hinten ausstreckte und die Finger um Demelzas Kehle schloss.

Die Hexe lächelte ihn an, ohne auch nur die Hände zu heben. Die Regeln besagten, dass sie ihm keinen Schaden zufügen durfte, genauso wenig wie er ihr. Seine Finger zuckten, als würde er dennoch am liebsten zudrücken. Bly war sich sicher, dass er Demelza erwürgen würde, falls sie versuchte, ihn mit ihrem Birkenzweig zu berühren.

Sie musste also selbst aktiv werden und ihn irgendwie destabilisieren, etwas tun, was er nicht erwartete.

Bly sprintete los, mit Beinen so leicht wie Luft, und warf sich gegen Donovan, als wäre ihr Körper die einzige Waffe, die sie brauchte. Zu ihrer Überraschung fiel er tatsächlich um, und sie taumelte hinter ihm her, sodass sie beide auf Demelza landeten. Etwas knackte neben Blys Ohr: Donovans zuschnappende Zähne. Sie versuchte, sich aufzurappeln und in Sicherheit zu bringen, konnte sich jedoch nicht aus dem Durcheinander aus Gliedmaßen lösen, bis jemand sie mit einem Ruck nach oben zog. Es war Emerson, der sie sofort wieder losließ, um sein Schwert an Donovans Hals zu legen. Der Vampir rührte sich nicht. Seine Arme und Beine waren durch Magie gefesselt, und Demelza kroch grinsend unter ihm hervor.

»Ich weiß, dass du das warst, Hexe«, fauchte er. »Ich habe gehört, wie du das Zauberwort gemurmelt hast. Dass du die Regeln gebrochen hast, wird nicht lange unbemerkt bleiben.«

Demelza zuckte die Achseln. »Ich habe dich nicht gefesselt. Das war sie.«

Bly hatte Mühe, sich ihre Überraschung nicht anmerken zu lassen. Donovans skeptischer Blick landete auf ihr. Sie hielt den zerbrochenen Birkenzweig in der zitternden Hand, den Zweig, den sie nicht hatte anwenden können. Aber das brauchte er nicht zu wissen. Sie wandte den Kopf ab, damit er die Lüge nicht in ihrem Gesicht ablas.

Die Zwillinge standen in einiger Entfernung über den reglosen Körpern der Vampirwachen, die Donovan begleitet hatten. Bly fragte sich, wie viel Hilfe sie wohl von Demelza bekommen hatten, wollte jedoch nicht zu genau hinsehen. Ob die Wachen tot waren oder nur gefesselt und bewusstlos, spielte im Grunde keine Rolle.

»Hilf ihm!«

Blys Aufmerksamkeit richtete sich wieder auf Donovan. Sein Flehen hatte beinahe zärtlich geklungen. Sie starrte ihn verwundert an. Echte Sorge hatte sich in seine Züge gemischt. Vielleicht hatte das, was Kerrigan in der Vergangenheit erlitten hatte, auch Einfluss auf seinen Bruder gehabt und ihn grausam gemacht, wohingegen Kerrigan nur traurig geworden war.

»Die Hexen mögen ihre Vampire lieber lebendig, oder etwa nicht?«, fuhr Donovan sie an.

Bly erwachte aus ihrem benommenen Zustand und rannte zu seinem Bruder zurück, der seitlich auf dem Boden lag. Sie ließ sich auf die Knie nieder. Seine Augen waren glasig.

»Du musst die Pfeile herausziehen, damit seine Wunden heilen können«, instruierte Donovan.

»Weiß ich«, antwortete Bly unwirsch und schob ihre Hand auf Kerrigans Rücken, um den Schaft eines Pfeils zu packen. Er stöhnte, als sie probeweise daran ruckelte. Um mehr Kraft ausüben zu können, setzte sich Bly auf den Waldboden und zog den Körper des Vampirs halb auf ihren Schoß. Kerrigans Rücken war rot und nass vor Blut, und sie versuchte, nicht hinzusehen, während sie mit beiden Händen energisch an dem Pfeil riss. Er gab ein Stück nach, blieb dann jedoch wieder stecken. Kerrigan stieß pfeifend die Luft aus, er musste höllische Qualen leiden.

Bly hob den Blick zu Demelza. »Ich brauche etwas gegen seine Schmerzen!«

Sie hatte den Kraftzauber noch in sich und war theoretisch in der Lage, die Pfeile herauszuziehen, traute sich jedoch nicht, sich mit aller Macht dagegenzustemmen. Sie wollte ihm auf keinen Fall noch mehr wehtun.

»Ich habe leider nichts dabei«, antwortete Demelza ungerührt.

Bly sah ihr prüfend ins Gesicht. Die Hexe starrte unverwandt auf Kerrigans Wunden. Sie lächelte zwar nicht, aber ihr Ausdruck verriet, dass sie ihre Befriedigung nur notdürftig versteckte.

»Verlogene Hexe!«, fauchte Donovan.

Bly musste ihm insgeheim recht geben.

Emerson kniete sich neben sie und brach mühelos die gefiederten Enden der Pfeile ab. »Sie sind fast durchgeschlagen. Es ist einfacher, sie auf der Vorderseite herauszuziehen.«

»Was?« Blys Stimme klang hoch und dünn.

»Ich übernehme das«, sagte Emerson. »Knöpf ihm das Hemd auf.«

Blys Finger machten sich zitternd an den Knöpfen der Weste und anschließend des Hemds zu schaffen. Als sie nach oben in Kerrigans Gesicht spähte, zuckte sein Mundwinkel, als wollte er einen Witz machen, doch er schwieg, während sie seine Brust freilegte und Emerson zunickte.

Bly wollte sich wegdrehen von all dem Blut, wollte Emerson allein seine Arbeit machen lassen, aber eine kalte Hand berührte ihre. Ohne zu zögern, griff sie danach und drückte Kerrigans Finger, bevor sie Emerson bedeutete, dass er anfangen sollte.

Statt sich an den Pfeilen zu schaffen zu machen, starrte ihr Freund auf ihre Hand, die Kerrigans festhielt. Er runzelte die Stirn.

»*Emerson*«, sagte Bly in scharfem Ton.

Er senkte den Blick auf Kerrigans Rücken, ohne ihr in die Augen zu sehen. Ohne Vorwarnung schob er einen Pfeil durch das Fleisch des Vampirs und griff nach vorn, um ihn herauszuziehen.

Kerrigan schrie und drückte Blys Finger so fest zusammen, dass sie nach Luft schnappte. Emerson sah aus, als würde er nichts lieber tun, als den Pfeil wieder in den Vampir zu bohren, damit er sie losließ. Bly biss sich auf die Lippe und schüttelte den Kopf.

Ohne jede Rücksicht riss Emerson die anderen beiden Pfeile heraus.

Bly suchte Donovans Blick. »Wie lange dauert es, bis seine Wunden verheilt sind?«

»Was interessiert dich das? Schleift ihn doch einfach an den Füßen nach Havenwhile wie das Siegespfand, das er für euch ist.«

Bly versuchte, sich nicht anmerken zu lassen, wie sehr diese Worte sie schmerzten. Er hatte ja recht: Sie würde Kerrigan denselben Leuten ausliefern, die ihr Elise genommen hatten. Aber er wollte es so, und das war der entscheidende Unterschied. *Er* hatte *sie* im Würgegriff gehabt – sie war seine Gefangene gewesen, bis er sich ihr ausgeliefert hatte.

Ihr war klar, dass sie nach den Spielen mit Schuldgefühlen und Reue würde weiterleben müssen wegen all der Dinge, die sie hatte tun müssen. Es war der Preis, den sie dafür bezahlte, dass sie ihre Schwester zurückbekam.

Trotzdem: Kerrigan war kein Gefangener. Und sie würde ihn ganz sicher nicht hinter sich herschleifen, als hätte er sich sein Schicksal nicht selbst ausgesucht.

»Wie lange?«, wiederholte sie.

»Ein paar Minuten«, knurrte Donovan widerwillig.

Es überraschte Bly, dass er ihr überhaupt geantwortet hatte. Sie wollte sich von Kerrigan zurückziehen, doch seine Finger hielten sie fest. Es war nur noch ein sanfter Händedruck, eine Bitte an sie, bei ihm zu bleiben.

Sie schluckte und sah auf ihn hinunter. Seine Augen waren geschlossen, sein Gesicht verzerrt. Der Heilungsprozess war schmerzhaft.

Sie blickte auf. Die Zwillinge waren zwischen den Bäumen verschwunden, suchten wahrscheinlich die Umgebung nach Spielern und Prämienjägern ab, die durch die Kampfgeräusche angelockt worden waren – schließlich konnte man bei einer attackierten, abgelenkten Gruppe oft leichte Beute machen. Es gab viele Strategien, die bei den Spielen zum Erfolg führten, und nicht wenige hatten damit zu tun, die Schwäche anderer auszunutzen.

Emerson und Demelza waren ein Stück zur Seite gegangen, und Bly beobachtete, wie Emerson die Hand hob und Demelzas Hals berührte. Für einen kurzen Moment dachte sie, die Hexe hätte versucht, ihn anzugreifen, und er würde nun versuchen, sie von sich wegzuschieben. Aber seine Finger strichen vorsichtig über ihre Haut, während sie das Kinn anhob. Stirnrunzelnd betrachtete Emerson die Striemen, die Donovans Hand hinterlassen hatte.

Bly spürte immer noch die Leichtigkeit des Geschwindigkeitszaubers in ihren Armen und Beinen, aber der Rest ihres Körpers fühlte sich plötzlich schwer und kraftlos an. Er war nur freundlich zu Demelza, so wie sie freundlich zu Kerrigan war. Sie senkte den Blick wieder auf den vor ihr liegenden Vampir.

»Ist er bei Bewusstsein?«, fragte Donovan. Als Bly den Kopf schüttelte, runzelte er sorgenvoll die Stirn.

Kerrigans Lippen waren noch immer voller Blut, und Bly erkannte nicht, ob es frisch war oder alt. Also griff sie nach seinem lächerlichen Schal und fuhr damit über seine Mundwinkel, entfernte so viel Blut wie möglich, damit er besser Luft bekam.

»Was machst du denn da?«, fragte Donovan.

»Ich versuche nur, ihm zu helfen.« Sie sah zu ihm auf.

Was Donovan in ihrem Gesicht wahrnahm, ließ ihn die Stirn runzeln.

Schnell senkte sie den Blick wieder und kauerte sich dicht an Kerrigans Ohr. »Bitte, wach auf. Ich brauche dich!«

»Versprich mir, meine Hand nicht loszulassen, und ich überlege es mir.« Kerrigans Stimme klang noch ein wenig heiser, aber sein unverkennbarer Charme war wieder da.

Bly wich zurück und entzog ihm ihre Finger. »Wie lange bist du schon wach?«

Er grinste. Sein Blick wanderte zu ihrer anderen Hand, in der sie noch immer den Schal hielt. »Ich habe nur den Moment ausgekostet.«

»Du Mistkerl!«, murmelte sie und ließ den Schal auf seine nackte Brust fallen.

»Ich bin eben Opportunist.« Er lachte leise und zuckte mit schmerzverzerrtem Gesicht zusammen, als er die Hand hob und über den seidenen Stoff strich, den sie gerade losgelassen hatte. Dann wanderten seine Finger zu seinen Lippen, wobei er sie nicht aus den Augen ließ.

Bly starrte auf seine Brust, auf die Blutspuren, die dort noch deutlich zu sehen waren.

»Mir geht es gut, mein Häschen. Nur ein paar Kratzer. Wenn ihr mich den Hexen aushändigt, werde ich in exzellenter Verfassung sein. Der beste Gefangene, den sie je hatten.« Seine Stimme klang plötzlich angespannt.

Bly machte den Mund auf, um ihm zu versichern, dass sie sich nicht deshalb für sein Wohlergehen interessierte, schloss ihn jedoch wieder. Lief es nicht letztlich genau darauf hinaus?

Sie drehte den Kopf weg, für den Fall, dass er an ihrem Gesicht ablesen konnte, was sie fühlte, dass er schlau wurde aus all den Emotionen, die in ihr selbst nur Verwirrung stifteten.

»Alles in Ordnung?« Seine Frage verriet aufrichtige Sorge.

Sie begegnete seinem Blick und erkannte darin dieselben unaussprechlichen Gefühle. Er hatte drei Pfeile für sie abgefangen – sie hätte ihn gern gefragt, warum. Obwohl es ihm egal zu sein schien, ob er weiterlebte oder starb, war es keine geringe Sache, sich für jemanden in den Weg dreier durch die Luft surrender Pfeile zu stellen.

Oder bedeutete es ihm vielleicht gar nichts?

Aber er starrte sie an, als bedeutete es ihm *alles*.

»Bei mir ist alles in Ordnung, danke der Nachfrage«, sagte Donovan.

Kerrigan seufzte und riss sich von Bly los, um seinen Bruder anzusehen. »Tut mir leid, dass ich mich nicht von dir verabschiedet habe. Das war feige.«

»Nein. Was du *jetzt* tust, ist feige. Du läufst vor der Vergangenheit davon. Glaubst du, du vergisst alles, nur weil du in einem Käfig sitzt und immer wieder Blut lassen musst?«

Kerrigan wusste es also. Er wusste, dass ihn womöglich ein noch schlimmeres Schicksal erwartete als der Tod.

»Vielleicht geht es gar nicht mehr darum, zu vergessen«, sagte Kerrigan leise.

»Du redest Schwachsinn. Hast du etwa wieder Gedichte gelesen? Ich habe dir doch gesagt, dass du damit aufhören sollst. Dieser Lyrik-Kram macht dich unausstehlich.«

Kerrigan lachte. »Ach, Bruderherz. Wenn du wüsstest, wie sehr ich dich liebe.«

»Dann tu mir das nicht an! *Du* hast die Entscheidungen getroffen, die uns nach Vagaris geführt haben. Jetzt lass mich dort nicht allein!«

Donovans Blick verriet tiefen Schmerz – die Art von Schmerz, die man empfand, wenn man die Person ansah, die einem auf der Welt am meisten bedeutete, und wusste, dass sie so gut wie tot war. Bly hätte sich gewünscht, dass jemand *sie* so angesehen hätte nach ihrer Verkündung, an den Spielen teilnehmen zu wollen. Aber für ihre Eltern war ihr Verlust offenbar keine unerträgliche Vorstellung, und auch Emerson hatte nicht mit Verzweiflung reagiert. Er hatte nur die Gefahren und den potenziellen Nutzen gegeneinander abgewogen. Dann hatte er sie gebeten, es nicht zu tun, hatte ihr angeboten, an ihrer Stelle teilzunehmen, weil er ein Ehrenmann war. Aber er hatte ihr nicht ins Gesicht geschaut, als könne er ihren Verlust nicht ertragen.

Wenn Elise noch gelebt hätte, hätte sie es sicher getan.

Bly wusste, dass sie Donovans Leben zerstörte, um ihr eigenes zu retten. Sie hasste ihn zwar, doch sich selbst hasste sie noch mehr. Kerrigan schwieg weiterhin, und als sie den Kopf zu ihm umdrehte, stellte sie fest, dass sein Blick auf ihr ruhte.

»Ich muss es tun«, sagte er leise, ohne sich von ihr abzuwenden.

Sie spähte zu Donovan hinüber, der sie so hasserfüllt anstarrte, dass sie am liebsten erneut hinter Kerrigan Schutz gesucht hätte.

In diesem Moment gesellten sich Nova und Vincent zu ihnen. »Wir bekommen Gesellschaft: Eine andere Gruppe ist in diese Richtung unterwegs, bewegt sich allerdings nur langsam. Wir sollten trotzdem aufbrechen.«

Demelza nickte. »Aber zuerst fesseln wir ihn.«

Blys Blick schoss zu dem bereits gefesselten Donovan. Da erst verstand sie, dass Demelza Kerrigan meinte. Sie stand vom Boden auf, und Kerrigan tat es ihr gleich. Er schwankte leicht, und ihr ging auf, dass er dringend Blut brauchte. Was er hingegen nicht gebrauchen konnte, waren Fesseln.

»Das kann nicht dein Ernst sein, Demelza«, sagte sie.

Die Hexe zog die Augenbrauen hoch. »Doch, allerdings.«

»Das war so nicht abgemacht. Ich denke, er hat eindeutig bewiesen, dass er freiwillig mit uns kommt.«

Donovan schnaubte verächtlich.

»Außerdem kommen wir schneller voran, wenn er selbst laufen kann«, argumentierte Emerson.

Bly nickte ihm dankbar zu, war sich jedoch nicht sicher, ob er Partei für sie ergriff, um ihr den Rücken zu stärken, oder ob er sich allein von seiner Vernunft leiten ließ. Als er ihr einen seltsamen Blick zuwarf, merkte sie, dass sich ihre und Kerrigans Rollen vertauscht hatten: Sie stand jetzt vor dem Vampir, als wäre sie bereit, für ihn einen Pfeil abzufangen.

Und wennschon. Sie revanchierte sich nur für das, was er getan hatte.

Demelza seufzte. »Ich fessle ihm nur die Arme.«

»Nein«, widersprach Kerrigan.

»Du bist zu schwach, um dich gegen mich zu wehren, Vampir«, sagte Demelza. »Mein Vertrauen in dich wird nicht größer dadurch, dass dein Bruder dir traurige Blicke zuwirft. Woher wissen wir, dass du es dir nicht anders überlegst und uns im Schlaf abschlachtest?« Sie machte einen Schritt zur Seite und wollte Bly umrunden, die jedoch ebenfalls ihre Position veränderte und ihr weiter den Weg versperrte. Langsam breitete sich ein Lächeln auf Demelzas Gesicht aus. »Ich glaube nicht, dass du dich ernsthaft mit mir anlegen willst.«

Etwas Braunes blitzte auf, und Blys Blick schoss zu Demelzas Händen. Hielt sie darin einen Todesfluch? Alles, was Bly erkennen konnte, war ein schmaler Birkenast. Hatte sie sich nur eingebildet, dass daneben noch etwas anderes lag?

»Also gut«, lenkte Kerrigan ein. Auch sein Blick war auf die Hände der Hexe gerichtet.

Bly rührte sich nicht vom Fleck.

»Bly«, sagte Kerrigan sanft. »Ist schon okay.« Seine Hände schlossen sich um ihre Schultern und schoben sie beiseite.

Demelza machte einen Schritt auf ihn zu, doch er hob die Hand und stieß ein tiefes, wütendes Grollen aus.

Alle erstarrten. Vielleicht war Donovans Appell doch zu ihm durchgedrungen. Aber er sah nicht seinen Bruder an, sondern fixierte mit hartem Blick die Hexe. »Befreie zuerst meinen Bruder. Ich werde ihn nicht hier zurücklassen, als gefundenes Fressen für andere Teams und Prämienjäger.«

Demelza schnaubte verächtlich. »Damit er uns noch mal in den Rücken fallen kann?«

»Das wird er nicht. Er ist jetzt allein.«

Auf Demelzas Gesicht erschien ein höhnisches Grinsen. »Auf keinen Fall!«

»Dann bringe ich ihn selbst nach Hause.« Er sagte nicht, was passieren würde, wenn das Team versuchte, sich ihm zu widersetzen.

Bly schluckte. »Tu es einfach«, sagte sie zu der Hexe.

Demelza sah aus, als würde sie Bly und die beiden Vampire am liebsten enthaupten und für immer loswerden. Sie warf unschlüssig einen Blick zu Emerson hinüber, als überlegte sie, ob er sie dann hassen würde.

»Ja, lass ihn frei«, sagte er. »Ich glaube Kerrigan.«

»Dann bist du ein Narr!«, fuhr ihn Demelza an.

Trotzdem ging sie zu Donovan und kniete sich neben ihn, um ihn mit einem angekohlten Birkenzweig zu berühren, der den Befreiungszauber enthielt. Sie murmelte die Zauberworte und wich zurück, bevor der Vampir mit einem wütenden Knurren auf die Füße sprang.

»Bruder«, sprach ihn Kerrigan an.

Donovan zeigte mit dem Finger auf ihn. »Es ist mir vollkommen egal, wer von uns höherrangig ist. Ich nehme keine Befehle mehr von dir entgegen.«

»Diesen letzten wirst du entgegennehmen: Geh nach Hause.«

Kerrigan war neben Bly getreten, und für einen kurzen Moment befürchtete sie, dass Donovan erneut angreifen würde.

Stattdessen machte er einen Schritt zurück. »Ich werde dich bis in alle Ewigkeit hassen!«

Bly spürte Kerrigans Reaktion so deutlich, als fände sie in ihrem eigenen Körper statt. Es war, als hätten die Worte seines Bruders ein Loch in sein Inneres gerissen.

»Dann ändert sich ja nichts, es bleibt alles beim Alten«, sagte er betont gelassen.

Donovans Kampfgeist schien in sich zusammenzufallen, und auf seinem Gesicht breitete sich tiefe Enttäuschung aus. Er starrte Kerrigan noch eine Sekunde an, bevor er auf dem Absatz kehrtmachte und davonrannte.

VIERZEHN

Die Notwendigkeit, Rast zu machen, war schon bald nicht mehr zu ignorieren. Kerrigans Pfeilwunden waren zwar verheilt, aber er wankte sichtlich und war unsicher auf den Beinen. Vincent und Nova entdeckten ein tiefer gelegenes Terrain, in dem mehrere Bäume kreuz und quer umgefallen waren und zwischen ihren verrottenden Stämmen eine kleine, natürliche Festung bildeten.

»Er muss Blut trinken«, sagte Bly.

Kerrigan hatte sich auf einen der Stämme sinken lassen und die Beine vor sich ausgestreckt. Sein Kopf hing nach vorn, und er starrte reglos zu Boden.

Bly rechnete dennoch mit einem seiner anzüglichen Kommentare, doch der Vampir nickte nur und hob mit leerem Blick den Kopf. Bly ahnte, dass seine Kraftlosigkeit nicht nur auf den Blutverlust zurückzuführen war. Seine Vergangenheit nagte an ihm.

Nova rollte ihren Ärmel hoch und trat auf ihn zu.

Bly schüttelte den Kopf. »Ich übernehme das.«

Emersons Kopf fuhr in ihre Richtung herum, aber er sagte nichts, wandte sich nur schnell wieder ab.

Bly setzte sich neben Kerrigan auf den Baumstamm und verschränkte nervös die Hände auf dem Schoß. Dann ging ihr auf, dass sie ihm den Arm hinstrecken musste. Sie tat es, und er hob seine gefesselten Hände ein Stück hoch und griff danach. Zärtlich hielt er ihre Hand in seiner. »Du musst das nicht tun. Ich bin an bitter schmeckendes Blut gewöhnt. Du schuldest mir nichts.«

»Ich weiß«, sagte Bly, obwohl sie wusste, dass sie ihm bald alles schulden würde. Sie würde Elises Augen wiedersehen, und diesmal würde sie sich deren Farbe genauestens einprägen.

»Bist du dir wirklich sicher?« Kerrigan drückte ihre Hand.

Sie spähte zu ihm hinüber. Er sah aus, als würde er gern vehementer protestieren, ohne aber dazu in der Lage zu sein. Sein Körper neigte sich zur Seite, als könnte ihn der nächste Windstoß umreißen.

»Ganz sicher«, beteuerte sie, auch wenn es gar nicht stimmte.

Sie dachte an die vielen Einstiche in ihrer Armbeuge, die sie in Kauf genommen hatte, um sich auf die Spiele vorzubereiten. Dünne Nadeln waren nicht dasselbe wie Vampirzähne. An Jades Biss konnte sie sich kaum noch erinnern, weil sie so schnell das Bewusstsein verloren hatte. Diesmal war sie nicht geschwächt vom Blutverlust, sie würde jede Sekunde mit aller Deutlichkeit wahrnehmen. Als ihr das klar wurde, lief ein Schauder durch ihren Körper, aber sie spürte Kerrigans Zögern und beeilte sich, erneut zu nicken.

Er bewegte sich noch immer nicht, also streckte Bly ihre freie Hand aus und zog ihren Ärmel nach oben. Die kalte Luft auf ihrer nackten Haut löste ein Frösteln in ihr aus. Er schien es nicht zu bemerken, hatte seine Hände trotz des Fesselzaubers in einem unbequemen Winkel verdreht, damit er mit dem Daumen kleine Kreise auf ihr Handgelenk malen konnte.

Bei der Berührung stockte ihr der Atem. Dann verstand sie, was er dort sah: die Markierung, die verriet, dass sie für die Vampirseite spielte.

Seine Stimme wurde so leise, dass sie ihn kaum noch verstand. »Du setzt dein Leben aufs Spiel. Besser, du hörst auf, nachdem du mich den Hexen übergeben hast.«

»Du weißt, dass ich das nicht kann«, sagte sie. Er kannte die

Geschichte mit Emersons Todesfluch, sie hatte ihm davon erzählt.

»Lass ihn sterben.« Diese Worte lösten in ihr den Wunsch aus, Kerrigan sofort ihren Arm zu entziehen. Er verstärkte seinen Griff und hielt sie fest.

»Niemals.« Sie folgte Kerrigans Blick, der zu Emerson hinüberwanderte. Ihr alter Freund wandte sich ab, als hätte er sie heimlich beobachtet. Zum Glück war er außer Hörweite.

»Du bist in ihn verliebt.« Es klang wie ein Vorwurf.

Blys Mund wurde trocken. Aus irgendeinem Grund wollten die Worte, die Kerrigans Verdacht bestätigt hätten, nicht über ihre Lippen kommen. Sie hatte schon so lange Gefühle für Emerson, dass sie ihr eigentlich hätten leichtfallen müssen.

»Ich kenne ihn von klein auf und kann mir mein Leben nicht ohne ihn vorstellen. Es wäre genauso unerträglich wie …« Sie musste nicht weitersprechen. Kerrigan wusste auch so, was sie meinte.

»Ich werfe aber nicht mein Leben weg, nur damit du hinterher stirbst.«

»Wer sagt, dass ich sterben werde?«

»Die Wahrscheinlichkeit.«

Sie war drauf und dran, ihm vorzuwerfen, dass er sich genau wie Emerson anhörte.

»Warum ist dir so wichtig, dass ich überlebe?«, fragte sie.

Er verzog das Gesicht, als wüsste er die Antwort selbst nicht – oder wollte sie nicht aussprechen.

Nachdem er den Kopf geschüttelt hatte, hob er ihr Handgelenk an seinen Mund und drückte seine geschlossenen Lippen auf die Beere, die auf ihrer Haut prangte. Vielleicht wollte er sie von der Tatsache ablenken, dass er ihr die Antwort auf ihre Frage schuldig geblieben war. Es funktionierte. Er leckte über die Frucht, als wollte er sie kosten. Bly sog scharf die Luft ein, weil sie mit einem Biss gerechnet hatte und stattdessen die Weichheit seiner Zunge spürte. Seine Finger, die um ihr Handgelenk geschlossen waren, verstärkten ihren Druck, und er rückte auf dem Baumstamm kaum merklich in ihre Richtung, sodass ihre Hüften und Beine aneinanderlagen. Erst dann berührten seine Zähne ihre Haut und bohrten sich hinein.

Bly zuckte nicht zusammen, wie sie geglaubt hatte. Der leichte Schmerz ließ sie genauso wohlig erschaudern, wie es seine Zunge getan hatte. Schon nach einer Sekunde zog Kerrigan seine Zähne wieder heraus und legte den Mund auf die beiden kleinen Wunden, um sanft daran zu saugen.

Blys Atmung ging flach und schnell. Was war nur plötzlich mit ihr los? Was sie spürte, konnte nicht normal sein. Bei Nova hatte es jedenfalls so ausgesehen, als würde sie gar nichts empfinden, als wäre Kerrigans Biss nichts anderes als ein Nadelstich auf dem Markt. Bly hingegen spürte *alles* – seine Lippen auf ihrer Haut, seine Hüfte an ihrer, den Druck seiner Fingerspitzen auf ihrem Handgelenk, das schmerzhafte Hämmern ihres Herzens und nicht zuletzt das Brennen in ihrem Inneren und den Wunsch, er möge niemals aufhören zu trinken. Ihr wurde schwindlig.

Als er seinen Mund von ihr löste, kam es ihr einerseits vor, als wären nur Sekunden verstrichen, und andererseits, als wären sie stundenlang miteinander verbunden gewesen. Erst jetzt bemerkte Bly den Schmerz der Bisswunde, und sie sehnte sich danach, dass er wieder den Mund darauf presste und ihn linderte.

»Danke, dass du mir vorhin das Leben gerettet hast«, sagte sie, um auf andere Gedanken zu kommen und sich in Erinnerung zu rufen, dass sie tief im Wald saß, mit einem Vampir, einer Hexe, zwei Menschen, denen sie nicht vertraute, und dem jungen Mann, mit dem sie durchbrennen wollte. Sie war von Gefahren umgeben und konnte es nicht gebrauchen, dass Lippen und Eckzähne ihr den Verstand vernebelten.

Kerrigans Hand krampfte sich um ihr Handgelenk und ließ dann wieder locker. »Du hast gesagt, das wäre nicht der Grund. Ich hätte kein Blut von dir angenommen, wenn ich gewusst hätte, dass du es nur tust, um eine vermeintliche Schuld zu begleichen.«

»So ist es auch nicht.«

Er sah sie prüfend an und schien ihr zu glauben. »Warum dann? Aus Neugier?« Er ließ sein übliches entwaffnendes Lächeln aufblitzen.

Es kam ihr deplatziert und unnötig vor. Zwar kannten sie einander kaum, aber sie hatten das Leid des jeweils anderen so tief gespürt, dass sie das Gefühl hatten, in einen Spiegel zu blicken. Blys Entscheidung hatte mehrere Gründe gehabt. Dass er ihr das Leben gerettet hatte, zählte dazu, genau wie ihre Neugier. Der wichtigste Grund war jedoch der, dass sie einfach … den dringenden Wunsch gehegt hatte, ihn von ihrem Blut trinken zu lassen.

»Weder Dankbarkeit noch Neugier«, sagte sie rasch, und es war nur zur Hälfte gelogen.

»Warum dann?« Er biss sich in die eigene Lippe und beugte sich vor, um ihr einen blutigen Kuss auf die Wunde zu drücken und den Heilungsprozess in Gang zu setzen.

Ihre Haut juckte.

Sie schluckte. »Ich weiß es selbst nicht genau.« Es war die ehrlichste Antwort, die sie ihm geben konnte.

»Können wir noch mal über deinen Plan sprechen?«, fragte er.

Bly stand so schnell vom Baumstamm auf, dass sich alles um sie herum drehte. Kerrigans Hand glitt von ihrem Arm, und seine Finger strichen an ihrer Haut entlang. Hastig rollte sie ihren Ärmel wieder nach unten. »Mein Plan steht nicht zur Debatte.«

Sie stürmte davon, noch bevor er etwas dazu sagen konnte. Auf keinen Fall würde sie sich vorschreiben lassen, was sie zu tun oder zu lassen hatte. Natürlich freute sie sich darüber, dass es jemanden gab, dem sie wichtig war, den es interessierte, ob sie die Spiele überlebte oder nicht. Aber warum musste dieser Jemand ausgerechnet der Vampir sein, den sie den Hexen ausliefern musste – jenem Volk, das sie auf dieser Welt am meisten hasste?

Bly musste aufhören, in Kerrigan einen … Freund zu sehen. Etwas anderes als ein Mittel zum Zweck.

Alle starrten sie an, als sie ins Lager gestapft kam, als wäre ihre Scham darüber, wie ihr Handgelenk noch immer vom Druck seiner Lippen pulsierte, für jeden offensichtlich. Bly spürte, wie sie errötete, und war dankbar für die Dunkelheit.

»Ist es klug, ihn dort drüben allein zu lassen?«, fragte Nova.

Kerrigan hatte sich in einigem Abstand auf den Waldboden gesetzt, den Rücken an eine große Eiche gelehnt.

»Er wird nirgendwohin gehen«, erwiderte Bly.

»Warum bist du dir da so sicher?«, wollte Demelza mit beißender Stimme von ihr wissen. »Und selbst wenn er sich friedlich verhält: Glaubt irgendeiner von euch tatsächlich, sein Bruder würde nicht noch mal versuchen, ihn zu retten?«

Bly starrte die Hexe nur an.

»Wir wechseln uns heute Nacht damit ab, ihn zu bewachen«, schlug Vincent vor.

Emerson, der bisher vor dem Feuer gekniet hatte, stand vom Boden auf und wischte sich die Hände an seiner Hose ab. »Können wir kurz reden?«, fragte er an Bly gewandt.

»Natürlich.« Sie wusste selbst nicht, warum ihre Antwort so distanziert und förmlich klang. Was war nur aus ihrer Freundschaft geworden? Als er sich bereit erklärt hatte, mit ihr an den Spielen teilzunehmen, hatte sie geglaubt, die Kluft zwischen ihnen würde sich schließen. Stattdessen schien sie immer größer zu werden.

»Unter vier Augen«, fügte Emerson hinzu und marschierte, ohne auf eine Antwort zu warten, in den Wald davon.

Bly folgte ihm zu einer dunklen Ecke zwischen mehreren jungen Eichen.

»Was machst du da eigentlich?« Seine Stimme war so kalt wie der Wind, der unbarmherzig durch die Bäume strich.

»Was meinst du?« Bly wusste natürlich, worauf er sich bezog, wollte es jedoch nicht zugeben. Lieber tat sie so, als gäbe es nichts zu verstehen.

»Bly.« Er sprach ihren Namen voller Vorwurf aus, so wie er es schon unzählige Male getan hatte.

Es war eine der wenigen Eigenschaften, die sie nicht an ihm mochte – dass er allein durch die Art, wie er ihren Namen sagte, Scham und Schuldgefühle in ihr wachrufen konnte. Andererseits wusste sie, wie sehr ihn das Schicksal seiner Schwester mitgenommen hatte. Vor deren Tod war er einfach nur da gewesen, um Bly aufzufangen, wenn sie von einem Baum gefallen war. Danach hatte er angefangen, ihr ins Gewissen zu reden, hatte sie aufgefordert, sich nie wieder zu hoch hinauszuwagen. Er wollte nur, dass ihr nichts passierte.

Vielleicht brauchte sie tatsächlich jemanden, der sie von der Gefahr zurückrief, in die sie sich diesmal gebracht hatte.

»Zwingst du mich wirklich, es auszusprechen?«, fragte Emerson.

Bly biss sich auf die Lippe.

Er räusperte sich, und sie machte sich auf einen seiner berühmten Vorträge gefasst. Schon als kleines Mädchen hatte sie seine Angewohnheit gehasst, ihr Vorhaltungen zu machen, wenn sie zu tief in den Wald vorgedrungen war. Ihr Ärger war jedoch immer von der Freude darüber verdrängt worden, dass sie ihm wichtig genug war, um sie belehren zu wollen.

»Wir kennen uns so gut.« Er brach ab, und Bly nahm überrascht zur Kenntnis, dass er nervös war. Dies war nicht der ruhige, gefasste Emerson, der nur selten Gefühle zeigte. »Als wir zu unserer Mission aufgebrochen sind, dachte ich, wir hätten keine Chance. Ich dachte … Ich dachte, ich würde dich nur begleiten, damit du nicht allein sterben musst. Aber wir sind wieder zusammengewachsen, Bly.« Ihr Name klang wie ein Flehen. »Sicher, es liegt noch viel Arbeit vor uns, und wahrscheinlich wird es nie wieder genauso sein, wie es mal war … Natürlich nicht. Trotzdem fühlt es sich gut an, dass wir uns wieder näherkommen, meinst du nicht?«

In seiner Stimme lag eine schmerzhafte Hoffnung, eine Hoffnung, die auch Bly empfand und aus der sie immer wieder Kraft schöpfte. Sie war sich nicht sicher gewesen, ob Emerson sie auch spürte, und ihr Brustkorb wurde weit beim Gedanken daran, dass es so sein könnte. Sie standen sich so nah. Was auch immer sie in letzter Zeit voneinander entfernt hatte, es würde keine Rolle mehr spielen, nachdem sie die Spiele gewonnen hatten.

Bly streckte die Hand aus und schloss sie um seine. Emerson riss sich so abrupt los, dass sie erschrak.

»Du musst ihn den Hexen ausliefern, das weißt du.«

Seine Ermahnung machte sie so wütend, dass sie mit den Zähnen knirschte. Er durfte ihr gern sagen, dass sie nicht zu viel Nähe zwischen sich und dem Vampir zulassen solle, aber anzudeuten, sie würde einen Rückzieher machen und nicht tun, was nötig war, um ihre Schwester zu retten … das ging zu weit.

»Ja, das weiß ich«, stieß sie hervor und bemühte sich, ihren Zorn zu zügeln. »Ich werde tun, was getan werden muss. Mach dir keine Sorgen.«

Hoffnung konnte wehtun, vor allem, wenn man sie gerade erst wiedergefunden hatte. Sie versuchte, Emerson zu verstehen.

»Ich habe beobachtet, wie du ihn ansiehst.« Abscheu verzerrte seine Stimme. »Keine Ahnung, warum er die Pfeile für dich abgefangen hat. Ich wünschte, ich hätte es getan. Aber vielleicht war es nur Teil seines Spiels. Vielleicht ist alles nur ein Spiel für ihn, und er hatte nie die Absicht, die Sache durchzuziehen.«

»Er würde es mir niemals antun, einen Rückzieher zu machen«, sagte Bly.

»Siehst du?«, erwiderte Emerson. »Genau das ist das Problem: Du denkst, ihm würde etwas an dir liegen, aber so ist es nicht.«

Bly öffnete den Mund, um Kerrigan zu verteidigen, doch damit hätte sie nur Emersons Vorwurf bestätigt.

»Verlieb dich nicht in irgendeine Vorstellung von einem großherzigen Vampir.«

»Mich *verlieben*?« Bly lachte. »Das kann nicht dein Ernst sein!«

»Ich kenne dich, Bly. Ich weiß, dass du gern deinen Hirngespinsten nachhängst, die mit der Wirklichkeit nichts zu tun haben. Dadurch bist du … wer du bist. Aber du wirst auch verletzlich dadurch.«

Es tat weh, dass er ihre Träume als Hirngespinste abtat. Für ihn war sie offenbar nur ein albernes kleines Mädchen. Dabei hatte er gerade noch zugegeben, dass es ebendiese Träume gewesen waren, die sie hergeführt hatten. Sie waren so kurz davor, sich zurückzuholen, was sie verloren hatten.

»Du kennst mich kein bisschen«, flüsterte sie in einem plötzlichen Moment der Klarheit.

Er schnaubte. »Natürlich kenne ich dich!«

Sie schüttelte den Kopf. »Wenn du mich kennen würdest, wüsstest du, dass *du* es bist, in den ich verliebt bin. In den ich schon immer verliebt war.«

Bly wusste nicht, was sie erwartet hatte. Ganz sicher nicht, dass gar nichts geschah. Das Laub der Bäume raschelte, als wollte es das unbehagliche Schweigen durchbrechen, und die umstehenden Eichen schienen näher zu rücken, als wollten sie einen Kokon der Scham um Bly herum bilden.

»Sag irgendwas«, forderte sie Emerson auf.

Doch sie kannte ihren alten Freund und wusste, dass er einfach immer weiter schwieg, wenn er nicht wusste, was er sagen sollte. Vielleicht würden sie nie wieder miteinander reden. Wenigstens war er nicht davongerannt, sondern hatte ihr Geständnis mit einem Gesichtsausdruck entgegengenommen, der verriet, wie sehr es ihn quälte.

Endlich fand er seine Stimme wieder. »Davon wusste ich nichts.«

Eine simple Feststellung, sonst nichts. Es folgte keine Beteuerung, dass er ähnliche Gefühle für sie hegte. Nicht einmal seine Stimme lieferte Bly irgendwelche Hinweise. Sie war völlig ausdruckslos.

Ihr Zorn meldete sich zurück. »Tja, jetzt weißt du es.«

Stille.

»Ist das alles?«, fragte sie.

»Bly …«

Nun gab seine Stimme doch etwas preis: Zaghaftigkeit. Sie versuchte, mehr hineinzuinterpretieren. Zögerte er aus Nervosität? Weil ihm ihre Gefühle unangenehm waren?

»Lass uns später noch einmal darüber reden – wenn das alles hier vorbei ist. Wir wissen nicht einmal, ob ich in einem Jahr noch da sein werde. Bis ich nicht sicher weiß, wie es mit mir weitergeht, kann ich keinen klaren Gedanken fassen.«

»Verstehe«, murmelte Bly. Sie hatte plötzlich das Gefühl, zurückschlagen zu müssen, um ihre Balance wiederzufinden. Also senkte sie die Stimme. »Und was ist mit *dir*? Bist *du* in der Lage, die Sache durchzuziehen?«

»Wovon redest du?« Er wirkte aufrichtig verwirrt.

»Von Demelza«, zischte Bly. »Sie ist eine mächtige Hexe, genau das, was wir brauchen. Du schreckst nicht vor der zweiten Hälfte unseres Plans zurück, nur, weil sie dir einmal geholfen hat, oder?«

»Das klingt, als wäre ihre Hilfe nichts wert gewesen.«

»Kerrigan hat mir öfter geholfen als nur einmal.«

Der Mond schien nicht hell genug, als dass Bly seinen Gesichtsausdruck hätte erkennen können, doch sein Zögern verriet ihr genug.

»Du magst sie«, sagte Bly.

»Ich bin ihr gegenüber zu Dank verpflichtet.«

»Sie bleibt trotzdem eine Hexe.«

»Emerson!«, rief Demelza prompt aus dem Lager herüber. »Ich glaube, wir brauchen noch mehr Feuerholz für die Nacht! Kommst du?«

Bly sah demonstrativ zu Nova und Vincent hinüber, die direkt neben der Hexe untätig auf einem Baumstamm saßen.

Aber Emerson schien nicht zu bemerken, dass Demelza auch jemand anderen mit dem Holzsammeln hätte beauftragen können. Er ließ Bly stehen, und sie glaubte, Erleichterung über sein Gesicht huschen zu sehen.

Was sollte sie jetzt tun? Ihm hinterherrennen und ihn anflehen, ihr Liebesgeständnis zu erwidern? In ihren Träumen hatte sie so oft den Moment vor sich gesehen, in dem sie Emerson mitteilen würde, was sie für ihn empfand, und nicht ein einziges Mal hatte er so ausgesehen wie heute.

FÜNFZEHN

NOVA WECKTE Bly eine Stunde vor Morgengrauen. Sie sollte die letzte Wache der Nacht übernehmen.

Die junge Frau sah sie zögernd an. »Soll ich vielleicht lieber Emerson wecken?«

»Was? Warum?« Bly setzte sich auf und sah blinzelnd zu den Sternen empor. Im Osten erkannte sie einen hellen Schimmer. Es war eindeutig Zeit für ihre Schicht.

»Er hat mir gesagt, dass ich *ihn* wecken soll. Damit er deine Nachtwache übernimmt.«

Bly seufzte. Vor ihrem Vieraugengespräch hätte sie sicher geglaubt, dass er sie schonen wollte, aber jetzt kannte sie den wahren Grund: Er traute ihr nicht.

Der Schmerz, der sich seit dem Vorabend in ihrer Brust eingenistet hatte, vertiefte sich noch. Sie blickte zu Kerrigan hinüber, der immer noch aufrecht gegen den Baumstamm gelehnt dasaß, mit geschlossenen Augen. Sein Mund stand ein wenig offen, was ihn sehr jung aussehen ließ.

»Danke, dass du mich geweckt hast«, sagte Bly zu Nova.

Und mir vertraut hast – im Gegensatz zu Emerson, fügte sie in Gedanken hinzu. Obwohl sie es nicht laut aussprach, schien Nova zu spüren, was sie dachte.

»Für uns beide steht viel auf dem Spiel«, sagte die junge Frau, machte kehrt und ging zu ihrem Schlafplatz zurück. Ohne sich noch einmal umzusehen, schlüpfte sie in ihr Bettzeug.

Bly starrte erneut zum Himmel.

»Endlich«, flüsterte Kerrigan, als sich Novas leises Schnarchen unter die Geräusche der Nacht mischte.

Bly fuhr in seine Richtung herum. Seine Augen waren offen und wirkten so wach, als hätte er überhaupt nicht geschlafen.

»Können wir uns jetzt unterhalten?«, fragte er leise.

»Nicht über meinen Plan. Ich brauche nicht noch jemanden, der mir sagt, dass ich keine Chance habe.«

»Das würde ich niemals tun.«

»Gestern Abend hast du versucht, mir den zweiten Teil meines Plans auszureden.«

»Dafür entschuldige ich mich. Es war meine eigene Angst, die mich dazu gebracht hat. Ein Weiterspielen ist mit neuen Gefahren verbunden, und es wäre mir lieber, wenn ich dich in Sicherheit wüsste. Aber *wenn* es jemand schaffen kann, beide Preise zu gewinnen, dann würde ich mein Leben darauf verwetten, dass du es bist. Ich gebe mein Leben tatsächlich dafür hin, dass du den Sieg einheimst. Weil ich an dich glaube.«

Weil ich an dich glaube. Ihre Augen brannten. Sie konnte sich nicht erinnern, dass schon einmal jemand diese Worte zu ihr gesagt hatte. Ihre Eltern hielten sie für lebensmüde, und Emerson war nur mitgekommen, damit sie nicht allein sterben musste. Selbst jetzt, da sie bewiesen hatte, wie weit sie es schaffen konnte, hielt er sie noch für schwach.

Schon vor Elises Tod hatte niemand ihre Träume ernst genommen. Niemand hatte an sie geglaubt. Umso schwerer fiel es ihr zu akzeptieren, dass ausgerechnet Kerrigan der Einzige war, der es tat.

»Warum?«, fragte sie leise.

»Weil ich gesehen habe, wie stark du bist. Bei unserer ersten Begegnung im Wald hast du dich gewehrt wie eine Löwin. Und bei der Prüfung warst du die Erste, die bei der Hexe angekommen ist. Du hast die Hindernisse überwunden, als würde dein Leben davon abhängen. Mehr noch – als würde das Leben deiner Schwester davon abhängen.«

»Aber ich konnte sie nicht töten.« Wäre sie skrupelloser gewesen, hätte sie den Sieg davongetragen.

»Das war eine andere Art von Stärke«, sagte Kerrigan. »Eine, die ich selbst vielleicht nicht bewiesen hätte.«

Heiße Tränen liefen an ihrem Gesicht herunter. Es fühlte sich an, als würde ein Teil des Schmerzes, der sich in ihr angestaut hatte, ablaufen, als hätten Kerrigans Worte sanft eine eitrige Wunde angestochen, die ausbluten musste, um heilen zu können.

»Löse meine Fesseln«, forderte er sie auf. »Uns bleibt eine Stunde, bis die Sonne aufgeht, und ich will dir beibringen, wie man ein Messer hält und damit kämpft. Sonst nichts. Ich will dir nur helfen.«

Demelza hatte Bly widerwillig zwei angekohlte Birkenzweige ausgehändigt – eine der Bedingungen dafür, dass Kerrigan sich überhaupt die Arme hatte fesseln lassen.

»Einverstanden«, sagte sie. »Wenn du mir im Gegenzug etwas von dir schenkst.«

»Noch mehr, als dass ich für dich in den Tod gehe?«

»Ich möchte das Leben kennenlernen, das ich dir nehme, möchte in der Lage sein, mich an dich zu erinnern.«

Was sie von ihm verlangte, würde seinen Schmerz noch vertiefen, und ihren auch, das wusste sie. Aber sie brauchte etwas von ihm, an das sie sich klammern konnte, wenn er nicht mehr da war. Sobald sie Elise zurückhatte, würde sie ihre Schwester beim Arm nehmen und ihr erzählen, dass sie recht gehabt hatte. Es gab tatsächlich Vampire, die anders waren.

Kerrigan schnaubte verächtlich. Dann saß er eine Weile schweigend da. »Abgemacht«, antwortete er schließlich.

Bly löste seine Fesseln, und sie schlichen sich ein Stück vom Lager weg zu einer kleinen Lichtung, die von Beerentraubenbüschen umrankt war.

Kerrigan drehte sich zu ihr um. »Darf ich dein Messer sehen?«

Sie gab es ihm und beobachtete, wie er es zunächst auf den Fingern balancierte, bevor er es nach oben schnipste und mühelos wieder auffing, sodass der Griff in seiner Faust zu liegen kam. »Eine gute Waffe.«

»Emerson hat es geschmiedet.«

Sein Blick schoss zu ihrem Gesicht. »Und er hat dir nicht beigebracht, damit zu kämpfen?«

Sie zuckte nur mit den Schultern, weil sie Kerrigan lieber nicht erzählen wollte, dass Emerson und sie vor den Spielen kaum noch miteinander geredet hatten.

Der Vampir nahm die Klinge zwischen die Finger und hielt ihr den Griff hin. »Nicht zu fest«, sagte er, als sie die Finger darum schloss. »Du darfst dir nicht selbst die Blutzufuhr abschneiden, sondern musst in der Lage sein, das Messer zu spüren.« Er nickte, als er sah, wie sie seine Anweisung umsetzte. »Gut.«

»Wann darf ich meine erste Frage stellen?«

»Hm … dann, wenn du mich mit dem Messer erwischst?« Seine Zähne blitzten weiß vor dem dunklen Blau des frühen Morgenhimmels auf.

Auch ihre Messerklinge blitzte auf, aber er war zu sehr mit Grinsen beschäftigt, um es zu bemerken, bis Bly ihm den Daumen aufschlitzte.

Kerrigan sah sie überrascht an. »Hui! Da nimmt aber jemand die Sache ernst.«

»Ich habe dir ja bereits gesagt, dass das Ganze kein Spiel für mich ist«, erwiderte Bly, auch wenn ihr das Leben plötzlich nicht mehr ganz so schwer vorkam.

»Also gut. Schieß los«, knurrte er.

»Wie lange bist du schon Vampir?«

»Vier Jahre.«

Also noch nicht lange. Sie hatte geglaubt, er habe ein langes, unauslöschliches Vampirleben hinter sich, und nun stellte sich heraus, dass er nicht viel älter war als sie selbst.

»Wurdest du mit achtzehn in einen Vampir verwandelt, oder hast du die Spiele gewonnen und bist deshalb unsterblich geworden?«

»Ich habe als Kind meine Eltern verloren und wurde daraufhin von den Vampiren aufgezogen. Mit achtzehn habe ich mich dazu entschieden, einer von ihnen zu werden. Aber du hast dir noch keine zweite Antwort verdient. Versuch nicht, dein Glück überzustrapazieren.«

»Dann bring mir noch was bei.«

Er lachte und bückte sich, um in seinen Stiefel zu greifen und einen vergoldeten, mit kleinen Smaragden besetzten Dolch hervorzuziehen.

»Demelza wird es gar nicht gefallen, dass du bewaffnet bist.«

»Ich bin ein Vampir und daher immer bewaffnet, ob ich nun einen Dolch bei mir trage oder nicht. Das ist deine erste Lektion. Bei einem direkten Zweikampf mit einem von uns hast du keine Chance, also renn lieber weg. Wir Vampire haben integrierte Waffen, und wir sind schneller als ihr Menschen. Allerdings macht uns unsere Unsterblichkeit bisweilen ein wenig träge. Da du ziemlich flink auf den Beinen bist, könnte es sein, dass wir uns nicht die Mühe machen, dich zu verfolgen.«

»Ich soll also einfach davonrennen? Das kriege ich hin.«

»Gut. Wenn du in die Enge getrieben wirst und Flucht keine Option ist, stell dich breitbeinig hin und geh ein wenig in die Knie. Nichts ist wichtiger als die richtige Balance. Denn sobald du stürzt, bist du höchstwahrscheinlich tot.« Er tippte mit der flachen Seite seiner Klinge gegen ihren Oberschenkel. »Nimm die Beine weiter auseinander.«

Sie kam seiner Aufforderung nach.

»Gut. Während eines Messerkampfs bist du natürlich in Bewegung, aber behalte diese Grundhaltung im Hinterkopf, und nimm sie ein, sooft du kannst. Du willst schließlich nicht über deine eigenen Füße fallen.« Kerrigan nahm vor ihr Aufstellung. »Und jetzt versuch, mich zu treffen.«

Bly holte, ohne zu zögern, aus und hieb von oben mit dem Messer nach ihm.

Er wich ihrer Hand mühelos aus. »Ist das alles, was du zu bieten hast?« Seine Stimme klang, als würde er mühsam ein Lachen unterdrücken.

»Na ja, ich dachte eigentlich, dass du mir noch was anderes beibringst als nur, wie man richtig steht.«

Jetzt lachte er wirklich. »Wie du meinst, mein Häschen.« Sein Gesicht wurde wieder ernst. »Du musst von Anfang an einkalkulieren, dass dein Gegenüber deinem ersten Messerstoß ausweicht, und daher gleich den nächsten hinterherschicken. Schau mir zu.«

Kerrigan verwandelte sich in ein verschwommenes Wirrwarr aus durch die Luft sausenden Gliedmaßen und aufblitzendem Stahl.

Nun war Bly mit dem Lachen an der Reihe. »Wenn du willst, dass ich irgendetwas davon mitbekomme, musst du dich in menschlichem Tempo bewegen.«

»Also gut. Zwei schlitzende Bewegungen, und dann ein frontaler Stoß.« Er demonstrierte noch einmal langsamer, was er meinte, und wartete, bis sie ihren Nachahmungsversuch beendet hatte.

Kopfschüttelnd trat er näher an sie heran. »Komm her, ich

zeige es dir.« Er positionierte sich hinter ihr und legte seinen Arm über ihren. Als er die Finger um ihr Handgelenk schloss, war sie sich sicher, dass er ihren rasenden Puls spüren konnte.

Offenbar traf dies zu, denn er zögerte. »Alles in Ordnung? Fühlst du dich … wohl?«

»Absolut«, stieß sie mit rauer Stimme hervor.

»Hm«, brummte er skeptisch. Dann umfasste er mit der freien Hand ihre linke Schulter. »Die bleibt hinten. Verlagere die rechte Seite deines Körpers nach vorn, dann hast du mehr Bewegungsspielraum.« Er stellte seinen Fuß zwischen ihre Beine und tippte damit gegen ihre rechte Ferse.

Ihr stockte der Atem. Ob es Absicht war, dass ihre Körper direkt gegeneinanderstießen?

Kerrigan räusperte sich, ging jedoch nicht auf Abstand. »Rechter Fuß nach vorn. Du musst breitbeiniger dastehen.«

Sie folgte seiner Anweisung, und er nahm ihren Arm und führte ihn von rechts oben nach links unten, anschließend gerade nach oben und dann von links oben nach rechts unten. Darauf ließ er einen schnellen Stich in die Mitte folgen.

»Du hättest mir auch einfach sagen können, dass ich ein X in die Luft malen soll.«

Er lachte, und sie spürte deutlich das Beben seiner Brust. »Wo wäre denn da der Spaß geblieben?«

Sie drehte sich in seinen Armen um und sah sich seinem üblichen koketten Grinsen gegenüber, das nie so ganz echt wirkte. Um sie herum wich die Dunkelheit allmählich dem Morgengrauen, nur Kerrigans Augen waren pechschwarz.

Bly ließ ihr Messer nach oben schnellen und ritzte ihm die Haut an der Kehle ein. Er riss überrascht die Augen auf und machte einen Schritt nach hinten. Nachdem er mit der Hand über die Wunde gefahren war, starrte er auf das Blut an seinen Fingern.

»Du kämpfst hinterhältig.«

»Das muss man mir nicht erst beibringen.«

»Ich nehme an, damit willst du mir die nächste Antwort entlocken.«

»Gut erkannt. Wer bist du wirklich? Oft gibst du dich charmant und oberflächlich, als würde dir nichts etwas bedeuten, und im nächsten Moment bist du traurig und … heldenhaft.« Bei ihren letzten Worten hob er eine Augenbraue, und sie verzog das Gesicht. »Du weißt schon, was ich meine.«

Er wandte sich ab und starrte in die Bäume, als hätte er nicht vor, ihr zu antworten. »Ich bin beides«, sagte er schließlich und sah sie an. »Als Kind habe ich nur so vor Leben gesprüht und konnte einen ganzen Raum mit Licht erfüllen. Immer wieder haben die Leute zu meinen Eltern gesagt, was für ein fröhlicher, geistreicher Junge ich doch sei. Aber dann ist alles anders geworden. Heute denke ich manchmal, dass ich wieder der Junge von damals werden könnte, wenn ich so tue, als hätte ich meine Lebensfreude noch.« Er zuckte mit den Schultern. »Manchmal funktioniert es, wenn auch nur oberflächlich.«

»Was ist passiert, das dich so sehr verändert hat?«

»Auf diese Frage gibt es zu viele Antworten, und für diesen Schlitz habe ich schon bezahlt.« Er zeigte auf seinen Hals, an dem die Wunde bereits verheilt war.

»Ich habe keine Lust mehr auf dieses Spiel. Ich will einfach nur die Antwort wissen.«

Er forderte sie mit einem Winken auf, ihn erneut anzugreifen. »Zeig mir erst dein X.«

Sie ließ ihr Messer wütend durch die Luft sausen, doch er entkam ihr ohne jede Mühe.

»Du darfst am Ende nicht zu heftig zustoßen. Es soll eher ein kurzer Stich sein. Wenn du zu viel Kraft hineinlegst, dringt die

Klinge so tief ein, dass du sie nicht schnell genug wieder herausziehen kannst. Das darfst du nur tun, wenn du sicher bist, dass dein Stoß tödlich ist. Noch mal von vorn.«

Bly ging in Ausgangsposition und hieb immer wieder mit dem Messer auf ihn ein, aber er wich ihr jedes Mal geschickt aus. Es war offensichtlich, dass er ihr keinen Erfolg mehr gönnte. Sie musste dennoch mehr über ihn erfahren.

Den nächsten Stoß ihres Messers fing er ab, indem er ihr Handgelenk packte, doch statt sich zurückzuziehen und die gleiche Bewegung erneut zu versuchen, drehte sich Bly um die eigene Achse, sodass sie Kerrigan den Rücken zudrehte. Sie spürte seine Brust hinter sich, während seine Hand noch immer ihren Unterarm umfasste. Ruckartig schob sie ihren Fuß zwischen seine Beine und hakte sich auf Knöchelhöhe bei ihm ein, bevor sie sich nach hinten warf. Sie stürzten beide zu Boden und landeten aufeinander. Im Fallen zog er ihren Arm zur Seite, damit ihr Messer keinen von ihnen verletzen konnte. Als ihm der Aufprall kurzzeitig die Luft raubte, ließ er sie los.

Bly drehte sich blitzschnell auf den Bauch, und er packte mit beiden Händen ihre Taille, als wollte er sie von sich schieben. Sie verhinderte es, indem sie ihre Ellbogen in seine Brust stemmte, den Oberkörper aufrichtete und ihn ansah. Die Spitze ihrer Messerklinge ruhte in seiner Halsgrube.

»Ich will dich eigentlich gar nicht mehr aufschlitzen.«

»Danke, ich weiß deine Gnade zu schätzen.«

Sie spürte, wie sein Körper unter ihr erschlaffte, als wäre er es leid, zu kämpfen. Nicht nur gegen sie.

Aus irgendeinem Grund verspürte auch sie plötzlich den Wunsch, das Messer wegzulegen und sich neben ihn auf den Rücken gleiten zu lassen, der Morgensonne dabei zuzusehen, wie sie die Reste der Nacht vertrieb.

Kerrigan starrte zu ihr nach oben, und sein Blick wanderte über ihr Gesicht, als wäre es ein Sternbild, das er sich für immer einprägen wollte. Sie öffnete den Mund, und seine Augen folgten der Bewegung ihrer Lippen.

»Ich möchte dir trotzdem noch eine Frage stellen«, sagte Bly schließlich.

Ein kleines Lachen erschütterte seine Brust und brachte auch ihre zum Vibrieren.

»Aber ich will nicht, dass du mich für schwach hältst, nur weil ich dich verschont habe.« Bly hatte das Gefühl, immer weiterreden zu müssen, weil ihre Lippen etwas ganz anderes tun wollten. »Ich würde dir die Klinge sofort in den Hals stoßen, wenn ich dadurch meine Schwester zurückholen könnte«, fügte sie hinzu.

Sie dachte, damit würde sie dem gefährlichen Sog ein Ende setzen, der zwischen ihr und Kerrigan entstanden war.

Doch er wendete noch immer nicht den Blick von ihrem Mund ab. »Ich weiß«, beteuerte er und hob die Hand, um eine Locke hinter ihr Ohr zu streichen. »Ich weiß, dass du keine Sekunde zögern würdest.«

Auch ihr Körper entspannte sich. Kerrigan verstand sie. *Er* betrachtete sie als Bedrohung, wohingegen der Junge, den Bly schon ihr ganzes Leben kannte, glaubte, sie würde ihre Schwester für einen Vampir aufgeben. In einem Punkt hatte Emerson allerdings recht: Da war etwas zwischen Kerrigan und ihr. Etwas, das sich nicht mehr ignorieren ließ.

Kerrigan schien es ebenfalls zu spüren, auch wenn die Anziehung nur an seinem Gesicht zu erkennen war, und vielleicht an seinen Händen, die ihre Taille ein wenig fester packten als nötig.

»Was ist denn hier los?«, fragte plötzlich eine tiefe, vertraute Stimme.

Bly drehte sich erschrocken in die Richtung, aus der sie kam.

Kerrigan sog geräuschvoll die Luft ein, und ihr ging auf, dass sie ihn nun doch versehentlich mit ihrem Messer verletzt hatte.

»Ich dachte, du wolltest mir nicht mehr wehtun«, brummte er, doch sie sah ihn nicht an, wollte sich von seiner Brust erheben. Er verstärkte seinen Griff um ihre Taille.

»Lass sie los!« Emerson hatte bereits sein Schwert gezogen.

Kerrigan lachte. »Ich bin hier derjenige, der ein Messer an der Kehle hat.«

Hinter Emerson brachen die anderen durch die Büsche.

Vincent sah Nova finster an. »Du hättest sie nicht mit ihm allein lassen dürfen.«

»Ihre Klinge liegt an seinem Hals«, antwortete Nova. »Ich glaube nicht, dass sie mit ihm durchbrennen wollte.«

Bly erkannte dennoch einen Funken des Argwohns im Blick ihrer Mitstreiterin. Kerrigan lockerte endlich seinen Griff und half ihr, von seinem Körper zu gleiten und aufzustehen.

»Entspannt euch«, sagte er und strich sich mit der Hand über die Seidenweste. »Das war nur eine kleine Übungseinheit mit dem Messer. Sollen wir aufbrechen?« Er ging zu Demelza und hielt ihr seine Arme hin. »Ich nehme an, du willst mich wieder fesseln.«

Demelza zog einen Birkenzweig hervor und murmelte das Zauberwort, aber ihr stechender Blick ruhte weiter auf Bly, nicht auf Kerrigan, als wünschte sie, sie könnte *ihr* die Arme zusammenbinden.

SECHZEHN

Kerrigan bestand nicht darauf, dass Bly an seiner Seite ging, als sie aufbrachen. Sie gesellte sich trotzdem zu ihm. Abmachung war Abmachung.

Er lächelte, als sie neben ihm auftauchte. »Du bist vermutlich da, um meine Schulden einzutreiben.«

»Ja. Ich überlege nur gerade, wie ich die Frage formulieren könnte, um möglichst viele Details zu erfahren.«

Er seufzte. »Ehrlich gesagt habe ich in letzter Zeit genug geblutet und kann auf weitere Verletzungen verzichten. Wie wäre es, wenn ich dir deine letzte Frage beantworte: Du wolltest wissen, wodurch ich mich verändert habe. Ich glaube, die Antwort wird dich ausreichend entschädigen.«

Sie nickte. Er schien das Bedürfnis zu haben, sich ihr anzuvertrauen.

»Wie bereits erwähnt wurden Donovan und ich schon als Kinder von den Vampiren aufgenommen.« Kerrigan hielt inne, und die Geschichte, die er unterschlug, lastete schwer auf seinem Schweigen – die Geschichte, die ihr verraten hätte, was seinen Eltern zugestoßen war. »Kinder, die bei Vampiren aufwachsen … das ist kein normales Leben. Menschen gelten in Vagaris als Schwächlinge. Um sie Vampiren ebenbürtig zu machen, werden sie von klein auf gezüchtigt und abgehärtet.«

Er schluckte, und Bly überlegte, ob sie nachhaken sollte, worin dieses Züchtigen und Abhärten genau bestand. Seinem Gesicht nach zu urteilen, war es keine schöne Erfahrung gewesen.

»Das klingt schrecklich«, sagte sie und überließ es ihm, ob er ihr mehr erzählen oder zum nächsten Thema übergehen wollte.

»Ja.« Er sah sie prüfend an und nickte, als hätte er beschlossen, dass sie mit den Einzelheiten umgehen konnte. »Sie haben uns beigebracht, mit unseren Händen zu kämpfen, mit sämtlichen zur Verfügung stehenden Waffen – sogar mit Zaubergegenständen. Und nachdem sie unsere Körper gestählt hatten, haben sie sich darangemacht, auch unsere Herzen abzuhärten. Wir mussten einander in der Arena gegenübertreten, und nur wer seine Kämpfe gewonnen hat, hat am Abend etwas zu essen bekommen. So sollten wir verinnerlichen, dass wir ohne Gewalt und Erbarmungslosigkeit elend verhungern würden. Sie wollten uns zeigen, warum wir Vampire euch Menschen schlecht behandeln müssen: schlicht und ergreifend, um zu überleben.«

»Das erklärt die Feindseligkeit von Vampiren wie deinem Bruder«, murmelte Bly.

»Nein.« Kerrigans Tonfall war so scharf, dass Bly zusammenzuckte und Emerson einen Blick zu ihnen nach hinten warf. »Nein«, wiederholte Kerrigan, diesmal mit sanfterer Stimme. »Donovan war ein lieber Junge. Wenn er in den schlammigen Straßen einen Frosch entdeckt hat, hat er ihn zum Waldrand gebracht, damit er nicht zertrampelt wurde. Er hatte … ein viel größeres Herz als ich. In Vagaris hat er sich standhaft geweigert zu kämpfen. Aber ich fand, dass die Vampire in einem Punkt recht hatten: damit, dass die Menschen schwach waren. Und ich wollte mich nie wieder schwach fühlen. Also habe ich Donovan gnadenlos beim Training getriezt, und als man uns in der Arena gegeneinander antreten ließ, habe ich ihn wieder und wieder besiegt, sodass er hungrig ins Bett gehen musste. Ich dachte, so könnte ich ihn stärker machen, überlebensfähiger. Eines Tages ist irgendetwas in ihm zerbrochen. Er ist vollkommen durchgedreht und hat mich mühelos niedergestochen. Danach gab es kein Zurück mehr für ihn. Er hat sich die Härte, zu der ich ihn gedrängt habe, zu eigen gemacht, ist zu dem geworden, was er heute ist.«

Kerrigan sah sie eindringlich an, als suchte er in ihrem Gesicht nach Spuren der Verachtung. Was er entdeckte, schien ihn zu überraschen.

Leise und zögernd fuhr er fort: »Die Unbarmherzigkeit, mit der ich meinen eigenen Bruder bis an die Grenze der Belastbarkeit gequält habe, hat mich zum Liebling der Königinnen gemacht. Zumal ich ein hervorragender Kämpfer war. Mit achtzehn wurden wir vor die gleiche Wahl gestellt wie alle Kinder, die bei den Vampiren aufwachsen: entweder selbst zum Vampir werden oder in das Ödland zurückkehren. In Vagaris gab es alles, was ich mir gewünscht habe: Macht und Sicherheit. Ich wurde durch Königin Melvinas Blut zum Vampir, genau wie Donovan ein Jahr später.«

»Und was hat dich dazu gebracht, das alles anzuzweifeln?« Bly versuchte, die Entwicklung nachzuvollziehen, die Kerrigan durchgemacht hatte – von einem hasserfüllten Vampir wie Donovan zu dem Mann, der neben ihr ging und zu sterben bereit war, um einem Menschen zu helfen, den er gar nicht kannte.

»Darauf komme ich noch. Ich dachte, du wolltest mich möglichst genau kennenlernen?«

»Will ich auch. Entschuldige.«

Sein geistesabwesendes Lächeln verriet ihr, dass er tief in die Vergangenheit abgetaucht war.

»Alle Königskinder erhalten wichtige Aufgaben, und ich wurde mit einem der prestigeträchtigsten Posten bedacht, die es in Vagaris gibt: dem des Oberaufsehers über die Wachen, die im Ödland und im Wald patrouillieren. Die Königinnen haben geglaubt, ich könnte am besten mit Messer und Schwert umgehen, und auch mein Herz sei hart wie Stahl. Ich selbst habe das auch geglaubt. Aber immer, wenn ich gesehen habe, wie elend die Menschen leben und wie schlecht sie behandelt werden … kamen die Erinnerungen an mein eigenes menschliches Leben wieder hoch, sosehr ich auch versucht habe, es zu vergessen. Eines Tages habe ich mit zwei Kollegen einen Kontrollgang durch den Wald gemacht, darunter ein Freund, der mit mir und Donovan aufgewachsen ist … Gregory.« Kerrigan zögerte. »Er war Jades Bruder. Die beiden Geschwister waren beim Training und bei den Kämpfen mindestens genauso gnadenlos wie ich.«

Bly hörte Schuldgefühle aus seiner Stimme heraus. Vermutlich würde diese Geschichte erklären, warum Jade ihn noch mehr zu hassen schien als die übrigen Vampire.

»Wir sind einer Gruppe Menschen begegnet, die versucht haben, es durch die von Hexen und Vampiren kontrollierten Waldgebiete zu schaffen, um jenseits davon ein neues Leben anzufangen. Normalerweise hätte ich sie einfach festgenommen und dem Vampirrat übergeben, damit sie ihre Strafe erhielten, hätte die Verantwortung für ihr weiteres Schicksal abgegeben, aber diese Menschen haben sich geweigert, klein beizugeben. Sie waren auf die Konfrontation mit uns Vampiren vorbereitet und hatten trotzdem keine Chance. Wir haben sie niedergekämpft, und ich habe gesehen, wie Gregory eine junge Frau gepackt hat, die kaum älter war als wir, um sie in den Hals zu beißen. Sie hat gebrüllt und um sich geschlagen. Ich befahl ihm, sie loszulassen. Noch bevor er es tun konnte, hatte die Rebellin ihm ein Messer in den Hals gebohrt. Er hat sie zu Boden geworfen und sein Schwert gehoben, um sie zu enthaupten. Wie in Trance habe ich ebenfalls meine Waffe gezogen und seinen tödlichen Hieb blockiert. Statt mir zu danken, hat die junge Frau den Kopf gehoben und mir vor die Füße gespuckt. Gregory wollte gegen mich ausholen, und da habe ich … ihn getötet. Ihn und den anderen Vampir, der uns begleitet hat. Ich wusste selbst nicht genau, ob ich es getan habe, um die junge Frau zu retten, oder weil Gregory gesehen hat, wie ich menschlich gehandelt habe … schwach. In meinem Kopf hat sich alles gedreht, denn ich hatte gerade einen Willen und eine Widerstandskraft erlebt, die meine eigenen weit überstiegen. Und das bei Menschen, die völlig erschöpft und elend aussahen. Ich habe die Gruppe an die Stelle begleitet, an der unsere Patrouillen enden, doch nur ein Teil von ihr hat sich in Sicherheit gebracht. Einige, darunter die junge Frau, die mich angespuckt hatte, haben zu einer Rebellenbande gehört, die ihresgleichen bei der Flucht half. Sie hieß Bianca und hat mich überredet, mich ihnen anzuschließen. Ich habe sogar noch ein paar andere Vampire angeworben, von denen ich wusste, dass ihnen das Leid der Menschen schon lange zuwider war. Zusammen haben wir mehr als zwanzig Personen bei der Flucht geholfen.«

»Hast du sie geliebt?« Bly verstand selbst nicht, warum sie mit dieser Frage herausplatzte.

Kerrigan sah sie überrascht an. »Bianca?« Er lachte zum ersten Mal, seit er mit seiner Schilderung begonnen hatte. »Ich war nicht ihr Typ. Sie war eine Verbündete und eine Freundin – jemand, den ich respektierte. Aber da war nichts Romantisches zwischen uns.«

Er verstummte für eine Weile. Vielleicht schwelgte er in den wenigen guten Erinnerungen, die er an seine Vergangenheit besaß.

»Und was ist dann passiert?«

»Wir wurden erwischt, und die Rebellen wurden abgeschlachtet. Nur ich blieb verschont, weil die Königinnen mich liebten. Und Bianca, weil ich den Vampirrat angefleht habe, sie am Leben zu lassen. Sie wurde ohne Waffen und Kleidung jenseits der Stadttore ausgesetzt, in dem Waldstück, in dem es vor verbannten

Vampiren wimmelt. Ich hingegen durfte sogar meinen Titel als Prinz und meinen Posten als Oberaufseher behalten, auch wenn Donovan damit betraut wurde, meine rechte Hand zu werden und mir auf die Finger zu schauen. Seither hat er die Aufsicht über die Wachen, auch wenn ich noch ihr offizieller Befehlshaber bin. Mein Bruder hasst mich für das, was mit Gregory passiert ist. Auch wenn ich damals behauptet habe, er sei von den Menschen getötet worden, konnte er sich denken, dass ich meine Finger im Spiel hatte, zumal ich dabei erwischt worden war, wie ich weiterhin den Rebellen geholfen hatte. Auch Jade wurde misstrauisch. Sie ahnt, dass ich ihren Bruder auf dem Gewissen habe. Tja, und deshalb mag mich jetzt keiner mehr«, schloss Kerrigan mit einem Grinsen. »Nicht mal mein eigener Bruder.« Sein scherzhaftes Lächeln erlosch.

»*Ich* mag dich dadurch umso mehr«, sagte Bly und meinte es auch so.

Er hatte Träume gehabt und versucht, sie wahr werden zu lassen – genau wie sie. Und er hatte dafür bezahlt, auch das einte sie. Der Unterschied bestand darin, dass Bly noch immer träumte und kämpfte, wohingegen er längst aufgegeben hatte.

»Hast du nach Bianca gesucht?«

»Ja. Meine Vampirmütter haben mich eigenhändig zurück nach Vagaris geschleift und gedroht, Donovan aus der Stadt zu verbannen, wenn ich es noch mal versuche. In diesem Moment ist mir klar geworden, dass sie mich nicht verschont hatten, weil sie mich liebten – sie hatten es getan, weil sie ihr Schoßhündchen bei sich im goldenen Käfig behalten wollten. Außerdem wussten sie, dass es Strafe genug für mich war, dass sie mich durch ihre Drohung zwangen, gute Miene zum bösen Spiel zu machen. Und so gebe ich heute den Vergnügungssüchtigen, dem alles egal ist. Wenn ich es nicht tun würde, würde Donovan leiden.« Er räusperte sich. »Wenn ich allerdings im Rahmen der Spiele mein Leben lasse, können sie ihn nicht dafür bestrafen.«

Nach diesen letzten Worten verstummte er. Als das Team sein Nachtlager aufschlug, setzte er sich erneut abseits der anderen an einen Baum. Es hatte ihn Kraft gekostet, Bly von seiner Vergangenheit zu erzählen.

Sie gesellte sich zwar zu ihren Teammitgliedern ans Feuer, spähte jedoch immer wieder zu ihm hinüber. Als Demelza Emerson erneut beiseitenahm und ihn bat, mehr Feuerholz zu holen, registrierte sie es kaum.

»Mach diese Mission nicht unnötig kompliziert für uns«, riss Vincent sie plötzlich aus ihren Gedanken. Er gab sich keine Mühe, seinen drohenden Unterton zu verbergen.

Bly drehte sich zu ihm um. Sie musste aufhören, Kerrigan zu beobachten. »Ich habe keine Ahnung, wovon du sprichst«, sagte sie.

Er antwortete nicht, starrte sie nur an, bis sie das Gefühl hatte, er werde jeden Moment sein Schwert ziehen. Sie sah sich nach Demelza und Emerson um, konnte die beiden jedoch nirgendwo entdecken.

»Ich habe wieder Hunger bekommen.« Kerrigans schmeichelnde Stimme wollte nicht zu der angespannten Stimmung passen.

»Du hast erst letzte Nacht Blut getrunken«, blaffte ihn Vincent an.

»Ich finde, ich habe mir noch eine Ration verdient. Schließlich habe ich mich gestern schützend vor euch Menschen gestellt und bin dabei tödlich verletzt worden.«

»Nicht vor uns«, stellte Nova klar. »Vor *sie*.«

Auch Vincents Schwester warf Bly nun finstere Blicke zu. Das zaghafte Vertrauen, das zwischen den beiden Frauen entstanden war, wurde immer brüchiger. Es war offensichtlich, dass inzwischen auch Nova glaubte, es laufe etwas zwischen Kerrigan und Bly. Bly hätte am liebsten geschrien, dass ihr dieser Vampir nicht gleichgültiger sein könnte, dass er nur Mittel zum Zweck sei, ihre einzige Möglichkeit, ihre Schwester zurückzuholen. Doch das wäre eine Lüge gewesen, und sie wusste nicht, wie sie erklären sollte, dass sie zwar etwas für Kerrigan empfand, diese Gefühle aber keine Rolle spielten. Nur er selbst schien es zu verstehen.

»Ach, ich dachte, ihr wärt im selben Team«, säuselte Kerrigan. »Wer einen von euch rettet, rettet euch alle – ist es nicht so?«

»Nein«, antwortete Vincent kühl.

»Ich will Bly trotzdem hier bei mir haben.« Allmählich bröckelte der übertriebene Charme, den der Vampir aufgesetzt hatte, und Bly spürte, dass sich hinter seinem breiten Lächeln etwas Unheilvolles verbarg. Er sah sie unverwandt an, und sie machte einen Schritt auf ihn zu.

»Du schuldest ihm nichts«, sagte Nova. »Das weißt du, oder?« Ihre Sorge wirkte aufrichtig, trotz ihres neu erwachten Argwohns. Sie schien Bly wirklich helfen zu wollen.

»Ja, ich weiß«, antwortete Bly. »Danke.«

Nova seufzte, als wollte sie sagen: Dir ist nicht mehr zu helfen. Dann biss sie von einem Stück Dörrfleisch ab.

Bly spürte die Blicke der Zwillinge auf sich, als sie ihren Weg zu Kerrigan fortsetzte. Ihre Beine fühlten sich wie Gummi an, und ihr Herz klopfte ein wenig zu schnell. Sie konnte nicht sagen, ob es daran lag, dass sie sich vor seinem Biss fürchtete oder dass sie sich danach sehnte. Beim Gedanken an seine Zähne wurde ihr flau im Magen, aber diese Reaktion war rein körperlich, sie bedeutete nichts. Bly kauerte sich neben ihn und knöpfte auf der Seite mit der Hexenmarkierung ihren Ärmel auf. Dann wollte sie ihren Unterarm zu Kerrigans Mund heben.

»Ich will deinen Hals«, sagte er.

Sie erstarrte. »Nein.«

»Ach, bitte!« Er zwinkerte ihr zu.

»Nein«, wiederholte sie. Diesmal war ihre Stimme hoch und heiser. Sie räusperte sich und zog ihren Arm wieder weg. Auch sie kannte Grenzen. Nicht auszumalen, wenn Emerson zurückkam und sie mit einem Vampirmund an ihrem Hals vorfand.

»Bly.« Seine Stimme war leise, jede Frivolität war daraus verschwunden. Ihr ging auf, dass sie ihm noch nicht in die Augen gesehen hatte, seit sie zu ihm an den Baum getreten war. Sein Blick war ernst, keine Spur von Blutgier, Lust oder Schalk. »Wir wissen beide, dass du mir noch was schuldig bist«, sagte er lauter. Der Charme war in seine Stimme zurückgekehrt, auch wenn seine Augen etwas anderes sagten.

Der Mann, den sie in den letzten Tagen kennengelernt hatte, hätte niemals behauptet, sie würde ihm ihr Blut oder ihren Körper schulden. Erst gestern hatte er das genaue Gegenteil gesagt.

Sie sah ihn stirnrunzelnd an. Irgendetwas stimmte nicht.

Sie kniete sich neben ihn und versuchte herauszufinden, wie sie sich seinem Mund nähern konnte, ohne auf seinen Schoß zu klettern.

»Jetzt hab dich nicht so, mein Häschen, beug dich einfach über mich. Den Rest mache ich.«

Das war leichter gesagt als getan. Seine Arme waren vor seinem Körper gefesselt, die langen Beine hatte er vor sich ausgestreckt. Bly stützte die Hände auf seinen Schultern ab, lehnte sich vor und legte den Hals schräg, bis sie ganz sacht die Berührung seiner Lippen auf ihrer Haut spürte.

Bly ahnte, dass er sie nicht wirklich beißen würde. Für einen kurzen Moment verharrte er reglos, und sie bedauerte es, dass sie seine Augen nicht sehen konnte. Sie hätte zu gern gewusst, ob sie schwarz waren vor Gier.

Endlich fing Kerrigan an, leise mit ihr zu reden. »Es gefällt mir nicht, wie die Hexe dich ansieht. Ich habe sie den ganzen Tag beobachtet.« Seine Lippen streiften beim Sprechen ihren Hals, und sie atmete geräuschvoll ein und bekam eine Gänsehaut, noch bevor sie versuchen konnte, ihre Reaktion abzuschwächen. Ihre Fingerspitzen gruben sich in seine Schultern.

Als er merkte, was er in ihr ausgelöst hatte, hielt er die Luft an und zog ihre kribbelnde Haut noch dichter an seine Lippen heran. Es fühlte sich an wie ein Kuss.

»Entschuldige«, hauchte er und machte es damit noch schlimmer. Ihre Knie und Arme zitterten, sie würde sich nicht mehr lange in dieser unbequemen Position halten können.

»Ich falle gleich um«, flüsterte sie.

»Du kannst dich jederzeit auf meinen Schoß setzen.« Seine Stimme war ein leises Vibrieren neben ihrer Halsschlagader, ein Vibrieren, das ihren Puls noch weiter in die Höhe jagte. Diesmal war sein Flirten keine Show, sondern authentisch und nur an sie gerichtet.

»Ich glaube nicht, dass es dadurch besser wird«, stieß sie keuchend hervor.

Er lachte an ihrem Hals.

»Auch das ist mir keine Hilfe«, schimpfte Bly und zwang sich, gleichmäßig zu atmen.

Es war nicht der richtige Moment für weiche Knie. Erst gestern Abend hatte sie Emerson gestanden, was sie für ihn empfand. Er hatte sie stehen gelassen, aber er hatte nicht Nein gesagt. Wie konnte es sein, dass ein anderer Mann nur einen Tag später derartige Gefühle in ihr auslöste? Kerrigan glaubte an sie, das machte ihn so besonders. Emerson war hingegen schon immer übervorsichtig und pragmatisch gewesen. Aber sie konnte es ihm nicht vorwerfen, dass er sich selbst treu blieb.

Bly hörte, wie angespannt sie klang, als sie flüsterte: »Ich glaube, Demelza mag Emerson ein bisschen zu sehr.« Ihr war aufgefallen, wie oft die Hexe ihn anstarrte.

»Und du bist ihr im Weg.« Kerrigan hatte sich ein Stück von ihrem Hals entfernt, sodass seine Lippen nicht mehr ihre Haut berührten.

Seinen Atem spürte sie trotzdem.

»Bin ich nicht.« Verbitterung hatte sich in Blys Stimme geschlichen. Sie war sich sicher, dass es auch Kerrigan auffiel.

Er zögerte. »Jedenfalls *glaubt* sie, dass du ihr im Weg bist.« Sein Tonfall verdüsterte sich. »Ich weiß, wie Mordlust im Blick einer Hexe aussieht.«

Mordlust? Seine Interpretation erschien Bly ein wenig extrem, doch dann musste sie an Elises leblosen Körper denken, an die lachenden Hexen, die ihn so beiläufig auf die Trage gerollt hatten, als befänden sie sich auf einem heiter-beschwingten Spaziergang.

»Du darfst auf keinen Fall einschlafen heute Nacht«, warnte Kerrigan. »Demelza hatte gute Gründe dafür, mich fesseln zu wollen. Sie führt schon seit einiger Zeit etwas im Schilde, aber heute gleicht sie einer angriffslustigen Schlange. Du musst meinen Fesselzauber lösen, damit ich dir helfen kann.«

Verdammt, dachte Bly. Dafür musste sie in ihren Rock greifen, und sie hatte keine Ahnung, wie sie das bewerkstelligen sollte, ohne dass der Vorwand für ihr Gespräch aufflog.

»Beobachten uns Nova und Vincent noch?«

»Ja.«

»Dann steige ich jetzt doch auf deinen Schoß.«

Sie spürte deutlich, dass er plötzlich schneller atmete. »Ich bitte darum.« Laut fügte er hinzu: »Komm näher, damit ich die Bisswunde heilen kann.«

Bly verlagerte das Gewicht und schob ein Bein über ihn, bis sie rittlings auf ihm saß.

Er zog die Knie an, damit sie sich an seine Oberschenkel lehnen konnte. Dann führte er seine gefesselten Arme zwischen ihren Oberkörpern nach oben, umfasste mit den Händen ihr Kinn und schob es sanft zur Seite, um seine Lippen auf ihren Hals zu legen. Nach einigen Sekunden löste er sich von ihr.

»Besser?«, fragte er.

Sie hätte gern genickt, um nicht die Heiserkeit in ihrer eigenen Stimme hören zu müssen, aber seine Hände unter ihrem Kinn verhinderten es. Also murmelte sie etwas, das hoffentlich nach Zustimmung klang, und angelte unauffällig in ihrer Rocktasche nach dem zweiten Befreiungszauber.

Nachdem sie ihn mit dem angekohlten Birkenzweig berührt hatte, flüsterte sie: »Gib ihn frei.«

Er nahm die Hände von ihrem Hals und achtete darauf, sie weiterhin auf Höhe der Handgelenke zusammenzuhalten, damit sie gefesselt aussahen.

Bly glitt von seinem Schoß, stand auf und strich sich die Falten in ihrem Rock glatt.

Sie sah nicht zu Kerrigan hinunter. Stattdessen blickte sie sich nervös in der Dunkelheit um, als könnten die Nachteulen auf ihre brennenden Wangen aufmerksam werden und Emerson die Neuigkeit von ihrer intimen Zweisamkeit mit Kerrigan überbringen.

Mit energischen Schritten entfernte sie sich von ihm.

»Der Lohn dafür, dich gerettet zu haben, hat mir großes Vergnügen bereitet!«, rief ihr Kerrigan nach. »Versuch doch bitte, erneut in die Schusslinie zu geraten.«

Es war die Version von ihm, die er anderen präsentierte, aber sie glaubte herauszuhören, wie viel ihm ihre Nähe bedeutete.

Als sie bei Nova und Vincent ankam, spürte Bly überdeutlich die Hitze in ihrem Gesicht. Die Zwillinge sahen sie finster an.

»Erst der eine, dann der andere …«, sagte Nova, und ihre hochgezogenen Augenbrauen verrieten, was sie von Bly und ihrem Verhalten hielt.

Vincent schnaubte auf eine Weise, die auch als Lachen durchgehen konnte – zumindest bei einer Person, die wenig Übung in Sachen Heiterkeit hatte.

Bly ignorierte die beiden.

Sie ignorierte auch Demelza und Emerson, als sie vom Holzsammeln zurückkamen. Als es Zeit zum Schlafen war, rollte sie ihr Bettzeug näher an Kerrigan aus als an Emerson, obwohl sie den Blick ihres Kindheitsfreunds auf sich spürte. Sie legte sich hin und drehte sich von ihm weg. Der Vampir war zu weit entfernt, um seinen Gesichtsausdruck erkennen zu können. Sie merkte trotzdem, dass er wach war, und wusste, dass er ihre offenen Augen sehen konnte. Aus irgendeinem Grund zitterte sie nicht vor Angst beim Gedanken daran, dass Demelza versuchen würde, sie umzubringen. Kerrigan wachte über sie, das gab ihr Sicherheit.

Irgendwann schloss er die Augen, doch sie spürte seine Wachsamkeit auch so. Bly ließ zu, dass ihre Atemzüge tiefer und gleichmäßiger wurden. Die Nacht schien zum Stillstand zu kommen und wartend die Luft anzuhalten.

Sie hörte weder Schritte, noch nahm sie irgendetwas anderes wahr. Eben noch hatte sie die Schatten der Bäume gezählt, da ragte Kerrigan schon über ihr auf und packte eine Gestalt, die sich hinter ihr befand. Bly drehte sich ruckartig um und erkannte im Mondlicht das silberne Schimmern eines Dolchs und das rötliche Schimmern von Demelzas Haaren. Dann warf der Vampir die Hexe gegen einen Baum.

Er kauerte sich neben Bly und fuhr mit den Händen über ihren Hals.

»Bist du verletzt?«, fragte er.

Ihr Herz begann, dumpf in ihrer Brust zu hämmern, eine verspätete Reaktion auf die Todesgefahr. Sie schüttelte den Kopf, und schon war Kerrigan wieder auf den Beinen und blickte auf die Hexe hinunter, die am Fuß des Baums zusammengesunken war.

SIEBZEHN

»Wir brauchen einen Fesselzauber«, sagte Kerrigan zu Bly. »Durchsuch ihre Taschen. Ich darf nicht derjenige sein, der ihn ausführt.«

Bly ging zu Demelza, die auf dem Boden lag, das Gesicht von ihren Haaren bedeckt. Sie begann, die Falten ihres Rocks zu durchsuchen. Zwar besaß sie ihre eigenen Birkenzweige zum Fesseln von Feinden, aber die sparte sie sich besser auf. Die Anzahl an Zaubergegenständen, die sich in den Taschen von Demelzas Weste und zwischen den Stoffschichten ihres Rocks befanden, erstaunte sie. Sie zog reichlich Kraft- und Wärmezauber daraus hervor. Von beiden hatte die Hexe behauptet, nicht genug zu besitzen.

»Was zum Teufel ist hier los?«, fragte plötzlich Nova hinter ihnen.

»Ich würde dir raten, die Waffe runterzunehmen«, sagte Kerrigan leise.

»Sie wechselt die Seiten«, knurrte Vincent. »Sie brennt mit diesem verfluchten Vampir durch!«

Die Schritte der Zwillinge rückten langsam näher, während Bly endlich die Birkenzweige ertastete, die im Futter von Demelzas Rock versteckt waren.

»Was ist passiert?«, erklang Emersons müde, benommene Stimme. Er gesellte sich zu Nova und Vincent.

»Keinen Schritt weiter«, sagte Kerrigan warnend.

Vincents Blick fiel auf die Zaubergegenstände. Er lachte. »Die brauchen wir nicht, um einen Vampir zu töten. Wir zwei sind auch ohne Magie stärker als ihr alle zusammen.«

Bly lief ein kalter Schauder über den Rücken. Sie hatte während der Hexenprüfung miterlebt, wie er einen Vampir enthauptet hatte. Nova hatte Magie zu Hilfe genommen, er nicht. Vincent war eindeutig ein hervorragender Kämpfer. Aber Kerrigan war ein Prinz.

»Deine Freundin will mit einem anderen Mann abhauen … oder vielmehr einer *Kreatur*«, sagte Vincent höhnisch.

»Sie ist nicht meine Freun…« Emerson unterbrach sich. Ihm schien aufgegangen zu sein, dass es wichtigere Dinge zu klären gab. »Bly?«

Ihr Herz setzte einen Schlag aus. Die Klarstellung, dass sie beide kein Paar waren, war das Erste, was ihm in den Sinn gekommen war. Er versuchte nicht, sie zu verteidigen. Es überraschte Bly, wie wenig dieser Umstand sie schmerzte. Aber dass Emerson ihren Namen wie eine Frage aussprach, von ihr wissen wollte, ob Vincents Vorwurf zutraf – und das, nachdem sie ihm gerade erst ihre Liebe gestanden hatte –, war ein Schlag ins Gesicht. Er kannte sie wirklich kein bisschen. Das war es, was am meisten wehtat.

»Ich wusste, dass es dazu kommen würde«, behauptete Vincent. »Diese willenlose kleine Schlampe mit ihrer Vorliebe für Vampirzähne. Weißt du nicht, dass er dich leer saugen und dann wegwerfen wird, damit du zusammen mit dem alten Laub auf dem Waldboden verrottest?«

»Du verlierst gleich deine Zunge«, warnte ihn Kerrigan ruhig.

Doch Vincent wandte sich ungerührt zu Emerson um und zeterte weiter: »Weißt du eigentlich, was sie getan hat, als ihr Feuerholz gesammelt habt? Sie hat ihn an ihrem Hals trinken lassen!«

»Was?«

Bly nahm deutlich den Vorwurf in Emersons Stimme wahr. Sie wusste, dass er nicht etwa eifersüchtig war. Er hasste Vampire und ärgerte sich darüber, dass sie beschlossen hatte, das Gute in Kerrigan zu sehen. Im Gegensatz zu ihm hatte sie erkannt, dass nicht alle Vampire schlecht waren. Einige von ihnen wollten den Menschen helfen und setzten dafür alles aufs Spiel. Wenn Emerson gewusst hätte, was sie über Kerrigan wusste, wäre auch ihm ein Licht aufgegangen. Aber das ließ sich nicht mit wenigen Worten erklären, schon gar nicht in dieser angespannten Situation.

»Bly?« Diesmal war es Kerrigan, der sie ansprach, mit leisem Drängen.

Sie stand wie erstarrt da, die Hand mit den Fesselzaubern erhoben. Die Worte der anderen lähmten sie, ihre Finger zitterten. Nachdem sie tief Luft geholt hatte, berührte sie zunächst Demelzas schlaffe Hand und dann ihren Fußknöchel, wobei sie jeweils die Zauberworte murmelte. Die Gliedmaßen der Hexe wurden von unsichtbaren Fesseln zusammengefügt.

»Dich knöpfe ich mir vor, nachdem ich deinen Vampir abgeschlachtet habe«, zischte ihr Vincent zu. »Es wird so leicht sein, dir das Leben zu nehmen – ein kleines Dessert nach dem Hauptgang.«

»Warte noch«, bat ihn Nova.

Vincent funkelte sie wütend an. »Du hast gesagt, wir könnten ihr vertrauen!«

Diesmal brachte seine Schwester nichts zu Blys Verteidigung vor.

»He! Lasst sie in Ruhe!« Emersons tiefe Stimme klang energisch und entschlossen.

Wenigstens einer, der mich nicht tot sehen will, dachte Bly.

»Ruhe!« Kerrigans Ruf übertönte alles andere, er hallte durchdringend und autoritär über die Lichtung. Stille kehrte ein. »Die Hexe hat versucht, sie umzubringen.«

»Wen?«, fragte Nova.

»Mich«, antwortete Bly leise. Sie versuchte, sich neben Kerrigan zu stellen, aber er verlagerte kaum merklich die Position und schob seine Schulter vor ihren Körper.

Als sie die hasserfüllten Gesichter von Nova und Vincent sah, ihre gewaltbereit gezückten Waffen, beschloss sie, in Deckung zu bleiben.

Auf Emersons Gesicht war kein Hass zu erkennen – nur Schmerz und Verwirrung.

Einerseits tat er Bly leid, andererseits gönnte sie es ihm, dass er sich schlecht fühlte. Jetzt konnte er vielleicht ansatzweise nachvollziehen, wie ihr jedes Mal zumute war, wenn er ihre Absichten anzweifelte.

»Das ergibt keinen Sinn«, widersprach Nova.

»Für mich schon«, verkündete Vincent, den Blick auf Bly gerichtet. »Wahrscheinlich hat sie dich dabei erwischt, wie du mit diesem Blutsauger durchbrennen wolltest.«

»Ich wollte mit niemandem durchbrennen!«, schrie Bly. Ihre Worte bohrten sich schrill in die Nacht. Alle starrten sie erschrocken an. Ihre Stimme bebte vor Zorn, als sie fortfuhr: »Keiner hier bedeutet mir auch nur annähernd so viel wie meine Schwester.« Sie suchte Emersons Blick, und er wandte beschämt den Kopf ab. »Und nichts wird mich aufhalten. Niemand von euch und auch nicht diese *Hexe*, die versucht hat, mir die Kehle aufzuschlitzen. *Niemand.*« Sie hob den Kopf und sah Kerrigan an, der ihr in die Augen blickte und zustimmend nickte.

Eisernes Schweigen hatte sich über die Lichtung gelegt, aber niemand stellte Blys Worte infrage.

»Das ist doch gar nicht Demelza«, sagte Emerson unvermittelt.

Alle starrten ihn erstaunt an.

»Die Haare dieser Frau sind dunkler. Seht doch.«

Bly spähte über die Schulter, darauf bedacht, den Zwillingen nicht den Rücken zuzudrehen.

Die junge Frau auf dem Boden hatte langes Haar, genau wie Demelza. Es lag aufgefächert neben ihrem Kopf und war im Mondlicht gut zu erkennen. Während es bei Demelza honigblond gewesen war, mit einem hellroten Schimmer, besaß es nun die Farbe von dunklem, geronnenem Blut.

»Das kann nicht sein«, murmelte Bly. »Ich … Sie war direkt hinter mir. Ich habe genau gesehen, dass sie es war. Sie hatte einen Dolch in der Hand, und …«

»Warum sollte eine Hexe einen Dolch benutzen, um zu töten? Verdammt – Demelza wurde wahrscheinlich von einem anderen Team entführt, und diese Frau ist irgendeine Spielteilnehmerin«, sagte Nova. »Wir müssen uns unsere Unterstützerin zurückholen!«

»Warte«, hielt Vincent sie zurück. »Wir sind fast in Havenwhile, und wir haben den Vampir in unserer Gewalt. Brauchen wir sie überhaupt noch?«

Bly musste ihn für seine kühl kalkulierende Schonungslosigkeit bewundern.

»Es *ist* Demelza«, widersprach Kerrigan nachdrücklich. »Wir müssen sie am Baum festbinden, damit sie nicht an irgendwelche besonders gut versteckten Zaubergegenstände gelangen kann. Sie könnte sie trotz des Fesselzaubers unbemerkt aus einer Tasche ziehen. Haben wir ein Seil?« Er sah die anderen an, als wären sie wieder im selben Team.

»Bist du blind?«, fuhr ihn Nova an. »Es ist doch eindeutig, dass sie es nicht ist!«

»Sie hat einen Glamourzauber getragen, um ihr Äußeres zu verändern«, erklärte Kerrigan. »Und der verliert seine Wirkung, wenn man bewusstlos wird.«

»Und dieser Zauber soll über einen derart langen Zeitraum aktiv gewesen sein?« Vincents Stimme klang skeptisch.

»Warum nicht?«, fragte Emerson. »Ich bin ihr vor über einem Jahr schon einmal begegnet, und da trug sie denselben Glamourzauber.«

»Sie muss eine wichtige Persönlichkeit innerhalb der Hexengemeinde sein. Wahrscheinlich hat sie ihr Aussehen verändert, um vor Übergriffen geschützt zu sein.« Kerrigan wirkte erschöpft und resigniert. Er sah Nova an. »Hol ein Seil.«

Angespanntes Schweigen hielt Einzug. Die Frage, ob sie noch immer an einem Strang zogen, hing unausgesprochen in der Luft. Endlich senkte Nova ihre Streitaxt, ging zu ihrem Bündel am Lagerfeuer und kam mit einem Seil zurück.

Kerrigan hielt ihr die Hand entgegen, doch sie schüttelte den Kopf. »Ich mache das.«

Nova zerrte den Körper der Hexe näher an die Eiche heran und bugsierte ihn in eine sitzende Haltung, bevor sie die Hände über dem herunterhängenden Kopf zusammenband und anschließend am Baumstamm fixierte. Nachdem sie fertig war, packte sie ein Büschel der dunkelroten Haare und zog es nach hinten.

Das Gesicht, das zum Vorschein kam, war hagerer als das von Demelza, mit markanten Wangenknochen anstelle von anmutig gerundeten Backen, einer schmaleren Nase und einem eckigeren Kinn. Es war trotzdem noch hübsch, aber nicht vergleichbar.

Kerrigan sog scharf die Luft ein.

Emerson beobachtete ihn. Ihm fiel auf, was dem Rest des Teams entging. »Du kennst sie.«

Der Vampir schwieg für einen Moment. »Sie ist die Tochter

der Anführerin.« Er wich einen Schritt zurück, und sein Gesicht leuchtete bleich im Mondschein.

Blys Blick schoss zu Emerson, auch wenn sie sich selbst dafür hasste. Ein Vampirprinz und nun auch noch die Tochter der mächtigsten Hexe. Sie hatten nicht nur alles, was sie brauchten, um Elise zu retten, sie besaßen auch ein wertvolles Pfand, das sie gegen Emersons Unsterblichkeit eintauschen konnten. Demelza hatte gerade versucht, Bly zu ermorden. Seine Loyalität der Hexe gegenüber musste spätestens damit ihr Ende finden.

»Wir wissen immer noch nicht, ob das wirklich Demelza ist«, wandte Nova ein.

»Als Tochter der obersten Hexe hat sie Zugriff auf beliebig viele Zaubergegenstände. Auch, dass sie ihren Glamourzauber über eine so lange Zeit aufrechterhalten konnte, müsste Beweis genug für euch sein«, gab Kerrigan zurück.

Die an den Baum gefesselte Hexe stöhnte. Sie hob den Kopf, und ihre Augen leuchteten genauso blau wie zuvor. Sie suchte sofort nach Emerson, und da wusste Bly ohne jeden Zweifel, dass es Demelza war.

»Der Vampir hat mich angegriffen!«, geiferte sie und zerrte an ihren über dem Kopf gefesselten Händen. Ihr Blick schoss zu den übrigen Teammitgliedern. »Was ist hier eigentlich los?«

»Du hast versucht, mich umzubringen«, sagte Bly.

»Sie lügt!« Demelza sah zuerst Emerson an und dann Nova und Vincent. Sie war verzweifelt auf der Suche nach Verbündeten. »Der Vampir und sie haben mich aus heiterem Himmel attackiert!«

Die Zwillinge tauschten einen Blick aus und schienen zu einer stummen Übereinkunft zu gelangen.

»Dein Gesicht verrät, dass du die Unwahrheit sagst«, knurrte Vincent.

Demelza fauchte aufgebracht und machte den Anschein, als wollte sie eine weitere Lüge hervorstoßen. Dann erspähte sie ihre Haare. Ihr Mund schloss sich, und ihr Blick wurde hart. »Wisst ihr, wer ich bin?«

»Una«, antwortete Kerrigan.

Demelza zuckte zusammen, als sie den Namen hörte.

Der Vampir sah Emerson, Vincent und Nova an, während er fortfuhr: »Benannt nach ihrer Großmutter. Sie ist …«

»Ich bevorzuge Demelza«, unterbrach sie ihn mit erhobenem Kinn. Obwohl sie an einen Baum gefesselt war, gelang es ihr noch, Ansprüche zu stellen.

»… die Tochter einer bösartigen Hexe«, beendete Kerrigan seinen Satz. Alles an ihm war angespannt: die Hände zu Fäusten geballt, die Kiefermuskeln hart, der Oberkörper kampfbereit nach vorn geneigt.

Demelza lachte. »So kann man meine Mutter natürlich auch beschreiben. Lass mich lieber frei, sonst wirst du erfahren, wie bösartig sie wirklich sein kann.«

»Das habe ich schon erfahren«, sagte Kerrigan. Es lag unverhohlener Hass in seinen Worten, nicht nur die übliche Feindschaft zwischen Vampiren und Hexen. Bly glaubte, außerdem eine Spur von Traurigkeit wahrzunehmen. Was auch immer Kerrigan ausgelassen hatte, als er ihr von seiner Vergangenheit erzählt hatte, es musste mit Demelzas Mutter zu tun haben.

»Warum wolltest du mich töten?«, wandte sich Bly an die Hexe.

Im ersten Moment sah es so aus, als wollte Demelza ihre Tat erneut leugnen. Dann lachte sie. »Ich dachte, wenn ich dich absteche und dann laut schreie, kann ich deinen Tod einfach einem Prämienjäger in die Schuhe schieben.«

Bly wurde schlecht vor so viel Niedertracht. »Ich habe dich gefragt, warum. Nicht, was du hinterher vorhattest.«

»Weil du mich *nervst*. Diese traurigen Blicke, die du mal Kerrigan und mal Emerson zuwirfst, als wärst du zwischen zwei Liebhabern hin- und hergerissen. Dabei kann es der eine gar nicht abwarten, zu sterben, weshalb er dich wohl kaum sonderlich anziehend findet, und der andere scheint nicht das Geringste für dich zu empfinden, bis auf die Tatsache, dass er dich schon sein ganzes Leben lang kennt. Ganz schön armselig, findest du nicht?« Sie sah Bly mit einem höhnischen Grinsen an.

Bly rang nach Luft. Sie wusste plötzlich nicht mehr, wie man atmete, war selbst von diesem einfachen Vorgang überfordert. Kerrigan sah sie an, Emerson nicht. Sie hatte keine Ahnung, was schlimmer war.

Statt Demelzas bohrende Frage zu beantworten, beschloss sie, die Krallen auszufahren und zurückzuschlagen. »Ich bin hier nicht die Einzige, deren Gefühle nicht erwidert werden.«

Demelzas Grinsen verschwand.

»Sinnlos, sich noch mit ihr abzugeben«, sagte Vincent. »Lassen wir sie hier und bringen die Sache ohne sie zu Ende.« Er warf Nova einen Blick zu. Seine Schwester nickte und wandte sich dann an Bly. »Unsere Partnerschaft besteht weiterhin.«

Es war zwar keine Entschuldigung, doch Bly wusste, dass sie von den Zwillingen nicht mehr erwarten durfte.

Von Demelza hingegen schon – natürlich keine Reue, aber einen ehrlichen Grund für ihr Handeln. Kerrigan hatte recht: Sie war eifersüchtig auf Bly und hatte sie aus dem Weg räumen wollen. Und das, obwohl Eifersucht nun wirklich nicht angebracht war. Blys Blick wanderte zu Emerson. Dass man eine Person beschützen wollte, bedeutete nicht, dass man romantische Gefühle für sie hegte. Das hätte sie schon vor langer Zeit akzeptieren müssen.

Die Zwillinge fingen an, ihre Sachen zusammenzupacken,

während Kerrigan und Demelza sich unerbittlich anstarrten. Keiner der beiden schien zuerst den Blick abwenden zu wollen.

»Wir können sie nicht hierlassen!«, rief Bly Nova und Vincent hinterher. »Wir brauchen sie!«

Nova drehte sich mit einem Stirnrunzeln zu ihr um. »Ich dachte, du kennst dich mit Magie aus? Nimm einfach ihre Zaubergegenstände und spiel für uns die Hexe.«

Bei dieser Formulierung zuckte Bly zusammen. Statt zu antworten, begann sie, ihre Ärmel hochzurollen.

»Tu es nicht«, sagte Emerson warnend.

Doch es war bereits zu spät. Bly hielt ihre freigelegten Handgelenke hoch und sah, wie Nova ihre Markierungen zur Kenntnis nahm. Die junge Frau hatte bereits davon gewusst, aber ihr Gesichtsausdruck verriet, dass sie nicht geplant hatte, sich vor ihrem Bruder damit auseinanderzusetzen.

»Vincent«, sagte sie.

Er drehte sich um und brauchte einen Moment, bis er verstanden hatte, was seine Schwester so unverwandt anstarrte. »Ihr seid also auch Lügner, genau wie die Hexe!«, brauste er auf und sah Bly und Emerson wütend an. »Der Ehrlichste von euch ist der verdammte Vampir.« Er spuckte in den Dreck.

Bly schüttelte den Kopf. »Wir hatten vor, Kerrigan auszuliefern, genau wie geplant, und dann unserer Wege zu gehen. Wir haben euch nicht angelogen.« Sie ließ unerwähnt, dass Nova bereits von ihrem doppelten Spiel gewusst hatte.

»Wozu der Vampirpreis?«, fragte Vincent. »Ich dachte, du willst deine tote Schwester wiederhaben? Hast du vor, unsterblich zu werden, damit du länger lebst als sie und ihr erneut beim Sterben zuschauen kannst?«

»Nicht ich.« Bly sah Emerson an.

Ein Muskel an seinem Kiefer zuckte. Sie wusste, dass er nicht gern Schwäche zeigte, aber der einzige Ausweg aus dieser Situation war Ehrlichkeit. An seinem Blick erkannte sie, dass er ebenfalls zu dieser Erkenntnis gelangte. Er knöpfte seine Ärmel auf und legte zunächst die Markierungen an seinen Handgelenken frei. Dann schob er den Stoff bis zu seinen Ellbogen hinauf. Selbst in der Dunkelheit der Nacht konnten alle den silbrig schwarzen Todesfluch durch seine Adern strömen sehen. Das Geflecht hatte sich noch weiter ausgebreitet, seit Bly es das letzte Mal gesehen hatte.

»Viele Menschen sterben«, sagte Vincent mit einem Schulterzucken.

Nova warf ihrem Bruder einen tadelnden Blick zu und sah Bly und Emerson teilnahmsvoll an. »Wir können euch leider nicht helfen. Ihr habt getan, was für euch am besten ist, und wir werden tun, was unseren Interessen dient. Wir bringen den Vampir nach Havenwhile, wie es von Anfang an vereinbart war. Vielleicht ist die Hexe noch da, wenn ihr zurückkommt.« Sie hob die Schultern. »Oder ihr sucht euch eine neue. Das ist nicht unser Problem.«

Bly wusste, dass Demelza bei ihrer Rückkehr längst weg sein würde. Ein anderes Team würde über sie stolpern, und da sie die Tochter der obersten Hexe war, würde besagtes Team mühelos den Vampirpreis gewinnen, selbst wenn es Bly und Emerson gelang, eine andere Hexe aufzuspüren und gefangen zu nehmen.

»Helft uns, und wir überlassen euch zusätzlich das Preisgeld der Vampire«, sagte sie verzweifelt.

»Brauchen wir nicht«, wehrte Vincent ab.

Doch Nova drehte sich zögernd um. Zum ersten Mal glaubte Bly noch etwas anderes in ihrem Blick zu erkennen als nur den Wunsch, das Überleben ihrer Familie zu sichern. Etwas allzu Vertrautes: einen Traum. Das Preisgeld der Hexen würde genügen, um die vielen Geschwister von Vincent und Nova aus der

Armut zu holen, aber reichte es auch, um Träume wahr werden zu lassen?

»Denkt doch nur, was ihr mit dem Geld tun könntet!«, drängte Bly. »Es wäre nicht nur genug, um nicht mehr hungern zu müssen. Es wäre genug, um richtig zu *leben*!«

»Zu riskant«, lautete Vincents Urteil. Sein Blick fiel auf seine Schwester, und Bly entging nicht, dass sein Ausdruck weicher wurde. Auch er kannte die Sehnsucht nach Dingen, die unerreichbar schienen. Näher als jetzt würden die Zwillinge ihnen nie wieder kommen. Tief in ihrem Inneren wussten sie das wahrscheinlich auch.

»Wir sind Havenwhile so nah«, fuhr Bly fort. »Ihr könntet hierbleiben und Demelza bewachen, während wir Kerrigan mitnehmen und ihn den Hexen übergeben.« Bei ihren letzten Worten hatte sie das Gefühl, sich selbst einen Dolch in die Brust zu rammen. »Und dann bringen wir die Hexe zu viert nach Vagaris. Ihr hattet recht – ich kenne mich mit Zaubergegenständen aus und kann dafür sorgen, dass wir unbeschadet durch den Wald kommen.«

»Emerson«, sagte Demelza mit einem leisen Flehen in der Stimme.

Emersons Entschlossenheit fiel in sich zusammen. Die Art, wie sie seinen Namen aussprach, war eine Ermahnung, eine Einforderung seiner Schuld. Bly wusste, dass er sich ihr gegenüber verpflichtet fühlte, denn die Hexe hatte ihn vor den Wachen gerettet, und Emerson legte Wert darauf, seine Schulden zu begleichen. Ihm war es wichtig, dass die Dinge im Gleichgewicht waren, obwohl es sonst nicht viel Ausgeglichenheit in dieser Welt gab – vielleicht gerade deswegen. Es konnte daher immer noch sein, dass er versuchen würde, Demelza zu helfen.

Offenbar betrachtete er es als das Mindeste, dass er sie ausreden ließ und sich ihre Version der Geschichte anhörte. »Warum hast du das getan?«, fragte er. »Das klingt gar nicht nach dir. Du hast gesagt, du könntest die viele Gewalt in dieser Welt nicht mehr ertragen. Wahrscheinlich hätte ich das von Anfang an als Lüge erkennen müssen, schließlich wolltest du an unserer Seite an den Spielen teilnehmen, und um etwas anderes als Gewalt geht es dabei nicht.« Als er diesen letzten Teil sagte, sah er Bly an, als würde er immer noch nicht an den Sinn ihrer Teilnahme glauben, obwohl er sich das Endergebnis genauso sehnlich wünschte wie sie.

»Wegen dir habe ich alles verloren!«, schrie Demelza plötzlich. »Als du nach dem Tod dieser jungen Frau nach ihrer Leiche gesucht hast, fand ich das romantisch. Ich wollte dir helfen, weil ich dich im Wald mit ihr beobachtet hatte – wie du sie geküsst hast. Und dann hast du alles aufs Spiel gesetzt, nur für ihren leblosen Körper. Das erschien mir unglaublich. Ich habe niemanden, der mich derart bedingungslos liebt – nicht einmal meine eigene Mutter. Also habe ich dich unterstützt. Aber ich wurde erwischt. Eine Wache hat mich gesehen und mich bei meiner Mutter angeschwärzt.«

Bly nahm alles nur noch wie durch einen dunklen Schleier wahr. Ihr Herz klopfte so laut, dass sie kaum hörte, was um sie herum vorging. Sie musste Demelza falsch verstanden haben. Oder es war eine dreiste Lüge, dass sie Emerson und Elise dabei beobachtet hatte, wie sie sich geküsst hatten. Ja, so musste es sein. Diese Hexe war eine notorische Lügnerin. Hatte sie das nicht längst bewiesen? Bly blinzelte, bis sie ihre Umgebung wieder deutlicher wahrnahm. Sie drehte sich zu Emerson um.

Er würde mich niemals anlügen.

Als sie das Gesicht ihres Freundes sah, geriet dieser Gedanke in Schieflage. Sein schuldbewusster Blick sagte alles.

Bly konnte sich nicht erinnern, diesen Blick schon einmal bei ihm erlebt zu haben – bei ihrem Freund, der immer das Richtige tat. Für einen Moment versuchte sie krampfhaft, eine andere Erklärung zu konstruieren, doch vergeblich. Sie hatte ihn noch nie mit einem anderen Mädchen beobachtet, er hatte seine gesamte Freizeit mit ihr und Elise verbracht. In Kombination mit seinem Blick ließ dieser Umstand nur eine schreckliche Wahrheit zu: Emerson war in ihre Schwester verliebt gewesen. Er hatte sich nach ihrem Tod tatsächlich Zugang zu Havenwhile verschafft, allerdings nicht Bly zuliebe.

Nichts hatte er ihr zuliebe getan.

Emerson verzog gequält das Gesicht und wandte sich von Bly ab, um wieder Demelza anzusehen. »Das kann nicht stimmen«, sagte er.

Bly erwartete, dass er den Kuss mit Elise leugnete. Obwohl sein Gesicht ihr bereits alles gebeichtet hatte, wünschte sie sich verzweifelt, er möge es tun.

Stattdessen fuhr er fort: »Als du mich gerettet hast, war dein Gesicht durch den Glamourzauber verändert. Wie konnte dich die Wache bei deiner Mutter anschwärzen, wenn du nicht ausgesehen hast wie … du selbst?«

»Ich benutze ständig Glamourzauber«, antwortete Demelza unwirsch. »Damit schütze ich mich vor all jenen, die meiner Mutter Schaden zufügen wollen und es durch mich versuchen.« Sie funkelte Kerrigan hasserfüllt an. »Selbst in der Hexenstadt zeige ich mein eigenes Gesicht nur bei Festen und Ritualen. Aber die Leibgarde meiner Mutter weiß immer, wie ich gerade aussehe. An jenem Tag habe ich gedacht, ich hätte ihre Wachen abgehängt, aber ich hätte es besser wissen müssen. Sie hatten strikte Anweisung, mich nicht aus den Augen zu lassen. Heute ist das anders. Keine Ahnung, ob meiner Mutter überhaupt noch wichtig ist, was ich tue.« Sie lachte, leise und verbittert. »Seit ich dir geholfen habe, behauptet sie, ich wäre wie meine Großeltern. Sie hält es für ein Zeichen der Schwäche, dass ich versucht habe, einem Menschen beizustehen. Manchmal droht sie mir sogar damit, mich nicht mehr als ihre Nachfolgerin auszubilden, sondern meinen Cousin zu bevorzugen. Zumindest, wenn ich es nicht schaffe, mich zu beweisen.« Demelza hielt inne, mit einem verzweifelten Ausdruck im Gesicht. »Als ich dich bei der Hexenprüfung gesehen habe, hatte ich eine Idee für einen Plan. Ich wusste plötzlich, wie ich den Respekt meiner Mutter wiedererlangen konnte: indem ich ihr nicht nur einen hochrangigen Vampir bringen würde, sondern auch den jungen Mann, der meine Anteilnahme geweckt hatte. So würde ich ihr beweisen, dass auch *ich* gnadenlos sein konnte und meine Lektion gelernt hatte.«

»Aber warum hast du versucht, Bly umzubringen?«, fragte Emerson. Seine Stimme klang eigenartig kalt, fast wie die eines Fremden.

Bly registrierte es kaum. In ihrem Kopf drehte sich alles, ihr Verstand hatte Mühe, all die Dinge zu verarbeiten, die sie nicht wahrhaben wollte.

»Ich wusste, dass Nova und Vincent mir gegen Geld bei der Umsetzung meines Plans helfen würden.« Die Hexe verengte die Augen zu Schlitzen und richtete ihren Blick auf Bly. »Aber *sie* würde mir in die Quere kommen, das habe ich von Anfang an gespürt.«

Der Hass, der Bly aus Demelzas Antlitz entgegenstarrte, erschreckte sie, doch es war nicht *ihr* Verrat, der ihr den Boden unter den Füßen wegzog. Während sie selbst nur geträumt hatte, hatte Elise zumindest teilweise das Leben geführt, das Bly sich in ihrem Baumwipfel so sehnlich gewünscht hatte. Sie kam sich klein und albern vor, wie ein Kind, dessen Luftschlösser zu lange unbehelligt stehen geblieben waren.

Bly hatte immer geglaubt, das Bindeglied zwischen Emerson und ihrer Schwester zu sein, der Kern ihres Dreiergespanns, der Klebstoff, der alles zusammenhielt. In Wahrheit war sie außen vor gewesen, das fünfte Rad am Wagen.

»Du und Elise?« Sie sagte es wie eine Frage, um noch einen Moment länger auf einen Irrtum hoffen zu können.

»Wir haben uns nur dieses eine Mal geküsst, kurz vor ihrem Tod«, beteuerte Emerson. Er zögerte, bevor er hinzufügte: »Aber geliebt habe ich sie schon länger.«

Seine Worte kamen einer Ohrfeige gleich, auch wenn Bly im Grunde bereits gewusst hatte, wie tief seine Gefühle für ihre Schwester gingen. Schließlich hatte er alles für sie aufs Spiel gesetzt, als er versucht hatte, ihren Körper von den Hexen zurückzuholen.

»Und Elise?«, fragte Bly.

Die Frage schien ihn zu verwirren.

»Hat sie dich auch geliebt?«

»Ich … ich weiß es nicht.« Er schüttelte den Kopf, ohne sie anzusehen. »Sie hat sich zuerst aus unserer Umarmung gelöst, hat gestammelt, wir dürften das nicht tun … Und dann ist sie davongerannt.« Nun begegnete er doch ihrem Blick. »Ich glaube, sie hatte Angst um dich, aber ich konnte sie nicht mehr danach fragen.«

Noch eine Wahrheit traf sie wie ein Peitschenhieb: Emerson nahm nicht an diesem Wettkampf teil, um Bly dabei zu unterstützen, Elise von den Toten wiederzuerwecken und sie von ihrer Schuld zu befreien. Es war bei seiner Teilnahme nie um sie gegangen. Er wollte Elise für sich selbst zurückholen.

»Bly …«

Doch sie schüttelte den Kopf. Was auch immer auf ihren Namen folgte, sie wollte es nicht hören. Ob er sich nun entschuldigen wollte oder verteidigen, ihr erschien beides gleichermaßen unerträglich. Ohnehin konnte sie jetzt nichts Neues verarbeiten, denn es gab einen Aspekt der Wahrheit, der sich wie ein Dornbusch um ihr Herz rankte.

»Du hast mich angelogen. Die Wahrheit zu verheimlichen ist eine Lüge«, stieß sie mühsam hervor, und ihre Stimme klang so schwach und brüchig, als würde sie an inneren Blutungen leiden.

Bly fuhr sich mit der Hand über die Lippen und erwartete, dass ihre Finger feucht und rot waren. Die Schmerzen, die sie empfand, waren so qualvoll, dass es eine körperliche Ursache dafür geben musste.

»Ich wollte dir nicht wehtun.« Emerson verzog das Gesicht, als würde sein Verrat auch ihn innerlich zerreißen.

Bly wollte seinen Kummer nicht sehen. *Er* war derjenige, der die Mordwaffe in der Hand hielt. *Er* hatte das alles verursacht. Zusammen mit Elise. Die beiden waren in ihren Gedanken bereits zu einer todbringenden Einheit zusammengewachsen.

»Warum hätte es mir wehtun sollen, wenn du einfach nur ehrlich zu mir gewesen wärst?«, fragte sie. Dann fiel es ihr wie Schuppen von den Augen: »Du hast es *geahnt.*« Emerson wandte beschämt den Blick ab. »Du hast *geahnt*, dass ich Gefühle für dich habe.« Fassungslos schüttelte sie den Kopf. Ein Schluchzen, das wie aus dem Nichts kam, erschütterte ihre Brust. Sie hörte Blätter neben sich rascheln und drehte den Kopf.

Kerrigan war näher an sie herangetreten, sah sie jedoch nicht an, als wüsste er, dass sie das nicht gewollt hätte. In ihrem Leid hatte sie alles andere um sich herum vergessen, hatte nur noch sich selbst, Emerson und den Geist ihrer verstorbenen Schwester wahrgenommen. Aber alle waren noch da. Nova und Vincent standen reglos nebeneinander und beobachteten sie. Demelza saß mit einem Grinsen vor dem Baumstamm.

Und neben ihr stand die Person, die Bly im Moment am dringendsten brauchte: Kerrigan.

Wie ein magisches Licht flackerte die Erkenntnis in ihr auf, dass er zwar neu war in ihrem Leben, doch schon jetzt echter und verlässlicher, als es ihre Traumvorstellung von Emerson je gewesen war. Kerrigan hatte sie wieder ins Licht zurückgeholt, hatte den Schatten verscheucht, zu dem sie im letzten Jahr geworden war. Bly hatte so viele Jahre geglaubt, Emerson zu lieben, dass sie den Kummer über seinen Verrat mit Herzschmerz verwechselte. Aber ihr Herz hatte in seiner Nähe nie so heftig gepocht, wie wenn Kerrigan sie berührte. Außerdem hatte Emerson nie das in ihr gesehen, was sie war – eine junge Frau, die alles erreichen konnte, wovon sie träumte.

Im Gegensatz zu Kerrigan.

Die Gefühle, die sie für den Vampir zu entwickeln begann, waren schon jetzt deutlich größer als das Luftschloss, das sie um Emerson herum errichtet hatte.

Jetzt, da Kerrigan in ihr Leben getreten war, wollte sie nicht mehr einfach so in den Wald davonrennen. Trotzdem konnte sie ihre Wut nicht beiseiteschieben, denn sie füllte die Leere aus, die die Wahrheit in ihr hinterlassen hatte. Es ging hier nicht um Liebe, es ging um Geheimnisse.

Sie zeigte mit dem Finger auf Emerson. »Du bist schuld an ihrem Tod!«

»Was?« Emerson sagte es völlig ausdruckslos, als hätte er seine Gefühle noch weiter zurückgedrängt als sonst.

Bly lachte. Es klang beißend und grausam, anders als alles, was je ihren Mund verlassen hatte. »Ich habe dir nie erzählt, warum ich damals mit ihr in den Wald wollte«, begann sie. »Ich dachte, dass du mich dann hassen würdest, und dich selbst auch, obwohl du nichts dafürkannst. Aber du kannst sehr wohl etwas dafür.« Sie holte tief Luft, wie ein Mensch, der vorhatte, ein lang gehütetes Geheimnis auszusprechen. »Wir sind damals wegen *dir* in den Wald gegangen. *Ich* bin wegen dir in den Wald gegangen.«

Emerson schüttelte verwirrt den Kopf, was sie nicht weiter verwunderte. Natürlich verstand er ihre Andeutung nicht. Ihn hatte noch nie interessiert, wie sie wirklich zu ihm stand, also tat er auch jetzt so, als existierten ihre Gefühle nicht.

»Ich dachte, ich würde ein besonderes Kleidungsstück brauchen, damit du mich endlich als Frau wahrnimmst.« Sie lachte wieder, und diesmal klang es nicht grausam, nur traurig und hoffnungslos. »Ich wollte Hexenpilze sammeln, um mir auf dem Markt ein hübsches Kleid und eine dazu passende Schleife kaufen zu können.«

Ihre Hand schoss reflexartig zu dem ausgefransten Band an ihrem Handgelenk, und Emersons Blick folgte ihr. Eine dunkle Ahnung zeichnete sich auf seinem Gesicht ab.

»Ich dachte, es wäre nur ein neues Kleid nötig. Für mich lag das Problem darin, dass du mich nur als Kindheitsfreundin betrachtet hast. Ich war mir sicher, dass dir bewusst werden würde, wie viel mehr ich für dich sein könnte, wenn du mich erst in einem schönen Kleid sehen würdest – das habe ich damals wirklich geglaubt. Dabei hätte mich das Kleid auch nicht in meine Schwester verwandelt …« Sie brach ab.

Elise wäre heute noch am Leben, wenn Emerson ihr von Anfang an die Wahrheit gesagt hätte. Oder wenn Elise selbst ihr die Wahrheit gesagt hätte. Bly hatte ihrer Schwester von ihren Gefühlen für Emerson erzählt, und sie hatte nicht reagiert. Das war es, was die größten Schmerzen in ihr hervorrief. Ihr kam ein grausamer Gedanke: Elise hatte ihren eigenen Tod herbeigeführt.

Sie hatte ihn verdient.

Bly hasste Emerson, und sie hasste Elise.

Aber am allermeisten hasste sie sich selbst.

Sie krümmte sich und ging in die Knie, weil ihr Körper so viel Hass nicht mehr tragen konnte. Ihre Brust schnürte sich zusammen, bis sie das Gefühl hatte zu ertrinken, und ihre Atemzüge wurden flach und pfeifend, bis ihr jemand eine stabilisierende Hand auf den Rücken legte. Für einen kurzen, schrecklichen Moment glaubte sie, es wäre Emerson, doch der stand immer noch vor ihr und starrte sie mit gequältem Gesichtsausdruck an. Er tat so, als könnte er nachempfinden, welche Schmerzen sie litt.

Was sie allerdings bezweifelte.

Die Hand gehörte Kerrigan, und seine Berührung holte sie zurück zu sich selbst. Sie spürte plötzlich wieder die eiskalte Nachtluft und zitterte. Ihr Frösteln erinnerte sie daran, dass sie noch lebte, während Elise kalt und leblos in irgendeinem Grab lag. Wie gekränkt und verletzt sich Bly auch fühlte, die Abwesenheit ihrer Schwester war immer noch das, was ihr den größten Kummer bereitete.

»Sehr unterhaltsam, das Ganze«, sagte Demelza.

Bly starrte Emerson an. »Wir bringen zu Ende, was wir begonnen haben. Zuerst gewinnen wir beide Preise, und dann bekommt ihr, du und Elise, euer Happy End. Und ich …«

Sie suchte krampfhaft nach einem Lichtblick, damit nicht mehr alle mit diesem unerträglichen Mitleid im Blick auf sie herabsahen, aber ihr fiel nichts ein. Ihr blieb nichts und niemand, denn Kerrigans Hand auf ihrem Rücken war nur ein vorübergehender Trost.

»Es kann wieder alles so werden wie vorher«, murmelte Emerson. Seine Worte klangen schwach und leer. Er war zu klug, um zu glauben, was er da sagte.

»Wir haben einen Vampir«, verkündete Bly, um sich selbst und Emerson für den Endspurt zu motivieren. »Und wir haben eine Hexe.«

Sie warf Emerson einen herausfordernden Blick zu – wehe, er wagte es, Demelza nicht ausliefern zu wollen, obwohl sie versucht hatte, Bly umzubringen.

Er nickte.

»Nein«, widersprach Kerrigan.

Bly wurde auf einmal schmerzlich bewusst, dass seine Hand nicht mehr auf ihrem Rücken lag.

Sie drehte sich zu ihm um, und er sah sie mit einer Kälte an, die sie noch nie bei ihm erlebt hatte.

»Ihr habt mich nicht.«

ACHTZEHN

Blys Herz hämmerte in ihrer Brust, während sie versuchte, Kerrigans Worte zu verarbeiten.

Emerson zog, ohne zu zögern, sein Schwert, als hätte er nur auf diesen Moment gewartet.

»Das würde ich nicht tun an deiner Stelle«, warnte ihn der Vampir.

Auch Nova und Vincent hatten nach ihren Waffen gegriffen.

»Wartet.« Bly hob die Hände, um ihre Gefährten zu bremsen. »Was meinst du damit, Kerrigan?«

»Er bricht sein Versprechen, was sonst?« Emerson spie ihm geradezu seine Worte entgegen. »Typisch Vampir.«

»Tut er nicht«, widersprach Bly. Sie fand es schrecklich, wie kleinlaut ihre Stimme klang.

Kerrigans Blick schoss zu ihr, und er verzog gequält das Gesicht. »Ich halte mich weiterhin an unsere Vereinbarung«, stellte er klar. »Aber ich verlange eine Gegenleistung.« Er senkte den Blick auf Demelza.

»Sie?«, fragte Bly.

»Ihre Mutter«, knurrte Kerrigan.

Emersons Stimme nahm ebenfalls einen bedrohlich grollenden Unterton an. »Wir werden dir nicht dabei helfen, einen Krieg vom Zaun zu brechen, nur weil du dir dein Köpfchen von einer deiner Mütter tätscheln lassen willst.«

Bly hatte Emerson noch nie so reden gehört. Er kochte regelrecht vor Zorn.

»Meine Motivation geht dich überhaupt nichts an«, fuhr ihn Kerrigan an.

Bly wusste, dass es kein politisch motivierter Schachzug war, wenn Kerrigan die Anführerin seiner größten Feinde töten wollte. Hier ging es um etwas Persönliches – die Erinnerungen, die an ihm nagten, standen ihm ins Gesicht geschrieben. Er wirkte so aufgebracht und hasserfüllt, als könnte er Demelza jeden Moment den Kopf von den Schultern reißen.

»Was hast du vor?«, fragte sie ihn leise.

Er fuhr in ihre Richtung herum, als hätte er nicht damit gerechnet, dass sie seine Wünsche berücksichtigte. Bly fand, dass es das Mindeste war, was sie ihm schuldete.

»Ich weiß nicht, warum wir hier stehen und verhandeln.« Vincent nickte Bly zu. »Wie du bereits gesagt hast: Wir haben eine Hexe und einen Vampir. Mehr brauchen wir nicht. Wir müssen die beiden nur noch ausliefern.«

»Aber ich kann euch die oberste Hexe beschaffen«, argumentierte Kerrigan. »Wir tauschen ihre Tochter gegen sie ein.«

Demelza begann zu lachen. Alle Köpfe fuhren zu ihr herum, doch sie lieferte keine Erklärung für ihre Heiterkeit.

»Wir brauchen die oberste Hexe nicht«, winkte Vincent ab. »Oder glaubt ihr tatsächlich, dass ein anderes Team ihre Tochter noch toppen könnte?«

»Du vergisst meine ursprüngliche Aussage«, erwiderte Kerrigan langsam. »Ihr habt mich nicht.«

»Du stehst doch direkt vor uns.« Emerson drehte sich zu Bly um. »Du hattest recht: Wir nehmen beide mit.«

»Sehe ich so aus, als wäre ich gefesselt?« Kerrigans Stimme war ein kaum hörbares Flüstern, wie eine Brise, die sanft durch die Blätter eines Baums streicht, bevor sie zu einem Sturm anschwillt und ihm die Äste ausreißt.

Blys Nackenhaare sträubten sich.

»Du hast es versprochen«, sagte sie.

Emerson schnaubte höhnisch, und Bly hörte aus diesem Geräusch jede Warnung vor Vampiren heraus, die er ihr gegenüber je ausgesprochen hatte.

Kerrigans Blick wurde weicher, als er zu ihr heruntersah. »Keine Angst, ich halte mein Versprechen.« Er drehte sich zu Demelza um. »Aber zuerst will ich Rache.«

* *
*

Sie gingen schweigend durch den Wald, bis sich die vertraute grüne Hecke vor ihnen erhob.

Kerrigan machte einen Schritt nach vorn und zog eins der kleinen Holztore auf, bevor er höflich darauf wartete, dass Bly zuerst hindurchtrat. Als sie keine Anstalten machte, schien er sofort zu verstehen, warum. Er nickte ihr mit ernstem Gesicht zu und streckte die Hand aus. Sie ergriff sie nicht, und er wackelte mit den Fingern. »Na komm«, sagte er und lächelte, aber sie erkannte die Anspannung in seinen Zügen. »Du musst so tun, als würdest du dich zu mir hingezogen fühlen, schon vergessen?«

»Ich bin sauer auf dich.«

»Warum? Du weißt genau, dass ich recht habe. Es ist sinnvoller, wenn ich länger an deiner Seite bleibe und euch dabei helfe, die Hexe nach Vagaris zu bringen.«

»Du machst das für dich, nicht für mich. Wir anderen hätten einfach mit Demelza vorliebgenommen.«

Er warf ihr einen unnachgiebigen Blick zu. »Meine Rache ist nur einer meiner Beweggründe.«

Der andere war sie. Insgeheim musste sie ihm zustimmen: Es war wirklich sicherer, wenn er zunächst an ihrer Seite blieb und ihr und Emerson half, den Vampirpreis zu gewinnen, bevor sie ihn den Hexen auslieferten. Aber es stellte ein großes Risiko dar, ausgerechnet die Anführerin aller Hexen entführen zu wollen.

Außerdem behagte es ihr nicht, Elises Wiedererweckung hintanzustellen. Jede Minute, in der sie ihre Schwester nicht vom Tod zurückholte, war eine Minute, in der sie Kerrigan als Pfand verlieren konnte.

Bly tastete nach den Fesselzaubern, die noch immer in ihrem Rock steckten. Damit konnte sie Kerrigan Arme und Beine zusammenbinden, ihn den Hexen übergeben und anschließend zu den anderen in den Wald zurückkehren, um Demelza nach Vagaris zu bringen. Aber das wäre ihr wie Verrat vorgekommen, auch wenn sie es anfangs genau so vereinbart hatten. Das konnte sie Kerrigan nicht antun. Nicht, nachdem sie eingewilligt hatte, sich an seinem Vorhaben zu beteiligen.

Bevor sie aufgebrochen waren, hatte Bly sämtliche Zaubergegenstände an sich genommen, die sie bei Demelza gefunden hatte, darunter einen üppigen Vorrat an Glamourzaubern. Kerrigan und sie hatten sich blaue Augen verpasst und dazu Kleidungsstücke, deren Farbe und Muster mit dem Wald um sie herum verschwammen. Sie würden so tun, als wären sie ein Hexenpaar, das die Feierlichkeiten anlässlich der Spiele genoss. Und wenn sie nah genug an die oberste Hexe Halfryta herangekommen waren, würden sie ihr ihre Botschaft überbringen: dass sie sich selbst gegen ihre Tochter eintauschen sollte.

Wenn Bly ehrlich war, behagte ihr dieser Plan überhaupt nicht. Ihr Verstand sagte ihr, dass sie ein unnötiges Risiko einging. Ihr Herz war der Ansicht, dass kein Weg daran vorbeiführte. Sie musste auch etwas für Kerrigan tun, schließlich opferte er sein Leben für sie.

Er sah sie prüfend an, als spürte er, dass sie zögerte. Also gab sie sich einen Ruck, machte einen Schritt nach vorn und ließ sich von ihm durch die Wand aus Blättern ziehen.

Havenwhile sah genauso aus wie beim letzten Mal: einladend und fröhlich, warm und gemütlich. Insgeheim sehnte sich Bly nach einem Ort wie diesem, auch wenn sie sich wünschte, er wäre nicht von Wesen bevölkert, die sie verabscheute. Verglichen mit ihrem letzten Besuch, bei dem morgendliche Geschäftigkeit geherrscht hatte, war es diesmal still und leer. Für einen kurzen Moment stellte sich Bly vor, sie wären in einem pittoresken kleinen Dorf tief in den Wäldern gelandet, in dem die Menschen ohne Elend und Gewalt leben konnten. Sie malte sich einen Jungen mit kupferfarbenen Haaren aus, der ihr im Sonnenschein zulächelte, aber gerade als sie sich ein wenig entspannte und ganz diesem Fantasiebild hingab, trat ein Mann aus einer der Holzhütten, die sich um einen großen Baum herum gruppierten, und hob die Hand in ihre Richtung. Fältchen bildeten sich um seine tiefblauen Augen, als er ihnen zulächelte.

Kerrigan erwiderte den Gruß mit einem Winken, doch die Finger seiner anderen Hand schlossen sich fester um Blys Finger, und auch sie reagierte, indem sie seine Hand umklammerte.

Als sie weiter in die Hexenstadt hineingingen, verstand Bly, warum deren Außenränder so leer waren. Musik und Gelächter schallten vom See herauf. Kerrigan hatte ihr schon erklärt, dass vermutlich irgendein Fest im Gang sein würde. Sowohl die Vampire als auch die Hexen hielten gern opulente Partys ab, während die Menschen im Zuge der Spiele mit allen Mitteln darum kämpften, wie sie leben zu können.

Bly kam es leichtsinnig vor, ausgerechnet in der einzigen Zeit im Jahr, in der die Menschen ein wenig Macht besaßen, ausgelassen zu sein und jede Vorsicht fallen zu lassen.

»Warum feiert ihr so viel während der Spiele?«, wollte sie von

Kerrigan wissen. »Warum verbarrikadiert ihr euch nicht lieber und geht in Deckung?«

Sogar jene Menschen, die sich sonst regelmäßig zum Plündern in den Wald wagten, machten während der Spiele einen Bogen um ihn, und Feste wurden im Ödland schon gar nicht gefeiert.

Kerrigan zuckte mit den Schultern. »Aus Langeweile? Seit es das Abkommen zwischen Vampiren und Hexen gibt, hält sich die Bedrohung für uns in Grenzen. Es kommt nur noch selten vor, dass sich Bewohner von Vagaris oder Havenwhile nicht an die Regeln halten und ihre Feinde töten, wenn sie ihnen im Wald begegnen. Beide Seiten reagieren umgehend mit Strafen. Vielleicht brauchen wir also ab und zu ein bisschen Nervenkitzel, um uns weiterhin … menschlich zu fühlen.«

»Was nur beweist, wie weit ihr euch schon vom Menschendasein entfernt habt«, sagte Bly düster. »Für uns ist der Tod keine abstrakte, aufregende Gefahr, sondern allgegenwärtig.«

»Ich weiß«, antwortete Kerrigan. »Und das ist zutiefst ungerecht. Wie alles in dieser Welt.«

»Du hast es trotzdem aufgegeben, sie gerechter machen zu wollen.«

Er blieb stehen und sah sie eindringlich an. »Willst du es denn nicht so? Ich wäre heute nicht hier, wenn ich nicht aufgegeben hätte.«

Bly antwortete nicht. Wollen und brauchen waren zwei verschiedene Dinge.

Die Straße um sie herum begann sich mit Hexen zu füllen, und Kerrigan und Bly hielten sich wieder fester bei den Händen. Sie ließen die Ressentiments, die zwischen ihren Völkern standen, hinter sich und konzentrierten sich auf den einen Schmerz, den sie miteinander teilten.

»Denk dran, wir müssen aussehen wie ein verliebtes Paar«,

sagte Kerrigan. »Nicht wie zwei Teilnehmer an den Spielen, die sich als Hexen verkleidet haben. Wenn jemand Verdacht schöpft, schlagen uns die Wachen bewusstlos und fesseln uns vor den Toren der Stadt an einen Baum, damit uns die Prämienjäger aufspüren. Zumindest dürfte das dein Schicksal sein. Ich verschwinde wahrscheinlich einfach. Streng genommen dürfen die Hexen mich nicht hierbehalten, wenn ich nicht offiziell von einem Team gefangen genommen und überbracht wurde, aber es ist schon vorgekommen, dass sie sich über diese Regel hinweggesetzt haben.«

»Ja, ja, hab's verstanden«, antwortete Bly gepresst.

Als hätte sie etwas Urkomisches gesagt, brach Kerrigan in Gelächter aus, und zwar so plötzlich, dass Bly erschrocken zusammenzuckte. Er streckte die freie Hand aus und strich ihr über die Wange, drehte ihren Kopf in seine Richtung. Strahlend sah er sie an, als hätte er nur für einen Moment ihr Gesicht sehen wollen, und der bewundernde Ausdruck in seinem Blick war so echt und unverstellt, dass Bly vor Verlegenheit ins Straucheln geriet. Kerrigan fing sie auf und zog sie an seine Brust. Seine Finger gruben sich sanft in ihre Haare, und ihr Herz setzte einen Schlag aus, weil sie glaubte, er würde sie küssen. Er tat es, aber es war nur eine federleichte Berührung seiner Lippen auf ihrer Stirn, unterhalb ihres Haaransatzes.

»Bitte tu so, als hätte es dir gefallen«, flüsterte er, bevor er sich von ihr löste.

Bly blickte lächelnd zu ihm auf. Sie war immer noch nervös wegen der vielen Hexen und der Aussicht darauf, erwischt zu werden, hoffte jedoch, dass es als Aufgeregtheit einer frisch Verliebten durchging.

»Du bist wunderbar«, sagte er laut. Dann fügte er leise hinzu: »Aber ich bin der bessere Schauspieler.«

Schauspielerei. Ihre Romanze war so echt wie seine hexenblauen Augen. Eine Maskerade. Und so musste es auch bleiben, egal, was sich unter der Oberfläche abspielte.

Kerrigan legte ihr einen Arm um die Schultern und zog sie denselben Weg hinunter, den sie vor Kurzem mit Emerson gegangen war. Bly versuchte, die Erinnerung daran aus ihren Gedanken zu verbannen.

Schon bald erreichten sie den See, der im Mondschein silbern glitzerte. Er sah vollkommen anders aus als am Tag der Hexenprüfung. Es war ein atemberaubender, magischer Ort, viel schöner, als ihn Bly sich je hätte erträumen können. Sie hörte, wie jemand leise nach Luft schnappte, und merkte, dass es sie selbst war.

Die Pavillons entlang des Ufers waren über und über mit winzigen Lichtern geschmückt, ein funkelndes Zauberland, dessen goldgelber Schimmer sich auf der Wasseroberfläche mit dem Glanz des Mondes vermischte. Auch die Bäume hingen voller Lichter und sahen aus, als hätte man ihre Zweige in Sonnenschein getaucht.

Das Podest auf dem See, auf dem sie während der Prüfung hatten kämpfen müssen, war noch da, barg jedoch keinen Schrecken mehr, sondern bildete das Fundament für eine zweite, erhöhte Bühne in seiner Mitte. Darauf spielten mehrere Hexen Flöte und Geige, und die anmutige Musik wogte über das Wasser und verbreitete eine heitere, magische Stimmung. Um die Musikerinnen herum tanzten weitere Hexen und Hexer, bewegten sich in perfekter Harmonie mit der Melodie. Wieder trieben überall kleine Holzboote auf dem Wasser, alle mit einer Laterne am Bug. Pärchen saßen darin, lachten oder küssten sich, manche versuchten sogar, aufzustehen und zu tanzen. Bly beobachtete, wie ein Kahn mit zwei ausgelassenen jungen Männern umkippte. Die beiden verschwanden für einen Moment unter der Wasseroberfläche, bevor ihre lachenden Köpfe wieder auftauchten. Während sie versuchten, wieder an Bord zu klettern, küssten sie sich innig.

Die meisten Hexen hatten in dieser Nacht auf ihre üblichen Braun- und Grüntöne verzichtet und trugen bunte, leuchtende Farben. Sonnenblumengelbe Kniehosen, Röcke, die wie rosa Blütenblätter durch die Luft wirbelten. Sämtliche Frisuren waren mit Blumen geschmückt.

Ein junges Mädchen erschien vor Kerrigan und Bly. Ihre dunkelbraunen, hüftlangen Zöpfe waren mit kleinen violetten Blumen besetzt, und ihr Kleid bestand aus weißen, rosa geäderten Rosenblättern. Sie lächelte strahlend, und ihre großen Augen blickten so aufrichtig, dass Bly für einen Moment vergaß, dass es Hexenaugen waren, und das Lächeln erwiderte. Das Mädchen hielt ein auf Hochglanz poliertes Holztablett vor sich, auf dem kandierte Blütenblätter aufgereiht waren, gefüllt mit Schlagsahne und bestreut mit einem rosa Pulver.

»Darf ich euch eine zauberhafte Leckerei anbieten?«, fragte sie.

Bly lief das Wasser im Mund zusammen, bevor ihr wieder schlagartig bewusst wurde, wo sie sich befand. Sie zuckte fast schon angewidert zurück, aber Kerrigan verstärkte den Griff um ihre Schultern.

Die andere Hand streckte er nach den süßen Köstlichkeiten aus, um ein lavendelfarbenes Blütenblatt auszuwählen. »Zu Zauberhaftem sage ich nie Nein.« Obwohl Bly ihn nicht ansah, hörte sie den augenzwinkernden Charme in seiner Stimme. Er war wirklich ein hervorragender Schauspieler. »Bist du nicht auch ganz verrückt danach, Liebling?«

Bly schüttelte sich. »Doch, doch«, murmelte sie und betete,

dass ihre Hand nicht zitterte, als sie nach einem hellrosa Blütenblatt griff.

Das Mädchen stand da und lächelte Kerrigan und sie an, als wollte es ihnen beim Essen zusehen.

Bly biss zaghaft in ihr gefülltes Blütenblatt, das tatsächlich zauberhaft schmeckte – nach Sonnenuntergang und süßer Morgenluft, nach Erinnerung an glückliche Zeiten. Sie verlor sich in diesem Gefühl, bis Kerrigans Hand ihren Arm hinaufstrich.

»Bly?«, fragte er. »Hat es dir geschmeckt?«

»Ja.«

Noch während sie es sagte, wurde der Zucker in ihrem Magen sauer, wie ein Traum, der sich plötzlich in einen Albtraum verwandelte. Denn genau das war dieser Ort für sie, obwohl es hier eigentlich alles gab, wonach sie sich sehnte. Aber ihre ehemaligen Sehnsüchte waren für immer vergiftet.

Bly sah sich nach dem Mädchen um, um ein »Danke« hervorzupressen, doch es war verschwunden. Bly und Kerrigan waren wieder allein.

»Nein«, sagte sie wahrheitsgemäß. »Es war furchtbar.«

»Fand ich auch«, flüsterte Kerrigan. Er löste seine Finger für einen Moment aus ihren, schob seine Hand unter ihr Kinn und hob sanft ihr Gesicht. »Spiel mit mir«, forderte er sie auf. »Spiel mit mir, dass das alles nur ein Traum ist, dass wir nicht zwei verzweifelte Seelen sind, gefangen in einer Welt, die uns kaputtgemacht hat und nichts als Schmerz und Gewalt feiert. Spielen wir, dass es nur uns beide gibt, dass wir zwei Verliebte an einem Ort sind, an dem Magie nichts kostet und Blut nicht die Währung dafür ist.« Ihm versagte die Stimme. Er war doch kein so guter Schauspieler, wie er gedacht hatte. »Es ist nur ein Traum, Bly. Träume mit mir.«

Er ließ seine Fingerspitzen über ihre Wangen wandern, wieder und wieder, als könnte er ihr mit dieser wolkenzarten Berührung helfen, den gleichen Traum zu sehen, den er vor sich hatte.

Und es funktionierte, so seltsam es war. Bly hob den Blick und erkannte trotz seiner Hexenaugen den Jungen in ihm, der die Macht besaß, ihr das Träumen zurückzugeben. Sie hatte es nicht mehr für möglich gehalten, nachdem ihre Schwester gestorben war, und ganz sicher nicht, nachdem sie von Elises und Emersons Verrat erfahren hatte. In jenem Moment hatte sie das Gefühl gehabt, für den Rest ihres Lebens nie wieder Hoffnung empfinden, nie wieder träumen zu können.

Und nun sah dieser Vampir sie an, als wäre *sie* der Traum – als müsste er überhaupt nicht schauspielern in ihrer Gegenwart.

Bly stieß einen kleinen Seufzer aus und schlang ihre Finger um seine Handgelenke, während er noch immer ihre Wangen streichelte.

»Na also«, sagte er. »Jetzt siehst du endlich so aus, als wärst du in mich verliebt.« Er grinste.

Ihr Herzschlag setzte aus, als hätte er ihr mit seinen Worten einen Dolch hineingestoßen. Sie umklammerte seine Handgelenke, und er hörte auf, ihre Wangen nachzuzeichnen, und hielt stattdessen ihr Gesicht fest, als hätte er Angst, es zu verlieren. Sein Blick wanderte über ihre Züge, und was auch immer er in ihren Augen erkannte, es schien Entsetzen in ihm auszulösen.

Sie hatten es zu weit getrieben mit ihren gespielten Gefühlen. Das Spiel war kein Spiel mehr.

»Muss Liebe schön sein!« Eine Frauenstimme ließ sie erschrocken zusammenzucken.

Kerrigan nahm nicht die Hände von Blys Gesicht, lockerte seinen Griff jedoch so weit, dass sie den Kopf drehen und die Hexe ansehen konnte, die vor ihnen stand. Sie war schon älter, ihre einst braunen Haare waren an vielen Stellen weiß geworden. An der einen Hand hielt sie einen kleinen Jungen, mit der anderen winkte sie Bly und Kerrigan zu.

»Die Glühwürmchen schwirren immer da, wo wahre Liebe ist«, erklärte sie.

»Mama sagt, das wäre nur ein Märchen«, meldete sich der kleine Junge zu Wort.

»Deine Mutter ist eine Zynikerin«, sagte die Hexe mit einem Lachen. »Von deiner Großmutter wirst du es besser lernen.«

Bly sah sich um. Ihr waren die winzigen, leuchtenden Insekten gar nicht aufgefallen, die um ihre Köpfe herumtanzten.

Kerrigan stimmte in das Lachen der Hexe ein. »Also, *ich* glaube daran.«

Spiel mit, ermahnte Bly sich selbst.

»Dann musst du sie küssen«, forderte die Hexe Kerrigan auf. »Lass uns nicht so lange warten!«

Bly wollte den Kopf schütteln, doch Kerrigans Hände drückten gegen ihre Wangen und hielten sie fest. Er starrte mit fragendem Blick auf sie herunter. Sie mussten der Aufforderung der Hexe nachkommen, aber er würde Bly nicht küssen, wenn sie es ihm nicht erlaubte.

Bly wusste, dass sie nicht anders konnte, als Ja zu sagen. Sie wollte auch gar nicht anders.

Genau in diesem Moment brach in einem der Pavillons am See ein Tumult aus, und alle Blicke schossen in diese Richtung. Kerrigan ließ ihr Gesicht los und schob seine Finger in ihre, während sie sich gemeinsam zum Wasser umdrehten. In dem Pavillon lag eine leblose Gestalt auf dem Boden, während sich ein junger Mann darüber beugte. Von hinten schlich sich ein Hexer heran und hob ein Holztablett wie das, von dem sie gerade die gefüllten Rosenblätter genommen hatten. Er schlug es gegen den Kopf des jungen Mannes, der daraufhin zusammenbrach.

Die Umstehenden eilten herbei und drehten seinen Körper um. Jemand zog seine Augenlider auf und schrie: »Ein Glamourzauber!«

Die Hexen am See jubelten. Zwei Wachen hoben die beiden bewusstlosen Menschen hoch, legten sie auf Tragen und transportierten sie unter triumphierendem Gelächter ab.

Bly wurde gleichzeitig heiß und kalt, und ihr Hals schnürte sich so eng zusammen, dass sie kaum noch Luft bekam. Die Vergangenheit brach mit Gewalt in die Gegenwart ein, und ihr wurde voller Entsetzen klar, dass sie Kerrigan und sich verraten würde, wenn sie jetzt in Ohnmacht fiel.

Ihr Glamourzauber würde seine Wirkung verlieren, und sie würde leichte Beute sein für Hexen oder Prämienjäger. Und Kerrigan … Er würde sterben, ohne mit seinem Tod Gutes zu bewirken und die Erlösung zu erfahren, nach der er sich so sehnte.

Das konnte sie ihm nicht antun. Doch Bly schien die Kontrolle über ihren Körper verloren zu haben. Ihr Schmerz war zu neuem Leben erwacht und schnürte ihr immer fester die Brust zusammen, zog sie in einen dunklen Schacht hinein. Für einen kurzen Moment wünschte sie, sie könnte wieder Emersons warme Finger an ihrem Handgelenk spüren. Aber dieser Gedanke machte alles nur noch schlimmer.

Der Jubel der Feiernden brandete erneut auf. Die Tragen mit den beiden vom Pech verfolgten Menschen würden direkt an ihnen vorbeikommen.

»Zurück zu den Dingen, die wirklich wichtig sind«, sagte die ältere Hexe plötzlich. »Liebe, zum Beispiel.«

Bly war inzwischen speiübel. Lichter tanzten vor ihren Augen, und sie stammten nicht von den charmanten kleinen Glühwürmchen.

Kerrigan lachte, es klang angespannt. Er zog Bly an seine Brust und legte so fest die Arme um sie, dass ihr Körper zur Ruhe kam. Ihr war gar nicht bewusst gewesen, dass sie zitterte, bis ihr seine Umarmung wieder Halt gab. Sie vergrub dankbar ihr Gesicht in seinem Hemd und legte ihm die Hände auf die Schultern.

»Sie ist ein bisschen schüchtern.« Kerrigans Stimme war ein tiefes Dröhnen in seiner Brust.

Bly spürte, wie hart seine Muskeln waren, er schien jederzeit mit einem Angriff zu rechnen. Ihr Zögern brachte sie beide in eine heikle Lage.

Die Hexe schnaubte ungeduldig. Hinter ihr wurden die Tragen vorbeitransportiert und sorgten für begeisterten Applaus.

Endlich hob Bly den Kopf. »Ja«, hauchte sie leise, nur für Kerrigan. Wenn seine Arme ihr Zittern stoppen konnten, würden seine Lippen vielleicht auch die Dunkelheit zurückdrängen.

Er zögerte nicht, sondern beugte den Kopf, bis ihre Mundwinkel sich für einen Moment berührten, bevor er seine Lippen auf ihre legte, ganz sanft, als wären sie zwei junge Leute, die noch nie zuvor geküsst hätten. Aber das war es nicht, was Bly brauchte.

Sie stellte sich auf die Zehenspitzen und presste sich an ihn, ließ zu, dass ihre Lippen mit seinen verschmolzen. Kerrigan erstarrte für einen Moment, bevor auch er jede Zurückhaltung aufgab. Seine Hände glitten von ihrem Rücken in ihre Haare hinauf und zogen ihren Kopf nach hinten, um den Kuss noch zu vertiefen. Sie versanken ineinander, bis die Jubelrufe allmählich abklangen und Bly aus Gründen keine Luft mehr bekam, die nichts mit der Panik in ihrer Brust zu tun hatten.

Ihre Angst schwächte sich zu einem dumpfen Hintergrundrauschen ab, während sie sich mit jeder Faser ihres Seins auf diesen Kuss konzentrierte. Ihre Lippen wollten sich immer weiterbewegen, sie nahm alles, was Kerrigan ihr zu bieten hatte, und gab sich ihm rückhaltlos hin.

Ein leises Klatschen riss sie aus ihrer Zweisamkeit. Es galt nicht den beiden Tragen, denn die waren längst nicht mehr zu entdecken.

»Genau das wollte ich sehen«, sagte die Hexe mit dem Jungen an der Hand.

»Bäh, wie eklig«, murmelte ihr Enkel. »Können wir jetzt Kuchen essen gehen?«

Bly und Kerrigan lösten sich widerstrebend voneinander. Die Hexe zwinkerte ihnen noch einmal zu, bevor sie mit dem kleinen Jungen davonschlenderte.

Sie hatten offenbar eine überzeugende Vorstellung abgeliefert. Bly hatte sogar ihren eigenen Körper überzeugt: Ihre Lippen kribbelten und verlangten nach mehr.

Kerrigan stand noch immer über sie gebeugt, die Hände in ihren Haaren. Bly fragte sich, ob seine Augen wohl schwarz gewesen wären, wenn der Glamourzauber sie nicht blau gefärbt hätte.

»Hast du Hunger?«, platzte sie heraus.

Er riss die Augen auf. »*Daran* denkst du jetzt gerade?« Seine Stimme war leise und ein wenig heiser.

»Ich …« Wenn sie doch nur den Mund gehalten hätte!

»Ich habe immer Hunger«, gestand er.

Früher wäre sie erschrocken auf Abstand zu ihm gegangen, jetzt blieb sie, wo sie war. Nachdem sie sich noch eine Weile stumm in die Augen gesehen hatten, entließ er sie aus seinen Armen. Es sah aus, als würde es ihm körperliche Schmerzen bereiten, sich von ihr zu trennen.

Sie räusperte sich. »Ich nehme an, du weißt, wie Halfryta aussieht?«

Bly hatte die Anführerin während der Hexenprüfung gesehen, konnte sich jedoch nur noch undeutlich daran erinnern.

»Oh ja, das weiß ich«, antwortete er knapp. Was auch immer sich gerade zwischen ihnen abgespielt hatte, es hatte sich in Sekundenschnelle abgekühlt. Die Geister seiner Vergangenheit hatten ihn eingeholt.

Bly wünschte sich, sie hätte ihre Frage zurücknehmen und die Realität aussperren können. Andererseits brauchte sie dringend eine Erinnerung daran, warum sie hier waren.

»Wo finden wir sie? Demelza hat erzählt, dass sie und ihre Familie während der Spiele in Deckung bleiben.«

Kerrigan schüttelte den Kopf. »Das war höchstens die halbe Wahrheit. Bei den Feierlichkeiten zu Ehren der Spiele muss die oberste Hexe Präsenz zeigen. Alles andere würde ihr Volk als Zeichen der Schwäche werten. Sie hat eine Leibgarde, die Gefahr ist also begrenzt.«

Er zog einen Brief aus der Westentasche und gab ihn ihr. »Den habe ich vorbereitet, während du Demelza nach weiteren Zaubergegenständen durchsucht hast. Wir werden nicht einmal mit Halfryta sprechen müssen, sondern ihr nur die Nachricht zustecken und uns dann davonmachen.«

Bly faltete ein zerknittertes, bräunlich verfärbtes Stück Papier auseinander, auf das Kerrigan mit Holzkohle in verschnörkelter, anmutiger Schrift geschrieben hatte: *Wir halten deine Tochter im Wald gefangen, nördlich des mittleren Tors. Damit wir sie freilassen, musst du allein erscheinen. Wenn uns etwas zustößt, ist sie tot.*

Auf der Rückseite des Papiers erkannte Bly eine mit Kohle angefertigte Skizze von einem pausbäckigen Baby, das von Kindern verschiedenen Alters umgeben war. Eins von ihnen war ein älterer Junge, und das breite Lächeln auf seinem Gesicht hielt Bly zunächst davon ab, ihn zu erkennen: Es war Vincent.

»Was ist das für eine Zeichnung?«, fragte sie.

Kerrigan lachte. »Nova war die Einzige, die Papier bei sich

hatte. Sie zeichnet offenbar gern – unglaublich, oder? Mir fällt es jedenfalls schwer, sie mir bei etwas anderem vorzustellen als dem Schwingen ihrer Streitaxt.«

Auch Bly war verblüfft. Der Zettel erinnerte sie daran, dass selbst hinter der erbitterten Kriegerin ein Mensch steckte. Die Kohlezeichnung verriet, was Novas Motivation dafür war, den Sieg zu holen: die Rettung ihrer Geschwister vor dem Hungertod. Nicht nur für Bly ging es bei diesen Spielen um alles.

»Woher weiß Halfryta, dass wir nicht nur bluffen?«, fragte sie Kerrigan.

Er hielt eine Strähne von Demelzas echten, dunkelroten Haaren hoch, nahm Bly das Papier aus der Hand und faltete es um die Strähne herum zusammen. »Sie wird uns glauben, keine Sorge.«

Bly ließ den Blick über die Feier am See schweifen. Sie bezweifelte, dass sie die Scharade mit Kerrigan noch lange aufrechterhalten konnte. »Was machen wir, bis Halfryta auftaucht?«, wollte sie von ihm wissen.

»Sollen wir uns ein Boot suchen?« Er ging ein Stück am Ufer entlang und spähte aufs Wasser.

Auf einem der Holzkähne hätten sie ein wenig Abstand zu den ausgelassen feiernden Hexen gehabt, aber Bly drehte sich der Magen um, wenn sie nur daran dachte, hineinzusteigen. Ihre Erinnerungen an die grausame Hexenprüfung waren noch zu präsent.

Also schüttelte sie den Kopf und ließ sich von Kerrigan weiter am Ufer entlangführen. Sie konnte die Schönheit um sich herum nicht mehr ertragen.

Nachdem sie eine Weile schweigend dahingeschlendert waren, drückte er leicht ihre Hand. »Wie wäre es, wenn wir dort oben warten?«

Sie brauchte einen Moment, bis sie merkte, wohin er zeigte.

Direkt am Ufer ragte eine uralte Eiche auf, die ihre Äste weit übers Wasser hinausstreckte. Sie war über und über mit sanft schimmernden Lichtern geschmückt – als wäre ein Halbmond vom Himmel gefallen und hier am See gelandet. Als Bly genauer hinsah, erkannte sie, dass zahlreiche Hängematten zwischen den Zweigen befestigt waren.

Der Anblick der Eiche war so atemberaubend und romantisch, dass Bly unwillkürlich Kerrigans Händedruck erwiderte. Er fasste es offenbar als Zustimmung auf, denn er zog sie zum Baum und tauchte unter den vordersten Ästen durch. Erst jetzt fiel ihnen auf, dass zu jeder Hängematte eine schmale Wendeltreppe hinaufführte.

Kerrigan suchte nach einem freien Plätzchen, an dem sie es sich bequem machen konnten. Aus den untersten Hängematten waren Kussgeräusche zu hören, und Bly errötete.

Ihr Instinkt riet ihr lautstark, die Flucht zu ergreifen, wohingegen ihr Herz heftig klopfend kundtat, dass es sich danach sehnte, mit Kerrigan allein zu sein.

Aufgewühlt folgte sie dem Blick des Vampirs, der auf eine leere, über dem See baumelnde Hängematte zeigte.

»Einverstanden?«, fragte er.

Sie schluckte. Ohne auf ihre explizite Zustimmung zu warten, bedeutete ihr Kerrigan, dass sie zuerst die wackelige Wendeltreppe erklimmen sollte. Die Stufen waren schmal und rutschig, weshalb Bly das Holzgeländer zu Hilfe nahm. Überdeutlich konnte sie Kerrigans Anwesenheit hinter sich spüren. Am oberen Ende der Treppe blieb sie stehen und sah, dass die Hängematte noch immer zehn Schritte entfernt war. Die Strecke verlief über kleine Holzbretter, zwischen denen gähnende Leere klaffte. Aber Bly hatte ihr halbes Leben auf Bäumen verbracht, und die waren nicht mit Kletterhilfen versehen gewesen.

Ohne zu zögern, brachte sie die Bretter hinter sich und erreichte die schmale Plattform vor der Hängematte. Sie sah sich nach Kerrigan um, der sich mit ausgebreiteten Armen ausbalancierte, als wollte er sich gleich in die Lüfte erheben, den Blick starr auf seine Füße gerichtet. Bly entfuhr ein belustigtes Kichern.

»Ach, du findest das also witzig?«, sagte er, ohne den Kopf zu heben.

»Ein bisschen schon«, gestand sie, während Kerrigan die letzten Holzbretter übersprang und neben ihr auf der Plattform landete, wo er sich wankend an ihrer Taille festklammerte.

»Wenn ich dich mit in die Tiefe reiße, findest du es nicht mehr so witzig«, prophezeite er.

Sie senkte die Stimme zu einem Flüstern: »Ich dachte, ihr Vampire wärt Bewegungskünstler.«

»Auf dem Boden schon«, knurrte er mit einem Grinsen.

Sie schwiegen und starrten Seite an Seite in die Hängematte hinunter.

»Sieht ein bisschen eng aus«, sagte Bly nach einer Weile. Ihre Stimme kiekste vor Nervosität.

Kerrigan räusperte sich. »Eher einladend, finde ich.« Er versuchte, kokett und unbekümmert zu klingen, doch die Anspannung in seiner Stimme verriet ihn. Suchend sah er sich in der Baumkrone um. »Wir könnten separate Hängematten nehmen …«

»Ich denke, wir sollten lieber zusammenbleiben. Meinst du nicht auch? Wenn die oberste Hexe auf der Bühne erscheint, wäre das … am praktischsten, oder?«

»Genau. Am praktischsten. Ich steige zuerst hinein«, verkündete er. »Weil ich größer und schwerer bin.«

Er ließ sich unbeholfen in die Hängematte rollen, die heftig zu wackeln begann. Bly hatte Mühe, nicht laut loszulachen, als er sich verzweifelt bemühte, seinen langen Körper in die winzige Liegefläche zu pressen.

Schließlich gelang es ihm. »Du bist dran.«

Sie versuchte, in die schmale Lücke zu kriechen, die er ihr neben sich frei gelassen hatte, landete jedoch stattdessen auf seiner Brust.

»Entschuldigung«, murmelte sie.

»Kein Problem.« Seine Stimme klang noch gepresster als vorhin.

Endlich hatte sie sich neben ihn gezwängt, aber ein Bein und ein Arm lagen immer noch quer über seinem Körper. Bly ruckelte weiter in der Hängematte herum.

»Du kannst mich gern so viel berühren, wie du möchtest.« Kerrigan lachte leise, und Bly spürte das Wogen seiner Brustmuskeln unter ihrer Hand.

»Du bist unmöglich«, knurrte sie.

»Das höre ich nicht zum ersten Mal.«

»Glaube ich dir gern.«

Sein Lachen wurde lauter, ein echtes, unverfälschtes Lachen, nicht das alberne Glucksen, das er sonst immer von sich gab und das sich in Blys Ohren immer aufgesetzt anhörte. Ihr gefiel, wie jungenhaft es klang und wie sehr der Mensch durchschimmerte, der er früher gewesen war. Sie legte den Kopf in den Nacken, um ihn anzusehen. Er starrte in die Lichter des Baums hinauf.

Sein Gelächter ebbte ab, und er seufzte. »Ich wünschte, wir könnten tatsächlich alles vergessen, nur für eine Minute. Denn das hier ist echt … magisch.«

Jenseits der funkelnden Lichter des Baums erstreckte sich der Sternenhimmel, und es sah aus, als würden sie durchs Weltall rasen. Wenn Bly ein gewöhnliches Mädchen gewesen wäre, und auch Kerrigan nur ein ganz normaler junger Mann, hätte sie sich in dieser Hängematte vielleicht schwerelos und frei gefühlt. Sie hätte zum ersten Mal echte Liebe empfunden und sich ganz diesem Glücksgefühl hingegeben.

Aber sie war kein gewöhnliches Mädchen, und hinter Kerrigans sanften Lippen schlummerten rasiermesserscharfe Vampirzähne. Bly riss ihren Blick von den Sternen los und hob ihn wieder zu seinem Gesicht. Ihr Kopf ruhte auf seinem Oberarm, und ihr Kinn stieß gegen seine Brust. Er bewunderte nicht mehr die Sterne, er bewunderte *sie*, mit dem gleichen Ausdruck des Staunens. Keiner von ihnen wandte den Blick ab. Als Bly ihre Finger auf seiner Brust spreizte, spürte sie, wie ihm für einen kurzen Moment der Atem stockte.

»Bly«, sagte er. Es klang wie eine Warnung, und gleichzeitig wie eine flehentliche Bitte. Sie war sich nicht sicher, ob sie auf Ersteres hören sollte oder auf Letzteres.

»Wir spielen nur, nicht wahr?«

»Ja«, antwortete er mit rauer Stimme. »Und die Sterne beobachten uns.« Sie spürte, wie er schluckte. »Nicht, dass sie uns verraten.«

»Auf keinen Fall.«

Sie krallte ihre Hand in sein Hemd und zog sich zu ihm nach oben, während er die Arme um sie schlang. Ihre Lippen trafen aufeinander, und ohne die neugierigen Blicke der Hexe und nur mit den Sternen als Zeugen bewegten sich ihre Münder auf eine Weise, die mit vorgetäuschter Verliebtheit nichts zu tun hatte. Sie erforschten sich sanft und voller Neugier, und als sie sich schließlich voneinander lösten, verharrten sie dicht beieinander, sodass sich ihre Atemzüge vermischten. Blys Hand war zu seinem Hals hinaufgeklettert, und sie strich mit dem Daumen zärtlich über seine nackte Haut. Kerrigan, der bisher ihre Taille umfasst hatte, ließ seine Finger seitlich an ihrem Körper entlang nach oben wandern und wieder zurück.

»Du bist wunderschön«, flüsterte er.

Ihr Herz schwoll an, vor Freude und vor Kummer. Wie oft hatte sie sich erträumt, diese Worte zu hören. Sie hatte sich ausgemalt, wie sie das himmelblaue Kleid und die blaue Schleife tragen würde und wie Emerson sie genauso ansehen würde, wie Kerrigan es nun tat. Es schmerzte, an diesen erst vor Kurzem zertrümmerten Traum zu denken, während ihr Blick auf dem Mann ruhte, der ihr Herz erobert hatte und ihr ebenfalls bald entgleiten würde.

Warum fügte sie sich freiwillig solche Schmerzen zu? Eine winzige Träne lief ihre Nase hinunter.

»Hey«, sagte Kerrigan leise und wischte sie mit dem Finger weg.

»Was tun wir hier?«, fragte Bly. Er öffnete den Mund, um zu antworten, aber sie schüttelte den Kopf. »Sag nicht, dass wir nur miteinander spielen.«

Es wäre eine Lüge gewesen – das wussten sie beide. Und diese Tatsache machte alles noch viel schlimmer.

»Ich muss dich dem Tod ausliefern«, stieß sie hervor.

Er antwortete nicht. Es gab keine gute Antwort. Stattdessen schloss er die Augen, als könne er es nicht mehr ertragen, sie anzusehen. Nach einer Weile wurden seine Atemzüge flacher und langsamer, und sie fragte sich, ob er eingeschlafen war.

»Erzählst du mir, was damals passiert ist?«, flüsterte sie und bezog sich auf die Ursache der Trauer, die er tief in seinem Inneren verschloss.

»Was passiert ist, um mich so gut aussehend zu machen?« Sein Mundwinkel zuckte.

Er war also wach, versuchte nur, ihrem Blick auszuweichen. Sie hätte es dabei belassen sollen.

»Kerrigan.«

»Musst du mich nicht erst mit dem Messer verletzen?«

»Kerrigan«, wiederholte sie.

Er seufzte und öffnete die Augen, um sie anzusehen. Für einen kurzen Moment glaubte sie, er würde sich weigern, doch dann schloss er erneut die Augen und begann zu erzählen: »Ich war sieben und Donovan fünf. Wir waren arm, so arm, dass meine Eltern beschlossen haben, sich in den Wald zu wagen. Wir Kinder sollten mit, damit wir so viele Beeren oder Pilze wie möglich ins Dorf tragen konnten und nicht so schnell wieder plündern gehen mussten. Unsere Eltern haben uns eingeschärft, in ihrer Nähe zu bleiben, aber ich … Ich war groß für mein Alter und fühlte mich stark und furchtlos. Meine Aufgabe hat mich völlig gefangen genommen, ich pflückte und pflückte, bin den Pilzen immer weiter gefolgt, dorthin, wo sie am üppigsten gewachsen sind. Ich habe Exemplare gefunden, die so groß waren wie meine Hand, und davon geträumt, für mich und Donovan eine Orange auf dem Markt zu kaufen. Als ich irgendwann den Kopf hob, habe ich die Hecken von Havenwhile gesehen. Meine Eltern haben in der Ferne meinen Namen gerufen, und ich habe, so laut ich konnte, geantwortet. Als sie zusammen mit Donovan zwischen den Bäumen aufgetaucht sind, war ich unendlich erleichtert. Ich habe mich geborgen gefühlt, war mir plötzlich sicher, dass immer alles gut ausgehen würde, weil sie mich überall finden würden. Dieses Gefühl hatte ich seither nie wieder.

Kurz darauf ist eine Hexenpatrouille aus dem Wald getreten. Es war Halfryta mit ihrer Gefolgschaft. Die Anführerin hat uns nacheinander angesehen, daran erinnere ich mich noch genau. Sie hat mir in die Augen geblickt, dem kleinen, unschuldigen Jungen, und trotzdem getan, was sie getan hat. Wir seien der Hexenstadt so nah gekommen, dass wir Eindringlinge sein müssten, argumentierte sie – sie habe daher das Recht, uns nach Gutdünken zu bestrafen. Meine Eltern mussten vor ihr auf die Knie gehen. Sie haben sich nicht gewehrt, sondern versucht, an die oberste Hexe zu appellieren. Als ob Halfryta jemand wäre, der so etwas wie Anteilnahme empfinden könnte. Sie haben sie angefleht, uns Kindern zuliebe gnädig zu sein, wir bräuchten unsere Eltern, um zu überleben. Diese eiskalte Hexe hat nicht einmal geantwortet, sondern nur ihren Wachen zugenickt. Statt sich eines sauberen kleinen Zaubers zu bedienen, sind sie hinter meine Eltern getreten und haben ihnen je einen Dolch in die Kehle gestoßen, bevor sie ihn wieder herausgezogen haben. Die Hexen haben nicht einmal versucht, das Blut aufzufangen. Sie haben es nicht gebraucht. Das blaue Kleid meiner Mutter hat sich rot gefärbt. Sie besaß nur zwei Kleider, und dieses war ihr liebstes. Ich weiß noch, dass ich dachte: *Wie traurig sie darüber sein wird, dass das viele Blut es völlig ruiniert.* Erst nach und nach ging mir auf, dass sie nie wieder Trauer oder sonst irgendetwas empfinden würde. Als das Blut eine Lache vor den Knien meiner Eltern gebildet hat, hat sich Donovan von der Wache losgerissen, die ihn festgehalten hat, und sich an unsere Mutter geklammert, die in diesem Moment leblos zu Boden gesunken ist. Ich dagegen stand nur da und habe gestarrt. Mein Vater hat mich angesehen, sein Mund hat sich geöffnet und wieder geschlossen, ohne dass Worte hervordringen konnten. Blut ist zwischen seinen Lippen hervorgesprudelt, dann ist auch er zu Boden gefallen. Ich glaube, ich habe nicht einmal versucht, mich freizukämpfen.«

Bly lief das Herz über vor Mitleid mit ihm. Sie bezweifelte, dass irgendjemand die Hexen noch mehr hassen konnte als sie. Sie hasste Halfryta mit jeder Faser ihres Körpers.

Kerrigan räusperte sich. »Bei den Hexen war ein kleines Mädchen. Es hatte die gleichen dunkelroten Haare wie Halfryta und hat gelacht, als mein Vater nach vorn gefallen und mit dem Gesicht im Dreck gelandet ist. Ja, Demelza hat gelacht. Und dann haben sie uns einfach dort alleingelassen. Irgendwann haben Donovan und ich die Kraft aufgebracht, zurück Richtung Dorf zu taumeln, aber auf dem Weg dorthin sind wir auf Vampire gestoßen. Diesmal habe ich reagiert und bin auf sie losgestürmt, während ich Donovan zugerufen habe, dass er abhauen solle. Es war zu spät. Die Vampire haben uns mühelos gefangen genommen und uns zu ihren Königinnen gebracht. Sie berichteten ihnen, was ich getan hatte, und anscheinend hat mein Mut sie beeindruckt.« Er lachte, und es klang bitter vor Selbstverachtung. »Die Königinnen haben mich jedenfalls für mutig genug gehalten, einer von ihnen zu werden. In Wirklichkeit war ich ein Feigling. Das ist der Grund, warum ich so hart trainiert und schließlich die Oberaufsicht über die Wachen bekommen habe – weil ich wieder wettmachen wollte, dass ich nicht für meine Eltern gekämpft hatte.«

»Du warst noch ein Kind!«, sagte Bly. »Du *warst* mutig!«

»Nein. Ich war feige, und ich war der Grund dafür, dass wir überhaupt so nah an diesem verfluchten Ort waren.«

»Du warst ein Kind«, wiederholte sie. Seine Schuld war nicht mit ihrer zu vergleichen. Sie war erwachsen gewesen und hatte dennoch wie ein Kind gehandelt.

»Sag das meinem Bruder. Er gibt mir die Schuld an allem, weil ich beim Pilzsammeln so weit abgeschweift bin. Als älterer Bruder hätte ich etwas unternehmen müssen, als die Hexen unsere Eltern getötet haben. Vielleicht hätte ich sie irgendwie ablenken können. Stattdessen bin ich einfach zu Stein erstarrt. Es wäre nur fair gewesen, wenn ich als Einziger den Preis für meine Unvorsichtigkeit bezahlt hätte.«

»Du weißt, dass das nicht stimmt. Wenn du dich gewehrt hättest, hätten sie euch alle vier umgebracht.«

»Wäre wahrscheinlich auch besser gewesen«, murmelte er finster.

»Nein«, widersprach sie. »Nein. Es war *nicht* deine Schuld.«

»Deine Schuld war es auch nicht.« Sie wusste, dass er von Elise sprach.

»Bei mir liegt der Fall vollkommen anders.«

»Liegt er nicht, Bly. Schuld trägt allein diese blutige, grausame Welt, in der wir leben.«

»Du verlangst von mir, dass ich meine Schuld abstreife, während du deine behalten darfst?«

»Willst du denn nicht, dass ich meine behalte?«, fragte Kerrigan.

Bly schwieg lange. Seine Schuld war der Grund dafür, dass er ihr half. Er gab sein Leben, um seinen und ihren Fehler wiedergutzumachen. Bly war zwischen zwei gegensätzlichen Wünschen hin- und hergerissen: Einerseits wünschte sie sich diesen jungen Mann an ihrer Seite, und andererseits wünschte sie sich das, was sein Tod ihr zurückbringen konnte. Das eine schloss das andere aus. Sie ließ ihren Tränen freien Lauf.

»Nicht weinen«, sagte er. »Bitte nicht. Keine Angst, ich ändere meine Meinung nicht.«

Damit löste er nur noch heftigere Schluchzer in ihr aus.

Er verlagerte sein Gewicht, sodass sie beide auf der Seite lagen und sich ansahen. Seine Hände berührten ihre feuchten Wangen, und seine Lippen waren wieder auf ihrem Mund. Sie legten beide ihre ganze schmerzende Zärtlichkeit in diesen Kuss, als könnten sie ihre seelischen Verletzungen damit heilen. Vielleicht hätte es funktioniert, wenn sie ein gewöhnliches Paar gewesen wären. Vielleicht hätten sie sich für immer in den Armen gehalten.

Aber ihnen war nur ein kurzer Moment des Vergessens gegönnt, an ihrem luftigen Ort zwischen den Sternen.

Ein erneuter Aufruhr am See ließ sie auseinanderfahren. Es wurde geklatscht und gejubelt, heftiger als beim letzten Mal.

»Das ist sie«, murmelte Kerrigan.

Bly nickte.

Dennoch hielten sie sich noch eine Sekunde aneinander fest, denn beiden war eine Sache sonnenklar: Sobald sie diese Hängematte verließen, war das Spiel, das nicht wirklich ein Spiel war, vorbei.

NEUNZEHN

Kerrigan bestand darauf, den Brief selbst zu überbringen, auch wenn er ihr versicherte, dass er ihr die Aufgabe ebenfalls zugetraut hätte. Er wollte ihr die Gefahr ersparen, und sie war froh darüber, denn sie war keine besonders gute Schauspielerin. Nach der Geschichte, die Kerrigan ihr gerade erzählt hatte, wäre ihr die Abscheu nur allzu deutlich anzusehen gewesen. Kerrigan war besser darin, seinen Hass aus seinem Gesicht fernzuhalten, ihn sicher in seinem Herzen zu verwahren.

Trotzdem überraschte es sie, wie einfach das Überbringen der Nachricht war. Halfrytas Wachen hielten Kerrigan nicht davon ab, sich der Anführerin der Hexen zu nähern, schließlich leuchteten seine Augen so blau wie die aller anderen Bewohner Havenwhiles. Außerdem hatte der Glamourzauber seine kupferfarbenen Haare in ein helles Braun verwandelt. Es gab viele Hexen, die mit respektvoll gesenkten Köpfen an Halfryta herantraten und ihr Geschenke überreichten. Kerrigan hatte am Seeufer einige Blumen gepflückt und sie der Nachricht beigelegt.

Halfrytas Augen weiteten sich, als sie sie las. Ihr Blick schoss zu ihren Wachen, aber sie sagte kein Wort. Nicht umsonst stand in dem Brief, dass ihre Tochter sterben würde, wenn den Überbringern etwas zustieß. Bly hielt dennoch die Luft an. Es gab Eltern, denen das Schicksal ihrer Kinder gleichgültig war, und Demelza hatte angedeutet, dass es bei ihrer Mutter so sein könnte. Die oberste Hexe ließ Bly und Kerrigan dennoch davongehen, ohne einen Versuch zu unternehmen, sie aufzuhalten.

Sobald sie wieder im Wald waren, entledigten sie sich mithilfe zweier weiterer Glamourzauber ihrer Hexenaugen. Bly war dankbar dafür, dass sie so viele davon bei Demelza gefunden hatte. So konnten sie die Verwandlung rückgängig machen und mussten nicht darauf warten, dass der nächste Nachtschlaf den Zauber beendete. Bly wollte menschlich aussehen für das, was als Nächstes kam.

Sie war so erleichtert über die geglückte Flucht aus Havenwhile und hatte solche Angst vor dem, was nun folgen würde, dass sie auf dem Rückweg ins Lager die Pilze unter ihren Schuhen kaum bemerkte. Erst als Kerrigan den Arm vor ihr ausstreckte und sie zum Stehen brachte, wurde sie wieder auf ihre Umgebung aufmerksam.

Er wies mit dem Kinn auf eine Person, die sich hinter einem Baum an einem Seil zu schaffen machte. Um besser sehen zu können, schlich sich Bly an ihm vorbei, wobei sie die umstehenden Bäume als Deckung benutzte. Sie erspähte einen jungen Mann, dessen Kopf auf seine Brust hinunterhing. Einige Meter entfernt war eine junge Frau an eine schmale Kiefer gefesselt. Ihre braunen Haare verdeckten ihr gesenktes Gesicht wie ein Vorhang. Es war das Paar, das im Inneren der Hexenstadt bewusstlos geschlagen worden war. Die Prämienjäger hatten es bereits aufgespürt.

»He!«, rief Bly und trat, ohne zu zögern, aus der Deckung.

Sie hatte schließlich einen Vampir als Verstärkung, noch dazu einen, der sein Leben schon öfter für Menschen aufs Spiel gesetzt hatte. Vielleicht konnte dies seine letzte gute Tat als Rebell unter den Vampiren werden: zwei weitere Leben zu retten.

Die Person hinter dem Baum richtete sich auf und drehte sich zu ihnen um. Bly hielt überrascht inne. Sie kannte diese Frau. Sie hatte dunkle Haut, lange schwarze, von Grau durchzogene Haare und hexenblaue Augen. Bly kramte in ihrem Gedächtnis nach dem Namen.

»Hazel?«

Die Frau schenkte ihr ein warmherziges Lächeln. »Wie schön, dass du noch am Leben bist!«

Alles an ihr wirkte ehrlich und aufrichtig, genau wie nach der Hexenprüfung, als sie Bly so viel Freundlichkeit entgegengebracht hatte.

Gleichzeitig stand sie neben einem gefesselten Mann und hatte ein langes Messer in der Hand.

»Tut mir leid, ich habe leider keine Zeit«, sagte Hazel und wandte sich wieder dem Bewusstlosen zu.

Bly sah sich über die Schulter nach Kerrigan um. Er trat neben sie, während er gleichzeitig den Wald nach weiteren Hexen absuchte.

Hazel kniete sich auf den Boden und näherte ihre Messerklinge den Handgelenken des Gefesselten.

»Stopp!«, sagte Bly.

Das Messer der Hexe blitzte auf. Kerrigan hatte bereits zwei große Schritte in Hazels Richtung gemacht, blieb nun jedoch stehen.

Das Seil, mit dem der junge Mann gefesselt war, fiel zu Boden.

»Stiehlst du ihn?«, fragte Kerrigan.

»Ich befreie ihn«, antwortete Hazel, ohne aufzublicken.

Sie ging zu der jungen Frau und schnitt auch ihre Fesseln durch, bevor sie in die Tasche griff und etwas unter die Nase des befreiten Mädchens hielt. »Wach auf«, murmelte sie.

Das Mädchen begann sich zu regen, und die Hexe kehrte zu ihrem Gefährten zurück und vollführte den gleichen Zauber an ihm. Dann kam sie zu Kerrigan, der sie stirnrunzelnd ansah.

Hazel nahm zwei Fesselzauber aus ihrer Rocktasche und hielt

sie einsatzbereit in der Hand. »Eine reine Vorsichtsmaßnahme«, erklärte sie. »Die meisten sind dankbar und suchen das Weite, sobald sie richtig wach sind, aber manche haben es sich in den Kopf gesetzt, eine Hexe zu fangen, und denken, ich sei leichte Beute, weil ich alt bin.« Sie lächelte. »Falsch gedacht.«

Die beiden Befreiten rappelten sich auf, streckten die Arme nacheinander aus und griffen sich bei den Händen. Sie warfen einen einzigen Blick auf Kerrigan und Hazel und rannten davon.

Bly drehte sich zu Hazel um. »Du riskierst viel, um ihnen zu helfen.«

Hazel zuckte mit den Schultern. »Ich bin nicht die Einzige.« Sie spähte über Bly und Kerrigan hinweg in den Wald. »Und ich fürchte, es gibt heute noch mehr zu tun für mich. Viel Glück.« Sie zwinkerte ihnen zu, während sie sich abwandte und zwischen den Bäumen verschwand.

Eine Hexe, die für die Menschen ihr Leben aufs Spiel setzte. Bly stand neben einem Vampir, der früher das Gleiche getan hatte, es immer noch tat. Dass er anders war, hatte sie inzwischen akzeptiert, aber Hazel hatte sie zunächst nicht geglaubt, als diese ihr versichert hatte, dass nicht alle Hexen gleich seien. Den Beweis hatte Bly gerade selbst erlebt.

»Ich mag sie«, sagte Kerrigan langsam.

»Ich auch«, gestand Bly.

Sie hoffte, dass es Hazel weiterhin gelang, die Spiele unbeschadet zu überstehen, und war froh, dass ihr eigenes Team eine Hexe an die Vampire übergeben würde, die ihr Schicksal wirklich verdiente, ob es nun Demelza sein würde oder Halfryta.

* * *

Zurück bei den anderen im Lager, warteten sie voller Anspannung. Es war fast so weit, das spürten sie.

»Ihr seid auf dem Holzweg, wenn ihr glaubt, meine Mutter würde kommen, um mich auszulösen«, sagte Demelza lachend, während der Himmel sich von Osten her wässrig blau verfärbte. »Sie liebt niemanden mehr als sich selbst. Falls sie überhaupt auftaucht, wird sie Unterstützung mitbringen und euch vernichten, weil ihr es gewagt habt, mich anzurühren. Und falls ich dabei sterben sollte …« Sie zuckte mit den Schultern.

»Halte ihr dein Schwert an die Kehle und töte sie, falls die Hexe nicht allein erscheint«, wies Kerrigan Vincent an.

»Ich bin nicht dein Handlanger, Vampir«, erwiderte der finster.

Nova seufzte und stand von dem Baumstumpf auf, auf dem sie neben ihrem Bruder gesessen hatte. Mit energischen Schritten ging sie zu Demelza und brachte ihre Streitaxt in Position.

Bly kam nicht umhin, Emerson einen prüfenden Blick zuzuwerfen. Es sah aus, als tobte ein Sturm in seinem Inneren, aber er tat nichts, um Bly und Kerrigan zu stoppen. Demelza hatte ihnen ihr Vorhaben gestanden, ihn zu verraten und ihrer Mutter auszuliefern. Was auch immer Emerson ihr dafür geschuldet haben mochte, dass sie ihn damals in Havenwhile gerettet hatte, es war durch ihre Worte unwirksam geworden.

Der Himmel nahm ein dumpfes, von rosa Schlieren durchzogenes Grau an, das Bly an verdünntes Blut erinnerte. Früher hatte sie das Morgenrot geliebt, aber heute war ihre Existenz noch mehr von Gewalt beherrscht als vor ihrer Teilnahme an den Spielen, und sie konnte sich kaum vorstellen, dass ihr Blick auf die Welt je wieder ungetrübt sein könnte.

Doch vorerst hatte sie andere Sorgen.

»Ich hab's euch doch gesagt …«, setzte Demelza an, verstummte dann jedoch.

Halfryta trat hinter einem breiten Eichenstamm hervor, wo sie vermutlich schon eine Weile gestanden hatte. Ihre Haare, die den gleichen dunklen Rotton aufwiesen wie die ihrer Tochter, waren zu einer Krone geflochten, als wollte sie ihre Feinde daran erinnern, wer sie war, auch wenn sie nicht ihren königlichen Kopfschmuck trug.

Demelza riss ungläubig die Augen auf. Sie ließ den Blick durch den Wald hinter ihrer Mutter schweifen, als erwartete sie einen Überfall. Als niemand hinter Halfryta hervorsprang, verschwand die Überraschung in ihrem Gesicht und wich einer argwöhnischen, zerbrechlichen Erleichterung, als sei sie insgeheim sicher, sich zu früh gefreut zu haben.

Bly hätte beinahe Mitleid mit ihr gehabt.

Halfryta hob die Hände und kam ohne Umschweife zur Sache: »Ich bin hier, genau wie ihr es in eurer ach so eloquenten Botschaft verlangt habt. Lasst meine Tochter frei.«

»Fessle dich zuerst selbst.« Aus Kerrigans Stimme war seine mühsam gezähmte Wut herauszuhören.

»Tu es nicht, Mutter«, sagte Demelza. »Dieser Vampir hat mich gegen einen Baum geschleudert, sodass ich bewusstlos geworden bin. Damit hat er eindeutig gegen die Regeln verstoßen. Wir haben daher Anspruch auf sein Blut.«

»Ich habe dich nur gegen den Baum geschleudert, weil du dein eigenes Teammitglied umbringen wolltest«, fauchte Kerrigan.

»Alles gelogen«, behauptete Demelza mit einem so scheinheiligen Lächeln, dass sie ihrer Mutter plötzlich ungeheuer ähnlich war. Von Verletzlichkeit oder Unsicherheit war nichts mehr zu spüren.

Halfrytas Blick richtete sich auf Kerrigan. »Vampir, du spielst ein gefährliches Spiel. Gib mir meine Tochter, und wir vergessen deinen Fehltritt.«

»Nein«, antwortete Kerrigan. »Ich sehe dir lieber dabei zu, wie du stirbst.«

Halfryta sah ihn stirnrunzelnd an. »Du scheinst persönliche Gründe dafür zu haben, mich zu hassen.«

»Ja.« Er wollte noch etwas hinzufügen, doch Halfryta hob die Hand, um ihn zum Schweigen zu bringen.

»Du musst es nicht näher ausführen. Ich versichere dir, dass mir vollkommen gleichgültig ist, was ich dir deiner Ansicht nach angetan habe.«

Mit geballten Fäusten machte Kerrigan einen Schritt auf sie zu.

Die Anführerin der Hexen verzog ihren Mund zu einem Lächeln, das keinerlei Wärme ausstrahlte und das Bly bereits von ihrer Tochter kannte. »Komm ruhig näher«, sagte Halfryta.

Wenn er sie angriff, würde die Sache nicht gut ausgehen, das spürte Bly. Sie bezweifelte, dass die Hexe von ihm ablassen würde, selbst wenn Nova damit drohte, Demelza zu enthaupten.

»Kerrigan.« Sie ging zwei Schritte auf ihn zu und stellte sich zwischen Halfryta und ihn. Sie konnte ihn nicht wirklich aufhalten, wenn er beschloss, seinem Zorn freien Lauf zu lassen, aber sie konnte immerhin dafür sorgen, dass er zuerst an ihr vorbeimusste. »Ich brauche sie lebend.«

Seine Augen glichen Vulkankratern – glühender Schmerz und endloses Leid.

»Bitte«, flüsterte sie.

Sein Blick huschte zu ihr und wieder davon, dann durchlief ihn ein Schauder. Es schien ihn unendliche Mühe zu kosten, gegen seine Rachgier anzukämpfen. Seine Hände ballten sich zu Fäusten, und seine Nasenlöcher weiteten sich.

Bly warf Nova einen Blick zu.

Die junge Frau fasste ihre Streitaxt fester und verkündete:

»Binde dir Arme und Beine zusammen, Hexe, oder ich köpfe sie.«

Halfryta blickte zwischen Kerrigan und Nova hin und her, bevor sie ihre Tochter ins Visier nahm. Sie stieß einen enttäuschten Seufzer aus, der dafür sorgte, dass Demelza beschämt den Kopf senkte. Dann griff sie in ihre Tasche und zog die vertrauten Birkenzweige hervor. »Fessle mich«, sagte sie und berührte erst ihr Bein und dann ihre Hand.

Ihre Gliedmaßen fügten sich zusammen, und sie fiel auf die Knie, kippte jedoch nicht nach vorn.

Kerrigan atmete geräuschvoll aus, und Bly sehnte sich danach, seine Hand halten zu können, während ihn die Erinnerungen einholten. Auf diesen Moment hatte er sein ganzes Leben lang gewartet: Die Hexe, die seine Eltern getötet hatte, kniete in der gleichen hilflosen Haltung vor ihm.

»Wir sollten Demelza trotzdem töten«, sagte Vincent. »Sonst besteht die Gefahr, dass sie uns folgt.«

»Nein«, widersprach Kerrigan. »Wir halten unser Wort.« Er schluckte, und Bly wusste, dass er an das kleine Mädchen zurückdachte, das über seine sterbenden Eltern gelacht hatte.

Sie glaubte nicht, dass sie selbst großmütig genug gewesen wäre, jene Hexen zu verschonen, die damals über Elises leblosen Körper gelacht hatten.

Nova ließ fast schon enttäuscht ihre Streitaxt sinken.

»Es ist ein Fehler, mich nicht zu töten«, fauchte Demelza Kerrigan an. »Ich werde einen Krieg gegen euch Vampire anzetteln. Du hast mich angegriffen, und das während der Spiele!«

»Halt den Mund, du dummes Kind«, wies Halfryta sie in die Schranken.

Demelza verstummte.

»Könnt ihr beide die Hexe tragen?«, fragte Kerrigan an Emerson und Vincent gewandt. »Ich will mir nicht die Hände an ihr schmutzig machen.«

Halfryta lachte. »Als ob ich es jemals zulassen würde, dass mich irgendjemand anfasst.«

Die Bedeutung ihrer Worte drang nicht sofort zu ihm durch.

Nova, die sich inzwischen zu Vincent gesellt hatte, war die Erste, die herumfuhr. Mit erhobener Axt rannte sie zurück zu Demelza. Auch Vincent zog klirrend sein Schwert aus der Scheide, gefolgt von Emerson.

Aber die drei waren nicht schnell genug.

Wie Rinde, die sich von einem Stamm schälte, lösten sich die Hexen von den umstehenden Bäumen. Innerhalb weniger Sekunden hatten sie eine schützende Linie vor Demelza und ihrer Mutter gebildet. Sie hielten Waffen und todbringende Zaubergegenstände in den Händen, und Bly wusste sofort, dass sie und ihre Teammitglieder keine Chance gegen diese Übermacht hatten.

Sie hatten verloren, und das, weil sie gedacht hatten, die Hexen würden sich an die Gesetze halten. Unsichtbarkeitszauber waren während der Spiele im Wald verboten.

»Das verstößt gegen die Regeln!«, protestierte Bly.

»Und ihr könnt nicht das Geringste dagegen tun«, höhnte Halfryta. »Der Vampir hat zuerst die Hand gegen meine Tochter erhoben – ihr habt Glück, dass ich nicht jeden Einzelnen von euch dafür abschlachte.« Sie legte den Kopf schräg, als müsste sie noch einmal über ihre Gnade nachdenken, während eine Hexe ihrer Leibgarde mit einem angekohlten Birkenzweig ihre Fesseln löste. Dann stand sie auf und drehte sich zu Kerrigan um. »Grüß deinen kleinen Bruder, das arme Waisenkind.« Sie grinste. »Ich habe dich an deinen Haaren wiedererkannt und weiß noch genau, wie herzergreifend deine Mutter darum gebettelt hat, dass ich euch verschone. Zwing mich nicht, meine damalige Milde zu bereuen.«

Bly wusste, was Kerrigan tun würde, noch bevor er sich bewegt hatte. Ihre Hand schloss sich um seinen Arm, und für einen kurzen Moment gelang es ihr, ihn festzuhalten. Aber ihre Kraft genügte nicht mal ansatzweise. Er brüllte und riss sich mühelos von ihr los.

Noch bevor Bly den Kopf gedreht hatte, fiel er über die Hexen her. Vielmehr fielen sie über ihn her, kamen herbeigerannt wie ein Schwarm Ameisen. Es dauerte nur wenige Sekunden, bis er am Boden lag, Arme und Beine gefesselt. Die Hexen ergriffen ihn und schleppten ihn in den Wald davon, ohne sich nach Bly und den anderen umzusehen.

»Kerrigan!«, schrie Bly verzweifelt und wollte ihm hinterherrennen, aber Emerson packte sie am Arm und zog sie so heftig zurück, dass sie gegen seine Brust prallte. Sie rammte ihm die Faust in den Oberkörper, wand sich verzweifelt hin und her, um sich zu befreien. »Lass mich los!«

»Es lohnt sich nicht, sieh das doch ein!«, brüllte Emerson zurück.

»Sie werden ihn umbringen«, stieß sie keuchend hervor.

Er sah sie verwirrt an. Natürlich würden die Hexen ihn umbringen, aber das hätte Bly eigentlich nicht stören dürfen – schließlich war dies auch der Ausgang ihres eigenen Plans.

»Wir können Elise nicht aus dem Tod zurückholen, wenn sie ihn jetzt schon mitnehmen!«, fügte sie erklärend hinzu, doch es war bereits zu spät: Emerson hatte erkannt, dass ihre Schwester nicht ihr erster Gedanke gewesen war. Ihr erster Gedanke war es gewesen, Kerrigan zu retten.

Bly drehte sich zu Nova und Vincent um. »Wir müssen Kerrigan und Halfryta zurückholen! Wir brauchen sie beide!«

»Wenn wir beim Kampf sterben, verliert unsere Familie alles«, sagte Vincent.

»Meint ihr wirklich, ihr könnt sie alle durchbringen? Wie viele jüngere Geschwister habt ihr? Sieben?« Bly hasste sich selbst dafür, dass sie so manipulativ argumentierte. Die Zwillinge hatten ihr nie erzählt, wie viele Geschwister es waren – sie hatte Novas Skizze als Anhaltspunkt für ihre Schätzung genommen.

Ein resignierter Ausdruck trat in Novas Gesicht. »Wir können uns einen anderen Vampir suchen.«

»Nein, können wir nicht«, widersprach Bly. »Wie wollt ihr auf die Schnelle einen gleichwertigen Gefangenen auftreiben? Wir werden die Spiele verlieren, und was bringt unsere Teilnahme noch, wenn wir keine Chancen auf den Sieg haben?«

»Wo ist mein Bruder?«

Alle zuckten zusammen, als die tiefe, nur allzu bekannte Stimme über die Lichtung hallte.

Bly fuhr herum, und Emerson ließ ihren Arm los, um nach seiner Waffe zu greifen.

Donovan sah aus wie der Tod mit feuerroten Haaren. Hinter ihm zwischen den Bäumen erspähte Bly mehrere graue Augenpaare und eine weißblonde junge Frau. Jade.

Niemals hätte sie es für möglich gehalten, dass sie sich einmal darüber freuen würde, diese Vampire zu sehen.

»Die Hexen haben ihn mitgenommen«, erklärte sie atemlos.

Donovan zog sein Schwert. »Ihr werdet nicht mehr in den Genuss kommen, euren Preis abzuholen, weil ich euch töten werde!«, zischte er.

Die anderen Vampire näherten sich.

»Warte!« Bly hob die Hände. »Wir haben ihn nicht den Hexen ausgeliefert. Er hat uns dazu überredet, Halfryta unter einem Vorwand aus der Hexenstadt zu locken. Sie war unsere Gefangene, bevor ihre Leibgarde uns aus dem Hinterhalt angegriffen hat.«

Donovans Gesichtsausdruck veränderte sich. »Mein Bruder hat die oberste Hexe gefangen genommen?« Respekt hatte sich in seine Stimme geschlichen.

Bly ahnte, dass er zum ersten Mal mit Hochachtung an seinen Bruder dachte.

»Hilf mir, die beiden zurückzuholen«, forderte Donovan sie auf. »Ihr könnt immer noch den Vampirpreis gewinnen, wenn ihr die Hexe nach Vagaris bringt.«

»Warum töten wir sie und ihr Team nicht einfach? Wir brauchen ihre Hilfe nicht, um deinen Bruder zu befreien.« Bly hatte nicht bemerkt, wie nah sich Jade an sie herangeschlichen hatte.

Donovan ignorierte seine Gefährtin. »Wohin sind sie verschwunden?«, fragte er Bly.

Sie zeigte zitternd in die Richtung, in die die Hexen mit Kerrigan verschwunden waren. Die Vampire rannten davon, ohne auf sie und den Rest des Teams zu warten. Bly wollte ihnen folgen, aber Emerson hielt sie erneut am Arm fest.

»Du hast doch gehört, was er gesagt hat: Wir können immer noch den Preis gewinnen!« Bly richtete ihren flehenden Blick auf Nova und Vincent. »Bitte!«, sagte sie.

Vincent schüttelte den Kopf. »Ich soll Seite an Seite mit diesen elenden Blutsaugern kämpfen?« Seine Faust schloss sich dennoch fester um den Griff seines Schwerts.

Auch Novas Finger verstärkten ihren Griff um die Streitaxt. Sie sah ihren Bruder an. »Für unsere Geschwister«, flüsterte sie.

Er nickte. Die Zwillinge stürmten los, und Emersons Umklammerung lockerte sich endlich so weit, dass auch Bly hinterherrennen konnte. Sie wusste, dass Emerson mitkommen würde – trotz allem.

Als sie die Hexen und Vampire einholten, bot sich ihnen ein chaotischer Anblick. Die Hexen hatten ihre Geschwindigkeitszauber eingesetzt, und die Vampire besaßen ihre natürliche Schnelligkeit, was zur Folge hatte, dass beide Gruppen in halsbrecherischem Tempo umeinander herumhuschten, hinter Bäume oder Sträucher abtauchten oder versuchten, der Gegenseite nah genug zu kommen, um sie zu verletzen.

»Dieser Kampf verstößt gegen unser Abkommen!«, fauchte Halfryta.

»Ihr habt die Regeln zuerst verletzt!«, brüllte Donovan zurück.

Die beiden standen sich im Zentrum des Getümmels gegenüber, und die Anführerin der Hexen hielt Kerrigan wie einen Schild vor ihren Körper.

»Überlass mir meinen Bruder, und wir beenden das Ganze friedlich.«

»Ach ja, wirklich?«, fragte Halfryta höhnisch.

»Darauf hast du mein Wort.«

»Das Wort eines Vampirs ist weniger wert als Dreck.«

Eine Hexe schrie auf, weil ihr ein Vampir einen tödlichen Schwerthieb ins Genick verpasste. Donovan und Halfryta drehten nicht einmal die Köpfe.

Bly schlich am Rand des Kampfgeschehens entlang in ihre Richtung.

»Du weißt genau, dass dir gar nichts anderes übrig bleibt, als ihn mir zu überlassen«, knurrte Donovan.

Als Antwort gab Halfryta ein wütendes Fauchen von sich, während eine weitere Hexe mit einem qualvollen Stöhnen zu Boden ging.

Plötzlich stürzten zwei Kämpfende in das Gebüsch, in dem Bly kauerte – eine Hexe und Jade. Der Hexe gelang es offenbar, die Arme und Beine der Vampirfrau mit einem Birkenzweig zu berühren, denn sie fügten sich auf magische Weise zusammen. Rittlings setzte sich die junge Hexe auf Jade und hielt ihr ein Messer an die Kehle.

Bly hatte ebenfalls einen Birkenzweig hervorgezogen und bohrte ihn der Hexe in den Arm, woraufhin der das Messer aus den Händen fiel. Sie sackte über Jade zusammen, die erstaunt zu Bly blickte und dann ihre Zähne in den nackten Hals der jungen Hexe grub. Je mehr diese schrie und sich wehrte, desto höher spritzte das Blut. Bly nahm es angewidert zur Kenntnis. Irgendwann hörte die Hexe auf, sich zu bewegen.

Jade ließ mit blutverschmiertem Gesicht von ihr ab und zwinkerte Bly zu. »Danke, aber das wird mich nicht davon abhalten, dich später umzubringen. Ich bin hier, weil ich Donovan liebe und weiß, dass er es nicht ertragen würde, seinen Bruder zu verlieren. Trotzdem genieße ich es, wenn Kerrigan leidet, und irgendetwas verrät mir, dass dein Tod ihn besonders mitnehmen würde.« Sie entblößte drohend ihre Zähne, als Bly an ihr vorbeikroch, um sich aus dem dichten Gestrüpp zu befreien.

»Gib ihn sofort zurück, oder ihr Kopf rollt!«, erhob sich plötzlich Novas Stimme über den Schlachtenlärm.

Bly verharrte zwischen den Zweigen des Gebüschs und erkannte durch die Blätter, dass die junge Frau ihre Axt an Demelzas Rücken gelegt hatte, während Vincents Schwert vor dem Hals der Hexe darauf wartete, den tödlichen Hieb auszuführen. Demelza hielt einen Todesfluch in der Hand, den sie nicht mehr hatte anwenden können.

Während die meisten Vampire und Hexen unbeirrt weiterkämpften, hielt Halfryta seufzend inne. »Wie immer erweist sich meine Tochter als Enttäuschung.« Sie sah Donovan an. »Dein Bruder gegen meine Tochter?«

Auf sein Nicken stieß sie Kerrigan von sich weg, und er krachte gegen Donovan, der beinahe sein Schwert fallen ließ, als er ihn auffing.

Nova und Vincent nahmen ihre Waffen von Demelza.

Bly ahnte, wie sehr es Donovan schmerzte, die oberste Hexe ungeschoren davonkommen lassen zu müssen, um seinen Bruder zu retten. Auch sie wünschte sich Halfrytas Tod, aber vorerst brauchte sie sie lebend. Das Gestrüpp, in dem sie kauerte, war nur etwa einen halben Meter von ihr entfernt, also zog sie einen weiteren Birkenzweig aus ihrem Rock und schob lautlos den Arm nach vorn. Nachdem sie die Hexe am Fußknöchel berührt und die Zauberworte gemurmelt hatte, stürzte Halfryta zu Boden. Ihr entsetzter Blick fiel auf Bly, die ihr rasch auch die Hände fesselte, bevor die Hexe an ihre Zaubergegenstände gelangen konnte.

Schweigen senkte sich über die Kämpfenden herab.

Plötzlich durchbrach Vincents Brüllen die Stille. Bly fuhr herum und sah, dass Demelza vor Nova stand, die sich auf dem Waldboden zusammenkrümmte. Ein Geflecht schwarzer Adern rankte sich über ihre Haut, und ihr Bruder sank fassungslos neben ihr auf die Knie.

Bly rannte los, blieb jedoch stehen, als sie Vincents Gesicht sah. Noch nie hatte sie so viel Hass im Blick eines Menschen erlebt.

»Geschieht euch beiden recht dafür, dass ihr mir in den Rücken gefallen seid«, sagte Demelza kalt.

Bly bezweifelte, dass die Zwillinge hörten, was sie sagte – zu groß war ihr Schmerz.

Demelzas Blick fiel auf ihre gefesselte Mutter. Ein trauriger, gekränkter Ausdruck trat in ihr Gesicht, bevor sie ohne ein Wort kehrtmachte und zwischen den Bäumen verschwand.

Die Vampire machten kurzen Prozess mit den letzten Hexen, die noch auf dem Schlachtfeld verblieben waren, und Bly wandte zitternd den Blick ab vor so viel Grausamkeit und Blutvergießen. Emerson kniete sich neben Vincent.

»Helft ihr!«, flehte Vincent und stand auf, um sich an die Vampire zu wenden. »Verwandelt sie in eine von euch!«

»Du weißt, dass das nicht geht«, antwortete Donovan ungerührt.

Vincents Blick schoss zu Kerrigan, der neben seinem Bruder stand. Er stach mit dem Finger in die Luft, als wollte er den Vampir mit einer tödlichen Lanze durchbohren. »Sie hat sich den Todesfluch eingehandelt, weil sie *dich* befreien wollte!«

Als Kerrigan nur den Kopf senkte, drehte sich Vincent zu Bly um, das Gesicht eine wutverzerrte Maske. »Überrede ihn, es zu tun! Was passiert ist, ist *deine* Schuld! Wir hätten die Hexen und Vampire ihre verfluchte Schlacht austragen lassen sollen, ohne uns einzumischen!« Ihm versagte die Stimme, und er stieß ein tiefes Grollen aus, um darüber hinwegzutäuschen.

Bly blieb nichts anderes übrig, als bedauernd den Kopf zu schütteln. Sie brachte es kaum über sich, Nova anzusehen, diese junge Frau, die genau wie sie für ihre Familie gekämpft hatte. Nun musste sie den Preis dafür bezahlen, während Bly wieder einmal ungeschoren davongekommen war.

»Vincent«, sagte Emerson teilnahmsvoll.

Nova zuckte, ihre Finger krallten sich in den Boden. Dies war kein Todesfluch, der seine Wirkung erst nach einem Jahr entfalten würde. Dies war schlicht der Tod. Die pfeifenden Atemzüge der jungen Kriegerin wurden angestrengter, die Abstände dazwischen größer.

Vincent ließ sich erneut auf die Knie sinken und ergriff Novas Hand, bis auch noch das letzte Leben aus ihr gewichen war. Er beugte sich über sie und legte für einen Moment seine Stirn gegen ihre, bevor er an ihrem Nacken einen Faden aufknotete. Mit trockenen Augen legte er sich selbst die Kette um, an der ein mit Draht umwickelter Stein befestigt war.

»Dann würde ich vorschlagen, wir brechen auf«, sagte Donovan. Seine Stimme klang beiläufig, als wären sie im Begriff, einen vergnüglichen Spaziergang anzutreten, und nicht umgeben von Leichen und Blut.

»Wir lassen sie auf keinen Fall hier liegen«, widersprach Kerrigan.

Vincent blickte mit ausdruckslosem Gesicht zu ihm auf.

»Das kann nicht dein Ernst sein«, antwortete Donovan.

»Doch. Sie hat eine Familie. Wir bringen sie nach Hause.«

Donovan seufzte. »Statt fremde Herzen auszubluten, blutet dir mal wieder selbst das Herz. Schön, dich wiederzuhaben, Bruder.« Er blickte an Kerrigan vorbei zu Halfryta, die noch immer auf dem Boden lag. »Dieses Jahr hast du tatsächlich etwas zu den Spielen beigetragen. Ich bin stolz auf dich.« Er sagte es von oben herab, als wäre er der ältere Bruder, der mit einem Kind sprach.

Kerrigan antwortete nicht.

Bly sah, wie seine Schultern unter dem Gewicht der Vergangenheit ächzten. Dass er die oberste Hexe angelockt und in seine Gewalt gebracht hatte, minderte die Bürde nicht, die er mit sich herumschleppte. Sie hätte gern die Hand nach ihm ausgestreckt, tat es jedoch nicht.

ZWANZIG

IM WALD wimmelte es nur so vor Prämienjägern, aber die beiden einzigen Gruppen, die direkt ihren Weg kreuzten, warfen einen einzigen Blick auf die Vampire und suchten sofort das Weite. Bly war erleichtert. Sie hatte nicht mehr die Kraft für einen weiteren Kampf, auch wenn er mit ihren derzeitigen Begleitern vermutlich rasch entschieden gewesen wäre. Ihr taten die Beine weh, weil sie versuchen musste, mit den Vampiren mitzuhalten, zumal sie einen zusätzlichen Tag gebraucht hatten, um Novas Leichnam nach Hause zu bringen. Sie waren am Waldrand zurückgeblieben, weil Vincent darauf bestanden hatte, seine Schwester allein bis zu seinem Dorf im Ödland zu tragen. Er blieb so lange weg, dass Bly schon glaubte, er hätte seinen Platz im Team aufgegeben. Auf Kerrigans Beharren warteten sie dennoch. Irgendwann war Vincent wieder aufgetaucht und ohne ein Wort an ihnen vorbei auf Vagaris zugestapft.

Bly wollte, dass es endlich vorbei war. Sie wollte in ein weiches Bett sinken und ihre müden Glieder ausruhen. Als kurz vor den Toren der Vampirstadt jemand aus den Bäumen trat und ihnen den Weg verstellte, stöhnte sie entnervt. Wer auch immer es war, er würde hoffentlich beim Anblick der Vampire die Flucht ergreifen.

Aber Donovan, der vorausging, blieb stehen, und Bly hob den Kopf und betrachtete den Mann, der sich vor ihm aufgebaut hatte. Er war leuchtend rot gekleidet, hatte weißblonde Haare und trug ein Grinsen auf dem Gesicht, das nicht zur düsteren

Atmosphäre des Waldes passen wollte. Bly erkannte ihn sofort. Sie kam hinter Donovans rechter Schulter zum Stehen, Kerrigan dicht neben ihr. Jade nahm links von Donovan Aufstellung, und Emerson und Vincent bildeten die Nachhut, zusammen mit den beiden Vampirwachen, die Halfryta auf einer Trage transportierten. Die übrigen Vampire waren nicht zu sehen, sie waren auf Donovans Befehl hin ausgeschwärmt, um die Umgebung nach Feinden abzusuchen.

Der Blick des weißblonden Vampirs fiel auf Bly, und er legte den Kopf schräg. »Was für eine freudige Überraschung!«, säuselte er. »Nach der Prüfung hätte ich nicht für möglich gehalten, dass du es so weit schaffen würdest.«

Sie zuckte zusammen, erschrocken darüber, dass Benedict sie wiedererkannt hatte.

Sein Blick wanderte weiter nach hinten, zu Halfryta. »Ist das etwa …?«

»Die Anführerin der Hexen«, antwortete Bly. Donovan funkelte sie wütend an. Es war ihr egal. »Sieht aus, als hättest du dich fürs falsche Team entschieden.«

Benedicts Grinsen wurde noch breiter. »Ach was, ich ergötze mich daran, dass du mich eines Besseren belehrt hast.« Er sah aus, als würde er es tatsächlich so meinen.

Bly sah ihn misstrauisch an. Inzwischen hatte er seine Aufmerksamkeit wieder Donovan zugewandt, der ihn fragte: »Was machst du hier draußen in der Kälte, Prinz Benedict? Weit weg von deinem bequemen Salon?«

»Nun, ich bin hier, um meinen Leuten zum Sieg zu verhelfen. Zu diesem Zweck werde ich euch leider die Hexe abnehmen und für mich selbst beanspruchen müssen.« Er hob die Hand und winkte mit zwei Fingern. Die drei muskulösen Männer, die er nach der Prüfung als Team gewählt hatte, traten aus dem Wald.

Donovan lachte. »Du hast dich also wie immer auf die faule Haut gelegt und ganz bis zum Schluss gewartet, um anderen die Beute streitig zu machen. Nicht gerade sportlich, mein Lieber. Andererseits überrascht es mich schon, dass du überhaupt aktiv geworden bist.«

Benedict seufzte. »Was tut man nicht alles für die Liebe …«

Donovan hob eine Augenbraue. »Liebe? Welche Liebe?«

»Du weißt schon.«

»Bist du etwa immer noch vernarrt in dein menschliches Schoßhündchen?« Donovan schüttelte missbilligend den Kopf.

Benedict zuckte mit den Schultern. »Was soll ich sagen? Ich will sie für immer und ewig auf Händen tragen!«

Kerrigan schnaubte. »Spätestens in zwei Wochen hast du sie ausgetauscht.«

»Hat dich irgendjemand nach deiner Meinung gefragt?« Der Liebreiz war aus Benedicts Stimme verschwunden.

»Nein, aber recht hat er trotzdem«, sagte Donovan.

Der weißblonde Vampir legte mit gespielter Entrüstung eine Hand auf sein Herz.

»Aus dem Weg!« Donovan machte sich nicht einmal die Mühe, nach seinem Schwert zu greifen. Bly überlegte, warum sich dieser Verzicht wie eine umso wirksamere Drohung anfühlte.

Die drei Männer hinter Benedict fassten ihre Waffen fester.

Donovan seufzte. »Ich bin deine Spielchen leid, Benedict. Normalerweise hätte ich nichts gegen einen kleinen Kampf unter Freunden, aber es war ein langer Tag. Du weißt, dass du nicht die geringste Chance hast. Also nimm deine Muskelprotze und belästige jemand anderen.«

Benedict grinste. »Habe ich schon erwähnt, dass ich meinen Muskelprotzen, wie du sie nennst, Vampirzähne verpasst habe? Ein wirklich faszinierender kleiner Zauber.«

Kerrigan schob sich schützend vor Bly.

»Geh mir nicht auf die Nerven«, knurrte Donovan. »Das reicht bei Weitem nicht, um uns zu besiegen.«

»Davon würde ich mich gern selbst überzeugen.« Benedicts Blick fiel auf Jade. »Schwesterherz?«

Bly wusste nicht, wie ihr die Ähnlichkeit hatte entgehen können, die weißblonden Haare und die feinen Gesichtszüge.

»Du hättest mich wenigstens vorwarnen können«, sagte Jade und starrte ihren Bruder finster an.

Er zuckte nur mit den Schultern. »Wieso, du liebst doch Überraschungen. Außerdem habe ich gar nicht speziell nach euch Ausschau gehalten. Dass ich euch trotzdem über den Weg gelaufen bin, nenne ich einen glücklichen Zufall. Also, wie wäre es, wenn du die Seiten wechselst, Jade?« Sein Blick wurde härter, obwohl er weiterhin lächelte, und wanderte von seiner Schwester zu Kerrigan. »Vielleicht hat ja auch Donovans Bruder Lust, sich mir anzuschließen? Er verrät doch so gern seine eigenen Leute.«

Jade blickte zwischen Benedict und Donovan hin und her und seufzte. »Also gut, ich bin dabei. Vorausgesetzt, wir verpassen Kerrigan eine kleine Abreibung.« Sie wandte sich an Donovan. »Sorry, Liebling, die Verwandtschaft ruft. Das verstehst du sicher.«

Sie marschierte zu ihrem Bruder und stellte sich neben ihm auf.

»Wer hat die Hexe überhaupt erbeutet?«, fragte Benedict.

»Ich«, antwortete Kerrigan.

»Umso besser.« Benedict legte die Hand an den Griff seines Schwerts.

»Mein lieber Freund«, sagte Donovan liebenswürdig. »Du hast das Ganze nicht zu Ende gedacht: Wir haben hier Halfryta, die oberste aller Hexen. Sicher, dass du sie dir aufhalsen willst?«

Benedict verharrte mit halb gezogenem Schwert. Etwas Unausgesprochenes spielte sich zwischen den beiden Vampiren ab, dann stieß Donovan einen lauten Pfiff aus.

»Wer ist jetzt unsportlich, Schatz?«, fragte Jade schmollend, als Donovans Wachen kurz darauf zwischen den Bäumen hervortraten.

Benedict musterte sie stirnrunzelnd und tauschte einen fragenden Blick mit seiner Schwester aus. An die Männer hinter seinem Rücken gewandt, sagte er: »Ich nehme an, euch ist nicht danach, heute noch zu sterben?«

Einer der drei machte auf dem Absatz kehrt und rannte in den Wald davon.

Benedict seufzte. »Mir auch nicht.« Er hob die Hände. »Ich ergebe mich.«

»Dachte ich es mir«, murmelte Donovan.

Benedict zuckte die Achseln. »Ich hätte durchaus Lust gehabt, es zu versuchen, aber ihr seid eindeutig in der Überzahl.« Er kam mit großen Schritten auf Donovan zu und legte ihm den Arm um die Schultern. »Ich könnte jetzt einen Drink vertragen. Schwamm drüber, einverstanden?«

Donovan lachte. »Absolut.«

* * *

Sobald sie die Vampirstadt betraten, schien sich die Neuigkeit wie ein Lauffeuer zu verbreiten, und als sie die Tore der Festung erreicht hatten, waren die Straßen voller Vampire, die lachend und johlend auf Halfryta zeigten. Die Hexe würdigte die Schaulustigen keines Blickes, sie hielt ihr Kinn so hoch erhoben, als wäre sie jedem Einzelnen von ihnen haushoch überlegen. Donovan winkte und nickte, als die Menge – die davon auszugehen schien, dass er sie gefangen hatte – seinen Namen rief. Kerrigan schritt hingegen ernst und stumm neben Bly her. Kaum jemand schrie seinen Namen, aber er schien selbst die wenigen Rufe, die ihm galten, nicht wahrzunehmen.

Dies war kein Triumphzug für ihn.

Bly verstand ihn gut. Auch sie hatte ein mulmiges Gefühl bei der Sache, obwohl sie den Vampiren eine Hexe auslieferten, die Kerrigans Eltern und unzähligen anderen Menschen Entsetzliches angetan hatte. Aber sie spielten nur nach den Regeln der grausamen Welt, zu der Halfryta mit ihren Taten maßgeblich beigetragen hatte.

Als sie es endlich durch das Tor in die Festung geschafft hatten, stieß Kerrigan einen kaum hörbaren Seufzer der Erleichterung aus. Er straffte die Schultern und drehte sich zu den beiden Vampiren um, die die Hexe trugen. »Bringt sie zu den Königinnen und sagt ihnen, dass wir um Mitternacht den Preis für unser Team entgegennehmen. Es ist unmöglich, dass uns noch jemand übertrumpft.«

Die Wachen nickten und verschwanden mit Halfryta.

Sobald die Hexe außer Sichtweite war, ließ Kerrigan die Schultern hängen, als wäre seine gesamte Kraft aufgebraucht. Bly streckte so selbstverständlich die Hand nach ihm aus, wie sie es in Havenwhile getan hatte, als sie vorgegeben hatten, ein Paar zu sein, aber Jade schob sich vor sie, ohne sie auch nur eines Blickes zu würdigen.

»Wehe, du tust Donovan noch einmal weh«, warnte sie Kerrigan.

Falls sie Zustimmung oder ein Versprechen erwartet hatte, wurde sie enttäuscht. Kerrigan starrte sie nur ausdruckslos an, bis sie aufgab, zu Bly herumwirbelte und sie anfauchte, bevor sie sich an ihr vorbeidrängte.

Emerson und Vincent waren unschlüssig im Korridor stehen geblieben. »Ich kann jedem von euch ein Zimmer zum Ausruhen zeigen, bis die Königinnen uns für die Zeremonie in den Ballsaal rufen«, sagte Kerrigan zu ihnen. »Ich gehe davon aus, dass sie meiner Bitte nachkommen, die Preise noch heute Nacht zu überreichen.«

»Ich suche mir selbst einen Schlafplatz«, knurrte Vincent und stakste davon, ohne auf eine Antwort zu warten.

Niemand versuchte, ihn aufzuhalten.

»Bruder«, ertönte plötzlich Donovans Stimme, der wie aus dem Nichts aufgetaucht war. »Können wir uns unterhalten?«

Bly wollte sich zurückziehen, doch Kerrigan streckte die Hand nach ihr aus und berührte leicht mit einem Finger ihr Handgelenk. Also blieb sie, wo sie war, obwohl Donovan sie mit einem verärgerten Blick bedachte.

»Ich bin stolz auf dich«, sagte Donovan. »Aber warum hast du dich nicht mit mir zusammengetan? Wir hätten schon vor Jahren darauf hinarbeiten können, Halfryta zu fangen.« Sein Blick glitt zu Bly und wieder davon, und ihr entging nicht die Eifersucht, die darin loderte. »Ich dachte, es wäre dir gleichgültig, ob sie noch lebt oder nicht.«

»Es war mir nie gleichgültig«, antwortete Kerrigan. »Deshalb habe ich mich ja damals für ein Leben als Vampir entschieden.«

»Und dann hast du dieses Leben weggeworfen.«

»Indem ich versucht habe, Menschen zu retten? Solltest du auch mal probieren.«

In dem Schweigen, das nun folgte, waren die Verletzungen der beiden Brüder deutlich zu spüren.

»Ich bin der, zu dem du mich gemacht hast«, sagte Donovan leise. »Ich bin ganz in diesem Leben aufgegangen. Du hast mich dazu gedrängt, und das war richtig so. Menschen zu retten macht auch nicht ungeschehen, was wir erlebt haben.« Sein Blick huschte zu Bly. Es lag ausnahmsweise keine Bosheit darin, nur Kummer.

Kerrigan wirkte müde. »Das weiß ich«, antwortete er.

Donovan schien in sich zusammenzufallen. Zum ersten Mal fand Bly, dass er wirklich wie der jüngere Bruder aussah, wie ein Kind, das von seinem älteren Bruder wahrgenommen werden wollte. »Egal, ich bin froh, dass du zur Besinnung gekommen bist … was auch immer der Grund dafür ist.«

Kerrigan nickte, sagte jedoch nichts, und für einen kurzen Moment glaubte Bly, die Brüder würden sich umarmen. Aber Donovan machte auf dem Absatz kehrt und stapfte davon. Kerrigan blickte ihm hinterher, bis er vollends verschwunden war, als wäre es ihr letztes Aufeinandertreffen.

Als er sich endlich umdrehte, ertappte er Bly dabei, wie sie voller Sorge sein Gesicht betrachtete.

»Keine Angst, mein Häschen, ich bin nicht zur Besinnung gekommen.« Er lächelte traurig.

Ihre Brust weitete sich, jedoch nicht vor Erleichterung. Eine neue Verzweiflung kämpfte dort mit den altvertrauten Gefühlen.

Sie wollte ihn nicht gehen lassen.

Seinem Vorhaben, Demelza gegen Halfryta einzutauschen, hatte sie unter anderem deshalb zugestimmt, weil sie sich mehr Zeit mit ihm erkaufen, das Unausweichliche hinauszögern wollte. Doch diese Zeit ging zur Neige. Bly hatte gehofft, sie würde sich wieder vollständig fühlen, wenn sie Elise zurückhatte. Nun wurde ihr klar, dass sich diese Hoffnung nie mehr erfüllen würde. Es ging allein darum, für welche Version ihres gebrochenen, unvollständigen Ichs sie sich entschied. Eigentlich gab es keine Entscheidung, denn ihre Wahl stand seit Langem fest, auch wenn sie das Gefühl hatte, daran zu zerbrechen.

Also sagte sie nichts.

Ein verletzter Ausdruck huschte über sein Gesicht, dann blickte er über die Schulter zu Emerson, der ihr Gespräch schweigend beobachtete. »Kommt, ich zeige euch zwei leere Räume.«

Sie gingen weiter den Korridor entlang und erreichten zwei nebeneinanderliegende Türen. Kerrigan nickte. »Da wären wir«, sagte er und sah zu, wie Emerson ohne ein Wort in seinem Raum verschwand. Bly streckte die Hand nach ihrer Türklinke aus. »Warte«, sagte Kerrigan leise.

Sie drehte sich fragend zu ihm um, doch er starrte auf seine Stiefel hinunter.

»Ich vermisse unser Spiel.« Seine Stimme war kaum noch ein Flüstern.

Bly vernahm seine Worte trotzdem so mühelos, als würden sie bereits seit Langem durch die Leere ihrer Brust hallen und als hätte er sie nur ausgesprochen. Trotzdem ließ sie zu, dass sich das Schweigen zwischen ihnen ausdehnte. Es kam ihr wie eine Ewigkeit vor, während es für einen Vampir vermutlich nur ein flüchtiger Augenblick war.

Endlich hob er den Kopf und sah sie an, mit flehendem Blick. »Spielst du noch ein bisschen weiter mit mir?«

Sie wussten beide, dass es kein Spiel mehr war, sondern etwas weitaus Gefährlicheres. Bly war von Anfang an bewusst gewesen, dass sie mit ihrer Teilnahme an diesem Wettkampf ihr Leben aufs Spiel setzte. Dass sie ihr Herz verlieren würde – damit hatte sie nicht gerechnet. Dennoch nickte sie.

Er griff nach ihrer Hand und verschränkte seine Finger mit ihren, bevor er sie hinter sich herzog. Falls jemand auf dem Weg in seine Gemächer auf sie aufmerksam wurde, bemerkte sie es nicht. Ihr Körper fühlte sich taub an, als würde sie im Schlaf durch die Festung wandeln.

Benommen trat sie vor ihm durch die Tür, die hinter ihnen ins Schloss fiel. Sie ging durch den Salon zur hinteren Wand und starrte auf die Gemälde, ließ den Blick darüber schweifen, ohne auch nur ein einziges Bild wirklich wahrzunehmen. Das Einzige, was ihr bewusst war, war Kerrigan, der hinter ihr stand und sie nicht aus den Augen ließ.

Sie sah über die Schulter zu ihm nach hinten. »Hast du ein Lieblingsgemälde?«

»Bis ich dich kannte, hatte ich keins.« Er zögerte und ging dann zu einem Bild, das über der Tür zum Schlafgemach hing. Mit hinter dem Rücken verschränkten Armen betrachtete er es, und Bly stellte sich neben ihn und lehnte ihre Schulter gegen seinen Oberarm.

Auf der Leinwand zeichnete sich die Silhouette eines Wolfs vor einem fast völlig dunklen Nachthimmel ab. Das Raubtier heulte zum Neumond hinauf und war umgeben von Bäumen, die in so dunklem Braun und Grün schimmerten, dass ihre Äste wie düstere Klauen wirkten, die nach dem silbrigen Licht des Mondes griffen. Es war ein finsteres, eindringliches Bild.

»Er erinnert mich an dich«, sagte Kerrigan und trat hinter sie, so dicht, dass sie jeden seiner Atemzüge spürte. »Allein und verzweifelt.« Er hob die Hand und ließ seine Finger an ihrem Hals entlangwandern. »Und gleichzeitig wunderschön und stark.«

Blys Puls raste, genau wie an jenem Tag im Wald, als die Vampire sie in die Enge getrieben hatten. Damals war es pure Angst gewesen, die ihren Herzschlag in die Höhe gejagt hatte, die Verzweiflung darüber, nichts als ein Tier zu sein, das gnadenlos gejagt wurde. Jetzt hingegen … klopfte ihr Herz, weil sie sich gesehen und begehrt fühlte, weil sie aus anderen Gründen verletzlich war.

Kerrigan nahm seine Fingerspitzen von ihrer Haut.

»Hast du Angst?«, fragte er leise.

»Ja.«

Er ließ seine Hand sinken, und sie drehte sich hastig zu ihm um, sodass ihre Brust fast die seine berührte. »Aber nicht vor dir«, versicherte sie, auch wenn Kerrigan es war, der ihre Angst auslöste. Allerdings nicht so, wie er glaubte.

Seine Augen wurden schwarz vor Gier, und er wandte den Kopf ab, als wollte er nicht, dass sie es sah. Die Schwärze ließ ihn nicht etwa wie ein Monster erscheinen, sondern betonte den grünen Ring um seine Iris, der nie ganz verschwand.

»Du hast Hunger«, sagte Bly.

Er räusperte sich. »Ich kann dafür sorgen, dass mir etwas nach oben gebracht wird. Dann habe ich ihn schnell wieder unter Kontrolle.«

Sie zog sanft sein Gesicht in ihre Richtung. »Trink von *mir*.«

Er schüttelte den Kopf. »Das muss ich nicht. Wir sind nicht mehr im Wald.«

»Es geht nicht darum, ob du musst oder nicht. Es geht darum, dass ich es *will*.«

Er starrte mit seinen schwarzen Augen auf sie herab, als versuchte er abzuschätzen, ob sie es ernst meinte.

Bly meinte es ernst, und zwar nicht, weil sie ihm unendliche Dankbarkeit schuldete. Das war längst nicht mehr der Grund. Sie wollte, dass er von ihrem Blut trank, weil sich ihr ganzer Körper wie ein loderndes Feuer anfühlte, wenn sie auch nur daran dachte.

Kerrigan glaubte ihr trotzdem nicht. Es schien ihn seine ganze Selbstbeherrschung zu kosten, den Blick von ihrem Hals loszureißen. Mit gequältem Gesicht starrte er zu Boden.

Also hob sie die Hände und grub sie in seine Haare, um ihn zurück zu ihrem Hals zu ziehen. Seine Lippen streiften ihre Haut, und er stieß einen heftigen Atemzug aus, bei dem sie eine Gänsehaut bekam.

Aber er biss noch immer nicht zu.

»Bist du dir sicher?« Seine Frage strich sanft wie Seide über sie hinweg.

»Ja. Bitte!«, hauchte sie.

Seine Hände umfassten ihre Taille und zogen sie noch näher heran, sodass sich die letzte Lücke zwischen ihnen schloss.

Voller Anspannung wartete sie auf das Eindringen seiner Eckzähne, spürte jedoch stattdessen den Druck seiner Lippen, zunächst sanft und dann gieriger, als wollte er alles von ihr verzehren, nicht nur ihr Blut. Sein Mund wanderte seitlich an ihrem Hals nach oben, bis seine Zähne an ihrem Ohrläppchen zupften.

Sie keuchte leise, und als Antwort drückten seine Finger ihre Hüften.

Bly legte ihre Hände links und rechts an sein Gesicht und versuchte, seinen Mund zu ihrem zu bewegen, aber er ließ ihre Hüften los und umfasste ihre Handgelenke, um sie sanft von sich wegzuziehen. Dann packte er sie mit einer Hand und hielt sie fest.

»Ich will mir Zeit lassen.« Seine Stimme war ein tiefes Grollen, doch mit seiner freien Hand umschloss er liebevoll ihr Kinn und fügte leise hinzu: »Einverstanden?«

Sie nickte.

Er schob sie ein Stück nach hinten, bis sie den Türrahmen berührte, und hob ihre Hände über ihren Kopf. Dabei betrachtete er prüfend ihr Gesicht, als wollte er sichergehen, dass sie es sich nicht anders überlegt hatte.

Ihr Herz klopfte so heftig, dass sie befürchtete, in Ohnmacht zu fallen, aber sie konnte sich auf nichts anderes konzentrieren als auf seine Lippen und ihren Wunsch, sie wieder auf ihrer Haut zu spüren.

Was er in ihrem Gesicht las, schien ihn zufriedenzustellen, denn sein Mund fand erneut ihren Hals, während er weiterhin ihre Handgelenke festhielt. Seine freie Hand schob sich in ihre Haare, und er fuhr mit dem Daumen die Kurve ihres Ohrs nach. Seine Küsse verlagerten sich langsam bis zu ihrem Mundwinkel, bevor sie sich wieder entfernten und das Spiel von vorn begannen. Bly glaubte schon, er wolle sie bis in alle Ewigkeit necken.

Endlich atmete er tief und zitternd ein und bewegte seine Lippen zu ihrem Mund, um kurz davor zu verharren.

Sie presste sich mit einer Gier gegen ihn, die der eines Vampirs in nichts nachstand. Anfangs wirkte er fast erschrocken und wich ein Stück vor ihr zurück. Sie reagierte, indem sie ihn in die Unterlippe biss.

»Einverstanden?«, fragte sie mit rauer, kaum hörbarer Stimme.

Er lachte, ein elektrisch aufgeladenes Geräusch, das die Luft zwischen ihnen zum Flirren brachte. »Beiß mich, soviel du willst.«

Das musste er ihr nicht zweimal sagen. Ihre Küsse wurden erst scharf und leidenschaftlich, bevor sie wieder träge und zärtlich wurden. So ging es hin und her, bis Bly plötzlich Blut schmeckte, weil sie sich an einem Eckzahn aufgeschlitzt hatte. Er stöhnte und verstärkte seinen Griff um ihre Handgelenke, was keineswegs dafür sorgte, dass sie aufhörte.

Erst als sich ihre Lippen geschwollen und wund anfühlten, löste sie sich von ihm und blickte in seine schwarzen Augen hinauf. »Worauf wartest du?«

Er ließ ihre Hände los, und sie packte den Kragen seines Hemds, aus Angst, die Knie würden unter ihr nachgeben. Kerrigan schlang die Arme um sie und trug sie halb zum Bett, bis die Rückseite ihrer Oberschenkel die schwarze Seide seiner Bettwäsche berührte.

Sie zögerte und sah ihn aus großen Augen an.

»Ich möchte nur, dass du es bequem hast. Vertraust du mir?«

Sie nickte, und er legte sich zuerst aufs Bett, bevor er sie neben sich zog und ihr einen sanften Kuss auf die Lippen drückte.

»Dreh dich um«, flüsterte er.

Nachdem sie ihm den Rücken zugewandt hatte, zog er sie so nah heran, dass sie an seiner Brust ruhte, den Kopf auf seinen Oberarm gelegt. Den freien Arm schob er über ihre Brüste, um von vorn ihren Hals zu umfassen.

Wieder spürte sie seine Lippen auf ihrer Haut, doch diesmal zögerte er es nicht lange hinaus. Schon nach wenigen Küssen öffnete er den Mund und berührte mit seinen messerscharfen Zähnen ihren Hals. Seine Zunge schoss heraus und leckte über die Stelle, in die er gleich beißen würde.

»Ja«, stieß sie hervor, für den Fall, dass es eine Frage war.

Das Eindringen seiner Eckzähne löste ein Schaudern in ihr aus, und sie sog scharf die Luft ein. Seine Finger malten zärtliche Linien auf die Vorderseite ihres Halses, während sich sein Mund über der Wunde schloss, um zu trinken.

Irgendwo in Blys Hinterkopf meldete sich eine Stimme, die ihr zurief, dass sie angewidert sein müsste. Menschen waren keine Blutkonserven für Vampire, und ganz sicher sollten sie es nicht genießen, gepackt und als solche missbraucht zu werden. Aber sie konnte einfach nicht anders. Alles, was sie sich wünschte, war, für immer in diesem Moment zu verharren.

Kerrigan löste sich viel zu schnell von ihr.

Sie brummte ungehalten.

Er lachte. »Du bist ja hungriger als ich.«

Er berührte ihren Hals, ließ die kleinen Bisswunden mit seinem eigenen Blut verheilen, aber Bly fühlte sich nicht, als wäre sie verwundet worden. Sie drehte sich in seinen Armen, damit er sie küssen konnte, und er tat es, ganz langsam, als hätten sie alle Zeit der Welt, als würde der nächste Tag nie kommen.

Irgendwann hörte er auf und zog seinen Kopf zurück, obwohl sie ihn festhalten wollte. »Ich kann nicht«, flüsterte er.

»Was?« Bly hörte selbst, wie verwirrt ihre Stimme klang.

»Ich kann dieses Spiel nicht mehr ertragen.«

»Oh.« Sie wollte sich aufsetzen, wollte aufstehen und gehen. Ihr war vollkommen klar, welche Schmerzen sie sich gegenseitig zufügten, indem sie diesen Moment miteinander genossen.

»Nein.« Seine Hand schloss sich um ihre, hielt sie davon ab, sich von ihm zu entfernen. Er holte sie wieder zurück in seine Arme und drehte sie auf den Rücken, sodass sie zu ihm aufblickte. »Ich meinte nicht, dass du gehen sollst. Du sollst *nie wieder* gehen.« Er schluckte. »Ich möchte … Ich möchte, dass *du* heute um Mitternacht den Preis der Unsterblichkeit für dich beanspruchst. Ich will, dass du bei mir bleibst … für immer. Die Ewigkeit war immer etwas, was mich abgestoßen hat, bis ich …« Er legte sich auf den Rücken und starrte zur Decke, als könnte er es nicht ertragen, Bly anzusehen. »Jetzt kann ich sie mir vorstellen.«

Auch in Bly loderte die Sehnsucht. Sie konnte sich mühelos ausmalen, wie es sein würde, hier bei ihm zu leben und den ganzen Tag Gemälde zu betrachten. Es war nicht der Traum, der ihr Herz so viele Jahre angefüllt hatte, aber sie wusste mit absoluter Gewissheit, dass sie hier, mit Kerrigan, einen neuen Traum würde aufbauen können.

Ihr Hals brannte, weil diese Möglichkeit so nah und doch so unerreichbar war.

»Emerson stirbt«, stieß sie hervor.

»Ich weiß«, erwiderte Kerrigan mit einem Seufzen.

»Du könntest mich selbst zur Vampirin machen. Ich weiß, dass es mit dem Tod bestraft wird, wenn man ohne Erlaubnis einen

Menschen in einen Vampir verwandelt, aber … Die Königinnen haben dich schon einmal mit dem Leben davonkommen lassen.«

Sie konnte nicht glauben, dass sie diese Worte tatsächlich aussprach. Es war eine haarsträubende Idee, eine Idee, die sie selbst noch gar nicht zu Ende gedacht hatte. Auch wenn er sich bereit erklärte, sie in eine Vampirin zu verwandeln, brauchte sie seinen Tod, um ihre Schwester zu retten.

Er schüttelte den Kopf. »Sie würden stattdessen meinen Bruder bestrafen, das weiß ich. Damit haben sie mir oft genug gedroht.«

»Ich könnte nicht mit dem Wissen weiterleben, Emerson diese Chance genommen zu haben. Du kannst nicht wirklich von mir erwarten, dass ich … Außerdem … Elise …«

Er drehte sich wieder zu ihr um, und sie rechnete mit Trauer in seinem Blick, oder zumindest Enttäuschung. Nach Elises Tod hatte sie in den Gesichtern ihrer Eltern und auch in dem von Emerson nur noch eine schreckliche Mischung aus beidem gesehen. Aber als sie sich in Kerrigans Arm zur Seite wandte und ihn ansah, erkannte sie nichts von alldem.

Sie erkannte Vergebung. Und Verlangen. Er hätte sie am liebsten angefleht, für immer bei ihm zu bleiben, das war ihm überdeutlich anzumerken. Doch er würde es nicht tun.

»Schon gut«, sagte er.

Als sie diese zwei kleinen Worte hörte, entwich ihr ein leises Schluchzen.

»Ich lasse dich nicht im Stich.« Er beugte seinen Kopf zu ihr hinunter und küsste ihr eine Träne von der Wange. »Und deine Schwester auch nicht. Ich werde mich ohne jedes Zögern für dich opfern. Und für sie. Alles, was ich mir je gewünscht habe, war, die Zeit zurückdrehen zu können und zu versuchen, mein Leben für das meiner Eltern zu geben. Deshalb habe ich auch versucht, Bianca zu helfen.«

Bly versteifte sich. »Erinnere ich dich an sie?«

Sie hatte sich schon tausend Mal gefragt, warum Kerrigan ausgerechnet ihr helfen wollte. Was, wenn es dabei überhaupt nicht um sie ging? Was, wenn sie ihn nur an ein Gespenst aus seiner Vergangenheit erinnerte?

Er schien ihr Unbehagen zu spüren, denn er legte ihr zärtlich die Hand ums Kinn und betrachtete sie prüfend. »In mancher Hinsicht schon. Du bist fest entschlossen, genau wie sie, aber ansonsten ähnelst du ihr überhaupt nicht. Du bist ein vollkommen anderer Mensch. Ich möchte nicht, dass du denkst, ich wüsste das nicht.« Er strich mit dem Daumen über ihren Wangenknochen. »Bianca hat mir eine Möglichkeit aufgezeigt, wie ich Menschen helfen kann, und du tust nun das Gleiche. Es ist dein Geschenk an mich.«

»Der Tod ist kein Geschenk«, sagte sie mit halb erstickter Stimme, und ihr ganzer Körper wurde von ihrem Kummer geschüttelt.

»Für mich schon.«

Bly wusste, dass das nicht stimmte. Vielleicht wäre er tatsächlich ein Geschenk für ihn gewesen, als sie sich zum ersten Mal begegnet waren, aber jetzt nicht mehr. Nicht umsonst hatte er sie vorhin gebeten, für immer bei ihm zu bleiben. Er wollte das ewige Leben und war dennoch bereit, es für sie aufzugeben.

Ihr Herz fühlte sich an, als wollte es weiter anschwellen, bis es in tausend Stücke zersprang, einerseits vor Glück und andererseits vor Schmerz. Was ihr widerfuhr, war ein Wunder und bereitete ihr gleichzeitig unerträgliche Qualen. Vermutlich nannte es sich Liebe. Noch nie zuvor hatte sie so empfunden. Sie hatte geglaubt, in Emerson verliebt zu sein, doch er war nur der naheliegendste Baustein für die Zukunft gewesen, die sie sich erträumt hatte, die logischste Wahl.

Die Verbindung zu Kerrigan war hingegen kein bisschen logisch. Sie hatte ihn gerade erst kennengelernt, und er war ein Vampir. Es widersprach jeder Vernunft, was sie für ihn fühlte, und dennoch war es da, erstreckte sich bis in die Tiefen ihres Selbst. Es löste das Verlangen in ihr aus, ihren Körper so eng wie möglich gegen seinen zu pressen, ja, sie sehnte sich sogar danach, wieder seine Zähne zu spüren, zu fühlen, wie ihr Blut ihren Körper verließ, um seinen zu ernähren – etwas, was früher Ekel in ihr ausgelöst hätte. Sie wollte alles von Kerrigan, auch die Eigenschaften, die ihn zur Gefahr machten.

Seine Lippen wanderten noch immer über ihre Wangen, als könnte er ihren Schmerz wegküssen. Jede zärtliche Berührung war ein erneutes Anschwellen und Zerspringen ihres Herzens.

Sie brachte es einfach nicht über sich.

»Warte«, sagte sie.

Er löste sich von ihr und sah sie voller Sorge an.

»Was, wenn wir einen anderen Vampir fangen?«, fragte sie. »Warum musst *du* derjenige sein, den wir ausliefern?« Er versteifte sich in ihren Armen. Sie sprach dennoch weiter: »Du könntest uns dabei helfen, einen der Deinen zu entführen. Ich weiß, dass während der Spiele genau geregelt ist, wie viel Hilfestellung die Vampirunterstützer ihrem Team dabei geben dürfen, eine Hexe zu fangen. Aber gelten diese Regeln auch für die Überwältigung eines Vampirs?«

»Dafür gibt es keine Regeln, weil es vollkommen undenkbar ist«, sagte er, und seine Stimme klang so angespannt, wie sich sein Körper anfühlte.

»Warum?« Sie entfernte sich ein Stück von ihm, um ihm ins Gesicht sehen zu können. Doch es lieferte ihr keinerlei Anhaltspunkte dafür, was ihm gerade durch den Kopf ging. »Wir könnten den Hexen einen anderen Vampir bringen, um Elise wiederzuerwecken. Und um meine Verwandlung kümmern wir uns später.«

Es dauerte eine Weile, bis Kerrigan antwortete, und sein Schweigen ließ die Hoffnung in ihr wachsen. »Das würde ich niemals über mich bringen«, sagte er schließlich. »Jemanden zum Tode zu verurteilen, der sich dieses Schicksal nicht selbst ausgesucht hat? Unvorstellbar. Es gibt einen Grund dafür, dass ich sonst nie an den Spielen teilnehme.«

»Du hast doch auch Halfryta gefangen.«

Er verzog gequält das Gesicht. »Weil sie böse ist«, erklärte er schlicht, aber Bly erkannte seinen inneren Aufruhr. Rache geübt zu haben würde seine seelischen Verletzungen nicht heilen. Im Gegenteil, es ließ seinem Gewissen schon jetzt keine Ruhe mehr.

»Hier in Vagaris gibt es doch bestimmt irgendjemanden, der es verdient hätte, den Hexen ausgeliefert zu werden.«

Er schüttelte den Kopf. »Wir verbannen diejenigen, die schreckliche Dinge getan haben. Das bedeutet natürlich nicht, dass es nicht immer noch skrupellose Vampire in unserer Mitte gibt, aber sie aufzuspüren und sicher zu wissen, dass sie diese Strafe verdienen?« Er schluckte. »Das maße ich mir nicht an.«

»Was ist mit den Verbannten? In den Wäldern jenseits der Vampirstadt?«

»Dafür bleibt keine Zeit.«

Sie schluckte den schmerzhaften Kloß hinunter, der sich in ihrer Kehle gebildet hatte. »Dann warten wir eben bis nächstes Jahr.«

Sie konnte nicht glauben, dass sie das wirklich sagte. Vielleicht war sie tief in ihrem Inneren noch immer das egoistische Mädchen, das ohne Rücksicht auf die Konsequenzen in den Wald ging, um sich ihre Wünsche zu erfüllen. Bly wäre gern so selbstlos gewesen wie Kerrigan, aber ein Teil von ihr versuchte noch immer, alles zu haben: Sie wollte ihre Schwester zurück, und gleichzeitig wollte sie die neuen, zarten Fäden, die sich zwischen ihr und dem Vampir gebildet hatten, zu einem Traum verweben, einem Traum, in dem ihre Liebe die Hauptrolle spielte.

Doch sein Gesicht verhieß keine Hoffnung auf eine gemeinsame Zukunft. Der Moment der Schwäche, in dem er sie gebeten hatte, bei ihm zu bleiben, war vorüber.

»Ich werde nicht zulassen, dass du Jagd auf die Verbannten machst«, sagte er. »Diese Vampire sind gefährlich. Auf keinen Fall riskiere ich, dass du stirbst, um mich zu retten.« Er zögerte, und das Licht in seinen Augen wurde immer kleiner und schwächer. »Zumal ich gar nicht gerettet werden möchte.«

Sie wusste, was er gerade tat: Er ließ sich erneut von seiner Vergangenheit in die Tiefe reißen, ließ zu, dass die Traurigkeit, die Bly womöglich teilweise verscheucht hatte, wieder in sein Herz zurückkroch. Er entfernte sich von ihr, obwohl seine Arme sie fester packten, obwohl er sie an seine Brust zog, damit er sein Kinn auf ihren Kopf legen konnte.

Damit er sie nicht ansehen musste.

Bly gab sich keine Mühe, vor ihm zu verbergen, dass sie am ganzen Körper zitterte. Er sollte spüren, was sein Verlust für sie bedeutete. Wenn er starb, dann in dem Wissen, wie gebrochen er sie zurückließ.

EINUNDZWANZIG

Sie wurden einen gewundenen Flur entlanggeführt, dessen Fenster Blick aufs Seeufer gewährten. Als er endete, standen sie vor zwei blutroten Türen. Bly schluckte und blickte zu Kerrigan auf, aber er sah sie nicht an. Seit sie um Mitternacht gerufen worden waren, hatte er sie kaum noch beachtet. Sie war auf seiner Brust erwacht, als er sie auf die Stirn geküsst hatte. Es war seine letzte zärtliche Geste gewesen, und sie hatten den ganzen Weg durch die Festung mit einer Armlänge Abstand zurückgelegt. Bly war die kalte Distanz zwischen ihnen schmerzhaft bewusst. Sie wünschte sich nur eins: die Lücke zwischen ihnen wieder zu schließen.

Emerson und Vincent warteten bereits vor den beiden Türen, mit finsteren Gesichtern. Bly wunderte sich ein wenig darüber, dass sie überhaupt aufgetaucht waren – vor allem Emerson. Ihr schlechtes Gewissen meldete sich. Sie hätte am Abend unbedingt noch einmal mit ihm reden müssen. Trotz allem, was zwischen ihnen vorgefallen war, war er immer noch ihr Freund.

Bevor sie zu ihm gehen konnte, schwangen die Wachen eine der Türen auf, und sie betraten den Thronsaal.

Endlich überbrückte Kerrigan selbst die Kluft zwischen ihnen und berührte mit seinem Arm leicht den ihren.

Der Saal war atemberaubend: Kleine runde Kieselsteine bedeckten den Boden und bildeten ein weißes Meer, in dem Strudel aus schwarzen Kieseln wirbelten. In Bly erwachte ein Schwindelgefühl, als könnte dieses Meer sie bei der kleinsten falschen Bewegung in die Tiefe reißen. Am hinteren Ende des Saals reihten sich große Bogenfenster, die offen standen und kühle Luft aus dem Wald hereinließen. Die jenseits der Fenster aufragenden Kiefern und Eichen sahen aus wie auf Leinwand gebannt und gerahmt, um mit ihrem Anblick die beiden in der Mitte des Saals sitzenden Herrscherinnen zu erfreuen.

Ihre Throne standen auf einem Podest, der eine schneeweiß, der andere von der tiefen Schwärze einer mondlosen Nacht. Die Frau auf dem weißen Thron hatte pechschwarze, kinnlange Haare, porzellanweiße Haut und markante, jedoch anmutige Züge. Sie trug ein Gewand aus schwarzer Seide, das mithilfe einer Goldkette an ihrem Hals befestigt war und in lockeren Falten über ihren Körper fiel. Die Frau auf dem schwarzen Thron hatte eine wilde Mähne aus blonden Korkenzieherlocken, die ihr bis auf den Rücken reichte. Ihr Kleid bestand aus einem goldenen Korsett, das sich um ihre schmale Taille schmiegte, und einem wogenden roten Rock, der mit funkelnden Rubinen besetzt war. Die Edelsteine wurden nach unten hin zahlreicher und bildeten am Rand des Kleids einen breiten, glitzernden Saum.

Die Königinnen wirkten wie steinerne Statuen, als die Gruppe hereinkam, um vor ihnen Aufstellung zu nehmen. Bly überlegte, ob es wohl irgendwann allen so ging, die ein ewiges Leben führten. Vergaßen sie alle irgendwann, dass sie bewegliche Kreaturen waren?

Nach einem langen Moment des Schweigens richtete die blonde Königin ihren Blick auf Kerrigan und hob eine Augenbraue. »Mein Sohn?« Dass er bei diesen beiden Worten das Gesicht verzog, schien sie nicht zu bemerken. »Dein Bruder hat uns berichtet, dass du es warst, der Halfryta gefangen hat. Ich muss zugeben, dass ich überrascht bin.« Ihre Augen wanderten zum Rest des Teams. »Und das sind deine Menschen?«

Bly spürte förmlich, wie Emerson aufgebracht die Stirn runzelte, auch wenn sie sein Gesicht nicht sah.

»Sogar sehr überrascht«, fuhr die blonde Königin fort.

»*Mich* überrascht dein Erfolg nicht im Geringsten, Kerrigan. Genau aus diesem Grund haben wir dich verschont, obwohl du die Verbannung verdient hättest. Du bist genau das geworden, was wir uns erwünscht und erhofft haben.« Die Stimme der anderen Königin war tief und rau. Sie starrte beim Sprechen unbewegt geradeaus.

Die blonde Königin hob ihre zarten Schultern. »Nun ja. Auch ich habe natürlich von Anfang an gehofft, dass du wieder zur Besinnung kommst. Was hat die Veränderung bewirkt?« Sie musterte Bly von Kopf bis Fuß und legte dabei den Kopf schräg, als versuchte sie, die Situation aus einem anderen Blickwinkel zu betrachten.

Kerrigan zuckte mit den Schultern. »Mir war langweilig.«

Die blonde Königin brach in Gelächter aus. »Also, *das* glaube ich dir sofort.« Sie lehnte sich auf ihrem Thron zurück, als hätte diese Antwort sie beruhigt. »Dann lasst uns anfangen, wenn du einverstanden bist.«

Kerrigan nickte und richtete endlich den Blick auf seine Teammitglieder, wobei er distanziert und abwesend wirkte. Er neigte leicht den Kopf in Richtung der blonden Königin. »Das ist Königin Melvina.« Er wandte sich zu der anderen um. »Und das Königin Allena.«

»Mein Sohn, hast du vergessen, wo du hingehörst?« Melvina starrte auf die Stelle, an der Kerrigans Ellbogen kaum merklich Blys Oberarm berührte. Neugier flackerte in ihrem Blick auf, bevor sie wieder Kerrigan ins Visier nahm.

Der zögerte nur kurz, bevor er Bly stehen ließ und sich rechts neben die beiden Throne stellte.

Melvina erhob sich und legte vor ihrem Körper die Fingerspitzen aneinander. Mit gerümpfter Nase musterte sie Bly und ihre Mitstreiter. »Und wer ist der glückliche Sterbliche, der heute das ewige Leben von uns erhält?«

Vincent und Bly sahen beide Emerson an, doch der starrte benommen geradeaus.

Endlich drehte er den Kopf in Blys Richtung. Seine Lippen waren zu einer grimmigen Linie zusammengepresst.

Bly rutschte das Herz in die Hose. Er durfte jetzt nicht Nein sagen! Nicht, nachdem es sie so viel Mühe gekostet hatte, es bis hierher zu schaffen. Andererseits hatte er von Anfang an offen und ehrlich gesagt, dass er diesen Preis nicht wollte. Und Emerson war niemand, der so schnell seine Meinung änderte.

Bly machte einen Schritt nach vorn, und Kerrigan hob ruckartig den Kopf. Hoffnung flackerte in seinen Augen auf. Das Gewicht seiner Sehnsucht brachte sie beinahe ins Straucheln, aber sie zwang sich, den Blick von ihm abzuwenden und zu Emerson zu gehen.

Auf dem Gesicht ihres Kindheitsfreunds war ein Anflug von Überraschung zu erkennen, als hätte er gedacht, es kümmerte sie nicht mehr, was mit ihm passierte.

Und vielleicht wäre es auch besser so gewesen.

»Ich mache es nicht«, verkündete er schlicht.

Sie öffnete den Mund, um ihn anzuflehen, es für sie zu tun. Noch vor einer Woche wäre sie sicher gewesen, ihn mit diesen Worten überzeugen zu können. Die Bitte erstarb auf ihren Lippen.

»Tu es für Elise«, sagte sie stattdessen. »Ich will sie nicht zurückholen und ihr dann erklären müssen, dass du beim Versuch, mir bei ihrer Wiedererweckung zu helfen, gestorben bist. Wie soll sie mit diesem Wissen die Kraft finden, wieder unter den Lebenden zu wandeln? Ihr Dasein wird schon zerstört sein, bevor es überhaupt angefangen hat.«

Er verengte die Augen zu Schlitzen. Sie wussten beide, wie es war, ohne die Person leben zu müssen, die einem am meisten bedeutete. Vielleicht war Emerson diese Person für Elise. Bly wusste es nicht, schließlich hatte Elise ihr nie anvertraut, was sie für ihn empfand, nicht einmal an jenem Tag im Wald.

»Du willst es also immer noch durchziehen?«, fragte er ungläubig.

»Was durchziehen?« Seine Frage verwirrte sie.

Verärgerung trat in seine Züge, als müsste sie sehr genau wissen, was er meinte. Er richtete demonstrativ seinen Blick über ihre linke Schulter, und sie musste sich nicht umdrehen, um zu wissen, wen er anstarrte.

»Ich werde die Ewigkeit nicht ohne sie verbringen«, sagte Emerson. »Gestern Abend habe ich an die Tür deines Zimmers geklopft. Ich wollte, dass … meine Freundin Bly mir noch einmal in Erinnerung ruft, warum ich diese Sache zu Ende bringen soll. Wo warst du?«

Sie atmete geräuschvoll ein. »Du glaubst immer noch nicht, dass ich ihn loslassen kann«, flüsterte sie.

Sein unausgesprochener Vorwurf war ein Schlag ins Gesicht, obwohl sie noch vor einer Stunde selbst daran gezweifelt hatte, dass sie es schaffen würde, Kerrigan dem Tod auszuliefern. Es war nur ein kurzer Moment der Schwäche gewesen, ein kurzes Wanken ihrer Entschlossenheit, während sie ansonsten unbeirrt auf ihr Ziel hin gekämpft hatte. Ungeachtet der Wut, die Elises und Emersons Verrat in ihr ausgelöst hatte, ungeachtet auch der romantischen Gefühle, die zwischen Kerrigan und ihr entstanden waren, liebte sie ihre Schwester immer noch mehr als alles andere. Elises Tod hatte ein Loch in ihr Inneres gerissen, ein Loch, das ihr bis heute unerträgliche Schmerzen verursachte. Sie hatte versucht, einen Teil ihrer Schuld an Emerson und Elise abzuwälzen, aber sie war immer noch diejenige, die das blaue Band ums Handgelenk trug, das Band, für das Elise mit dem Tod bezahlt hatte.

Die Schuld lastete schwer auf ihren Schultern, sie spürte sie dort wie einen erstickenden Mantel, den sie so bald wie möglich abstreifen wollte. Auch Kerrigans Liebe konnte ihr diese Bürde nicht nehmen.

Aber sein Opfer würde sie ihr nehmen. Blys Opfer.

Sie würde den Vampir aufgeben, für den sie Gefühle entwickelt hatte, um den Menschen zurückzuholen, den sowohl sie selbst als auch Emerson über alles liebten.

Vor den Spielen hatte sie geglaubt, dass Elises Wiedererweckung ihr wieder die Fähigkeit verleihen würde, zu träumen. Stattdessen würde sie nun dafür sorgen, dass Bly ihren Traum für immer begraben musste. Doch selbst diese schreckliche Erkenntnis genügte nicht, um sie aufzuhalten.

»Ich werde meine Schwester von den Toten zurückholen.« Sie legte ihre ganze Bestimmtheit in ihre Stimme. Dann verlieh sie ihr einen eiskalten Unterton, um hinzuzufügen: »Wage es nicht, noch einmal meine Liebe zu ihr infrage zu stellen!«

Emerson sah sie lange an. »Es tut mir leid«, sagte er schließlich. »Du bist diejenige, die uns hierhergebracht hat. Ich selbst … habe das für unmöglich gehalten. Wahrscheinlich hätte ich es ohne dich noch nicht einmal versucht. Aber wir haben es geschafft.« Er schüttelte den Kopf, als könnte er es noch immer nicht fassen. Dann versicherte er: »Ich glaube dir.«

Blys Brust wurde weit. Sie brauchte seinen Glauben an sie zwar nicht, um weiterzukämpfen, hatte ihn sich jedoch gewünscht. Sie streckte den Arm aus und drückte seine Hand.

Er nickte entschlossen. »Also gut. Für Elise.«

Bly gab sich Mühe, sich von dieser erneuten Erinnerung daran, dass er nichts von alldem für sie tat, nicht aus dem Konzept bringen zu lassen. Sie stieß einen Seufzer der Erleichterung aus und trat zur Seite, damit Emerson auf die Königinnen zugehen konnte.

Königin Melvina blickte von Emerson zu Bly, und von Bly zu Kerrigan. »Er ist der Glückliche?«, fragte sie, und ihr wissender Blick wanderte erneut zwischen Bly und Kerrigan hin und her.

Kerrigan schwieg, verschränkte nur mit ausdruckslosem Gesicht die Hände vor dem Körper.

Melvina zuckte mit den Schultern und stieg von ihrem Thron. Die Rubine an ihrem Kleid erzeugten ein kratzendes Geräusch auf den Kieselsteinen, bis die Vampirkönigin vor Emerson stehen blieb. Ein Wachmann trat vor und knöpfte den Ärmel seiner Uniformjacke auf, doch Melvina hielt ihn mit erhobener Hand davon ab. Sie musterte Emerson prüfend. »Du bist ein recht ansehnlicher Bursche.« Sie blickte über die Schulter zu Königin Allena nach hinten. »Was meinst du? Für mich sieht er aus wie ein Prinz.«

Allena beäugte ihn kühl, sagte jedoch nichts.

»Dann wäre das beschlossen«, verkündete Melvina fröhlich.

»Ich bin nicht …«

»Du bist was nicht?«, unterbrach die blonde Königin Emerson.

Kerrigan schüttelte den Kopf, und Bly hielt den Atem an. Sie sah die Veränderung in Emersons Ausdruck, noch bevor er weitersprach. Sein Blick war jetzt nicht mehr kalt und abweisend, sondern nüchtern und berechnend. Kurzzeitig blitzte sogar etwas Gefährliches darin auf – das rebellische Herz, das seit dem Tod seiner Schwester begraben war. Als Prinz würde er mehr Macht besitzen.

»Nichts«, antwortete er ausdruckslos. »Ich wollte mich nur bedanken.«

»Es ist mir ein Vergnügen«, sagte Melvina, als wäre alles in bester Ordnung. »Du wirst mein Blut genau gleichzeitig trinken wie ich deins. Dein Blut wird meins noch mächtiger machen, was wiederum dir zugutekommt. Die Wirkung wird allerdings nicht sofort eintreten. Es dauert Tage, bis sich die Veränderung manifestiert hat.« Sie warf Emerson einen prüfenden Blick zu. »Bis dahin wirst du schwach sein und solltest dich ausruhen.«

»Ich komme schon zurecht«, antwortete er schroff.

Allena gab ein leises Lachen von sich. »Endlich einer, der deines Geschenks würdig zu sein scheint.«

Melvina nickte und zog einen vergoldeten Dolch aus dem Taillenband ihres Kleids. Emerson zuckte bei seinem Anblick nicht einmal mit der Wimper, und sie sah ihn anerkennend an. »Er wird einen guten Vampir abgeben.«

Bei diesen Worten trat doch noch ein erschrockener Ausdruck in sein Gesicht. Melvina kicherte und schlitzte sich mit der Klinge des Dolchs den Arm auf. Sie hielt Emerson ihr Blut hin und bedeutete ihm, ihr sein Handgelenk zu gewähren.

Seine Kiefermuskeln spannten sich an, doch er zögerte nicht. Sein Beschluss stand fest, und wenn Emerson einmal eine Entscheidung getroffen hatte, blieb es auch dabei. Er nahm den Unterarm der Königin und führte ihn zum Mund, während sie ihre Eckzähne in sein Handgelenk grub.

Bly spürte seine Anspannung, auch wenn er so gelassen dreinblickte, als wäre es nicht mehr als ein Handel auf dem Blutmarkt.

Der Austausch dauerte quälend lange. Sogar Vincent wandte irgendwann den Blick ab. Bly hingegen blieb tapfer. Sie wollte für Emerson da sein, aber er sah nicht ein einziges Mal in ihre Richtung.

Endlich gab die Vampirkönigin mit einem genüsslichen Seufzen seinen Arm frei. »Dieser Teil der Zeremonie ist doch immer wieder ein Vergnügen.« Sie bedachte Emerson mit einem geringschätzigen Blick. »Willkommen in unserer Stadt.« Dann wandte sie sich an Kerrigan: »Wir sprechen morgen noch über *deine* Belohnung. Deine zweite Mutter und ich sind uns einig, dass du dir wieder mehr Verantwortung verdient hast. Nicht viele würden mit so schlechten Grundvoraussetzungen so viel erreichen.« Ihr Blick huschte abfällig über Bly und Vincent. »Aber jetzt lasst uns erst mal allein. Die Nacht ist noch jung, und es gibt vergnüglichere Dinge zu tun … zum Beispiel, uns mit unserer größten Feindin zu amüsieren.« Melvinas Grinsen wurde boshaft, doch es war das fiese Lächeln, das sich langsam auf Allenas starrem Gesicht ausbreitete, das Bly einen eiskalten Schauder über den Rücken jagte.

Kerrigan verneigte sich vor den beiden Königinnen, und sie gaben ihm einen klimpernden Beutel, der schwer vor Münzen war. Er reichte ihn an Vincent weiter und bedeutete den Teammitgliedern, mit ihm den Saal zu verlassen.

»Wie fühlst du dich?«, fragte Bly Emerson, nachdem die Tür hinter ihnen ins Schloss gefallen war.

»Gut.« Sie wollte ihm weitere Fragen stellen, ließ es jedoch bleiben, als sie seinen finsteren Blick sah. Dann wurde sein Ausdruck plötzlich weicher. »Danke«, murmelte er.

Sie nickte. Das war mehr, als sie von ihm erwartet hatte.

»Also dann, auf zu unserer letzten kleinen Aufgabe«, sagte Kerrigan leichthin. Er schien fest entschlossen, die Stimmung mit ein wenig Humor aufzulockern, aber Bly nahm die Trostlosigkeit darin wahr.

»Sollen wir nicht lieber bis morgen früh warten?« In Gedanken fügte sie hinzu: Können wir nicht noch ein wenig länger so tun, als ob? Sie hoffte, dass Kerrigan die unausgesprochene Frage in ihren Augen las, doch er weigerte sich, sie anzusehen.

»Sinnlose Zeitvergeudung«, antwortete er. »Wir müssen uns beeilen, um auf jeden Fall vor Ablauf der Spiele da zu sein.«

Seine Worte verletzten Bly. Sie holte zitternd Luft und hoffte, dass niemand ihre Bestürzung mitbekam. Als sie sich umdrehte, begegnete sie Emersons Blick und erkannte die Anteilnahme in seinen Augen – offenbar hatte er endlich verstanden, was sie für den Sieg aufzugeben bereit war.

Bly wandte sich an Vincent: »Bist du sicher, dass du weitermachen willst? Wir würden es dir nicht verübeln, wenn du lieber nach Hause gehst.«

Vincents Hände schlossen sich fester um seinen Beutel voll Gold. »Ich soll kurz vor dem Ziel aufgeben und mir derart leicht verdientes Geld entgehen lassen?« Bly nahm die raue Wirklichkeit hinter seinem Sarkasmus wahr. Vincent konnte sich den Luxus nicht leisten, um Novas Verlust zu trauern und sich im Selbstmitleid zu suhlen. Er musste die beschützen, die noch am Leben waren. »Außerdem will ich sehen, wie du deinen Vampir an die Hexen übergibst«, fügte er mit harter, grausamer Stimme hinzu.

Bly zuckte zusammen. »Gehen wir«, sagte sie, obwohl ihr Herz sie anflehte, in Vagaris zu bleiben.

ZWEIUNDZWANZIG

Emerson sah nicht gut aus und blieb alle zehn Meter stehen, um sich erschöpft an einen Baum zu lehnen.

»Du musst nicht mitkommen«, sagte Bly besorgt. »Geh zurück in die Vampirstadt und warte dort auf mich.«

Er wäre ihnen bei einem Kampf ohnehin keine Hilfe gewesen. Zum Glück war es ruhig im Wald. Die meisten Teilnehmer hatten ihre Gefangenen inzwischen abgeliefert, was bedeutete, dass sich auch die Prämienjäger zurückgezogen hatten.

Emerson schnaubte und funkelte sie aufgebracht an. Er musste nicht aussprechen, was in seinem Kopf vorging: Auf keinen Fall wollte er den Moment verpassen, in dem Elise zu ihnen zurückkehrte.

Bly sah sich nach Kerrigan um, der hinter ihr ging und dumpf vor sich hinstarrte, als hätte er nicht vor wenigen Stunden voller Leidenschaft seine Lippen auf ihren Hals gepresst.

Es schmerzte, dass sie ihn nicht ein einziges Mal dabei ertappte, wie er in ihre Richtung blickte. Vielleicht war doch alles nur Schauspielerei gewesen. Er schien seine Gefühle jedenfalls erstaunlich leicht abschalten zu können

Sie holte tief Luft und versuchte, ihr inneres Gleichgewicht wiederzufinden. Auch sie musste die Sache abhaken, so oder so.

Vincent war nirgendwo zu erspähen. Er hatte sich abgesetzt, sobald sie den Wald betreten hatten, und hielt sich außer Sichtweite auf. Beim Gedanken daran, dass er sie vermutlich die ganze Zeit beobachtete, stellten sich Blys Nackenhaare auf.

Sie ließ ihren Blick nach links und rechts schweifen, sah jedoch nur die dichten, schwer behangenen Beerensträucher. Bei der Erinnerung daran, wie die Vampire sie beim Pflücken erwischt hatten, fröstelte sie. An jenem Tag hatte sie zum ersten Mal in Kerrigans überraschend freundliche Augen geblickt. Es schien ein ganzes Leben her zu sein. Ein langes, hartes Leben.

Bly war kurz davor, ein neues zu beginnen.

Gedankenversunken ging sie weiter und durchwanderte einen der seltenen Waldabschnitte, die nicht über und über mit dornigen Ranken bewachsen waren. Sie genoss das weiche Gras unter ihren Füßen, den ungewöhnlich klaren Himmel über ihrem Kopf … Sogar die Wärme des Sonnenlichts konnte sie spüren. Wie gern hätte sie sich einfach hingelegt und darin gebadet.

»Bly!« Kerrigans Stimme riss sie aus ihrer Träumerei. Für einen kurzen Moment war sie einfach nur froh darüber, dass er wieder mit ihr sprach. Sie drehte sich nach ihm um. »Renn!«, zischte er ihr zu.

Adrenalin strömte durch ihren Körper, stabilisierte ihre zitternden Beine, bevor sie auch nur verstanden hatte, was los war. Aber sie ließ sich nicht davon in den Fluchtmodus versetzen, sondern blieb stehen und beobachtete, wie Donovan von hinten gegen Kerrigans Beine trat und ihn rücklings zu Boden warf. Die Arme hatte er ihm offenbar bereits mit einem Zauber gefesselt. Er stellte den Fuß auf die Brust seines Bruders, um ihn davon abzuhalten, wieder aufzuspringen.

Die anderen konnte Bly nirgendwo entdecken.

»Wo ist Emerson?«, fragte sie, während sie fieberhaft nach einem Kraftzauber und einem Geschwindigkeitszauber suchte und gleichzeitig nach dem Messer an ihrer Taille griff.

Donovan bemerkte ihre Bewegung, machte sich jedoch nicht die Mühe, sie zu unterbinden. Finster starrte er sie an. »Du meinst deinen Freund? Der ist bewusstlos. Ich hätte ihm gern den Hals umgedreht, aber es kam mir falsch vor, einen halb fertigen Vampir zu töten. Außerdem hatte ich nur einen Fesselzauber dabei, da ich etwas übereilt aufgebrochen bin. Als ich in Kerrigans Gemächer gekommen bin, war er verschwunden. Ich wollte mit dir feiern, Bruder.« Er verlagerte das Gewicht auf seinen Absatz.

Kerrigan keuchte. »Könntest du ein bisschen vorsichtiger sein?«

Donovan starrte auf ihn hinunter. »Ich bin enttäuscht von dir.«

»Nichts Neues also.«

»Ich dachte, du wärst zur Einsicht gekommen.«

»Bin ich auch«, sagte Kerrigan leise.

»Zur falschen, offenbar. Wegen ihr.« Donovan hob den Kopf, um seinen hasserfüllten Blick auf Bly zu richten. »Schon wieder eine Frau, die dich auf Abwege führt.«

»Sie spielt keine Rolle.« Kerrigans Stimme klang teilnahmslos. »Im Grunde geht es hier überhaupt nicht um sie.«

Bly zuckte innerlich zusammen. Er war ein zu guter Schauspieler.

Donovan nahm seinen Fuß von Kerrigan und baute sich in Sekundenschnelle vor ihr auf. Sie war bereit, ihr Körper pulsierte bis in die Fingerspitzen vor Kraft. Auch den Geschwindigkeitszauber hatte sie inzwischen angewendet. Blitzschnell schwang sie ihr Messer und schrieb damit das X in die Luft, das Kerrigan ihr beigebracht hatte.

Donovan wich aus, und als sie ihr Manöver mit dem letzten Stich in die Mitte abschließen wollte, packte er mühelos ihr Handgelenk. Seine Augenbrauen schossen überrascht nach oben, als sie ihm für einen Moment standhielt. Dann bog er ihr den Arm schmerzhaft nach hinten. Sie schnappte nach Luft, schaffte es jedoch trotzdem, ihn mit ihrem anderen Arm zu erreichen.

»Fessle ihn«, murmelte sie.

Mit einem Grinsen auf dem Gesicht fing er ihre Hand mit dem Birkenzweig ab. »An Hexentricks bin ich gewöhnt. Deine kleinen Zaubergegenstände nutzen dir nichts gegen mich, denn merk dir eins: Ich. Bin. Stärker.« Er drückte ihre Handgelenke bei jedem Wort fester zusammen, bis ihr der Birkenzweig und das Messer entglitten. »Greif wieder in irgendeine Tasche, und ich breche dir das Genick.« Er ließ sie los und machte einen Schritt nach hinten.

»Rühr sie nicht noch mal an, Bruder.« Kerrigan sagte es leichthin, im Plauderton, aber er starrte Donovans Rücken an, als wäre er zwei Sekunden davon entfernt, ihm das Herz aus der Brust zu reißen.

Ein Frösteln breitete sich in Bly aus. Und eine Welle der Erleichterung. Das war nicht der Blick eines Mannes, dem sie egal war.

Kerrigan rappelte sich trotz seiner gefesselten Arme vom Boden auf, und Donovan sah ihn drohend an. »Komm näher, und ich töte sie, noch bevor du bei mir bist.«

Kerrigan blieb stehen. Er schien die Distanz zwischen sich und seinem Bruder abzuschätzen und hielt es offenbar für sicherer, bewegungslos zu verharren.

Donovan kicherte und begann, Bly zu umkreisen, als wäre er ein Wolf und sie das Kaninchen, das er bei ihrer ersten Begegnung in ihr gesehen hatte. »So menschlich sie aussieht, sie scheint dich verhext zu haben.« Er blieb hinter ihr stehen und beugte sich über ihre Schulter, sodass sich ihre Wangen beinahe berührten. »Vielleicht bist du ja eine Hexe, die die Gestalt eines Menschen angenommen hat?« Er trat um sie herum und starrte sie weiter an, während er das Wort an seinen Bruder richtete: »Du warst immer schon leichtsinnig, aber dumm warst du nie. Dich einer Gruppe von Rebellen anzuschließen ist eine Sache. Sehenden Auges in den eigenen Tod zu gehen, obwohl du endlich Rache üben konntest, eine vollkommen andere. Das ergibt keinerlei Sinn.«

Er legte Bly die Hand unters Kinn. »Es sei denn, sie wäre eine Hexe.« Seine Finger gruben sich unter ihre Kieferknochen, bis es wehtat.

Sie versuchte dennoch, den Kopf gesenkt zu halten. Er quittierte ihre Gegenwehr mit einem Grinsen und zwang sie schließlich, das Kinn zu heben. Kerrigan fauchte wütend, aber Bly sah nicht in seine Richtung. Sie starrte in Donovans zu Schlitzen verengte Augen.

»Sehe ich da etwa einen blauen Schimmer hinter all dem hübschen Dunkelgrün? Es gibt nur eine Möglichkeit, es herauszufinden.« Er ließ sie los.

Ihre Haut pochte, weil er so fest zugedrückt hatte.

Donovan zog ein Messer, und sie setzte zu einem ausweichenden Sprung an, doch seine Hand schloss sich so fest um ihren Oberarm, dass sie Angst hatte, er würde ihr die Knochen brechen. Dieser Mistkerl würde sie einfach abstechen, sie genau in dem Moment töten, in dem ihr der Sieg kurz bevorstand. Ihr Blick schoss zu Kerrigan, der sie aus panisch aufgerissenen Augen ansah.

Sie suchte die umstehenden Bäume nach Emerson ab. Was sie entdeckte, war Vincents kühler Blick, der ihr zwischen zwei Büschen entgegenstarrte. Er wirkte nicht gerade erpicht darauf, ihr zu helfen.

Donovan stach sie nicht ab, jedenfalls noch nicht. Er hob sein Messer mit dem Schaft nach unten, um sie damit bewusstlos zu schlagen. Wer weiß, ob sie je wieder von einem solchen Hieb erwachen würde? Bly schloss die Augen und wappnete sich, während sie gleichzeitig versuchte, sich aus Donovans eisernem Griff zu winden.

Statt den erwarteten Schlag zu spüren, wurde sie so heftig zur Seite geschleudert, dass sie glaubte, ihr würde der Arm abreißen. Sie blinzelte und erkannte um sich herum ein Wirrwarr aus miteinander ringenden Körperteilen. Knurrende, stöhnende Laute drangen an ihr Ohr, während sie versuchte, sich zu orientieren.

»Lauf weg, Bly!« Sie sah, dass Kerrigan auf ihr lag, während unter ihr Donovan zappelte und versuchte, sich von dem Gewicht der zwei Körper zu befreien. Kerrigan rollte von ihr herunter, und sie krabbelte hastig von seinem Bruder weg, der nicht erneut nach ihr griff … jedenfalls vorerst. Sein wutverzerrtes Gesicht war voll auf Kerrigan konzentriert.

Bly erhob sich erst auf die Knie und dann auf die Füße. Ihre Beine zitterten so heftig, dass sie kaum stehen konnte. Sie sah sich nach Donovan um. Trotz ihres Kraftzaubers war er mindestens doppelt so stark wie sie. Er war bereits dabei, sich aufzurappeln, und richtete seinen Blick wieder auf sie.

Es war zu spät, um davonzurennen. Kerrigan, der noch immer auf dem Boden lag, streckte sein Bein aus und brachte Donovan zu Fall.

»Lauf weg, habe ich gesagt!« Kerrigans Befehl war halb menschlicher Schrei, halb animalisches Fauchen. Es war nicht der Ruf eines edlen Ritters, der sie retten wollte, es war der Laut eines Tiers, das sie selbst verschlingen würde, wenn sie nicht gehorchte.

Furcht erfasste sie. Sie war plötzlich keine junge Frau mehr, *sie* war das Tier, und ihr Instinkt verwandelte ihre zitternden Beine in geschmeidige Glieder, die genau wussten, was sie zu tun hatten. Aber sie rannten nicht davon. Die Spiele hatten Bly abgehärtet. Sie war der Wolf, nicht das Kaninchen, und als solcher musste sie kämpfen, auch wenn sie wusste, dass sie im Nachteil war.

Egal, wann war sie je nicht im Nachteil gewesen?

Sie stürzte sich auf Donovan, noch bevor er sich wieder aufgerichtet hatte. Sein Rücken prallte auf den Waldboden, und Bly landete auf ihm und raubte ihm die Luft. Trotz des Überraschungseffekts schlossen sich seine Finger blitzschnell um ihren Hals.

»Fessle ihn«, stieß sie mühsam hervor. Er schien ihr die Luftröhre abdrücken zu wollen, sie bekam kaum noch Luft.

Donovans Augen weiteten sich vor Schreck, als der Fesselzauber ihm die Hände nach unten zwang und sie auf Höhe der Handgelenke zusammenfügte. Bly rutschte eilig zu seinen Füßen und fesselte sie ebenfalls.

Donovan knurrte wie ein gefangener Bär, doch aus seinem Blick sprach auch Respekt. »Ich glaube, ich verstehe langsam, was du an ihr findest. Wenn sie ein Vampir wäre, wäre sie ein Prachtweib.«

»Das ist sie auch so.« Kerrigan sah Bly zum ersten Mal an, seit sie von Vagaris aufgebrochen waren, und aus seinen Augen sprach unverhohlen, was er für sie empfand.

Sein Gesichtsausdruck bewirkte, dass sie zu ihm eilen und gleichzeitig davonrennen wollte. Sie verstand jetzt, warum er aufgehört hatte, sie anzuschauen: weil seine Gefühle es ihr unmöglich machten, zu tun, wozu sie gekommen war.

Donovan blickte zwischen ihnen hin und her und stieß einen leisen Pfiff aus.

»Habe ich nicht gesagt, du sollst weglaufen?«, fragte Kerrigan leise, mit einem Anflug von Verärgerung in der Stimme.

»Es tut mir leid«, erwiderte sie.

Er glaubte sicher, ihre Entschuldigung bezöge sich auf die Tatsache, dass sie nicht auf ihn gehört hatte. Aber ihr tat leid, was sie gleich tun würde.

Sie kniete sich vor Kerrigan, der immer noch mit gefesselten

Händen im Gras saß, und beugte sich über ihn, um ihre Lippen sanft gegen seine zu drücken. Er öffnete überrascht den Mund und wollte den Kuss erwidern, doch Bly zog sich bereits wieder zurück.

Energisch schloss sie ihre Finger fester um den Birkenzweig, den sie in der Hand hielt, berührte sein Bein damit und murmelte zwei Wörter, mit denen er gewiss nicht gerechnet hatte: »Fessle ihn.«

Verwirrung machte sich auf seinem Gesicht breit, als sich seine Fußknöchel zusammenfügten. Er schüttelte den Kopf, als hätte er Mühe, schlau aus ihrem Handeln zu werden. Genau in diesem Moment erschien Emerson zwischen den Bäumen und stützte sich auf sein gezogenes Schwert, um mit großen Augen zu beobachten, was sich vor ihm abspielte.

Vincent trat aus seinem Versteck.

»Danke für deine Hilfe«, fuhr ihn Bly an.

Er zuckte ohne jede Spur von schlechtem Gewissen die Achseln. »Ich wollte erst abwarten, bevor ich entscheide, auf welches Pferd ich setze.«

»Hast du eine Decke, die wir als Trage benutzen können?«, fragte ihn Bly.

Er nickte stirnrunzelnd.

»Gut. Wir werden sie brauchen.«

Bly drehte sich zu Emerson um, der ebenfalls nickte. Er hatte bereits erraten, was sie vorhatte. Sie war nicht überrascht. In gewisser Weise tat sie genau das, was er von Anfang an befürchtet hatte.

»Bly«, sagte Kerrigan, und aus seiner Stimme war das Entsetzen herauszuhören, das langsam in ihm erwachte.

Sie schluckte den Kloß in ihrer Kehle herunter und weigerte sich, ihn anzusehen. Stattdessen wandte sie sich an Vincent, den

Einzigen, der noch nicht ahnen konnte, worin ihr Vorhaben bestand. »Wir müssen ein sicheres Versteck für Kerrigan finden, damit ihm nichts passiert, bis der Fesselzauber nachlässt. An seiner Stelle nehmen wir Donovan mit zur Hexenstadt.«

Für einen kurzen Moment erweckte Vincent den Anschein, als wollte er protestieren. Dann stieß er ein schroffes Lachen aus. »Sogar noch besser. Dein Vampir wird dich von nun an genauso hassen, wie ich dich hasse!«

»Tu es nicht, Bly.« Kerrigans Stimme war eiskalt.

Bly wusste, dass sie ihn irgendwann anschauen musste. Aber alles in ihr sträubte sich dagegen.

»Das werde ich dir niemals verzeihen.« Die Härte seines Tonfalls verriet ihr, dass er es ernst meinte.

Es zerriss sie innerlich.

Ihn den Hexen auszuliefern, hätte sie allerdings genauso zerrissen. Sie konnte nicht so weitermachen wie im vergangenen Jahr und mit dem Wissen leben, dass jemand, den sie liebte, wegen ihr den Tod gefunden hatte.

Es war besser, wenn er am Leben blieb und sie hasste. Damit würde sie schon irgendwie klarkommen.

»Bitte, Bly – tu mir das nicht an!« Seine Worte endeten in einem verzweifelten Schluchzen und bewirkten, dass sie sich endlich zu ihm umdrehte.

»Donovan ist durch und durch schlecht«, versuchte sie, sich zu verteidigen.

Hinter ihr schallte Donovans Lachen durch den Wald. »Da hat sie vollkommen recht.« Er lachte weiter in sich hinein, als wäre seine Boshaftigkeit das Witzigste, das ihm je begegnet war.

»Nein«, widersprach Kerrigan. »Er wurde nur zu oft verletzt.«

Sein Bruder verstummte.

Bly schüttelte den Kopf. »Das ist keine Entschuldigung.«

»Du hast immer noch mich als Gefangenen«, flehte Kerrigan. »Bring mich zu den Hexen!«

»Das kann ich nicht.« Sie spürte, wie ihr heiße Tränen über die Wangen liefen. »Ich kann einfach nicht.«

»Sie ist ein besserer Vampir als du, Bruder«, sagte Donovan. »Absolut gnadenlos.«

Bly sah ihn unsicher an. Wieder erkannte sie Respekt in seinem Blick. Vielleicht tat sie doch nicht das Richtige. Wenn die Person, von der sie glaubte, dass sie den Tod verdiente, sie voller Bewunderung ansah, musste ihr Weg falsch sein.

Unbehagen machte sich in ihr breit.

Sie schob es beiseite.

»Bly«, setzte Kerrigan erneut an.

Sie durfte nicht zulassen, dass seine Worte ihre Entschlossenheit ins Wanken brachten.

Also verpasste sie ihm zusätzlich einen Schlafzauber.

DREIUNDZWANZIG

»Wenigstens wirst du jetzt nicht mehr im Leben meines Bruders herumpfuschen«, knurrte Donovan.

Es war das erste Mal seit ihrem Aufbruch, dass er etwas sagte. Sie hatten lange, schweigsame Stunden hinter sich. Auch der Wald blieb still, die Schmerzensschreie der Sterbenden waren verstummt. Die meisten Spieler hatten inzwischen ihre Gefangenen ausgeliefert oder waren bei dem Versuch, es zu tun, zugrunde gegangen. Die Prämienjäger hatten genug Geld verdient und ließen die Nachzügler ungehindert passieren. Nicht nur einmal kamen Bly und ihre Mitstreiter an Leichen vorbei, denen ein oder sogar zwei Arme fehlten.

Selbst die Vögel waren verschwunden, hatten vor all den schrecklichen Lauten Reißaus genommen, die wochenlang durch den Wald geschallt waren. Bly fragte sich, wie lang es dauern würde, bis sie zurückkommen und den Horror vergessen würden, der sie vertrieben hatte. Sie hätte sich nicht gewundert, wenn sie für immer weggeblieben wären. Der Gestank des Todes hatte den Wald fest im Griff. Wurde man eben noch vom Duft frischer Kiefernnadeln eingelullt, wehte die nächste Brise eine Ahnung von den Gräueln herbei, die dieser Wald erlebt hatte – eine Ahnung, bei der sich einem der Magen umdrehte.

»Dafür sterbe ich gerne«, fügte Donovan hinzu, nachdem er keine Reaktion auf seine Aussage erhalten hatte. Nun, da seine Auslieferung kurz bevorstand, schien er beschlossen zu haben, noch ein paar spitze Bemerkungen loszuwerden.

Bly, die seine Trage am vorderen Ende schleppte, drehte den Kopf zu ihm nach hinten. »Und ich werde mich einfach nur freuen, wenn du endlich tot bist.«

»Glaube ich dir nicht. Ich habe meine Meinung über dich geändert: Du bist nicht gnadenlos, du steckst voller Ängste. Mir ist es früher genauso gegangen. Gut möglich, dass du eines Tages gnadenlos sein wirst, aber bis dahin wird dich mein Tod bis in deine Träume verfolgen.«

»Wahrscheinlich töten sie dich gar nicht. Die Hexen sperren ihre Vampire gern in Käfige und missbrauchen sie als lebende Blutkonserven.«

Es dauerte eine Weile, bis Donovan antwortete. »Was das deutlich schlimmere Schicksal wäre.«

Die leise Furcht in seiner Stimme löste in Bly nun doch Gewissensbisse aus. Aber vielleicht würde er nicht lange in Gefangenschaft ausharren müssen. Die Vampirköniginnen hatten einen Respekt einflößenden Eindruck auf sie gemacht. Sie konnte sich gut vorstellen, dass sie es irgendwie schafften, ihn freizupressen. Die strengen Regeln der Spiele galten bestimmt nicht für Prinzen.

Oder machte sie sich mit dieser Hoffnung nur etwas vor? Bly musste endlich lernen, der Wahrheit ins Auge zu sehen.

Emerson wischte sich den Schweiß von der Stirn, als er schwer atmend stehen blieb und eins der Tore Havenwhiles für sie aufhielt. Er war nicht dazu in der Lage gewesen, beim Tragen zu helfen, weil es ihn schon genug Kraft gekostet hatte, sich die ganze Strecke auf den Beinen zu halten. Seinem Gesicht nach zu urteilen, befand er sich auf halber Strecke zwischen Leben und Tod. Um seine Pupille herum pulsierte bereits das Grau der Vampire. Bly würde seine dunkelbraunen Augen vermissen. Wenigstens würde ganz außen ein schmaler Ring seiner ursprünglichen Augenfarbe übrig bleiben.

Neugierig beobachteten die Bewohnerinnen und Bewohner der Hexenstadt, wie die kleine Karawane durch die Straßen Richtung See stapfte, wo Bly erneute Feierlichkeiten vermutete. Sie blickte zum Himmel empor. Es schien fast Mittag zu sein, die Spiele würden in Kürze enden. Bestimmt waren die meisten Hexen bereits am Ufer versammelt.

Einige Passanten kamen näher, um auf Donovan hinunterzublicken. Er fauchte sie an wie eine gefangene Raubkatze. Die meisten wichen erschrocken zurück, aber einige lachten ihm auch offen ins Gesicht. Ihre Schadenfreude kratzte an Blys Nervenkostüm. Sie hasste es, den Hexen etwas geben zu müssen, was diese dringend haben wollten.

Genau wie von ihr vorhergesehen wartete am See eine feierfreudige Menge. Zum ersten Mal schob sich Bly ohne jedes Zögern durch die dicht an dicht stehenden Hexen. Das Leid, das diese boshaften Kreaturen mit ihren vergifteten Pilzen verursacht hatten, würde bald der Vergangenheit angehören. Sie würden es rückgängig machen müssen, weil sie, Bly, ihr blutiges Spiel gespielt und gewonnen hatte. Ihre Angst war verflogen.

Als die vorderste Zuschauerreihe passiert war, blieb sie zögernd vor einem neu errichteten Bauwerk stehen, das sich vor ihr am Seeufer erhob. Es handelte sich um drei kleine, aus weißem Stein gehauene Podeste, von denen das mittlere ein wenig niedriger war als die beiden anderen.

Auf dem linken Podest stand eine ausgemergelte junge Frau, die dunkle Schatten unter ihren grünen Augen hatte, flankiert von zwei Hexen. Auf dem rechten stand ein geknebelter Vampir, dessen Augen vor Zorn funkelten. Die junge Frau musste die aktuelle Gewinnerin sein, die Bly mit ihrem Gefangenen vom Thron stoßen würde. Ihre Augen waren vor Angst weit aufgerissen, als ahnte sie, dass Bly ihr den Sieg streitig machen würde.

Auf dem mittleren Steinpodest stand Demelza. Eine Krone aus rosa Rosen zierte ihren Kopf, und die Ranken, die davon herabhingen, waren mit ihren langen Haaren verwoben, die rot wie Feuer in der Sonne leuchteten. Ein einfaches weißes Kleid schmiegte sich um ihre schmale Taille und fiel ihr bis auf die nackten Füße.

Bly stutzte, bis die Erkenntnis zu ihr durchdrang, dass Demelza nun, da ihre Mutter fort war, zur Anführerin aufgestiegen war.

Die Schultern der jungen Hexe waren gestrafft, ihr Kinn hocherhoben. Sie schien ihre neue Rolle mühelos auszufüllen. Hinter ihr stand eine zweite Hexe, die Bly noch nie gesehen hatte. Sie trug ein Vogelnest aus zerzausten blonden Haaren auf dem Kopf, das mit kleinen weißen Blumen geschmückt war. Es passte perfekt zu ihrem Kleid aus unzähligen weißen Blütenblättern. Obwohl ihre Aufmachung Demelzas schlichtes Kleid in den Schatten stellte, hielt sie den Blick gesenkt. Wer auch immer sie war, sie schien der neuen Anführerin untergeordnet zu sein.

Als Demelzas Blick auf Bly fiel, verzog sich ihr Gesicht zu einer wütenden Grimasse. Ihre Untertanen begannen zu tuscheln, und das Raunen ging bald in allgemeinen Jubel über, weil es immer mehr Hexen gelang, einen Blick auf die Trage zu werfen, die Bly und Vincent schleppten. Alle in Havenwhile kannten Donovan und wussten, was es für eine Meisterleistung war, einen Vampirprinzen zu fangen.

Mit steinerner Miene beobachtete die oberste Hexe, was sich vor dem Podest abspielte. Dann meißelte sie ein steifes Lächeln in ihre Züge. Sie konnte Bly und ihren Teammitgliedern nichts anhaben, solange ihr Volk zusah. Falls doch, hätte sie gegen die Regeln der Spiele verstoßen und Fragen provoziert, die sie wahrscheinlich nur ungern beantworten würde.

Demelzas Blick schoss zum Himmel hinauf. Bly wusste, dass

sie ihr Team nur allzu gern dafür disqualifiziert hätte, dass es zu spät kam. Aber die Sonne stand noch nicht ganz im Zenit, sie hatten es eindeutig rechtzeitig geschafft.

Die oberste Hexe runzelte verärgert die Stirn, bevor sie das Wort ergriff: »Ihr scheint eine wertvolle Fracht mit euch herumzutragen. Lasst sie mich sehen.«

Bly und Vincent traten nach vorn und positionierten die Trage so, dass Donovan ausgestreckt zwischen ihnen lag, bevor sie sie absetzten.

Demelza riss überrascht die Augen auf. Dann kicherte sie voller Schadenfreude und wandte sich kopfschüttelnd an Bly. »Ein kühner Schachzug.« Der Respekt, der sich in ihre Stimme geschlichen hatte, löste Übelkeit in Bly aus. »Ein Prinz!«, verkündete sie laut für die wartende Menge. »Ich denke, wir haben ein neues Siegerteam. Geleitet die anderen Kandidaten aus der Stadt!«

Ein schrilles Heulen lenkte Blys Aufmerksamkeit auf ein anderes Team, das einen gefesselten Vampir bei sich führte und offenbar auf die Verleihung des ersten Preises gewartet hatte. Sie erinnerte sich nicht daran, die vier schon einmal gesehen zu haben – es handelte sich um drei junge Männer, die kaum älter waren als sie, und ein Mädchen mit kinnlangen dunkelbraunen Haaren, das in Tränen ausgebrochen war und lauthals schluchzte. Bly fühlte zutiefst mit ihr mit. Welchen Tod sie auch hatte rückgängig machen wollen, er würde sie mindestens noch ein weiteres Jahr verfolgen.

Die jungen Männer warfen Bly und Vincent wütende Blicke zu, während sie davongezerrt wurden. Das Mädchen war zu sehr in ihren Kummer vertieft, um viel von ihrer Umgebung wahrzunehmen. Der gefesselte Vampir wurde in eine andere Richtung abgeführt.

Auf dem linken Podest verblieb die ausgezehrte junge Frau, deren Gesichtsausdruck sich nicht verändert hatte. Bly betrachtete sie stirnrunzelnd. Ihr Blick wanderte zum rechten Podest, wo noch immer der gefesselte und geknebelte Vampir wartete. Wer waren die beiden? Unbehagen schnürte ihr die Kehle zu.

Es blieb keine Zeit, länger darüber nachzugrübeln. Demelza klopfte sich die Hände ab, als hätte sie sich lästiger Insekten entledigt, und blickte zwischen Bly und Vincent hin und her. »Wer von euch erhebt Anspruch auf die Wiedererweckung?«

Bly machte einen Schritt nach vorn.

»Ich.«

VIERUNDZWANZIG

BLYS MUND stand zwar offen, aber sie war nicht diejenige, die gesprochen hatte.

Ihr Herz setzte einen Schlag aus, als sie sich zu Vincent umdrehte, der ebenfalls nach vorn getreten war.

»Ich erhebe Anspruch darauf«, wiederholte er.

»Nein, die Wiedererweckung steht mir zu!«, widersprach Bly und blickte zu Demelza empor.

Die Hexe kannte die Vereinbarung, die sie mit ihrem Team getroffen hatte. Wenn sie auf ihre Unterstützung gehofft hatte, wurde sie enttäuscht – Demelzas Gesicht verriet freudige Erregung über Blys missliche Lage. Sie würde ihr nicht helfen.

»Wir hatten eine Abmachung!«, rief Bly an Vincent gewandt.

»Die haben wir getroffen, als Nova noch am Leben war.« Vincents Augen glühten vor Hass. »Sie ist tot, weil du dir unbedingt von diesem verfluchten Vampir in den Hals beißen lassen wolltest.«

Im Publikum wurde gekichert.

Vincents Vorwurf ließ Bly zusammenzucken. »Das war nicht der Grund, und das weißt du auch! Ich dachte, du brauchst das Geld – wir wollten die Preise unter uns aufteilen!«

Er hob die Schultern. »Ich habe schon einen Beutel mit Goldmünzen. Meine Schwester brauche ich dringender als zusätzliches Geld.« Die Härte in seiner Stimme bekam Risse. »Nimm du es.«

Bly verspürte einen Anflug von Mitleid, aber keine Anteilnahme der Welt hätte sie dazu gebracht, von ihrem Recht zurückzutreten. »Die Wiedererweckung steht *mir* zu. Das weißt du genau.« Ihre letzten Worte waren an Demelza gerichtet.

Die Hexe lächelte breit und strahlend. »Ob ihr Menschen euer Wort untereinander haltet oder nicht, ist mir vollkommen gleichgültig.« Sie blickte zwischen Bly und Vincent hin und her. »Ihr werdet um den Wiedererweckungspreis kämpfen!«

Kaum hatte sie zu Ende gesprochen, zog Vincent auch schon sein Schwert. Bly konnte nicht verhindern, dass sie in Panik geriet und einen Schritt zur Seite machte. Mit ihrem kleinen Messer hatte sie keine Chance gegen ihn.

Demelza hob die Hand. »Keine Waffen«, verfügte sie und richtete ihre Aufmerksamkeit auf Bly. »Auch keine Zaubergegenstände. Es wird ein reines Kräftemessen. Ihr bekommt Stöcke, sonst nichts. Wer als Erstes zu Boden geht, hat verloren. Einverstanden?«

Vincent antwortete mit einem siegessicheren Grinsen.

Bly schüttelte den Kopf. Es würde kein gerechter Kampf werden. Demelza hatte den Sieger bereits gewählt. Sie suchte in der Menge nach Emerson, der das Geschehen zwar mit finsterer Miene beobachtete, jedoch kraftlos auf seinem Schwert lehnte. Für einen kurzen Moment überlegte Bly, ob er Anspruch auf die Wiedererweckung erheben und an ihrer Stelle kämpfen sollte. Aber er konnte kaum stehen und war streng genommen kein Mensch mehr. Die Hexen hätten es niemals zugelassen.

Er nickte ihr aufmunternd zu, aber seine Stirn war tief gerunzelt und seine Mundwinkel nach unten gezogen. Er sah aus wie jemand, der längst aufgegeben hatte.

Bly atmete zitternd ein und übergab den Hexen widerstrebend ihr Messer, um im Gegenzug einen langen Stock entgegenzunehmen. Das Holz war grob und voller Unebenheiten, man konnte einem Körper empfindliche Verletzungen damit beibringen. Sie malte sich aus, wie es auf ihr Fleisch traf, während Vincent unverletzt blieb.

Schon jetzt denke ich wie eine Verliererin, tadelte sie sich.

Dabei war Bly weder so realistisch noch so pessimistisch wie Emerson. Ihr war es gleichgültig, wie gut ihre Chancen standen. Noch nie hatte sie sich in ihrem Handeln von Logik oder Vernunft beeinflussen lassen. Trotz allem, was passiert war, war ihre einzige Triebfeder die Hoffnung. Ohne sie hätte Bly es niemals so weit gebracht. Sie glaubte felsenfest daran, dass sie es schaffen konnte, und dieser Glaube würde auch jetzt ihr entscheidender Vorteil sein.

Außerdem hatte sie noch ein Ass im Ärmel: Sie hatte einen Kraftzauber bei sich angewendet, um Donovan bis in die Hexenstadt schleppen zu können. Dem muskelbepackten Vincent hatte sie keinen gegeben. Unglücklicherweise spürte sie bereits das vertraute Kribbeln der Erschöpfung, das einsetzte, wenn der Zauber nachließ. Nur noch wenige Minuten, dann würde sie wieder auf ihre eigenen Fähigkeiten angewiesen sein.

Der Kampf durfte also auf keinen Fall länger dauern.

Sie umfasste den Stock fester und stürmte auf Vincent los, ohne auf Demelzas Startkommando zu warten. Das Lachen der Hexe wertete sie als Zustimmung.

Vincent wich überrascht zurück, als Bly mit dem Stock nach seinem Kopf ausholte. Ein einziger Schlag – wenn Blys erster Hieb saß, würde alles vorbei sein. Aber Vincent hob gerade noch rechtzeitig seinen Stock und wehrte ihn ab, geriet immerhin ins Straucheln.

Mit vor Anstrengung zerfurchter Stirn drückte er seinen Stock gegen ihren, während sie tapfer dagegenhielt, auch wenn ihre Arme merklich zitterten. Dann knickten sie ein, die Wirkung des Kraftzaubers hatte endgültig nachgelassen.

Vincent versetzte Bly einen Stoß nach hinten, und nun war sie es, die taumelte und zur Seite auswich. Er bewegte sich unablässig, hob immer wieder den Stock über seinen Kopf und ließ ihn auf sie niedersausen. Bly war schneller auf den Beinen als er, konnte jedoch irgendwann nicht mehr weiter zurückweichen, weil sie mit dem Rücken gegen die Zuschauer stieß. Angewidert zuckte sie zusammen, als sie Hexenhände hinter sich spürte. Unterdessen schlug Vincent erneut mit seinem Stock nach ihr.

Bly hob zur Abwehr blitzschnell ihren eigenen Stock, und das Holz krachte so laut, als wäre im Wald ein Baum zerborsten. Vincent presste ihn langsam nach unten, schien den Moment voll auszukosten, und ihre Arme bogen sich immer weiter durch, bis sein zornschnaubendes Gesicht nur noch Zentimeter von ihrem entfernt war. Plötzlich riss er den Kopf nach hinten und schmetterte seine Stirn gegen ihre.

Der Schmerz explodierte in ihrer Nase und breitete sich von dort über ihr ganzes Gesicht aus, während sie rückwärts in die Zuschauer fiel. Zwei Hände packten sie unter den Achseln und rissen sie unsanft nach oben, bevor sie den Boden berührte. Mit brennenden Schultern versuchte Bly, das Gleichgewicht wiederzufinden, während die unbekannte Person sie noch immer aufrecht hielt und stabilisierte.

»Wehe, du verlierst.« Die vertraute Stimme an ihrem Ohr brachte ihr Herz erst zum Aussetzen und dann zum Rasen.

Kerrigan schob sie energisch zurück in den Ring.

»Das ist unfair!« Vincent war ans Podest getreten, um sich lautstark bei Demelza zu beschweren. »Ohne Hilfe wäre sie zu Boden gegangen!«

Bly hörte zwar nicht, was Demelza sagte, aber es war offensichtlich, dass die Hexe den Kampf nicht beenden würde, schließlich warteten ihre Untertanen begierig auf eine Fortsetzung.

Sie drehte sich zu Kerrigan um, auf dessen Gesicht sich eine unerträgliche Mischung aus Hass und Sorge abzeichnete. Er schien sich zu zwingen, den Blick von ihr abzuwenden. Als seine Züge noch härter wurden, wusste Bly, dass er seine Aufmerksamkeit auf seinen gefesselten Bruder gerichtet hatte.

Sie hatte das Gefühl, bereits verloren zu haben.

Doch er hatte ihr befohlen, weiterzumachen und den Kampf zu gewinnen, also konnte sie ihm nicht gänzlich gleichgültig sein. Warum war er überhaupt schon hier? Er musste den ganzen Weg nach Havenwhile gerannt sein. Bly und ihr Team waren zwar durch die Trage und Emersons Schwäche gebremst worden, aber es musste Kerrigan dennoch seine ganze Vampirkraft gekostet haben, rechtzeitig in der Hexenstadt anzukommen.

Wahrscheinlich brauchte er dringend Blut. Bly zwang sich, diesen Gedanken beiseitezuschieben. Jetzt war nicht der richtige Zeitpunkt, um sich um ihn zu sorgen.

Sie vernahm Vincents wütendes Gebrüll, das immer näher kam, bis sie gezwungen war, ihre Aufmerksamkeit wieder auf den verzweifelten jungen Mann zu richten, der mit hocherhobenem Stock und wildem Blick auf sie zurannte. Sie stellte sich breitbeinig auf und hob ihren eigenen Stock vor den Körper, um den Schlag bestmöglich abzufangen.

Aber irgendetwas fühlte sich anders an. Die Schlagwaffe kam ihr leichter vor und lag stabiler in ihren Händen, die eben noch so heftig gezittert hatten. Ein leichtes Kitzeln, das sie zunächst irrtümlich für Panik gehalten hatte, breitete sich in ihrem Körper aus. Bly hatte plötzlich das Gefühl, blitzschnell rennen und Berge versetzen zu können. Kerrigan hatte ihr heimlich einen Kraft- sowie einen Geschwindigkeitszauber verpasst.

Deshalb hatte er sie also so lange festgehalten. Sie wünschte sich verzweifelt, zu ihm zurückzurennen und sich in seine Arme zu werfen, um ihm unter Tränen zu danken. Doch zuerst musste sie diesen Kampf hinter sich bringen. Und dabei musste sie vorsichtig sein. Keiner durfte merken, dass sie verzaubert war.

Vincent war fast bei ihr. Seinem Gesicht war anzusehen, dass Bly nicht mit Gnade rechnen durfte. Sie wollte auch keine. Kurz entschlossen schleuderte sie ihm ihren Stock entgegen und zielte dabei auf sein Gesicht. Diese Aktion war ein Wagnis – schlug sie fehl, stand Bly ohne Waffe da.

Vincent hob blitzschnell seinen Stock und wehrte den Angriff ab. Der improvisierte Speer berührte ihn nicht einmal, aber das war auch nicht nötig. Wichtig war nur, dass Vincents Arme und seine Schlagwaffe für einen Moment von seinem Körper verschwanden.

Bly raste in geduckter Haltung auf ihn zu, packte ihn bei den Hüften und rammte ihm ihre Schultern in den Bauch. Unterdessen war der Stock ihres Gegners wieder auf dem Weg nach unten und prallte mit solcher Wucht auf ihren Rücken, dass sie aufstöhnte. Es spielte keine Rolle, sie hatte Vincent erfolgreich aus der Balance gebracht. Er stürzte rückwärts zu Boden und riss Bly mit sich. Ächzend rollte sie von ihm herunter und blieb auf dem Rücken liegen, starrte benommen in die Sonne hinauf. Alle Schmerzen und Ängste fielen von ihr ab.

Sie hatte es geschafft! Gerade wollte sie sich auf die Ellbogen stützen, als Vincent sich rittlings auf sie setzte und mit beiden Händen ihren Hals umklammerte. Nach Luft ringend schlug Bly um sich, während ihr von den Rändern her schwarz vor Augen wurde. Sie wollte Demelza zurufen, dass sie dies nicht zulassen dürfe, dass Vincents Angriff regelwidrig sei. Aber wie sollte sie auf Fairness hoffen, wenn sie die Erste war, die gemogelt hatte?

Kurz bevor sie ohnmächtig wurde, stieß jemand Vincent von

ihr herunter. Emerson tauchte über ihr auf und brüllte zu Demelza nach oben: »Sie hat gewonnen! Stopp den Kampf!«

Bly sah nicht, wie die Hexe reagierte, sie vernahm nur das verzweifelte Brüllen, das Vincent ausstieß und das noch lange in ihrem benebelten Kopf nachhallte. Emerson half ihr auf die Füße. Jeder Atemzug brannte, aber nach und nach wurde ihre Sicht wieder klarer.

»Du hast es geschafft, Bly«, flüsterte ihr alter Freund ihr ins Ohr. »Es ist vorbei.«

Endlich brachte sie die Kraft auf, das Kinn zu heben und Demelzas kühlem Blick zu begegnen.

»Ich nehme an, du hast einen Gegenstand deines geliebten Menschen mitgebracht«, sagte die oberste Hexe.

Bly nestelte unbeholfen an ihrem Hals herum, um den sie neben ihrer eigenen Kette mit dem Rosenanhänger noch eine zweite trug. Es gelang ihr schließlich, deren Knoten zu lösen. Sie hielt sie hoch, damit Emerson sie sehen konnte: Ihr Anhänger war ein kleines hölzernes Gänseblümchen.

»Oh«, sagte er leise. Es klang überrascht.

»Sie muss an jenem Morgen vergessen haben, die Kette anzuziehen«, erklärte Bly, die das Gänseblümchen nach Elises Tod unter deren Kissen gefunden hatte. »Ich habe es umgelegt, damit ich es für diesen Moment parat habe.«

Dass man für den Wiedererweckungszauber einen Gegenstand der verstorbenen Person brauchte, irgendetwas, was diese berührt hatte, war alles, was die meisten Menschen im Ödland über diese Hexenzeremonie wussten. Frühere Gewinner der Spiele wurden per Schwur zur Verschwiegenheit verpflichtet. Wer dennoch geheime Informationen ausplauderte, verschwand, zusammen mit sämtlichen Familienmitgliedern und Personen, mit denen man möglicherweise darüber gesprochen hatte. Dazu war es einmal vor vielen Jahren gekommen. Seither hüteten sich die Menschen davor, diesen Fehler ein zweites Mal zu begehen, auch wenn sie die Konsequenzen nicht am eigenen Leib erfahren hatten.

Emerson streckte die Hand aus, um eins der winzigen hölzernen Blütenblätter zu berühren.

»Willst du den Preis nun, oder nicht?«, fragte Demelza schroff.

Bly verkniff sich eine wütende Grimasse, als sie zum Podest trat und ihr die Kette hinhielt. Demelza verzog angewidert das Gesicht, als sie danach griff, aber Bly ignorierte sie. Der Moment war gekommen. Ihr ganzer Körper vibrierte vor Vorfreude. Es war schon so lange her, dass sie ihre Schwester das letzte Mal umarmt hatte. Gleich würde sie sie endlich wieder in die Arme schließen können.

Ein grausames Lächeln umspielte Demelzas Lippen, als sie sich an ihr Volk wandte. »Ich weiß, es ist üblich, dass wir für diesen Zauber Gefangene verwenden, die sich bereits in unserem Besitz befinden. Sollen wir es diesmal ein wenig interessanter machen?«

Ein paar Hexen lachten und applaudierten, andere tuschelten unruhig.

Die oberste Hexe drehte sich zu den Wachen um, die inzwischen neben Vincent Aufstellung genommen hatten. »Ersetzt das Menschenopfer durch ihn!« Als Nächstes wandte sie sich an Donovans Bewacher. »Und den Vampir durch ihn!« Demelzas Blick kehrte zu Bly zurück, und durch die eiskalte Grausamkeit, die darin lag, schimmerte für einen Moment eine traurige Verletzlichkeit. »Das ist die Rache für meine Mutter.« Beim letzten Wort verzog sie gequält das Gesicht.

Zunächst rührte sich niemand.

»Du willst den Prinzen opfern?«, fragte ein Hexer, der zusammen mit anderen hochrangigen Hexen bei Donovan stand.

Er wirkte nicht viel älter als Demelza und hatte dieselben dunkelroten Haare wie sie und Halfryta. Sein missbilligender Blick verriet deutlich seine Skepsis. Bly fragte sich, ob er mit der neuen Anführerin verwandt war.

Demelzas Lächeln erstarb. Wütend starrte sie auf den jungen Hexer hinunter. »Habe ich mich nicht deutlich genug ausgedrückt?«

Die Anspannung wurde von Sekunde zu Sekunde größer, bis jemand aus der Menge schrie: »Tötet den Prinzen!«

Die Worte durchzuckten Bly wie ein Stromschlag. Natürlich war ihr bewusst gewesen, dass sie Donovan durch die Übergabe an die Hexen dem Tod auslieferte, doch sie hatte sich an das Gerücht geklammert, einige der Gefangenen würden am Leben gelassen und an einen geheimen Ort gebracht, um in Käfigen oder Verliesen ihr Dasein zu fristen und den Hexen als Blutlieferanten zu dienen. Dass Kerrigans Bruder noch während der Abschlusszeremonie ermordet werden sollte, machte sie fassungslos. Ungläubig sah sie dabei zu, wie er auf das rechte Podest geschleift wurde, wo die Wachen ihn so unsanft auf die Knie schubsten, dass es ihn Mühe zu kosten schien, nicht laut aufzuschreien.

Bly sah zum linken Podest hinüber, wo bereits Vincent kniete und seine Schultern immer wieder ruckartig den Händen entzog, die ihn zu packen und festzuhalten versuchten. In einer dieser Hände blitzte ein Messer auf, und in diesem Moment bemerkte Bly ein Detail, das ihr zuvor entgangen war: Von den beiden äußeren, höhergelegenen Podesten führten zwei Rinnen zu Demelza hinunter.

Entsetzen erfasste sie. Für Hexenzauber wurde Blut benötigt, für besonders aufwendige sogar das aller drei Völker: Menschen, Vampire und Hexen.

Demelza wandte sich an ihr Publikum und bestätigte Blys

grausamen Verdacht: »Der Wiedererweckungszauber ist der mächtigste Zauber von allen, der einzige, der einen ganzen Körper voll Blut von einem Menschen, einem Vampir und einer Hexe erforderlich macht. Nur so gelingt es, das Leben einer toten Seele wiederherzustellen.«

»Nein!«, stammelte Bly leise.

»Du kannst es nicht rückgängig machen«, sagte Emerson neben ihr.

Aus seiner Stimme war Abscheu gegen dieses blutrünstige Hexenritual herauszuhören, aber auch ein flehentlicher Unterton. Er *wollte* nicht, dass Bly Demelza stoppte. Zwar war er von Anfang an dagegen gewesen, dass sie an den Spielen teilnahm, doch nun, da er in der Hexenstadt stand, schien er zu spüren, wie kurz sie davor waren, Elise lebend wiederzusehen.

»Vincent«, stieß Bly hervor.

Sie hatte damit gerechnet, einen Vampir zu opfern, nicht jedoch einen jungen Mann, auf den zu Hause eine Familie wartete – eine Familie, zu der nun keins der beiden ältesten Geschwister zurückkehren würde. Bly dachte an die Gesichter auf Novas Skizzenpapier, an den Kummer, den diese Kinder würden ertragen müssen. Donovan zu opfern, war das eine – er war grausam und unbarmherzig, mit seinem Tod konnte sie leben. Aber mit Vincents? Auch wenn er voller Wut und Brutalität steckte, war er kein schlechter Mensch. Er war nur verzweifelt und hatte alles ihm Mögliche getan, um Nova zu retten. Und nun erkaufte sich Bly das Leben ihrer eigenen Schwester mit seinem.

Entsetzt beobachtete sie, wie Vincent sich zu befreien versuchte. »Stopp!«, schrie sie über den Lärm der Menge hinweg, die vor grausamer Vorfreude johlte und schrie.

Sie brachte es nicht fertig, die Wiedererweckung durchzuziehen.

Demelza sah zu ihr herunter, und auf ihrem Gesicht lag felsenfeste Entschlossenheit. Bly erkannte, dass kein Flehen oder Betteln sie von ihrem Vorhaben abbringen würde. Die oberste Hexe würde ihr genau das geben, was sie von Anfang an im Sinn gehabt hatte, und Bly würde dafür mit ihrer Menschlichkeit bezahlen.

Sie würde keinen Deut besser sein als die schlimmsten Hexen und Vampire, würde menschliches Leben dazu missbrauchen, zu bekommen, was sie wollte.

»Bitte nicht!«, rief sie verzweifelt, aber ihre Stimme klang bereits schwächer, als wäre Bly nur noch ein müder Abklatsch des Menschen, der sie noch vor wenigen Minuten gewesen war. »Ich will das nicht!«

Niemand schien sie zu hören, nicht einmal Emerson, der direkt neben ihr stand. Resigniert starrte er geradeaus. Auch Demelza würdigte sie keines Blickes mehr. Die Hexe streckte seitlich die Arme aus und hob die Handflächen zum Himmel.

»Stopp!«, schallte eine andere Stimme zum Podest, laut und gebieterisch. »Nimm mich an Stelle meines Bruders, Hexe!«

Bly fuhr herum und sah, wie Kerrigan aus der Menge trat. Die Hexen in seiner Nähe stoben auseinander, als hätten sie erst jetzt den Vampir in ihrer Mitte bemerkt.

»Auf keinen Fall!«, rief Donovan vom rechten Podest herunter. Er erhob sich nicht von den Knien, sondern starrte weiter mit grimmiger Entschlossenheit zu Boden.

»Bitte!«, flehte Kerrigan erst Demelza an und dann Donovan. »Lasst mich wiedergutmachen, was ich in der Vergangenheit versäumt habe! Lasst mich diesmal derjenige sein, der stirbt!«

»Es gibt nichts, was du wiedergutmachen müsstest«, antwortete Donovan mit fester Stimme. Was auch immer Bly von ihm hielt, sie musste seine Fähigkeit bewundern, mit einem Messer an der Kehle ruhig zu bleiben. »Wir waren beide noch Kinder. Ich werfe dir nichts vor.« Er hielt inne, das einzige Anzeichen dafür, dass auch er mit seinen Emotionen zu kämpfen hatte. »Ich habe nur einfach jemanden gebraucht, dem ich die Schuld geben konnte. Das war dir gegenüber nicht fair. Es ging gar nicht wirklich um dich.«

»Wie rührend«, lautete Demelzas Kommentar. »Vielleicht haben Vampire ja doch Gefühle.«

Das Gelächter der versammelten Hexen war ekelerregend. Bly sah sich angewidert um.

Kerrigan wandte sich erneut an die Anführerin: »Lass mich seinen Platz einnehmen. Ich bitte dich!«

Demelza schien ernsthaft darüber nachzudenken, und ihr kalkulierender Blick fiel auf Bly, die sofort wusste, worüber die Hexe so lange nachdachte: mit welchem Vampir sie ihr die größeren Schmerzen zufügen konnte.

Bly selbst war sich diesbezüglich nicht mehr sicher. Sie hatte geglaubt, es sei leichter, Donovan in den Tod zu schicken, aber damit verletzte sie Kerrigan auf eine Weise, die schlimmer war als der Tod. Er hatte sich ihr als Gefangener angeboten, um sie von ihrer Schuld zu befreien, und sie lieferte ihn nun derselben Hölle aus, der sie durch die Spiele zu entkommen versucht hatte. Am Ende dieser Zeremonie würde Kerrigan keinen Bruder mehr haben, und das nur, weil er ihr vertraut hatte.

Bly hatte geglaubt, sie würde endlich einmal selbstlos handeln, indem sie ihre Träume mit Kerrigan aufgab und sich darauf konzentrierte, Elise das Leben zurückzuschenken. Letzten Endes hatte sie wieder versucht, alles zu haben. Sie war eine heillose Egoistin und fühlte sich, als wäre sie in tausend Stücke zerrissen und hätte sich jeden einzelnen Riss selbst zuzuschreiben.

Demelza richtete ihren Blick auf Kerrigan und sagte an ihre

Wachen gewandt. »Nehmt ihn gefangen, aber fesselt ihn nicht. Ich will sehen, wie er zappelt.«

Ihre Leibgarde umzingelte ihn, und er wehrte sich nicht, als die Männer ihn packten.

»Nein«, sagte Bly. »*Nein!* Ich habe ihn dir nicht überlassen!«, schrie sie zu Demelza nach oben.

Doch die Hexe beachtete sie nicht. Sie wedelte mit der Hand erst in Donovans und dann in Vincents Richtung. »Tötet die beiden.«

Für einen schrecklichen Moment kam alles zum Stillstand. Dann schlitzte eine Klinge Vincents Hals auf. Er blinzelte überrascht, als ein roter Sturzbach an seinem Hals hinunterlief, sackte in sich zusammen und fiel nach vorn. Eine Wache rollte ihn mit dem Fuß auf die Seite, damit die Zuschauer sein Gesicht sehen konnten, seinen Mund, der keuchend nach Luft rang.

Kerrigan brüllte und kämpfte gegen die Wachen an, um rechtzeitig zu Donovan zu gelangen. Sie stießen ihn unbarmherzig auf die Knie. Er schlug um sich und kämpfte, aber es waren zu viele, die ihn festhielten.

Es war ohnehin zu spät, denn eine Hexe rammte seinem Bruder bereits einen Dolch in den Hals. Donovan zuckte nicht einmal zusammen. Sein Gesicht verriet, dass er keine Angst hatte. Da er gefesselt war, konnte er den Dolch nicht wieder herausziehen, er würde unweigerlich verbluten. Trotzdem blieb er für eine schrecklich lange Zeit aufrecht auf den Knien und sah zu, wie Kerrigan verzweifelt darum rang, zu ihm zu gelangen. Er versuchte, etwas zu sagen, doch aus seinem Mund quoll nur Blut. Dann fiel auch er zu Boden.

Die Wachen schoben ihn mit den Füßen an den Rand des Podests, genau wie Vincent.

Die Hexe, die hinter Demelza gestanden hatte, trat nach vorn und kauerte sich auf den Boden. Ihre Hände zitterten, und ihr Gesicht blieb auf gespenstische Weise leer und gefühllos, als die oberste Hexe ihr eine Hand auf die Schulter legte. »Es tut mir leid. Du magst nicht stark genug gewesen sein, um selbst Magie zu vollbringen, aber dein Blut wird dazu beitragen, diesen Zauber zu vollführen«, verkündete sie feierlich, bevor sie der Frau die Kehle aufschlitzte.

Ein roter Wasserfall ergoss sich über die zarten Blütenblätter, aus denen das Kleid der geopferten Hexe bestand. Sie blieb noch eine Weile aufrecht und brach dann zusammen.

Vom linken Podest floss Menschenblut die Rinne herunter, vom rechten Vampirblut. Zu Füßen der Anführerin vermischte sich beides mit dem Blut der Hexe. Demelza sah ausdruckslos dabei zu, wie es eine Lache bildete, bevor sie den leblosen Körper der Frau zur Seite schob, sodass sie sich davor knien und Elises Kette hineinlegen konnte.

Blys Magen krampfte sich schmerzhaft zusammen. Sie wusste nicht, was sie fühlen sollte, blickte mit tränenverschleierten Augen um sich. Kerrigan brüllte zu ihrer Linken noch immer gegen seine Widersacher an, und rechts von ihr stand Emerson schwer atmend da, den Blick fest auf die rote Lache gerichtet, die ihnen den Menschen zurückbringen würde, den sie beide am meisten liebten.

So hatte sich Bly diesen Moment nicht vorgestellt. Ihr war bewusst gewesen, dass sie über Leichen gehen musste, um zu gewinnen, aber sie hatte nicht damit gerechnet, dass sie dafür den Vampir verraten musste, der ihr gezeigt hatte, was Liebe war.

Ihr ganzer Körper bebte vor widerstreitenden Emotionen. Sie fühlte sich nicht nur schuldig wegen Vincents Tod, sie trauerte auch mit Kerrigan um dessen Bruder. Vor allem aber wünschte sie sich nichts sehnlicher, als Elise im Arm zu halten.

Ich will nur endlich wieder meine Schwester umarmen.

Bly versuchte, alle anderen Gedanken zu verdrängen. Dennoch bohrten sich Kerrigans Schreie wie Lanzen in ihr Herz.

Demelza hatte unterdessen Gesänge angestimmt und tauchte mit geschlossenen Augen ihre Hände in das Blut auf dem mittleren Podest. Plötzlich hielt sie blinzelnd inne. »Ich spüre sie nicht.«

»Was meinst du damit?«, rief Bly. »Finde sie! Sie heißt Elise. Blonde Haare, Grübchen, braune Augen …« Sie verstummte, weil sie nicht wusste, ob weitere Details hilfreich waren oder nicht.

»Sie ist nicht tot!«, fuhr Demelza sie an. Die Augen der Hexe schienen Schwierigkeiten zu haben, ihre Umgebung scharf zu stellen. Bly wäre beinahe erschrocken zurückgewichen: Die blauen Seen, die sonst Demelzas Iris bildeten, hatten sich bis in ihr Augenweiß ausgebreitet, sodass es aussah, als würde sie in ihren eigenen Augen ertrinken.

»Das kann nicht sein.« Panik ergriff von Bly Besitz. Etwas stimmte nicht. Sie tastete nach ihrer eigenen Kette, um sicherzugehen, dass sie der obersten Hexe nicht versehentlich den falschen Anhänger ausgehändigt hatte. Ihre Finger stießen gegen die vertraute geschnitzte Rose. »Du lügst!«

»Nein, ich lüge nicht.« Demelzas Stimme klang angespannt. Sie senkte sie zu einem Zischen: »Meinst du, ich will den Anschein erwecken, als würde ich diesen Zauber nicht meistern? *Sie ist nicht tot!*«

Ihr Tonfall verriet ihre Aufrichtigkeit. Die Erkenntnis traf Bly wie ein Schlag ins Gesicht: Ihre Schwester war nicht tot. Sie versuchte, die Neuigkeit zu verarbeiten, doch alles, was sie vor sich sah, waren Elises starre Augen, die Adern, die sich ihren Arm emporrankten, die Schlaffheit ihres Körpers, als ihn die Hexen auf ihre Trage gerollt hatten. Hatte sie sich das alles etwa nur eingebildet?

»Aber ich habe selbst gesehen, wie sie gestorben ist«, stammelte sie.

Demelza starrte sie finster an. »Hast du noch jemand anderen, den du zurückholen willst?«

Wenn Elise nicht tot war, wo war sie dann? An keinem guten Ort. Sie wäre nach Hause gekommen, wenn sie gekonnt hätte.

Die neue Wahrheit machte sich in Bly breit, grub sich wie ein schmerzhafter Haken in ihre Brust, der drohte ihr bei lebendigem Leib das Herz herauszureißen. Elise lebte – wie sehr hatte sie sich danach gesehnt, diese Worte auszusprechen? Jetzt kamen sie ihr wie eine schreckliche Offenbarung vor.

»Ich brauche jemand anderen«, stieß Demelza zwischen zusammengebissenen Zähnen hervor. »Und zwar sofort!«

Bly blinzelte. Ihr Blick schoss zu Vincent.

»Er kann es nicht sein«, widersprach die Hexe. »Sein Blut macht den Zauber erst möglich. Außerdem ist er vielleicht noch gar nicht tot.«

Bly verzog gequält das Gesicht.

Ihre Schwester war nicht tot. Der Gedanke versuchte erneut, sie aus der Bahn zu werfen, aber sie hatte jetzt keine Zeit, sich ihm hinzugeben. Noch nicht.

Sie rannte zu Kerrigan und streckte die Hand nach ihm aus, versuchte, ihn durch die Wachen hindurch zu berühren. Er kniete noch immer auf dem Boden, hatte es jedoch aufgegeben zu kämpfen und hielt den Kopf gesenkt. Als er ihre Berührung spürte, stieß er ein bedrohliches Knurren aus.

»Deine Eltern«, stammelte sie. »Besitzt du noch etwas von ihnen?«

»Soll ich einen von ihnen zurückholen, nur damit sie ihrem

Sohn beim Sterben zusehen können?« Er hob den Kopf, das Gesicht voller Hass. »Damit sie erfahren, womit ihre Wiederauferstehung erkauft wurde?«

Kerrigan riss seinen Arm los, und sie wandte sich von ihm ab, weil sie keine Zeit hatte, mit ihm zu diskutieren. Außerdem hatte er vollkommen recht: Sie konnte nicht mehr ändern, wen Demelza sich als Opfer für ihren Zauber ausgesucht hatte.

Ihr Blick fiel auf Vincent, und sie rannte zu ihm.

»Ich habe dir doch gesagt, dass ich ihn nicht zurückholen kann!«, fauchte Demelza.

Bly zog ihr Messer aus dem Rock und beugte sich über den leblosen, blutverschmierten Körper. Sie schob die Schwindelgefühle beiseite, die die offene Halswunde in ihr hervorrief, griff nach Novas Kette und straffte sie, um die Schnur zu durchtrennen.

Als Vincent blinzelte, zuckte sie zusammen. Ihr Bauch verkrampfte sich, aber ihr blieb keine Zeit, sich zu fragen, ob er noch bei Bewusstsein war und mitbekam, was sie vorhatte. Bly hoffte es. Wenn er schon sterben musste, dann zumindest mit dem Wissen, dass seine Schwester wiedererweckt würde.

»Hol Nova zurück.«

Bly warf die Kette Demelza zu, die sie in die Blutlache fallen ließ. Sie tauchte auch ihre Hände in das Blut und stimmte wieder ihre Gesänge an, bis ihre Wimpern zu flattern begannen und sie mit zitternden Armen das Gesicht zur Sonne drehte. Sie hob leicht die Arme, woraufhin das Blut aufzusteigen begann, als würde es zu blutigem Nebel verdunsten, ein Nebel, der hin und her wogte und einen Strudel bildete, bis er schließlich Gestalt annahm und Gliedmaßen, einen Torso und einen Kopf formte. Die rote Dunstfigur verfestigte sich nach und nach, bis eine nackte junge Frau daraus wurde, die in sich zusammensank und liegen blieb.

Demelzas Gesang verstummte. Die plötzliche Stille war ohrenbetäubend.

Die oberste Hexe sackte zur Seite, fing sich mit dem Ellbogen ab und rappelte sich mühsam vom Boden auf. Ihre Beine zitterten, und ihr ohnehin blasses Gesicht war völlig farblos geworden, als hätte der Zauber auch ihr das Leben ausgesaugt. Die untere Hälfte ihres Rocks war blutrot verfärbt. Sie streckte die Arme zur Seite, die blutigen Handflächen nach oben gedreht.

Getuschel breitete sich im Publikum aus. Bly sah, wie einige Hexen respektvoll die Köpfe neigten. Ihr ging auf, dass dies eine Prüfung für Demelza gewesen war, die Antwort auf die Frage, ob sie mächtig genug war, den Platz ihrer Mutter einzunehmen. Sie war es, das stand fest.

Ihr stechender Blick richtete sich auf Bly.

Neben ihr setzte sich Nova mit einem Keuchen auf. Ihr Atem ging so schleppend und rasselnd, dass er alle anderen Geräusche übertönte. Sie rutschte zum Rand des Podests und glitt herunter, wollte sich abstoßen und losgehen, doch ihre Beine knickten unter ihr ein. Sie sank auf die Knie und streckte mit wildem Blick die Arme vor sich aus, um auf sie herabzustarren. Blut rann in kleinen Flüssen an ihrer Haut entlang, als verliefen die Adern außerhalb ihrer Haut. Nova begann, mit den Händen über ihren Körper zu streichen, als wollte sie ihn nach Verletzungen abtasten.

Bly machte zögernd einen Schritt auf sie zu. Emerson war schneller. Er nahm Nova beim Ellbogen und half ihr, aufzustehen. Sie schwankte wie ein Baum im Sturm.

»Vincent.« Der Name ihres Bruders war nur ein leises Krächzen.

Novas Blick fiel auf Bly. Dann sah sie Emerson an. Schließlich entdeckte sie ihren leblosen Bruder.

»Nein!« Das Echo dieses Worts blieb in der Luft hängen, viel-

leicht wiederholte sie es aber auch immer wieder, während sie mit zittrigen Schritten zum Podest ging. Sie zog Vincents Körper zu sich heran, schlang die Arme um ihn und wollte ihn forttragen, brach jedoch unter seinem Gewicht zusammen. Ihre Finger wanderten um seinen aufgeschlitzten Hals herum, als wüsste sie nicht, ob sie versuchen sollte, das klaffende Fleisch wieder zusammenzudrücken.

»Was …« Nova hielt mit klappernden Zähnen inne. Es klang nicht wie eine Frage.

Demelza war dennoch gern bereit, ihr eine Antwort zu liefern: »Er hat mit Bly um den Wiedererweckungspreis gekämpft und verloren. Daher habe ich sein Blut für den Zauber verwendet, aber wie sich herausgestellt hat, ist Blys Schwester überhaupt nicht tot. An ihrer Stelle hat Bly dich zurückgeholt. Du kannst dich bei ihr dafür bedanken, dass du lebst … Und dafür, dass dein Bruder tot ist.«

Novas Blick schoss zu Bly, während sie ihren Bruder vorsichtig zurück auf den Boden legte.

»Ich habe ihn nicht getötet«, beteuerte Bly. »Wirklich nicht!« Ihr Leugnen klang nicht einmal für sie selbst glaubwürdig.

Nova stand auf. Ihre Schritte wurden immer sicherer, je näher sie Bly kam, doch ihr Blick war leer und ausdruckslos und erinnerte Bly an Mabel vom Apfelstand auf dem Markt. Mabel hatte wenigstens Ackley, der sie in kritischen Momenten wieder zu sich selbst zurückholte. Wer würde diese Aufgabe bei Nova übernehmen? Bly gewiss nicht – das bisschen Kameradschaft, das zwischen ihr und der jungen Frau entstanden war, war mit Vincent gestorben.

Emerson stellte sich vor Nova und sagte ihren Namen. Sie schob ihn achtlos beiseite, und er stolperte und fiel zu Boden. Bly beeilte sich, nach einem der weggeworfenen Stöcke zu greifen, was Nova überhaupt nicht wahrzunehmen schien. Sie kam einfach immer weiter auf sie zu.

Niemand würde sie aufhalten.

Für die Hexen würde Blys Tod nichts weiter sein als eine amüsante Zugabe. Sie bemühte sich, ihre zitternde Hand zu beruhigen. Es war wichtig, dass sie gleich mit dem ersten Schlag ihr Ziel traf, denn sie spürte bereits, wie die Kraft und die Geschwindigkeit nachließen, mit denen Kerrigan sie während des Kampfes ausgestattet hatte. Hinzu kam, dass ihre Schuld an Vincents Tod wie eine Fessel um ihre Handgelenke lag und sie lähmte. Nova hatte jedes Recht dazu, ihr wehzutun.

Statt ihren Schlagstock auf die junge Frau hinuntersausen zu lassen, blieb sie bewegungslos stehen. Novas Hand schloss sich um ihren Arm. Auf dem Gesicht von Vincents Schwester war keinerlei Gefühlsregung zu erkennen, als sie mit der anderen Hand Blys Waffe packte und sie ihr wegnahm. Hinter ihr erhob sich Emerson mühsam auf die Füße, aber er würde Bly nicht mehr retten können.

Er war nie derjenige gewesen, der sie retten konnte.

Nova hob den Stock über ihren Kopf. Kurz bevor sie ihn auf Bly herabsenkte, legte sich eine Hand um ihren Unterarm. Eine zweite packte ihren Hals, hob sie für einen Moment in die Luft und warf sie zur Seite. Sie landete unsanft auf dem Boden, direkt neben Vincent. Zunächst bemühte sie sich, wieder hochzukommen, aber dann schien irgendeine Kraftquelle in ihrem Inneren zu versiegen. Sie lag da und drehte den Kopf zu den noch immer offenen Augen ihres Bruders.

Jemand hätte sie schließen müssen.

»Vampir«, sagte Demelza.

»Hexe«, gab Kerrigan zurück.

Erst jetzt merkte Bly, dass er neben ihr stand. Er war derjenige, der Nova gestoppt hatte. Sie sah ihn an, doch er erwiderte ihren Blick nicht. Sie drehte sich zu den Hexen um, die ihn bewacht hatten und sich nun benommen vom Boden aufrappelten. Sie wollten ihm hinterherrennen, um ihn erneut gefangen zu nehmen, aber Demelza hielt sie mit erhobener Hand davon ab.

»Zieht meinem Bruder den Dolch aus dem Hals. Vielleicht schafft es sein Körper, sich selbst zu heilen. Wie du weißt, können wir Vampire fast aus jedem Zustand ins Leben zurückkehren.« Kerrigan sagte es in nüchternem Tonfall. Er schien es leid zu sein zu betteln.

Demelza ließ den Blick über ihre versammelten Untertanen schweifen. »Das kann ich leider nicht tun.«

»Bitte!« Nun flehte Kerrigan doch, und ihm versagte fast die Stimme dabei.

Der nackte Schmerz in diesem Wort schien in Demelza etwas in Bewegung zu setzen. Ihr starres Gesicht verzog sich zu einer gequälten Grimasse.

Bly streckte die Hand nach Kerrigan aus, bereit, ihn wegzuziehen, falls die Hexe seiner Bitte nicht nachkam.

»Entfernt den Dolch!«, befahl Demelza den Hexen, die Donovan bewachten.

»Una.« Der junge Mann, der Demelza schon einmal herausgefordert hatte, trat erneut nach vorn und blickte zu einer Gruppe von älteren Hexen hinüber, die aus listigen blauen Augen alles beobachteten. Es musste sich um den Hexenrat handeln.

Aber Demelza war ihrer Mutter zumindest in einer Hinsicht ähnlich. Ihr Gesicht verfinsterte sich, als sie sich zu dem jungen Hexer umwandte. »Wage es nicht, meine Entscheidungen zu hinterfragen! Du weißt, dass meine Mutter genau dasselbe getan hätte. Ein lebender Prinz ist mehr wert als ein toter. Gehorche meinem Befehl, sofort!«

Aus dem Publikum kam kein weiterer Protest. Mit gekränktem Gesicht beugte sich der junge Mann über Donovan und zog ihm den Dolch aus dem Hals.

Demelza wandte sich an Kerrigan. »Glaub nicht, das war ein Akt der Barmherzigkeit, Vampir. Dein Bruder wird heute nicht mit dir die Hexenstadt verlassen.«

Kerrigan machte wütend einen Schritt auf sie zu.

Sie hob die Hand. »Du bist weit weg von zu Hause«, sagte sie leise, und die schlichte Drohung in ihren Worten war nicht zu überhören.

Das Publikum wurde unruhig.

»Gib ihn mir!«, verlangte Kerrigan dennoch.

»Dein Bruder wurde mir ordnungsgemäß im Rahmen der Spiele übergeben«, sagte Demelza und blickte demonstrativ in Blys Richtung.

»Ich weiß«, antwortete Kerrigan verbittert.

»Falls meine Mutter noch am Leben ist, könnte ich mir allerdings einen Tauschhandel vorstellen.«

In der Menge wurde getuschelt und geraunt. Bly sah sich um. Einige Hexen nickten, aber nicht alle schienen sich Halfryta zurückzuwünschen.

»Tu das nicht«, ertönte rau und zittrig Donovans Stimme. Er hatte sich auf die Knie erhoben, und aus seiner verheilenden Wunde tropfte immer noch Blut. Sein Blick war nur auf seinen Bruder gerichtet. »Lass sie nicht frei.«

»Bruder gegen Mutter«, wiederholte Demelza. »Die Entscheidung liegt ganz bei dir.« Während sie es sagte, betrachtete sie prüfend ihre Untertanen, und Bly glaubte plötzlich, Angst in ihren Zügen zu erkennen. Doch sie hielt den Kopf hocherhoben, als sie von ihrem Podest herunterstieg. Zuerst blieb sie bei Nova stehen und hielt ihr einen glänzenden Schlüssel aus Bronze hin.

»Der Schlüssel zu Havenwhile. So verlangt es die Tradition.« Als Nächstes ging sie zu Emerson. »Ich würde dir auch einen geben, aber ich fürchte, du bist hier nicht länger willkommen.« Emerson verzog das Gesicht, während die Hexe vor Bly stehen blieb. Sie roch gleichzeitig nach scharfem Blut und süßen Rosen, und Bly konnte den Brechreiz, der in ihr aufstieg, kaum unterdrücken. Demelza hielt auch ihr einen Schlüssel hin und beugte sich vor, als Bly danach griff. »Ich würde an deiner Stelle nicht allzu oft Gebrauch davon machen«, säuselte sie, und ihr Lächeln verhieß eine Million verschiedene Racheakte. Sie wandte sich der Menge zu. »Lasst uns feiern!« Mit einem letzten Blick auf Bly und ihre Mitstreiter sagte sie: »Ihr könnt jetzt gehen.«

»Wartet«, krächzte Donovan. »Ich will kurz mit Bly sprechen.«

Demelza blickte verwundert zwischen ihm und Bly hin und her. »Wenn es sein muss.«

Kerrigan machte einen Schritt nach vorn.

»Du nicht«, sagte sie.

Er knurrte wütend, aber Demelza beachtete ihn kaum. »Geh zu ihm«, sagte sie zu Bly.

Bly schluckte und trat zu Donovan ans rechte Podest. Bei seinem Anblick verstärkte sich noch ihre Übelkeit. Seine gesamte Vorderseite war rot durchtränkt, und die Gesichtshälfte, mit der er in seinem eigenen Blut gelegen hatte, war klebrig.

Sie öffnete den Mund, um ihm zu sagen, dass es ihr leidtat, auch wenn sie nicht wirklich wusste, ob es zutraf.

Doch er schüttelte den Kopf. »Entschuldige dich nicht. Das wäre ein Zeichen der Schwäche, und ich habe gerade angefangen, dich zu mögen.« Er lachte, und zwischen seinen Lippen bildete sich eine Blutblase. »Ich weiß, wo deine Schwester ist.«

Bly starrte ihn mit offenem Mund an. Sie hatte mit allem gerechnet, nur damit nicht.

»Elise, nicht wahr? Blonde Haare, Grübchen, braune Augen?«

Er wollte sie nur aufziehen, indem er auf grausame Weise die Einzelheiten wiederholte, die sie vorhin Demelza genannt hatte. Bly wandte sich enttäuscht zum Gehen.

Seine Mundwinkel zuckten, als wüsste er genau, was in ihr vorging. »Kleine, halbmondförmige Narbe am Kinn?«, fügte er hinzu.

Sie erstarrte. Elise war als kleines Mädchen bei einem Wettrennen gestürzt und hatte sich das Kinn so schlimm an einem Stein aufgeschlagen, dass nicht einmal ihre Mutter die Narbe hatte verhindern können.

Donovan beugte sich vor, als wollte er ihr ein Geheimnis anvertrauen. »Lästiger kleiner Todesfluch?«

Bly sank das Herz in die Hose. Ihre Schwester mochte an jenem Tag im Wald nur bewusstlos gewesen sein, aber die schwarzen Adern des Todes entsprangen nicht ihrer Fantasie. Elise lebte noch – die Frage war nur, wie viel Zeit ihr blieb, bevor der Fluch sie hinwegraffte.

»Wo ist sie?«, stieß Bly mühsam hervor.

Donovan entblößte grinsend seine blutigen Zähne. »Hol mich hier raus, bevor mein Bruder die Hexe freilassen kann, die unsere Eltern ermordet hat, und ich verrate es dir.«

»Bitte!«, flehte sie. Er schüttelte den Kopf.

»Bringt ihn weg!«, befahl Demelza.

Zwei Wachen zerrten Donovan auf die Füße.

Als Kerrigan sie aufhalten wollte, stellte sich die oberste Hexe in seinen Weg. »Nein«, sagte sie schlicht.

»Ich werde …«

»Was wirst du?« Die umstehenden Hexen kamen näher. »Raus hier. Sofort. Oder ich blute dich genauso aus wie deinen Bruder.«

»Versuch es nur.« Kerrigan machte einen weiteren Schritt auf

Demelza zu, und Bly rannte zu ihm, um ihn beim Arm zu packen. Er schüttelte sie so unsanft ab, dass sie stolperte.

Verärgerung blitzte in den Augen der obersten Hexe auf. Sie wollte sich nicht gezwungen sehen, ihn zu verletzen oder zu töten. Kerrigan war kein offizieller Gefangener, was bedeutete, dass seine Ermordung einen Krieg mit den Vampiren auslösen konnte. Aber er trieb sie vor ihrem eigenen Volk in die Enge und ließ sie schwach wirken. Gerade erst hatte sie ihre Macht bewiesen, indem sie einen schwierigen Zauber vollbracht hatte, doch Bly entging nicht, dass sie immer noch leicht wankte. Die Zeremonie hatte sie viel Kraft gekostet, sie konnte sich keinen Disput mit Kerrigan leisten.

Demelza wies mit dem Kinn auf Bly. »Du hast zehn Minuten Zeit, mit ihr aus Havenwhile zu verschwinden, sonst vergieße ich *ihr* Blut, nicht deins.«

Endlich sah Kerrigan Bly an, und es lagen so viel Hass und Ekel in seinem Gesicht, dass sie befürchtete, er würde der Hexe antworten, ihm sei ihr Schicksal gleichgültig.

»Du vergeudest wertvolle Minuten, die besser angelegt wären, wenn du rechtzeitig vor dem Tod meiner Mutter in Vagaris eintreffen würdest«, sagte Demelza kühl.

Kerrigan schnitt eine gequälte Grimasse und packte Bly beim Arm, um sie durch die Menge davonzuziehen.

»Emerson«, brachte sie mühsam hervor.

»Ist hinter uns.«

Sie versuchte, sich umzudrehen, doch er zerrte sie förmlich hinter sich her, sodass sie immer wieder gegen Hexen prallte, die auf die Erlaubnis zu brennen schienen, ihr einen Todesfluch mit auf den Weg zu geben.

Aber sie wichen zur Seite und ließen sie durch.

Bly wusste, dass sie das allein Kerrigans Anwesenheit zu verdanken hatte. Ein paar Menschen, die nicht von den Spielen zurückkehrten? Darum hätte sich niemand geschert. Ein weiterer vermisster Vampirprinz? Das war etwas vollkommen anderes.

Kerrigan lockerte seinen Griff erst, als sie Havenwhile hinter sich gelassen hatten und tief im Wald auf einer kleinen Lichtung standen. Bly starrte auf das sattgrüne Gras, in dem es von weißen Pilzen nur so wimmelte. Auch jetzt noch schnürte sich bei ihrem Anblick ihre Brust zusammen, und ihre Beine fühlten sich taub an. Diese Pilze symbolisierten den schlimmsten Moment ihres Lebens. Obwohl sie inzwischen das Unmögliche geschafft und die Spiele gewonnen hatte, war ihre Schwester noch immer nicht bei ihr.

Dabei hatte sie geglaubt, durch ihren Sieg werde alles wieder gut werden.

Stattdessen kniete der junge Mann, von dem sie ihr Leben lang geglaubt hatte, sie würde ihn lieben, auf dem Boden und keuchte, weil sein Blut dabei war, ihn in einen Vampir zu verwandeln. Und der Vampir, in den sie sich ernsthaft zu verlieben drohte, starrte sie an, als würde er sich nichts sehnlicher wünschen als ihren Tod.

»Kerrigan …«, setzte sie an.

Er schüttelte den Kopf. »Lass es. Du hast versucht, mich zu dem gleichen Schicksal zu verdammen, dem du zu entfliehen versuchst. Wie konntest du nur? Ich habe so viel Schmerz in dir gesehen, dass ich bereit war zu sterben, um ihn dir zu nehmen, und du … du verursachst in mir denselben Schmerz.« Er atmete tief ein und blickte zum Himmel.

Geier kreisten über ihnen in der Luft und suchten nach den Toten, die die Spiele hinterlassen hatten. Bly hätte gern dazugehört, war jedoch dazu verdammt, weiterzuleben.

»Ich werde dir helfen, ihn zurückzuholen«, versprach sie.

»Warum sollte ich dir noch trauen? Was hat Donovan zu dir gesagt?«

»Dass er weiß, wo meine Schwester ist. Und dass immer noch der Todesfluch auf ihr lastet.«

Überraschung flackerte in seinem Blick auf. Sie wich schnell wieder seinem Hass. »Ach, *deshalb* willst du mir helfen. Du erhoffst dir, dass du durch ihn an *sie* herankommst.«

Sein verbittertes Lachen bewirkte, dass Bly am liebsten die Flucht ergriffen hätte. Statt diesem Impuls nachzugeben, trat sie noch näher an ihn heran. »Bitte«, sagte sie, ohne genau zu wissen, worum sie ihn bat. Um Vergebung? Wie konnte sie das von ihm verlangen, wenn sie sich noch nicht einmal selbst verzeihen konnte?

Kerrigan wandte sich von ihr ab und marschierte davon.

»Warte!«, rief sie.

Er ging weiter.

»Emerson braucht Hilfe für den Rückweg nach Vagaris.«

Er blieb stehen. Dann machte er kehrt und half Emerson auf die Beine, stützte ihn unter der Schulter, damit sie aufbrechen konnten. Dabei mied er demonstrativ Blys Blick, als wollte er ihr zeigen, dass er es nicht für sie tat.

Humpelnd setzte sich Emerson in Bewegung, auf den Vampir gelehnt, von dem er immer gesagt hatte, Bly dürfe ihm nicht trauen. Wie sich herausgestellt hatte, war sie diejenige, der man nicht trauen durfte. Kerrigan hatte sein Team nie im Stich gelassen, aber sie hatte ihn im Stich gelassen.

Emerson drehte sich zu ihr um. »Wir müssen sie finden«, stieß er heiser hervor.

Bly nickte und sah zu, wie die beiden Männer zwischen den Bäumen verschwanden und sie im erstickenden, trostlosen Weiß der pilzbewachsenen Lichtung zurückließen.

Sie würde Donovan befreien und ihre Schwester aufspüren. Wiederzuerlangen, was sie verloren hatte, und zurückzugeben, was sie Kerrigan genommen hatte, war unwiderruflich miteinander verflochten. Vielleicht würde er das mit der Zeit erkennen.

Oder er sprach nie wieder ein Wort mit ihr.

Sie durfte sich nicht davon beirren lassen. Elise war die Einzige, die Blys Liebe rückhaltlos erwidert hatte. Sie war das Einzige, was ihr noch in dieser Welt blieb.

Ihre Schwester war irgendwo gefangen. Sie lebte, konnte jedoch nicht nach Hause zurückkehren. Noch schlug ihr Herz. Die Frage war: Wie lang würde es dauern, bis es stehen blieb?

Bly würde sie finden, noch bevor es dazu kam. Und wehe, jemand stellte sich ihr in den Weg.

DANKSAGUNG

Normalerweise brüte ich lange über den Ideen für meine Bücher, aber bei den *Revenant Games* war es anders. Ich war bereits mitten im Entstehungsprozess eines anderen Entwurfs, als mir die Geschichte in den Sinn kam, und der Wunsch, sie zu Papier zu bringen, packte mich sofort und ließ mich nicht mehr los.

Rebecca Podos, ich bin dir so dankbar: Du warst die Erste, der ich von meiner Idee erzählt habe, und deine Begeisterung und dein Zuspruch haben mich darin bestätigt, sie weiterzuentwickeln.

Auch Sarah McCabe gilt mein Dank, denn sie hat es mir zugetraut, eine Second World Fantasy zu schreiben, die so ganz anders ist als meine ersten beiden Bücher. Außerdem hat sie mich dazu ermuntert, meine Figuren noch tiefer auszuloten, wofür ich ihr sehr dankbar bin. Erst mit ihrer Hilfe sind sie wahrhaftig zum Leben erwacht.

Anum Shafqat, ich danke dir für deinen Scharfsinn und dein Wissen. Halfrytas Vampirzahn basiert auf deinem Vorschlag und ist inzwischen einer meiner Lieblingszauber im ganzen Buch!

Auch möchte ich dem gesamten Team von McElderry Books dafür danken, dass es weiterhin an meine Geschichten glaubt und sie zu den Leserinnen und Lesern trägt: Justin Chanda, Karen Wojtyla, Anne Zafian, Bridget Madsen, Elizabeth Blake-Linn, Chrissy Noh, Caitlin Sweeny, Lisa Quach, Bezi Yohannes, Perla Gil, Remi Moon, Amelia Johnson, Ashley Mitchell, Saleena Nival, Trey Glickman, Elizabeth Huang, Emily Ritter, Amy Lavigne,

Lisa Moraleda, Nicole Russo, Nicole Valdez, Christina Pecorale und ihr Vertriebsteam sowie Michelle Leo und ihr Bildungs- / Bibliotheksteam.

Ein besonderes Dankeschön gilt Debra Sfetsios-Conover und Andrew Davis, deren Covergestaltung die Handlung so wunderbar in Bilder bannt.

Meinen Online- und Offline-Schreibgruppen möchte ich für ihre nicht nachlassende Unterstützung danken. Seit ich mit dem Schreiben begonnen habe, habe ich so viele neue Freundinnen und Freunde hinzugewonnen, dass ich sie lieber nicht alle hier aufzählen möchte, aus Angst, jemanden zu vergessen. Als schüchterner Mensch hätte ich nie für möglich gehalten, dass ich mal dieses Problem haben würde. Eliza Langhans möchte ich herausheben und ihr dafür danken, dass sie mir ihr Feedback zu diesem Buch gegeben hat, als ich es dringend brauchte. Jess Creaden: Es freut mich riesig, dass sich unsere schriftstellerischen Karrieren weiterhin so gut entwickeln. Ich kann mich glücklich schätzen, dich als Freundin zu haben. Sana Z. Ahmed: Ich freue mich immer sehr auf unsere Gespräche, du bist eine ständige Quelle der Ermunterung und des Zuspruchs für mich! Angela Montoya: Ich schreibe diese Zeilen an dem Tag, an dem *Sinner's Isle* erscheint, und bin so dankbar dafür, dich und deine wunderbaren Bücher in meinem Leben zu haben. Bailey Gillespie, Christy Cooper und Portia Hopkins – mit euch bin ich schon so lange befreundet, ich weiß, dass ihr immer für mich da sein werdet. Stephanie Garber: Die Tage, an denen wir gemeinsam schreiben, sind die besten Arbeitstage! Wie schön, dass ich mich immer an dich wenden kann, wenn ich deinen unschätzbaren Rat zum Thema Buchbranche brauche.

Danke, Mom und Dad: Ohne eure ständige Liebe und Unterstützung könnte ich auf diesem Berufsweg nicht lange überleben.

Auch meinen Neffen Lucas, Liam und Gabriel habe ich zu danken – ihr seid alle drei so kreativ und klug, eine ständige Quelle der Inspiration. Ich liebe euch!

Und nicht zuletzt meine Leserinnen und Leser: Ich kann euch nicht genug dafür danken, dass ihr zu meinen Büchern greift. Jede liebe Nachricht von euch, die ich je erhalten habe, bewegt mich dazu, weiterzuschreiben!